대명률직해 3

대명률직해 3

한상권 구덕회 심희기 박진호 장경준 김세봉 김백철 조윤선 옮김

한국고전번역원

일러두기

1. 이 책은 명(明)의 법률서인 《대명률(大明律)》을 조선에서 이두(吏讀)로 번역하여 1395년(태조4)에 간행한 《대명률직해(大明律直解)》를 역주한 것이다.
2. 이 책의 번역 대본은 《교감표점(校勘標點) 대명률직해(大明律直解)》(한국고전번역원, 2018)이다.
3. 《교감표점 대명률직해》의 저본은 고려대학교 만송문고(晩松文庫) 소장본(만송 B7-A118B 1-5)이다.
4. 《대명률》 조문의 연혁과 성격에 대한 이해를 돕기 위해 7율과 30편의 첫머리에 해설을 붙이고, 460개의 조 중 필요한 경우 율문 이해에 도움을 주기 위한 해설을 덧붙였다. 자세한 설명이 필요한 경우 보충 해설을 추가하였다.
5. 《대명률직해》는 한문으로 작성된 율문(律文)과 율주(律註), 그리고 이두로 작성된 직해문(直解文)으로 구성되어 있다. 한문과 이두 각각의 문체와 특성을 충실히 살려 번역하고, 원문에 없는 표현이지만 내용 이해에 꼭 필요한 요소는 보충 번역하였다.
6. 법전이라는 특성을 살려 법률이나 제도와 관련된 용어는 그대로 사용하고, 설명이 필요한 부분은 주석으로 처리하였다. 가능한 한 명대(明代) 주석서를 역주(譯註)에 반영하되, 명률 주석서에 참고할 만한 것이 없으면 《당률소의(唐律疏議)》 등 명대 이전에 발간된 주석서와 명대 이후에 발간된 《대청률집주(大淸律輯註)》 등의 주석서를 참조하였다. 해석이 주석서 사이에서 엇갈릴 경우에는 상이한 점만 기술하였다.
7. 조문의 시제는 현재형으로 번역하는 것을 원칙으로 하였다.
8. '범(凡)', '약(若)', '기(其)'는 항(項)을 나누거나 항 안에서 율문을 구분하는 역할로 쓰였을 경우 번역하지 않았다.
9. 딸·손녀·오빠의 개념이 같이 포함되어 있는 자(子)·손(孫)·형(兄) 등은 41조 칭기친조부모(稱期親祖父母)에 따라 남자를 대표로 하여 번역하였다.
10. 한자는 각 조의 번역문과 각주에서 처음 나오는 곳에 넣는 것을 원칙으로 하였다. 통용자의 경우(예 : 准과 準) 교감표점서에서는 저본의 글자(准)를 반영하고 역주서에서는 현대에 주로 쓰는 글자(準)를 반영하였다.
11. 각주의 전거(典據)는 자주 인용되는 문헌은 〈인용 문헌 약어표〉에 따랐고, 일반

사전류일 때는 밝히지 않았다. 사전은 단국대학교 동양학연구소 편《한한대사전(漢韓大辭典)》을 주로 참조하였다.

12. 대명률 조문에 대한 참조 주석은 책 권수, 조문 번호, 조문명으로 처리하였다. (예 : ① 93 別籍異財)

13. 독자의 편의를 위해 부록으로《대명률집해부례(大明律集解附例)》에 있는 육장도(六贓圖), 오복에 관한 도해, 복제,《대명률》의 서문과 본 역주팀에서 작성한 〈명률 조문별 일련번호〉, 〈명률과 당률의 비교〉, 〈대명률직해 판본 목록〉, 〈보충 해설 목록〉을 실었다.

15. 이 책에서 사용한 부호는 다음과 같다.

( ) : 번역어의 원어를 묶는다.

〔 〕: 번역문의 원문을 묶는다.

" " : 인용문을 묶는다.

' ' : " " 안의 재인용 또는 강조 부분을 묶는다.

「 」: ' ' 안의 재인용을 묶는다.

《 》: 책명 및 각주의 전거를 묶는다.

〈 〉: 책의 편명 및 작품의 제목을 묶는다.

…… : 각주 표제어와 각주 인용 원문에서 생략되는 말을 표시한다.

– : 조문 번호에서 조문의 내용을 구분한 항을 표시한다. (예 : 123–1)

○ : 율문과 직해문의 항 구분을 표시한다.

(○) : 율문은 항을 나누었으나 직해문은 항을 나누지 않은 경우를 표시한다

– – : 율주의 시작과 끝을 표시한다.

【 】: 각주에서 인용한 원문의 소주(小註)를 표시한다.

{ } : 각주에서 인용한 원문에 오류가 있을 경우 바로잡아야 할 글자와 보충한 내용을 묶어 표시한다. (예 : 而依仍{仍依}原定者)

爲於 : 이두(吏讀)를 나타내는 데 쓴다.

인용 문헌 약어표

서명	인용 문헌 약어	
	약칭	표기
《譯註 唐律疏議》	《당률》	《당률 ○조 조문명》
《律解辨疑》	《변의》	《변의 ○쪽》
《律條疏議》	《소의》	《소의(상)/(하) ○쪽》
《大明律講解》	《강해》	《강해 ○쪽》
《大明律釋義》	《석의》	《석의 권○ ○장》
《讀律瑣言》	《쇄언》	《쇄언 ○쪽》
《大明律附例》	《부례》	《부례(상)/(하) ○쪽》
《大明律附例注解》	《주해》	《주해 ○쪽》
《大明律集說附例》	《집설》	《집설 권○ ○장》
《大明律集解附例》	《집해》	《집해 ○쪽》
《大明律附例箋釋》	《전석》	《전석 권○ ○장》
《大明律例諺解》	《언해》	《언해 권○ ○장》
《大明律例譯義》	《역의》	《역의 ○쪽》
《律例對照定本明律國字解》	《국자해》	《국자해 ○쪽》
《大明律直引》	《직인》	《직인 ○쪽》
《唐明律合編》	《합편》	《합편 ○쪽》
《大明會典》	《회전》	《회전 권○ 조문명》
《六部成語註解》	《육부》	《육부 ○쪽》
《大淸律例》	《청률》	《청률 조문명》
《大淸律輯註(上)(下)》	《집주》	《집주(상)/(하) ○쪽》
《大淸律例彙輯便覽》	《휘집》	《휘집 권○ ○장》
《增輯訓點淸律彙纂》	《휘찬》	《휘찬 권○ ○쪽》
《讀例存疑重刊本》	《존의》	《존의 조문명》
《The Great Ming Code》	《GMC》	《GMC ○쪽》
《The Great Qing Code》	《GQC》	《GQC ○쪽》
《吏文輯覽》	《이문》	《이문 문서 번호》
《唐令拾遺》	《습유》	《습유 ○쪽》
《譯註 日本律令5・6・7・8》	《율연》	《율연○ ○쪽》

인용 문헌 약어표 서지 사항

- 《唐律疏議》: 〔唐〕長孫無忌 撰, 653, 《譯註 唐律疏議》 名例編·各則(上)·各則(下), 金鐸敏·任大熙 主編, 한국법제연구원, 1994·1997·1998.
- 《律解辨疑》: 〔明〕何廣 撰, 1386, 楊一凡·田濤 主編, 中國珍稀法律典籍續編 第4冊, 黑龍江人民出版社, 2002.
- 《律條疏議》: 〔明〕張楷 撰, 1467, 楊一凡 整理, 中國律學文獻 第1輯 第2冊·第3冊, 黑龍江人民出版社, 2004.
- 《大明律講解》: 未詳, 15세기 중엽, 서울대학교 규장각한국학연구원 영인, 2001.
- 《大明律釋義》: 〔明〕應檟 撰, 1543(嘉靖28年 刻本), 楊一凡 整理, 中國律學文獻 第2輯, 藏日本尊經閣文庫, 黑龍江人民出版社, 2005.
- 《讀律瑣言》: 〔明〕雷夢麟 撰, 1557, 懷效鋒·李俊 點校, 中國律學叢刊, 法律出版社, 2000.
- 《大明律附例》: 〔明〕舒化 撰, 未詳(1585 이후), 서울대학교 규장각한국학연구원 영인, 2001.
- 《大明律附例注解》: 〔明〕姚思仁 撰, 1585, 北京大學校出版社, 1993.
- 《大明律集說附例》: 〔明〕馮孜 撰, 劉大文 輯, 1591, 東京大學校 東洋文化研究所 所藏.
- 《大明律集解附例》: 〔明〕衷貞吉·高擧 等撰, 1597, 臺灣學生書局, 明代史籍彙刊 第2輯 所收, 中華民國 75年 再版.
- 《大明律附例箋釋》: 〔明〕王樵 私箋, 王肯堂 集釋, 1612, 東京大學校 東洋文化研究所 所藏.
- 《大明律例諺解》: 榊原篁洲, 1694, 日本 國立國會圖書館 デジタルコレクション.
- 《大明律例譯義》: 高瀨喜樸, 1720, 小林宏·高鹽博 共編, 創文社, 1989.
- 《律例對照定本明律國字解》: 荻生徂徠 外 2人, 未詳(1720 이후), 創文社, 1966.
- 《大明律直引》: 〔明〕未詳, 1526(嘉靖5年 刊本), 楊一凡 整理, 中國律學文獻 第1輯 第1冊, 黑龍江人民出版社, 2004.
- 《唐明律合編》: 薛允升 輯, 1901, 懷效鋒·李鳴 點校, 中國律學叢刊, 法律出版社, 1999.
- 《大明會典》: 〔明〕李東陽 等纂, 1587(萬曆15) 重修.
- 《六部成語註解》: 未詳, 淸朝末葉, 內藤乾吉 校, 大安出版社, 1962.

- 《大淸律輯註(上)(下)》：〔淸〕沈之奇 註, 1715, 懷效鋒·李俊 點校, 中國律學叢刊, 法律出版社, 2000.
- 《大淸律例》：〔淸〕未詳, 1740, 田濤·鄭秦 點校, 《中華傳世法典：大淸律例》, 法律出版社, 1999.
- 《大淸律例彙輯便覽》：傳善成堂, 1872, 日本 國立國會圖書館 デジタルコレクション.
- 《增輯訓點淸律彙纂》：沈書城, 1874, 日本 國立國會圖書館 デジタルコレクション.
- 《讀例存疑重刊本》：薛允升 元著(1905), 黃靜嘉 點校(1911), 中文硏究資料中心硏究資料叢書, 成文出版社, 1970(民國59).
- 《The Great Ming Code》：translated by JIANG YONGLIN, University of Washington Press, 2005.
- 《The Great Qing Code》：translated by William C. Jones, Cheng Tianguan, Jiang Yonglin, Clarendon Press, 1994.
- 《吏文輯覽》：박재연 교주, 선문대학교 중한번역연구소, 2001.
- 《唐令拾遺》：仁井田陞, 東方文化學院, 1933.
- 《譯註 日本律令5·6·7·8》：律令硏究會 編, 東京堂出版, 1979~1996.

차례

일러두기 ……………………………… 4
인용 문헌 약어표 ……………………………… 6
인용 문헌 약어표 서지 사항 ……………………………… 7

제13권 병률 兵律

궁위 宮衛

202 태묘의 문에 함부로 들어감 太廟門擅入 ……………………………… 20
203 궁문이나 전문에 함부로 들어감 宮殿門擅入 ……………………………… 21
204 숙위하는 사람과 수위하는 사람이 사사로이 다른 사람으로 대체함 宿衛守衛人私自代替 … 26
205 황제를 호종하는 데 지체함 從駕稽違 ……………………………… 28
206 어도를 따라 곧장 감 直行御道 ……………………………… 30
207 내부에서 작업하는 장인이 역을 대체함 內府工作人匠替役 ……………………………… 32
208 궁이나 전에서 작업이 끝났는데도 나가지 않음 宮殿造作罷不出 ……………………………… 33
209 멋대로 궁문이나 전문을 출입함 輒出入宮殿門 ……………………………… 34
210 내사의 출입을 단속함 關防內使出入 ……………………………… 36
211 궁전을 향해 활을 쏨 向宮殿射箭 ……………………………… 38
212 숙위하는 사람의 병장기 宿衛人兵仗 ……………………………… 39
213 형벌을 받은 자의 숙위 충당을 금지함 禁經斷人充宿衛 ……………………………… 40
214 의장 안으로 갑자기 뛰어듦 衝突儀仗 ……………………………… 42
215 의장 안으로 갑자기 뛰어듦 衝突儀仗 ……………………………… 43
216 의장 안으로 갑자기 뛰어듦 衝突儀仗 ……………………………… 45
217 행궁의 영문에 함부로 들어감 行宮營門 ……………………………… 46
218 성을 넘어감 越城 ……………………………… 47
219 성문을 여닫고 자물쇠를 채우는 일 門禁鎖鑰 ……………………………… 49
220 관방패면을 허리에 참 懸帶關防牌面 ……………………………… 51

제14권 병률 兵律

군정 軍政

221 함부로 관군을 동원함 擅調官軍 ······ 55
222 군무를 보고함 申報軍務 ······ 61
223 군정을 비보함 飛報軍情 ······ 63
224 변경에서 보고하여 군수를 징발함 邊境申索軍需 ······ 65
225 군사를 그르침 失誤軍事 ······ 67
226 출정하는 데 기한을 어김 從征違期 ······ 69
227 군인이 역을 대체시킴 軍人替役 ······ 71
228 장수가 성을 굳건히 지키지 않음 主將不固守 ······ 74
229 군인이 노략하도록 내버려 둠 縱軍擄掠 ······ 76
230 군사를 조련하지 않음 不操練軍士 ······ 79
231 양민을 급격하게 동요시킴 激變良民 ······ 82
232 사사로이 전마를 팖 私賣戰馬 ······ 84
233 사사로이 군기를 팖 私賣軍器 ······ 86
234 군기를 버리거나 훼손함 棄毀軍器 ······ 88
235 금하는 군기를 사사로이 소장함 私藏應禁軍器 ······ 90
236 군인을 마음대로 놓아주어 군역을 비게 함 縱放軍人歇役 ······ 92
237 공이나 후가 사사로이 군관이나 군인을 부림 公侯私役官軍 ······ 96
238 출정하거나 수어하는 군관이나 군인이 도망함 從征守禦軍官逃 ······ 98
239 군인의 가속을 우대하여 돌봄 優恤軍屬 ······ 101
240 야간 통행금지 夜禁 ······ 102

제15권 병률 兵律

관진 關津

241 관이나 진을 사도, 월도, 모도함 私越冒渡關津 ······107
242 신분을 속이거나 남의 이름을 사칭하여 노인을 발급받음 詐冒給路引 ······111
243 관이나 진에서 트집을 잡아 지체시킴 關津留難 ······114
244 도망한 군인의 아내나 딸을 체송하여 성을 나가게 함 遞送逃軍妻女出城 ······116
245 첩자를 검문함 盤詰姦細 ······119
246 사사로이 경계 밖으로 나가거나 금령을 어기고 바다로 나감 私出外境及違禁下海 ······122
247 궁병을 사적으로 부림 私役弓兵 ······124

제16권 병률 兵律

구목 廏牧

248 가축을 기르는 데 법대로 하지 않음 牧養畜産不如法 ······129
249 말을 번식시킴 孳生馬疋 ······131
250 가축을 점검하는 데 사실대로 하지 않음 驗畜産不以實 ······133
251 야위거나 병든 가축을 돌보거나 치료하는 데 법대로 하지 않음 養療瘦病畜産不如法 ···135
252 관의 가축을 타다가 등이나 목을 다치게 함 乘官畜脊破領穿 ······137
253 관마를 길들이지 않음 官馬不調習 ······139
254 소나 말을 도살함 宰殺牛馬 ······141
255 가축이 사람을 물거나 참 畜産咬踢人 ······147
256 번식한 관의 가축을 숨김 隱匿孳生官畜産 ······149
257 사사로이 관의 가축을 빌림 私借官畜産 ······150
258 공사인 등이 말을 빌려 달라고 요구함 公使人等索借馬匹 ······152

第17권 병률 兵律

우역 郵驛

259 공문을 체송함 遞送公文 …… 157
260 공문을 체송함 遞送公文 …… 158
261 공문을 체송함 遞送公文 …… 160
262 밀봉한 공문서를 중도에서 탈취함 邀取實封公文 …… 163
263 포의 건물이 파손됨 鋪舍損壞 …… 165
264 포병을 사사로이 부림 私役鋪兵 …… 167
265 역사가 기한을 어김 驛使稽程 …… 168
266 역마를 규정보다 많이 탐 多乘驛馬 …… 170
267 역참에서 물품을 더 받음 多支廩給 …… 173
268 급역해야 하는 문서인데 내주지 않음 文書應給驛而不給 …… 174
269 공무를 행해야 하는데 지체함 公事應行稽程 …… 176
270 역사의 상방을 차지하여 묵음 占宿驛舍上房 …… 178
271 역마를 탈 때 사적인 물건을 휴대함 乘驛馬齎私物 …… 179
272 사사로이 백성을 부려 교자를 메게 함 私役民夫擡轎 …… 181
273 병으로 죽은 관원의 가속을 고향에 돌려보냄 病故官家屬還鄉 …… 183
274 차정된 관원이 타인을 고용하거나 임무를 타인에게 맡김 承差轉雇寄人 …… 184
275 관의 가축·수레·배에 탈 때 사적인 물건을 실음 乘官畜產車船附私物 …… 186
276 사사로이 역마를 빌림 私借驛馬 …… 189

第18권 형률 刑律

도적 盜賊

277 모반이나 모대역 謀反大逆 …… 193

278 모반 謀叛 ······198
279 요서나 요언을 지음 造妖書妖言 ······201
280 대사에서 신이 사용하는 물건을 훔침 盜大祀神御物 ······203
281 제서를 훔침 盜制書 ······205
282 인신을 훔침 盜印信 ······207
283 내부의 재물을 훔침 盜內府財物 ······209
284 성문의 자물쇠를 훔침 盜城門鑰 ······211
285 군기를 훔침 盜軍器 ······212
286 원릉의 수목을 훔침 盜園陵樹木 ······214
287 감림이나 주수 자신이 창고의 전량을 훔침 監守自盜倉庫錢糧 ······216
288 일반인이 창고의 전량을 훔침 常人盜倉庫錢糧 ······220
289 강도 强盜 ······223
290 수인을 강제로 빼냄 劫囚 ······228
291 대낮에 창탈함 白晝搶奪 ······232
292 절도 竊盜 ······234
293 말이나 소 등의 가축을 훔침 盜馬牛畜産 ······237
294 논밭의 곡식을 훔침 盜田野穀麥 ······239
295 친속 간에 도둑질함 親屬相盜 ······241
296 공갈 협박하여 재물을 취함 恐嚇取財 ······246
297 관이나 개인을 속여 재물을 취함 詐欺官私取財 ······248
298 타인을 유취하거나 약매함 略人略賣人 ······251
299 무덤을 파헤침 發塚 ······256
300 밤에 정당한 이유 없이 타인의 집에 들어감 夜無故入人家 ······267
301 도적 와주 盜賊窩主 ······269
302 도적을 하기로 공모함 共謀爲盜 ······274
303 공취와 절취가 모두 도임 公取竊取皆爲盜 ······276
304 자자를 지움 起除刺字 ······278

제19권 형률 刑律

인명 人命

305 살인을 모의함 謀殺人 ······ 281
306 황제의 명을 받든 사신이나 자신을 관할하는 장관을 죽이려고 모의함
謀殺制使及本管長官 ······ 285
307 조부모나 부모를 죽이려고 모의함 謀殺祖父母父母 ······ 287
308 간통한 남자를 죽임 殺死姦夫 ······ 290
309 죽은 남편의 부모를 죽이려고 모의함 謀殺故夫父母 ······ 292
310 한집안의 세 사람을 죽임 殺一家三人 ······ 294
311 사람을 채생절할함 採生折割人 ······ 296
312 고독을 만들거나 저장하여 사람을 죽임 造畜蠱毒殺人 ······ 299
313 다투다 때려 살인하거나 고의로 살인함 鬪毆及故殺人 ······ 303
314 타인의 의복이나 음식을 없애 버림 屛去人服食 ······ 306
315 사람을 희살상, 오살상, 과실살상함 戲殺誤殺過失殺傷人 ······ 308
316 남편이 죄가 있는 처나 첩을 때려 죽임 夫毆死有罪妻妾 ······ 311
317 아들이나 손자 또는 노비를 죽이고 타인에게 도뢰함 殺子孫及奴婢圖賴人 ······ 312
318 활을 쏘다가 사람을 상해함 弓箭傷人 ······ 316
319 수레나 말을 급히 몰다가 사람을 살상함 車馬殺傷人 ······ 318
320 용렬한 의원이 사람을 살상함 庸醫殺傷人 ······ 320
321 와궁으로 사람을 살상함 窩弓殺傷人 ······ 322
322 사람을 위세로 핍박하여 죽게 함 威逼人致死 ······ 324
323 존장이 타인에게 살해되었는데 사화함 尊長爲人殺私和 ······ 327
324 동행하다가 모해함을 알게 됨 同行知有謀害 ······ 330

제20권 형률 刑律

투구 鬪毆

325 말로 다투다가 때림 鬪毆……335
326 보고 기한 保辜限期……343
327 궁내에서 성내어 다툼 宮內忿爭……347
328 황가의 단문친 이상이 구타를 당함 皇家袒免以上親被毆……349
329 황제의 명을 받은 사신이나 자신을 관할하는 장관을 때림 毆制使及本管長官……351
330 좌직이나 통속관이 장관을 때림 佐職統屬毆長官……355
331 상급 관사의 관원과 통속관이 서로 때림 上司官與統屬官相毆……357
332 9품 이상의 관원이 관장을 때림 九品以上官毆官長……359
333 전량을 추징하거나 공무를 처리하는 사람에게 항거하거나 때림 拒毆追攝人……361
334 수업사를 때림 毆受業師……363
335 위력으로 타인을 제압하고 속박함 威力制縛人……364
336 양인과 천인이 서로 때림 良賤相毆……367
337 노비가 가장을 때림 奴婢毆家長……370
338 처나 첩이 남편을 때림 妻妾毆夫……376
339 동성 친속이 서로 때림 同姓親屬相毆……380
340 대공 이하의 존장을 때림 毆大功以下尊長……382
341 기친 존장을 때림 毆期親尊長……385
342 조부모나 부모를 때림 毆祖父母父母……389
343 처나 첩과 남편의 친속이 서로 때림 妻妾與夫親屬相毆……392
344 처의 전남편의 자식을 때림 毆妻前夫之子……398
345 처나 첩이 죽은 남편의 부모를 때림 妻妾毆故夫父母……400
346 부모나 조부모가 맞음 父祖被毆……402

대명률직해

제13권 병률兵律 궁위宮衛

궁위 宮衛

〈궁위〉는 진(秦)·한(漢)·위(魏)까지 편목(篇目)이 없었다가 진(晉)에 이르러 나타났다. 남조 송(宋)·양(梁)에서 이를 따랐고, 북제(北齊)에서 〈궐금(闕禁)〉을 〈궁위〉에 붙이고 이름을 〈금위(禁衛)〉로 고쳤다가 북주(北周)에서 다시 〈위궁(衛宮)〉이라 하였다. 수(隋) 개황(開皇) 연간(581~600)에 고쳐서 〈위금(衛禁)〉이라 하였고, 당(唐)에서도 계승하였다.

명(明)에 이르러 편목을 고치고 〈병률(兵律)〉의 첫머리에 두었다. 202조 태묘문천입(太廟門擅入), 203조 궁전문천입(宮殿門擅入), 204조 숙위수위인사자대체(宿衛守衛人私自代替), 209조 첩출입궁전문(輒出入宮殿門) 등은 각각 당률 58조 천입태묘문(擅入太廟門), 59조 난입궁문(闌入宮門), 62조 비응숙위자대(非應宿衛自代), 64조 무저적입궁전(無著籍入宮殿) 등에서 취하여 가감하였다. 또 당률 82조 사도관(私渡關) 이하 여러 조문을 취하여 〈관진(關津)〉에 붙이고, 당률 66조 등고임궁중(登高臨宮中)이나 70조 이배장위회개(已配仗衛迴改)와 같이 명대(明代) 제도에 부합하지 않는 것은 삭제하였다. 또 미비한 점을 살펴서 206조 직행어도(直行御道), 205조 종가계위(從駕稽違), 220조 현대관방패면(懸帶關防牌面) 등을 추가하였으며, 이를 묶어 〈궁위〉라 명명하였다. 모두 19조이다.

•••

홍무제의 통치 구상과 군제 정비

홍무제(洪武帝)의 군사 인식 및 군사 정책은 동북아의 여러 국가에 큰 영향을 주었을 뿐만 아니라 명대 군사 정책의 기본으로 작용하였다. 홍무제의 군사 인식과 군사 정책은, 전례 없이 모든 군사력을 황제에게 일원적으로 집중시켜 운영한 점, 편제상으로 정1품 아문 오군도독부(五軍都督府)를 문관 체계의 최고 관부였던 정2품 아문 육부(六部)보다 우위에 두어 무관

(武官)에 대한 우대를 체계화한 점, 위소(衛所) 체제와 같은 민호(民戶)와 군호(軍戶)를 명확하게 분리하여 군사 체계를 안정화한 점 등이 특징이다.

홍무제는 각종 법제에서 문관보다 무관을 우대하도록 하였는데, 이는 건국 이후 존재하는 무장 세력을 위무하고 이를 통치 체계에 포용하기 위한 조치였다. 그러나 이는 반드시 황제에 의해 시행하도록 함으로써 황제 중심의 통치 체계를 확립하였다. 그리고 문관에 대한 부정적인 인식으로, 공훈 없이 봉작을 받는 것을 금지하였다. 인사 추천을 하는 관사에서 공훈 없는 문관을 모호하게 주청하여 봉작을 받으면 추천한 관원과 봉작을 받은 이를 모두 참형에 처하도록 하였다.

홍무제는 군사를 체계적으로 지휘하기 위해 1364년(지정24) 부오법(部伍法)을 만들었다. 편제를 지휘(指揮), 천호(千戶), 백호(百戶), 총기(總旗), 소기(小旗)로 일원화하고, 병사를 기준으로 5000명에 지휘, 1000명에 천호, 100명에 백호, 50명에 총기, 10명에 소기를 두었다. 5개의 소기가 모여 총기를, 2개의 총기가 모여 백호를, 10개의 백호가 모여 천호를, 5개의 천호가 모여 위(衛)를 구성하는 형식이며, 몇 개의 위와 소(所)를 모아 중요 군사 거점에 도지휘사사(都指揮使司)를 만들었다. 위소는 경사(京師)에서 지방 군현에 이르기까지 모두 설치되었으며, 중앙은 오군도독부가, 지방은 각 도사(都司)가 통솔하였다.

한편, 홍무제는 북원(北元) 세력을 제압하고 군사 반란을 대비하기 위해 역대 제도를 따라 군정권(軍政權)을 일반 행정 분야와 분리하였다. 즉 오군도독부를 통해 중앙의 병권뿐만 아니라 지방의 병권을 흡수함으로써 재상의 권력을 분할하고, 군사력을 황제가 직접 통제할 수 있도록 하였다. 이는 홍무제의 국가 통치 이념과 일치되는 것으로 황제 중심의 전제 권력을 확립하고자 하였던 것이다. 홍무제의 군정권에 대한 직접 통제는 송대에 추밀원(樞密院)을 강화하여 재상권과 분리하여 황제의 전제 권력을 강화하였던 것과 일맥상통한다.

202
태묘의 문에 함부로 들어감
太廟門擅入

태묘(太廟)의 문[1] 및 산릉(山陵)[2] 조역(兆域)[3]의 문에 함부로 들어가면 장 100이다. 태사(太社)[4]의 문에 함부로 들어가면 장 90이다. 문의 경계를 넘지 않으면 각각 1등급을 줄인다. 수위관(守衛官)이 고의로 묵인하면 각각 범인과 더불어 같은 죄이다. 각찰(覺察)을 제대로 하지 못하면 3등급을 줄인다.

직해 태묘의 문 및 산릉 조역의 문에 함부로 들어가면 장 100이다. 태사의 문을 함부로 들어가면 장 90이다. 문의 경계를 넘지 않으면 1등급을 줄인다. 관원 및 간수인 등이 고의로 들어가게 해 주면 죄가 같고, 각찰하지 못하면 3등급을 줄인다.

1 태묘(太廟)의 문 : 태(太)는 대(大)이며, 묘(廟)는 사당이다. 천자의 종묘는 칠묘(七廟)가 있는데 삼소(三昭)와 삼목(三穆)에 태조(太祖)가 그 가운데 있기 때문에 태묘라고 한다. 〔太 大也 廟者 貌也 天子宗廟 三昭三穆 太祖居中 故曰太廟〕《부례(상) 534쪽》 태묘의 문은 외문(外門)을 이르며, 태묘의 전문(殿門)이 아니다.〔太廟門 謂外門 非太廟之殿門也〕《집해 995쪽》

2 산릉(山陵) : 천자의 무덤을 진(秦)에서는 산이라 하였고, 한(漢)에서는 능이라 하였다. 〔秦曰山 漢曰陵〕《부례(상) 534쪽》 높고 크기 때문에 산릉이라고 하는 것이다.〔山陵 天子之墓 謂其高大 故曰山陵〕《집해 995쪽》

3 조역(兆域) : 조(兆)란 점을 쳐서 얻은 길지이고, 조를 둘러싼 것이 영(塋)이며, 역(域)은 영의 바깥 담장이다.〔兆者 卜得吉地之稱 周兆以爲塋 域則塋之外垣也〕《부례(상) 534쪽》

4 태사(太社) : 천자가 오토(五土)의 신을 제사하는 곳이다.〔太社者 天子祀五土之神之所〕《집해 996쪽》

203
궁문이나 전문에 함부로 들어감
宮殿門擅入

203-1 황성(皇城)의 오문(午門)·동화문(東華門)·서화문(西華門)·현무문(玄武門) 및 금원(禁苑)[1]에 함부로 들어가면 각각 장 100이다. 궁문(宮門)이나 전문(殿門)[2]에 함부로 들어가면[3] 장 60 도 1년이다. 어선소(御膳所)[4]나 어재소(御在所)[5]에 함부로 들어가면 교형이다. 문의 경계를 넘지 않으면 각각 1등급을 줄인다.

203-2 문적(門籍)[6]이 없는데 남의 이름을 사칭하여 들어가면[7] 죄가 또한

1 금원(禁苑) : 궐내의 동산을 이르는데, 일설에는 동산으로서 금제(禁制)가 있는 곳이라고도 한다.〔禁苑 謂禁中之苑囿 一曰苑囿之有禁制者〕《집해 999쪽》 짐승을 기르고 화초를 심어 놓은 곳을 원(苑)이라 하며, 함부로 들어가는 것을 불허하므로 금원이라 한다.〔養獸禽植花草之所曰苑 不許擅入故曰禁苑〕《부례(상) 535쪽》

2 궁문(宮門)이나 전문(殿門) : 궁문은 궁위(宮闈)의 문이고, 전문은 각 전의 문이다.〔宮門 宮闈之門 殿門 各殿之門〕《소의(하) 7쪽》

3 함부로 들어가면 : 문적(門籍)이 있는 사람이 명을 기다리지 않고 들어가는 것이다.〔擅入 是有籍之人 不待命而入也〕《부례(상) 535쪽》

4 어선소(御膳所) : 천자가 드실 음식을 만들어 공급하는 곳이다.〔御膳所 供造御食之所〕《집해 1000쪽》

5 어재소(御在所) : 천자가 머무르는 곳이다.〔御在所 天子所駐之處〕《집해 1000쪽》

6 문적(門籍) : 그 문을 출입할 수 있는 사람의 성명·나이를 기록하여 문 위에 걸어 두는 대나무 첩(牒)이다. 문을 지키는 관리는 이 첩을 준비해 두어 출입하는 사람을 검사한다. 관원에 임명되면 문적을 내어 문에 두고, 관직을 그만두면 문에 있던 문적을 철거한다.〔門籍ハ其門ヲ出入スベキ人ノ姓名年紀ヲ書シルシ門上ニ掛ケ置ク竹ノ牒也門ヲ守官吏其牒ヲヒカヘテ出入ノ人ヲギンミスル也官ノ員ニ充レハ籍ヲ出シテ門ニ置ク官ヲ罷ラルレバ門ニ在ル籍ヲ撤去也〕《언해 권15 5장》 당대(唐代)의 문적 작성에 대해서는 〈궁위령(宮衛令)〉 참조.《습유 359쪽》

7 남의……들어가면 : 원문의 모명(冒名)은 다른 사람 문적의 이름을 사칭하는 것이다.〔冒名是冒他人門籍之名也〕《부례(상) 535쪽》 본래 성명을 문적에 기록하지 않은 사람이 거짓으로 문적이 있는 사람의 성명을 빌려 칭하여 황성 궁전(宮殿) 등의 문에 들어가는 자도 역시

같다.[8]

203-3 궁(宮)이나 전(殿)에 들어갈 수 있는 자라도 문적을 아직 걸어 두지 않았는데 들어가거나,[9] 퇴근해야 하는데 멋대로 들어가거나, 숙직 차례가 오지 않았는데 멋대로 숙직하면 각각 태 40이다.[10]

203-4 숙위(宿衛)로 근무해야 해서 병장기(兵仗器)[11]를 휴대할 수 있는 사람이 아닌데 만약 작은 칼이라도[12] 지니고 궁문이나 전문 안에 들어가면[13] 교형이다. 황성의 문 안에 들어가면 장 100에, 변방 먼 곳으로 보내 충

각각 함부로 들어간 경우의 율과 같다.〔カリ名ヲ稱シ詐ルヲ冒名ト云若本ヨリ姓名ヲ門籍ニ著コトナキ人詐テ門籍アル人ノ姓名ヲ假リ稱シテ皇城宮殿等ノ門ニ入ル者モ亦各各擅ニ入ルノ律ノ如シ〕《언해 권15 6장》

8 황성(皇城)의……같다 : 1항에서는 고의이든 무지이든 들어가면 안 되는데 함부로 들어가는 것을 넓게 가리켜 말하였고, 2항은 이름을 사칭하여 들어간 경우이므로 모두 고의로 들어간 것이다. 이 둘의 죄를 똑같이 논하는 것은 이곳이 모두 접근을 금하는 곳이어서 비록 과오일지라도 또한 가볍게 처리할 수 없기 때문이다.〔首節 泛指不應入而擅入 其中有故入者 亦必有無知誤入者 次節 冒名而入 則皆故入矣 而論罪無過誤之分 皆禁近之地 雖誤亦不得輕也〕《집주(상) 425쪽》

9 궁(宮)이나……들어가거나 : 황성의 문이나 궁문, 전문 등에 들어갈 수 있는 관직에 보임되었다 할지라도 문적에 이름을 기록한 이후에야 들어갈 수 있다.〔皇城門宮殿門等ニ入ルベキ官ニ補セラルト云ドモ門籍ニ名ヲ著シタルヲ待テ以後ニ入ルベシ〕《언해 권15 6장》

10 태 40이다 : 410조 불응위(不應爲)의 율을 적용하여 각각 태 40으로 처벌하는 것이다.〔皆スマジクシテスル不應ノ律ヲ引テ各笞四十ヲ坐スル也〕《언해 권15 7장》

11 병장기(兵仗器) : 칼·몽둥이 따위로, 쇠로 된 것이나 나무로 된 것이 모두 이에 해당한다.〔兵仗 謂刀劍杵棒之類 或鐵或木 皆是〕《소의(하) 9쪽》

12 작은 칼이라도 : 작은 칼만 말한 것은 가벼운 것을 들어 무거운 것까지 포괄한 것이다.〔但言寸刃 擧輕以槪重也〕《집주(상) 425쪽》

13 궁문이나……들어가면 : 칼을 가지고 문에 이르되 문 안에 들어가지 않은 경우의 처벌에 대해서는 주석서에 따라 견해가 엇갈린다. 《회해(會解)》를 인용한 《언해》에서는 칼을 가졌을 경우 반드시 문 안에 들어와야 처벌하며, 만약 문 밖에 있었으면 천입죄(擅入罪)·모입죄(冒入罪)만 적용하여 장 100으로 처벌한다고 보았다.〔會解云 持刃 須入門內乃坐 若在門外 止依擅入冒入〕《언해 권15 8장》 그리고 《집주》에서도 반드시 문 안에 들어와야 처벌한다고 하였다.〔不言未入門限 以須入門內乃坐〕《집주(상) 424쪽》

그러나 《집주》는 칼을 지닌 것을 중시한다면 문의 경계를 넘지 않았다고 해서 가벼이 처리할 수 없다고 보았다. 황성의 문 안에 들어가면 이미 충군(充軍)이므로 궁문이나 전문

군(充軍)한다.

203-5 문관(門官)[14] 및 숙위하는 관원이나 군관(軍官)[15]이 고의로 묵인하면 각각 범인과 더불어 같은 죄이다.[16] 각찰(覺察)을 제대로 하지 못하면 3등급을 줄이되 죄는 장 100에 그친다.[17] 군인은 또 1등급을 줄인다.[18] 모두[19]

의 경계를 넘지 않은 경우에 천입죄의 장 100을 적용하는 데 그칠 수 없으므로 역시 충군해야 하며, 황성 문의 경계를 넘지 않았으면 충군에서 1등급을 줄여 장 100 도 3년으로 처벌해야 한다고 해석하였다.〔推但持寸刃句語意 則當以持刃爲重 豈得以未過門限而輕之 況入皇城門內 已得軍罪 未過宮殿門限 止照擅入杖一百乎 未過宮殿門限 合依入皇城門內充軍 未過皇城門限 則比照擅入減一等 減充軍爲滿徒 庶合律意〕《집주(상) 425쪽》

14 문관(門官) : 문을 지키는 내관, 즉 환관이다.〔門官 謂守門內官〕《소의(하) 9~10쪽》 홍무(洪武) 초에 내사감(內使監)과 문관을 두고 모두 엄인(閹人)으로 하여금 관장하게 하였다. 오문(午門)·동화문(東華門)·서화문(西華門)·현무문(玄武門)·봉천문(奉天門)·좌순문(左順門)·우순문(右順門)·좌홍문(左紅門)·우홍문(右紅門)·황궁(皇宮)의 문·곤녕궁(坤寧宮)의 좌문(左門)·곤녕궁의 우문(右門) 등 각 문에 정(正) 책임자 1인, 부(副) 책임자 1인을 두어 아침저녁으로 열고 닫는 일과 출입을 통제하는 일을 맡게 하였다.〔門官ハ內臣也卽チ宦官也洪武ノ初內使監ヲ置ク又門官ヲ置ク皆閹人ヲ以テ掌ラシム 午門東華門西華門玄武門奉天門左右順門左右紅門皇宮門坤寧宮左門宮右門各門 正一人副一人 掌晨昏啓閉關防出入〕《언해 권15 8장》

15 숙위하는 관원이나 군관(軍官) : 문에 들어올 때 문에서 근무하면서 지키는 자이다.〔宿衛官軍 指入門之時 在門直宿守衛者〕《소의(하) 10쪽》

16 각각……죄이다 : 위의 1~4항에 모두 해당한다.〔末節 承上四節言〕《집주(상) 425쪽》 사죄(死罪)에 이르면 1등급을 줄인다.〔至死 減一等〕《집주(상) 424쪽》 병기를 가지고 황성의 문에 들어오는 범인을 고의로 묵인한 경우에도 범인과 똑같이 처벌하는가에 대해서《전석》은 똑같이 처벌하면 너무 무거우므로 충군하지 않는다는 혹자의 견해를 비판하고, 율문에서 '동죄(同罪)'라는 것은 사죄에 이를 경우 1등급을 줄이는 데 그칠 뿐 그 나머지는 모두 같다고 하였다.〔或謂故縱人持刃入皇城門者 止該杖一百 不擬充軍 不然 則較之故縱持刃入宮殿門者 減等流三千里之罪 反重也 不知律稱同罪 止至死減一等 其餘 皆同〕《전석 권13 3장》

17 각찰(覺察)을……그친다 : 충군과 교형도 3등급을 줄여 장 100에 그친다.〔照以上笞杖徒等罪 各減三等科之 卽充軍與絞 亦止杖一百也〕《집주(상) 425쪽》

18 군인은……줄인다 : 군인은 책임이 관원보다 가벼우므로 또 1등급을 줄여 통틀어 4등급을 줄이고 죄는 장 90에 그친다.〔軍人責輕於官 又減一等 通減四等 罪止杖九十〕《집주(상) 425쪽》《집해 1005쪽》

19 모두 : 문관과 숙위하는 관원이나 군관을 가리켜 말한 것이다.〔幷字 指門官宿衛而言〕《집주(상) 425쪽》

당일 근무자를 처벌한다. 나머지 조문도 이에 준한다.[20]

직해 대궐의 자문(紫門), 동문, 서문 및 궐 안에 함부로 바로 들어가면 장 100이다. 각 전의 문 안에 함부로 바로 들어가면 장 60 도 1년이다. ○ 수라간 및 어재소에 함부로 바로 들어가면 교형으로 죽이되, 문의 경계를 넘지 않았으면 1등급을 줄인다.

○ 문적에 이름이 없는 사람이 남의 이름을 사칭하여 바로 들어가도 같은 죄로 논한다.

○ 전문에 바로 들어갈 수 있어도 문적에 이름을 기록하지 않거나, 혹 퇴근 후에 다시 들어가거나, 혹 숙직 차례가 오지 않았는데 들어와 숙직하면 각각 태 40이다.

○ 병기를 지닌 시위군에 속하지 않는 사람이 작은 칼이라도 지니고 전문에 바로 들어가면 교형으로 죽인다. 내성의 문 안에 바로 들어간 자는 장 100이고 먼 변방에 충군한다.

○ 문관 및 시위군이 고의로 묵인하면 범인과 같은 죄로 논한다. 알지 못하고 검찰을 제대로 하지 못하면 3등급을 줄이되 죄는 장 100에 그친다. 군인은 1등급을 줄인다. 모두 당일 근무자를 논죄한다.

해설

황제가 거처하는 황성 및 그 내부의 여러 궁(宮)이나 전(殿)에 함부로 출입하는 것을 금지한 규정이다. 당률에서는 궁문에 난입하면 도(徒) 2년, 전문에 난입하면 도 2년 반인데, 명률에서는 형량이 가벼워졌다. 209조 첩출입궁전문(輒出入宮殿門)과 서로 참조해서 볼 필요가 있다.

20 나머지……준한다 : 각 조 내에서 문관·숙위하는 사람이 고의로 묵인하거나 제대로 각찰하지 못한 죄가 있으면 모두 당일 근무자를 처벌함을 이른다.〔謂各條內門官宿衛有故縱失察之罪 幷罪坐直日者也〕《집주(상) 425쪽》

●●●

황성의 문

명 초에 남경 황성 안의 여러 전각과 문은 몇 차례에 걸쳐서 건설되었다. 오왕(吳王) 원년인 1367년 처음으로 황성을 건설하였는데, 정전(正殿)을 봉천전(奉天殿)이라 하고 그 앞에 봉천문(奉天門)을 두었다. 봉천전 뒤에는 화개전(華蓋殿)을, 화개전 뒤에는 근신전(謹身殿)을 두었고 모두 양쪽에 회랑을 두었다. 봉천전의 좌우에 문루(文樓)와 무루(武樓)라는 누대를 지었다. 근신전 뒤에 궁을 2개 지었는데, 앞의 것은 건청궁(乾淸宮)이고 뒤의 것은 곤녕궁(坤寧宮)이다. 육궁(六宮)은 순서에 따라 배열하였고 황성으로 둘러쌌다. 황성의 남문은 오문(午門), 동문은 동화문(東華門), 서문은 서화문(西華門), 북문은 현무문(玄武門)이라 하였다.

1377년(홍무10) 대내(大內)의 궁전을 고쳐, 궐문을 오문, 오문 안쪽의 문을 봉천문이라 하고, 봉천문 좌우의 문을 동각문(東角門)・서각문(西角門)이라 하였다. 문 안의 정전을 봉천전이라 하였고 여기에서 황제가 조하(朝賀)를 받았다. 봉천문 밖 두 회랑의 사이에 좌순문(左順門)과 우순문(右順門)을 두었으며, 좌순문의 바깥을 동화문이라 하였다. 그 안쪽에 동궁(東宮)이 일을 보는 문화전(文華殿)이 있었고, 우순문의 바깥을 서화문이라 하였다. 그 안쪽에 황제가 재계(齋戒)할 때 거처하는 무영전(武英殿)이 있다.

204
숙위하는 사람과 수위하는 사람이 사사로이 다른 사람으로 대체함
宿衛守衛人私自代替

204-1 궁금(宮禁)[1]을 숙위(宿衛)하거나 황성 문을 수위(守衛)[2]하는 사람이 입직(入直)해야 하는데 입직하지 않으면 태 40이다. 숙위하거나 수위해야 할 사람으로서 사사로이 대체한 사람과 대체된 사람은 각각 장 60이다. 다른 위(衛)에 속하여 숙위나 수위를 할 사람이 아닌데 다른 사람의 이름을 사칭하여 사사로이 대체한 사람과 대체된 사람은 각각 장 100이다. 백호(百戶) 이상[3]이면 각각 1등급을 더한다.

204-2 입직 중에 도망하면 죄가 또한 위와 같다.

204-3 경성(京城)의 문[4]이면 1등급을 줄이고, 각처 성문[5]이면 또 1등급을 줄인다. 직접 관할하는 두목[6]이 알고도 고의로 묵인하면 각각 범인과 더불

1 궁금(宮禁) : 궐내에 있는 궁(宮)이나 전(殿)의 금문(禁門)이다. 이 금령을 집행하기 위하여 숙위(宿衛)를 설치하였다. 《언해 권15 11장》

2 수위(守衛) : 각 문을 파수하여 출입자를 경계하며 살피는 것이다.〔守衛 則把守各門 稽察其出入者也〕《집설 권5 25장》 황성 4문인 오문(午門)·동화문(東華門)·서화문(西華門)·현무문(玄武門)부터 황성 내외까지 친군(親軍) 제위(諸衛)가 번(番)을 나누어 수위하고 지방을 나누어 정하는 것을 이른다.〔自皇城四門至皇城內外 以親軍諸衛 分番守衛 分定地方謂之守衛〕《전석 권13 3장》

3 백호(百戶) 이상 : 진무(鎭撫)·천호(千戶)·지휘(指揮)이다. 경성이나 각처의 성을 모두 겸하여 말한 것이다.〔百戶以上 指鎭撫千戶指揮言 京城及各處城 皆兼〕《집설 권5 25장》

4 경성(京城)의 문 : 경도(京都) 주위에 축조한 성의 문이다. 명(明)은 국초에 남경(南京)에 도읍을 정한 다음, 주위 96리에 걸쳐 내성(內城)을 축조하여 13개의 문을 만들고, 주위 180리에 걸쳐 외성(外城)을 축조하여 16개의 문을 만들었다. 《언해 권15 13장》

5 각처 성문 : 지방에 있는 외성의 문이 각처 성문이다. 《언해 권15 13장》

6 직접 관할하는 두목 : 원문의 친관두목(親管頭目)은 군을 통솔하는 자로 군의 우두머리이다. 천호·백호를 통솔하여 지휘하는 자가 지휘인데, 지휘는 천호·백호의 친관두목이다.〔親管頭目 謂管軍者 卽軍之頭目也 管指揮千百戶者卽指揮 千百戶之頭目也〕《석의 권13 5장》

어 같은 죄이다. 각찰(覺察)을 제대로 하지 못하면 3등급을 줄인다. 합당한 사정이 있어서 관할하는 사람에게 알리면 처벌하지 않는다.[7]

직해 궐내를 숙위하는 인원(人員)과 금성(金城) 문을 수위하는 사람이 입직해야 마땅한데 입직하지 않으면 태 40이다. 비록 숙위나 수위에 번을 서야 할 사람이건만, 사사로이 다른 사람으로 하여금 대신 서게 한 사람 및 대신 선 사람은 각각 장 60이다. 다른 위(衛)로 숙위나 수위에 관계되지 않은 사람을 써서 이름을 사칭하고 대신 서게 한 사람과, 뜻을 같이하여 대신 선 사람은 각각 장 100이다. 백호 이상은 각각 1등급을 더한다.

○ 입직하였다가 도망한 사람은 같은 죄로 논한다.

(○) 경성 문에서 지키고 있다가 도망하면 1등급을 줄이고, 각처의 성문은 또 1등급을 줄인다. 직접 관할하는 두목(頭目)이 알고도 고의로 놓아주면 범인과 같은 죄로 논한다. 알지 못하여 각찰을 제대로 하지 못하면 3등급을 줄인다. 부득이한 사정으로 두목에게 나아가 고지하면 논죄하지 않는다.

7 합당한……않는다 : 궁금·황성·경성·외성 등의 문에 숙위나 수위를 할 사람이 질병이나 자녀 출산, 상을 당하게 되어 먼저 관할하는 두목에게 가서 알리면 숙직하지 않은 죄를 처벌하지 않는다.〔其宮禁皇城京城外城等門 宿守之人 遇有疾病生産死喪等項事故 而先赴所管頭目告知者 不坐不直之罪〕《전석 권13 4장》

205
황제를 호종하는 데 지체함
從駕稽違

205-1 거가(車駕)[1]를 호종(扈從)해야 하는 사람이 기한을 위반하여 기일 내에 도착하지 않거나, 호종하였다가 먼저 돌아오면, 1일에 태 40이고 3일마다 1등급을 더하되 죄는 장 100에 그친다.[2] 백호(百戶) 이상은 각각 1등급을 더한다.[3]

205-2 거가를 호종하다가 도망치면 장 100에, 변방 먼 곳으로 보내어 충군(充軍)한다. 백호 이상은 교형이다.[4] 직접 관할하는 두목[5]이 고의로 묵인

1 거가(車駕) : 〈명례율(名例律)〉 40조 칭승여거가(稱乘輿車駕)에서 승여나 거가는 황제를 일컫는 것으로, 감히 존호(尊號)를 함부로 부를 수 없기에 가탁해 말하였다고 풀이하였다. 그러나 이 조문에서 거가가 황제를 가탁한 것인지 아니면 수레 그 자체를 말한 것인지는 주석서마다 다르다. 거가를 황제로 보기도 하고,〔車駕巡幸 凡有應合根從之人〕《소의(하) 15쪽》〔應合扈從車駕巡幸之人〕《집설 권5 27장》〔車駕行幸〕《집해 1016쪽》 수레 그 자체로 보기도 한다.〔天子巡幸 而扈從車駕者〕《석의 권13 5장》〔天子巡幸 應扈從車駕之人〕《집주(상) 428쪽》 여기서는 조문명의 '종가(從駕)'는 '황제를 호종함'으로, 율문의 '거가'는 '수레'로 번역하였다.

2 거가(車駕)를……그친다 : 순행(巡幸)하는 황제의 수레를 호종해야 하는데 기일을 어기거나, 이미 행행(幸行)을 호종하였으나 먼저 돌아오면, 비록 황제를 소홀히 한 죄는 똑같으나 그 실정이 가볍다. 그러므로 기일을 어긴 것과 먼저 돌아온 날짜를 계산하여 논죄하는데, 이는 군인을 가리켜 말한 것이다.〔應從駕而違期 已從行而先回 雖均有慢君之罪 而其情輕 故計其違期先回之日論罪……此指軍人言也〕《집주(상) 428쪽》 여기서는 황제가 평상시 순행할 때 호종해야 할 책임에 대해 말한 것이다. 그러므로 기일을 어기더라도 처벌이 226조 종정위기(從征違期)에 비해 가볍다.

3 백호(百戶)……더한다 : 백호 이상이 기일을 어기면 군인에 비하여 1등급을 더하여 그 충성스럽지 못함을 책망한다.〔百戶以上而違 是偸安以竊祿 比軍加一等 責其不忠〕《소의(하) 17쪽》

4 거가를……교형이다 : 기일을 어기는 것은 고의나 실수로 말미암은 것이지만, 도망가는 것은 간교하게 속이는 것으로 배반하여 떠나려는 마음이 있는 것이다. 그러므로 군인은 장 100에 변방 먼 곳으로 보내어 충군하고, 백호 이상은 교형으로 처벌하는 것이다.〔違者 或由故失 逃者 卽是姦欺 軍則邊遠充軍 軍官則坐以處絞〕《소의(하) 17쪽》〔從駕而逃 已有背去之心 則非先回之比 軍人杖發邊遠 百戶以上絞〕《집주(상) 428쪽》

하면 각각 범인과 더불어 같은 죄이다. 각찰을 제대로 하지 못하면[6] 3등급을 줄이되 죄는 장 100에 그친다.[7]

직해 법례에 따라 거가를 따르는 인원이 기일을 어기고 도착하지 않거나 거가를 따라갔다가 먼저 돌아오면, 1일은 태 40이고 3일마다 1등급을 더하되 장 100을 한도로 한다. 백호 이상은 각각 1등급을 더한다.

(○) 거가를 따라갔다가 도망하면 장 100이고 먼 곳으로 충군한다. 백호 이상은 교형으로 죽인다. 직접 관할하는 두목이 고의로 놓아주면 죄가 같다. 알지 못하여 각찰을 제대로 하지 못하면 3등급을 줄이되 죄는 장 100에 그친다.

해설

순행(巡幸)하는 황제의 수레를 호종해야 하는 군인이나 군관은 반드시 성실하고 공손해야 한다. 황제가 행행(行幸)할 때 이들이 호종하는 것은 군대의 위용을 장엄하게 하고 경비를 엄히 하기 위해서이다. 군인이나 군관이 호종의 기일을 어기는 위기(違期), 기일보다 먼저 돌아오는 선회(先回), 도망가는 재도(在逃) 등을 범하면 불충이므로 처벌한다. 이 조문은 황제가 평상시 순행할 때 군인이나 군관이 호종해야 할 책임에 대해 말한 것이므로 처벌이 출정(出征)할 때를 다룬 226조 종정위기(從征違期)와 같지 않다.

5 직접 관할하는 두목 : ③ 204 宿衛守衛人私自代替

6 고의로……못하면 : 고의로 묵인하는 것과 각찰을 제대로 하지 못한 것은, 기한 내에 도착하지 않은 것, 호종하였다가 먼저 돌아오는 것, 도망가는 것 세 가지 사항을 통틀어 말한 것이다.〔故縱及失覺察 通管不到先回在逃三項說〕《집해 1016쪽》

7 각찰을……그친다 : 일이 과실로 말미암은 것이기 때문에 직분을 소홀히 한 것을 책망할 뿐이다.〔事出無心 斯罪從輕擬也〕《집설 권5 28장》〔失覺減科 責其玩忽而已〕《소의(하) 17쪽》

206
어도를 따라 곧장 감
直行御道

오문(午門) 밖의 어도(御道)에서 어교(御橋)까지는[1] 시위(侍衛)하는 관원이나 시위하는 군관이 어가의 출입을 인도하거나 따라갈 때 동서 양옆으로 가는 것을 허락하되, 그 외에 나머지 문무백관 및 군인이나 민간인이 합당한 사정[2] 없이 어도 위를 곧장 가거나, 멋대로 어교를 건너면 장 80이다.[3] 궁(宮)이나 전(殿) 안에서 어도를 따라 곧장 가면 장 100이다.[4] 수위관이 고의로 묵인하면 각각 범인과 더불어 같은 죄이다. 각찰(覺察)을 제대로 하지 못하면 3등급을 줄인다. 어도 위를 가로질러 갔는데[5] 일시적으로 지나

1 어도(御道)에서 어교(御橋)까지는 : 어도는 오문(午門)의 가운데 길이고, 어교는 하나는 오문 안에 있고, 또 하나는 승천문(承天門) 밖에 있으며 정양문(正陽門)까지 이르는데 모두 금수교(金水橋)이다. 지존이 출입하는 길로 신민이 경유할 수 있는 곳이 아니다. '어도에서 어교까지는'이라고 하였는데 들어가서는 오문 안의 어교이고, 나가서는 승천문 밖의 어교이다.〔御道 卽午門中道 御橋 一在午門內 一承天門外 此云御道至御橋者 入則午門內御橋 出則至承天門外御橋 皆有道 此至尊出入之路 非臣民之所得由〕《전석 권13 7장》〔御橋 謂承天門外之中橋 至正陽門 俱是金水橋〕《집해 1019쪽》

2 합당한 사정 : 시위(侍衛)하거나 도종(導從)하는 것이다.〔無故故字 卽是侍衛導從也〕《집해 1019쪽》

3 장 80이다 : 지방의 아문에 용정(龍亭)이 설치되고 의장(儀仗)이 펼쳐져 있는데 곧장 가면 역시 어도에 준해서 과단하여 장 80이다.〔凡在外衙門 龍亭已設 儀仗已陳 而直行者 亦準御道科斷 杖八十〕《집해 1022쪽》

4 궁(宮)이나……100이다 : 율문에서 오문 밖의 어도에 대해 칭하면서 오문 안에 대해서는 언급하지 않았다. 궁・전 안의 어도에 대해서는 오문 밖에 비해 2등급을 더한다고 하였으니, 오문 안의 어도와 어교에 대해서도 마땅히 오문 밖에 비해 1등급을 더하고 궁・전 안에 비해 1등급을 줄이는 것이 옳을 듯하다. 만약 오문 안도 똑같이 장 80이라면 굳이 오문 밖이라고 말할 필요는 없었을 것이다.〔律稱午門外之御道 而不及午門內 又稱宮殿中之御道 加午門外二等 則午門內之御道御橋 宜加午門外一等 而減宮殿中一等 可也 若同杖八十 則不必稱午門外矣〕《집설 권5 29장》

5 어도……갔는데 : 오문 밖의 어도와 궁이나 전 안의 어도를 겸하여 말한 것이다.〔橫過 兼午

간 것이면 이 금지 규정을 적용하지 않는다.

직해 궐문 밖의 어도 및 어교에서 시위하는 관원·군인 및 어가를 이끌거나 따라가는 관원·군인 등은 좌우 양옆으로 다니고, 다른 나머지 문무 관원·군인·민간인이 어도 및 어교를 곧장 가거나 건너가면 장 80이다. 궁전 내의 어도에서 곧장 가면 장 100이다. 숙위하는 관원이 고의로 놓아주면 같은 죄로 논한다. 알지 못하여 각찰을 제대로 하지 못하면 3등급을 줄인다. ○ 어도 위를 가로질러 갔으되 부득이하여 일시적으로 지나간 것은 이 금지 규정을 적용하지 않는다.

해설

궁궐 오문 밖의 어도와 어교 및 궁전 안의 어도는 모두 황제가 출입하는 길이고, 신민들이 지나다닐 수 있는 곳이 아니므로 시위하는 군사나 거가(車駕)를 수종하는 사람들을 제외하고 통행을 일절 금지하였다. 당률에서는 궁전의 안과 밖을 구분하여 안에서는 명률보다 처벌이 더 무겁고 밖에서는 명률보다 가볍다.

門外及宮殿中御道言〕《집설 권5 28장》

207
내부에서 작업하는 장인이 역을 대체함
內府工作人匠替役

여러 명색의 공장(工匠)의 항인(行人)[1]이 차출되어 내부(內府) 및 승운고(承運庫)에서 작업할 때, 직접 패(牌)를 받고[2] 안으로 들어가 역을 지지 않고 다른 사람을 고용하여 이름을 사칭해서 사사로이 대체하거나 대체된 사람은 각각 장 100이다. 고공전(雇工錢)은 관에 들인다.

직해 여러 명색의 장인들을 왕부 안에서 부릴 공역(工役)에 차정(差定)하였는데, 몸소 패(牌)를 받아 역을 지지 않고 다른 사람에게 청하여 이름을 사칭해서 대신 역을 지게 한 사람과 대신 역을 진 사람은 각각 장 100이다. 역을 대신 한 돈은 관에 몰수한다.

1 여러……항인(行人) : 원문의 공장항인(工匠行人)을 공장과 항인의 두 항목으로 보는 견해도 있고 하나의 항목으로 보는 견해도 있다. 《부례》는 전자, 《GMC》·《집해》·《전석》은 후자의 견해이고, 《언해》는 두 설을 모두 소개하였다. 후자로 볼 경우 원문의 제색공장항인(諸色工匠行人)은 여러 가지 수공업 관련 기술자라는 뜻이 된다. 여러 종류의 장인 및 이들이 속한 관아는 《전석》에 구체적으로 나와 있다.〔內府 司禮 內官 司設 御用 印綬 尙衣 御馬等監 內 織染 銀作 兵仗 巾帽 鍼工 酒醋 麪等局 惜薪 寶鈔等司 內 承運 供用 司鑰等庫 各有官匠 多寡不等 總一萬五千餘名〕《전석 권13 8장》

2 패(牌)를 받고 : 각 공장에게 담당 관사가 발급한 패를 허리에 차고 있도록 하여 점고(點考)에 편하게 한 것이다.〔關牌 各工匠 俱有懸帶牌面 以便稽查者〕《집해 1023쪽》〔腰ニ懸テ庫門ヲ出入スル牌ヲ所司ヨリ關領シテ內二入ル也〕《언해 권15 25장》

208
궁이나 전에서 작업이 끝났는데도 나가지 않음
宮殿造作罷不出

궁(宮)이나 전(殿) 안에서 물건을 만들 때, 해당 관사는 공장(工匠)의 성명을 갖추어 문관(門官) 및 수위(守衛)하는 관원에게 보고한다. 들어가는 문 앞에서 일일이 점검하여 살펴보고[1] 들여보내 작업하게 한다. 신시(申時) 무렵이 되면 반드시 공장들의 용모를 살피고 인원수를 대조하고 점검하여 내보낸다. 나가지 않으면 교형이다. 감공관(監工官) 및 제조(提調) 내사감(內使監)의 관원,[2] 문관, 수위하는 관원·군관이 점검하여 살피는데, 만약 인원수가 부족하면 곧바로 수색하여 붙잡고 즉시 주문(奏聞)한다. 알면서도 적발하지 않으면 범인과 더불어 같은 죄이다. 각찰(覺察)을 제대로 하지 못하면 3등급을 줄이되, 죄는 장 100에 그친다.

직해 궁전 안에서 물건을 만들 일이 있으면, 주관하는 관원이 여러 명색의 장인의 성명을 문관 및 시위하는 관원에게 문서로 보고한다. 그러면 문에 들어갈 때 하나하나 점검하여 들여보내 일하게 하고, 신시가 되면 반드시 자세히 몸을 검사하고 각 인원수를 점검하여 내보낸다. 나가지 않으면 교형으로 죽인다. 감독관 및 제조 내관·문관·수위하는 관원 등이 점검하여 살필 때 인원수가 부족하면, 낱낱이 조사하고 잡아들여 임금에게 아뢴다. 알면서도 고하지 않으면 범인과 같은 죄로 논한다. 알지 못하여 각찰을 제대로 하지 못하면 3등급을 줄이되 죄는 장 100에 그친다.

1 점검하여 살펴보고 : 점(點)은 인원수를 확인하는 것이고, 시(視)는 얼굴을 확인하는 것이다.〔點則知其名數 視則識其面目〕《집해 1025쪽》

2 내사감(內使監)의 관원 : 홍무 연간의 환관 조직은 통칭하여 내관감(內官監)이라 하였으며, 신궁감(神宮監), 상보감(尙寶監), 효릉신궁감(孝陵神宮監), 상선감(尙膳監), 상의감(尙衣監), 사설감(司設監), 내관감(內官監), 사례감(司禮監), 어마감(御馬監), 인수감(印綬監), 직전감(直殿監) 등 모두 11개 세부 감이 있었다. 이 조문의 내사감관(內使監官)은 단순히 내관감의 관원뿐 아니라 환관 조직에 편제된 모든 환관을 지칭한다.

209
멋대로 궁문이나 전문을 출입함
輒出入宮殿門

209-1 궁(宮)이나 전(殿)을 나가야 해서 문적(門籍)이 이미 제거되었는데도[1] 멋대로 남아 있으면서 나가지 않거나, 고발이나 탄핵[2]을 받아 공문(公文)으로 출입이 금지된 경우, 비록 문적이 아직 제거되지 않았더라도 멋대로 궁이나 전에 들어가면 각각 장 100이다.
209-2 숙위하는 사람[3]이 주핵(奏劾)[4]을 받으면, 해당 관사[5]에서 우선 그의 병장기를 거두어들인다. 어기면 죄가 또한 같다.[6]
209-3 궁문(宮門)이나 전문(殿門)에 비록 문적이 있더라도 밤이 되면 모

1 궁(宮)이나……제거되었는데도 : 이 조문은 군사(軍士) 이상 도독(都督) 이하 등 숙위하는 사람에 대해 말한 것이다. 만약 숙위하는 사람이 아니면, 따로 본율(③ 203 宮殿門擅入)이 있다. 궁이나 전을 나가야 하는 경우란 파견, 휴가, 질병, 퇴근 따위이다.〔本條 皆言宿衛人 若不係宿衛人 自有擅入本律〕《집주(상) 431쪽》〔此條 專自宿衛人言 凡軍士以上都督以下 皆是 應出宮殿 謂差遣給假患病下直之類〕《집해 1028쪽》 영(令)에 의하면 문적(門籍)은 당일 즉시 제거한다.〔依令 門籍當日卽除〕《당률 68조 應出宮殿輒留》《습유 359쪽》

2 고발이나 탄핵 : 원문의 고(告)는 그 죄상을 알고 있는 자가 관사에 나가서 일의 자초지종을 알려 드러내는 것이고, 핵(劾)은 관리를 탄핵하여 다스리는 것이다. 법관이 관리의 죄를 살펴 내어 그 실상을 고핵(考覈)하여 황제에게 아뢰는 것을 이른다.〔告ハ其罪情ヲ知タル者官司ニ出テ事ノ由ヲツゲアラハス也劾ハ官吏ヲ彈治スル也法官ヨリ官吏ノ有罪ヲ察シ出シ其實ヲ考ヘ覈ニシテ上ニ奏スルヲ云也〕《언해 권15 29장》

3 숙위하는 사람 : 도독 이하 군인 이상이다.〔都督以下 軍人以上〕《부례(상) 546쪽》

4 주핵(奏劾) : 주장(奏章)을 올려 죄를 탄핵하는 것이다. 주핵을 받은 자는 곧 처벌을 기다리는 사람이다.〔已被奏劾者 則是待罪之人〕《전석 권13 9~10장》

5 해당 관사 : 숙위를 관장하는 관사로,〔本司 謂管宿衛之官司〕《소의(하) 23쪽》 해당 위(衛)의 주사(主司)·주수(主帥) 등이다.〔本司 謂當衛主司及主帥等〕《당률 67조 宿衛人被奏劾》

6 어기면……같다 : 먼저 그 병장기를 거두어들이지 않으면 멋대로 궁이나 전에 남아 있거나 멋대로 궁이나 전에 들어간 죄와 같이 장 100으로 처벌한다.〔若違律 不先收兵仗者 亦如輒留輒入之罪 杖一百〕《집해 1029쪽》

두 출입할 수 없다. 만약 들어가면 장 100이고, 나가면 장 80이다. 문적이 없는데 들어가면 2등급을 더한다. 병장기를 가지고 전문에 들어가면[7] 교형이다.[8]

직해 궁·전에서 나갈 사람들에 대해 문적에서 이름을 이미 지웠는데 그대로 남아 나가지 않은 사람이나, 관사에 고발이나 탄핵을 당한 사람이 비록 문적에서 이름이 지워지지 않았어도 궁·전 안에 곧바로 들어가면 장 100이다.

○ 시위하는 인원이 죄를 입어 임금에게 아뢰면 해당 관사에서 먼저 군기(軍器)를 거두어들인다. 이를 어기면 같은 죄로 논한다.

○ 문적에 비록 이름이 있더라도 전문을 밤에 출입하지 못하는 규정을 어기고 들어간 자는 장 100, 나간 자는 장 80이다. 문적이 없는 사람은 2등급을 더한다. 병장기를 지니고 전문에 들어가면 교형으로 죽인다.

7 병장기를……들어가면 : 문적이 있는지 없는지를 따지지 않는다.〔不問有籍無籍〕《부례(상) 546쪽》 율문에서 여기서만 유독 궁(宮)을 빼고 전(殿)만 언급하였는데, 병장기를 가지고 궁문에 들어간 경우의 처벌에 대해서는 주석서에 따라 견해가 엇갈린다. 여러 조문에서 궁과 전을 함께 말하였으니 당연히 하나의 예로 논해야 한다고 하여〔持仗 不言入宮門 有犯亦坐絞 觀上諸條 俱以宮殿竝言 自當一例論矣〕《집해 1028쪽》 궁문에 들어간 경우도 똑같이 처벌한다고 보는 주석도 있고,〔入宮門亦坐〕《집주(상) 431쪽》 밤에 궁에 들어간 것에 의거하여 장 100으로 논하는 데 그친다고 하여 전문에 들어간 경우보다 가볍게 처벌하는 것으로 보는 주석도 있다.〔不言宮門者 止依夜入論〕《전석 권13 10장》

8 궁(宮)이나……교형이다 : 이 조문은 203조의 궁전문천입(宮殿門擅入)과 참조해서 보아야 한다. 이 조문에서 문관(門官) 및 숙위(宿衛)하는 관원·군관의 고종(故縱)·실찰(失察)을 언급하지 않은 것은, 이미 궁전의 문을 천입한 데 대한 조문이 있어서 끌어다 적용할 수 있기 때문이다.〔此條 當與前宮殿門擅入條 參看 而此條不言門官及宿衛官軍故縱失察者 已有擅入條可引也〕《집주(상) 431쪽》

210
내사의 출입을 단속함
關防內使出入

내사감(內使監)의 관원이나 봉어 내사(奉御內使)[1]가 외출하게 되면 각 문관(門官)은 반드시 이들이 몸에 지닌 관방패면(關防牌面)[2]을 거두어 보관하고, 장부상에 성명과 자호(字號)를 분명하게 기록하고 장차 어디로 갈 것인지 어떤 일을 할 것인지 명백히 덧붙여 기입한다. 문관과 수위하는 관원・군관이 전신을 수색・검사하여 따로 휴대한 것이 없어야 비로소 내보내는 것을 허가한다. 용무를 마치고 돌아오면 똑같이 수색・검사한 다음 관방패면을 돌려주고 안으로 들어가게 하여 매월 외출한 횟수를 점검하는 증빙으로 삼는다. 수색하여 찾아낸 것이 잡약(雜藥)[3]에 관계되면 자신이 먹게 한다.[4] 수색・검사에 복종하지 않으면 장 100에 충군(充軍)한다. 성지(聖旨)를 받들지 않고 사사로이 병기(兵器)를 지니고 황성 문 안으로 들어가면 장 100에, 변방 먼 곳으로 보내어 충군한다. 궁문이나 전문 안으로 들어가면 교형이다. 문관과 수위하는 관원이 수색・검사를 제대로 하지 못하면 범인과 더불어 같은 죄이다.

1 봉어 내사(奉御內使) : 황제를 가까이에서 모시면서 온갖 시중을 드는 하급 환관인 장수(長隨)이다.〔奉御內使 則長隨大駕者也〕《집해 1032쪽》 이 조문에서는 황성 내에서 일하는 내사감관(內使監官)에 대비하여 황성을 벗어나 대외적인 임무를 수행하는 환관이라는 의미에서 봉어 내사라 지칭한 것이며, 이들도 궁문을 출입할 때는 절차를 준수해야 함을 강조한 것이다.

2 관방패면(關防牌面) : ③ 220 懸帶關防牌面

3 잡약(雜藥) : 독약만을 지칭하는 것이 아니라 건강에 지장을 주거나 해로운 약을 말한다.《국자해 297쪽》

4 수색하여……한다 : 수색하여 잡약을 찾아내도 율문에는 죄주는 구절이 없으나 당연히 410조 불응위(不應爲)에 따라 장형을 부과해야 한다.〔搜出雜藥 律無科罪之句 當不應杖〕《부례(상) 547쪽》 죄주는 구절이 없는 것은 182조 합화어약(合和御藥)도 마찬가지이다.

직해 내사감의 관원 및 봉어 내관 등이 밖으로 나갈 때에는, 각 문관이 반드시 위 사람들의 몸에 지니고 있는 패면을 거두어들이며, 문서에 성명 및 가는 곳과 맡은 일 등을 명백히 기록하고, 문관과 수위하는 관원·군관 등이 위 사람의 몸을 수색·검사하여 지니고 있는 물건이 없어야 내보낸다. 돌아오면 앞서와 같이 몸을 수색·검사하고 패면을 주어 안으로 들이고, 밖으로 나간 차수를 매월 상고한다. 수색·검사할 때 나온 잡약은 자신이 직접 먹게 한다. 수색하지 못하도록 거역하면 장 100이고 충군한다. 왕지(王旨) 없이 사사로이 병기를 지니고 금성 문 안에 바로 들어오면 장 100이고 먼 지방에 충군한다. 궁전 문 안에 바로 들어오면 교형으로 죽인다. 문관 및 시위하는 관원이 수색·검사를 하지 않으면 범인과 같은 죄로 논한다.

211
궁전을 향해 활을 쏨
向宮殿射箭

태묘(太廟)나 궁전(宮殿)[1]을 향하여[2] 화살을 쏘거나 탄환을 쏘거나 벽돌이나 돌을 던지면 교형이다. 태사(太社)를 향하여 쏘면 장 100 유 3000리이다. 사람[3]을 상해(傷害)하면 참형이다.[4]

직해 태묘나 궁전을 향하여 화살이나 탄환을 쏘거나 기와·돌 등의 물건을 던지면 교형으로 죽인다. 태사를 향하여 쏘거나 던지면 장 100 유 3000리이다.[5] 사람을 다치게 하면 참형이다.

해설

태묘는 대사(大祀)를 지내는 곳이고, 궁전은 황제가 머무는 곳으로 모두 존엄하여 함부로 드나들지 못하는 엄숙한 장소이다. 태묘나 궁전을 향하여 화살이나 탄환을 쏘거나 돌을 던지는 행위는 매우 불경하므로 사죄(死罪)로 무겁게 다스리고, 태사는 그다음이므로 유형(流刑)으로 다스린다. 성곽이나 시장, 주택 등을 향해 활을 쏠 경우에 적용되는 318조 궁전상인(弓箭傷人)과는 처벌의 경중이 다르다.

1 태묘(太廟)나 궁전(宮殿) : ③ 202 太廟門擅入 ③ 203 宮殿門擅入

2 향하여 : 발사한 물체가 도달하였는지 도달하지 않았는지 관계없이 향하여 쏘기만 하면 처벌한다.〔向卽坐 不必論其到與不到也〕《석의 권13 9장》

3 사람 : 태묘, 궁전, 태사 안에 있는 자이다.〔人字 指在太廟宮殿太社內者〕《집설 권5 33장》

4 사람을 상해(傷害)하면 참형이다 : 다치게 하면 참형으로 처벌하므로 죽이면 당연히 참형이다. 가벼운 것을 들어 무거운 것을 포괄한 것이다.〔不言殺人者 傷已坐斬 殺無可加 擧輕以該重也〕《집주(상) 434쪽》

5 장 100 유 3000리이다 : 이런 경우 직해에서는 조선의 실정을 감안하여 대체로 '장일백 원류(杖一百遠流)'로 하나, 여기서는 율문의 내용이 그대로 반영되었다.

212
숙위하는 사람의 병장기
宿衛人兵仗

숙위하는 사람[1]은 병장기(兵仗器)[2]를 몸에서 떼어 놓아서는 안 된다. 어기면 태 40이다. 멋대로 근무지[3]를 벗어나면[4] 태 50이고, 다른 곳에서 자면 장 60이다.[5] 백호 이상은 각각 1등급을 더한다. 직접 관할하는 두목이 알면서도 적발하지 않으면 범인과 더불어 같은 죄이다. 제대로 각찰(覺察)하지 못하면 3등급을 줄인다.

직해 번(番)에 드는 시위하는 사람은 병장기를 몸에서 떼지 않아야 하며, 이를 어기면 태 40이다. 처음에 정해진 곳에서 벗어나면 태 50이고, 다른 곳으로 옮겨 잠을 자면 장 60이다. 백호 이상은 각각 1등급을 더한다. 담당 두목이 알면서도 고하지 않으면 범인과 같은 죄로 논한다. 알지 못하여 각찰을 제대로 하지 못하면 3등급을 줄여 논죄한다.

1 숙위하는 사람 : 숙위하면서 당직 중인 사람이다.〔此俱是宿衛 在直之人言〕《집해 1038쪽》

2 병장기(兵仗器) : 항상 휴대해야 하는 횡도(橫刀)와 기타 갑옷·창·활·화살과 같은 것이다.〔兵仗者 謂橫刀常帶 其甲矟弓箭之類〕《당률 76조 宿衛兵仗》

3 근무지 : 숙위하는 사람마다 각각 직분에 따라 정해진 장소이다.〔職掌處 所謂宿衛者人 各分有定所也〕《집해 1038쪽》

4 멋대로 근무지를 벗어나면 : 멋대로 벗어난다는 것은 잠시 떠나 있는 것을 말할 뿐이다. 만약 다른 곳에서 자면 또한 잠시 벗어나는 것에 그치지 않는다.〔輒離 謂暫時離者耳 若別處宿又不止輒離矣〕《집해 1038쪽》

5 멋대로……60이다 : 병장기를 몸에서 떼어 놓아도 여전히 당직하는 것이지만, 멋대로 근무지를 벗어나면 당직하지 않는 것이므로 1등급을 더한다. 근무지를 멋대로 벗어나더라도 이 경우는 다시 근무지로 돌아갈 것이라는 점을 알 수 있지만, 다른 곳에서 자는 경우는 근무지로 돌아가지 않겠다는 태도일 수 있으므로 1등급을 더하는 것이다.〔夫兵仗離身 猶在直也 而擅離職掌 斯不直矣 故加一等 輒離職掌 猶知返也 而別處宿者 斯不返矣 故又加一等耳〕《집해 1039쪽》

213
형벌을 받은 자의 숙위 충당을 금지함
禁經斷人充宿衛

213-1 경성(京城)에 살면서 죄를 지어 극형(極刑)[1]을 받은 집의 동거인들[2]은 즉시 다른 군으로 이주시킨다. 그 친속인 사람들과 이미 형벌을 받은 자[3]는 모두 근시(近侍) 및 숙위(宿衛)나 황성(皇城)과 경성의 문을 지키는 파수(把守)에 들어가 맡을 수 없다. 모호하게 맡으면 참형이다.[4] 해당 관사가 마음을 써서 자세히 살피지 않거나, 혹 타인의 부탁을 받거나 재물을 받고서 맡게 하는 것을 용납하면 죄가 같다.

213-2 선발하여 충원하라는 특지(特旨)가 있어서 일찍이 복주(覆奏)를 거쳐서 명백하게 문안을 작성해 놓았으면 이 규정을 적용하지 않는다.

직해 경성 안에서 죄를 범하고 전형(典刑)[5]을 받은 사람들의 동거인들은

1 극형(極刑) : 교형, 참형, 능지처사 등 사죄(死罪)이다.〔死罪ヲ云絞斬陵遲處死刑ノ重キ至極也〕《언해 권15 38장》

2 동거인들 : 일가(一家) 내에서 재산을 공유하고 함께 거주하는 사람을 말한다.〔同居人ロ一家ノ內ニ財產ヲ共ニシテ同ク居住スル人數ヲ云〕《언해 권15 38~39장》

3 이미……자 : 태죄나 장죄 이상의 죄를 범하여 이미 그에 대한 형벌의 집행이 끝났거나 유배에 처해진 자라야 비로소 형벌을 받은 자가 된다. 속전(贖錢)을 납입한 자는 해당되지 않는다.〔曾犯笞杖以上 必經斷決幷發配者 方是經斷 若納贖者 非也〕《부례(상) 549쪽》

4 근시(近侍)……참형이다 : 근시, 숙위, 파수는 모두 경비하는 사람이다.〔蓋近侍宿衛把守皆防範之人〕《집해 1044쪽》 근시는 직접 황제의 좌우에서 병장기를 지니지 않고 따르며, 숙위는 병장기를 지니고서 궁궐을 출입한다. 황성과 경성의 문도 지극히 엄히 삼가야 하는 곳이다. 만약 형벌을 받은 사람인데도 임무를 맡겨 부리면 사정(私情)을 품고 음모에 기대어 남몰래 간사한 짓을 할까 염려되어 예(禮)와 법(法)에서 금하는 것이다.〔近侍 則親隨左右 宿衛 則帶兵仗而出入宮禁 皇城京城門禁 亦至嚴謹之地 若刑人而充任使 恐有懷私情而陰謀托迹 潛作姦宄者 于禮當禁 于法當嚴〕《집주(상) 436쪽》 실정을 숨기고 모호하게 맡으면 참형이다.〔若有隱匿前項情由 朦朧充當者 斬〕《전석 권13 12장》

5 전형(典刑) : 율문의 극형(極刑)을 직해에서는 전형으로 하였다.

다른 곳으로 이사시키고, 그 나머지 친족인 및 이미 형벌을 받은 사람들은 모두 근시·숙위뿐 아니라 금성·경성의 파수를 보는 당직까지 금지한다. 위의 사람들이 농간을 부려 자리를 맡으면 참형이다. 담당 관원·아전이 자세히 살피지 않거나 남의 부탁이나 뇌물을 받고 자리를 맡기면 죄가 같다. (○) 이때 왕지(王旨)로 인하여 임금에게 아뢰고 선발하여 충원한 문서가 명백하면 이 규정을 적용하지 않는다.

214
의장 안으로 갑자기 뛰어듦 3조이다. 1조
衝突儀仗 三條

어가(御駕)가 행차하는 곳에서 근시(近侍) 및 숙위(宿衛)하며 어가를 호위하는 관원과 군인을 제외한 그 나머지 군인·민간인은 모두 피해야 한다. 의장(儀仗)[1] 안에 갑자기 뛰어들면 교형이다. 교외에서 갑자기 피할 수 없을 때에는 고개를 숙이고 땅에 엎드려 기다리도록 한다.[2] 문무백관[3]이 황제가 명을 내려 부르지도 않았는데 합당한 이유 없이 멋대로 의장 안에 들어가면 장 100이다. 전장(典仗)[4]이나 호위하는 관원·군인이 고의로 묵인하면 범인과 더불어 같은 죄이다. 각찰(覺察)하지 못하면 3등급을 줄인다.

직해 행차하는 어가를 배행하여 받드는 곳에서 근시·숙위하며 어가를 수행하는 관원·군인 이외에 그 나머지 군인이나 민간인은 모두 피해야 한다. 의장 안에 불쑥 들어온 군인 등은 교형으로 죽인다. 교외에서 행렬과 가까이 있어 피할 수 없는 곳에서는 고개를 숙이고 엎드려 기다린다. 문무백관이 임금의 부르심이 없는데 까닭 없이 의장 안에 갑자기 들어오면 장 100이다. 의장 안에서 시위하는 관원이나 군인이 고의로 놓아 보내면 범인과 같은 죄로 논한다. 몰랐으면 3등급을 줄인다.

1 의장(儀仗) : 황제의 행차 의식(儀式)에 사용되는 병장(兵仗) 즉 제왕이나 관원이 출행할 때 호위(護衛)가 소지하는 기(旗), 산(傘), 선(扇), 병기 등을 가리킨다. 장(仗)으로서 위의(威儀)를 삼는데, 짧은 것은 도(刀), 긴 것은 순(楯)을 사용하고, 병기를 갖추어 행행(行幸)의 위의를 행한다.〔唐律釋文云 儀仗 以此仗爲威儀 短者刀長者楯之用謂之儀仗 兵器ヲ備テ行幸ノ威儀ヲナスヲ儀仗ト云〕《언해 권15 42장》 황제가 타는 어가의 전후 행렬을 의장이라고 한다.《언해 권15 42장》

2 고개를……한다 : 거가가 지나가기를 기다리는 것이다.〔俯伏以待 謂車駕過也〕《집해 1046쪽》

3 문무백관 : 수행하는 자들이다.〔文武百官 謂隨行者〕《집해 1046쪽》

4 전장(典仗) : 의장을 전적으로 맡은 관원이다.〔典仗 專典儀仗之官〕《집해 1046쪽》

215
의장 안으로 갑자기 뛰어듦 2조
衝突儀仗

억울한 일을 호소할 것이 있으면, 의장 밖에서 아뢰고 엎드려 처분을 기다리는 것[1]만 허용한다. 의장 안으로 뛰어들어 호소하였는데 호소한 일이 사실이 아니면 교형이다.[2] 사실이면 죄를 면한다.[3]

직해 억울한 일을 가지고 임금께 아뢸 사람은 의장 밖에서 고개를 숙이고

1 처분을 기다리는 것 : 황제의 뜻에 따라 처분을 내리기를 기다리는 것이다.〔聽聖旨發落〕《집설 권5 36장》

2 의장 안으로……교형이다 : 잡범 사죄(雜犯死罪)에 해당하여 도형 5년에 준한다.〔係雜犯準徒五年〕《전석 권13 14장》 의장 내에 불쑥 들어온 것에 대해 처벌하고, 호소한 내용이 사실이 아닌 것에 대해 처벌하는 것이다.〔不實者絞 是罪其衝突 尤罪其不實也〕《집설 권5 36장》《집해 1049쪽》《전석 권13 14장》

《집주》에는 충돌(衝突)에만 처벌하고 부실(不實)을 처벌하는 것은 아니라고 되어 있다. 남을 사죄로 무고하면 반좌(反坐)하되 유형(流刑)에 그치는데, 이 조문이 의장에 충돌한 일만 말하였기 때문에 의장에 충입(衝入)하면 교형으로 처벌하고 뒤에 또 충군(充軍)하는 조례가 있으므로 굳이 반좌로 논죄하지 않는 것이라 하였다.〔不言伸訴不實 應加等反坐者 以此條止言衝突儀仗之事也 誣人死罪 反坐止流而衝入儀仗 即應坐絞 後又有充軍之例 則不必論反坐矣〕《집주(상) 438쪽》

3 사실이면 죄를 면한다 : 의장을 담당하여 호위하는 관원・군관이 누군가가 의장 내에 불쑥 들어온 것을 알아차리지 못하면 본범의 죄에서 3등급을 감하는데, 의장 내에 불쑥 들어온 본범 죄인이 호소한 내용이 사실이어서 죄를 면하였으면, 의장을 담당하여 호위하는 사람도 과죄(科罪)를 면한다. 〈명례율(名例律)〉에서 다른 사람에게 연루되어 죄가 성립된 경우, 만약 죄인이 스스로 수고(首告)하거나 사령(赦令)을 만나서 용서를 받아 면죄되거나 특은(特恩)을 입어 감등(減等)・수속(收贖)되면, 본범 죄인의 사면・감등・수속에 준하여 논죄한다고 한 것이 바로 이것이다.〔按此條 典仗護衛官軍 不覺者 本減犯人罪三等 本犯既以得實免罪 則典仗護衛人 亦得免科 蓋名例所謂因人連累致罪者 若罪人自首告及遇赦原免 或蒙特恩減等收贖者 亦準罪人原免減等贖罪者 此也〕《집설 권5 37장》《집해 1050쪽》《전석 권13 14장》 그러나 《집주》에서는, 의장 안은 금지(禁地)여서 의장을 담당하여 호위하는 사람은 마땅히 삼가고 엄격히 하여 충돌을 알아차리지 못하는 일이 있어서는 안 된다고 하였다. 《집주(상) 438~439쪽》

엎드려 기다린다. 거짓 일로써 의장 안으로 뛰어들면 교형으로 죽이고, 고한 내용이 거짓이 아니면 죄를 면한다.

해설

의장에 불쑥 들어와 억울한 일을 호소하는 행위를 금지하는 규정으로, 호소한 내용이 거짓이면 교형(絞刑)이고, 사실이면 처벌하지 않는다. 그러나 이 조문에 부가된 조례(條例)에 "황제의 수레가 교외에 나갔을 때 의장에 불쑥 들어와 거짓되게 주소(奏訴)하면, 주범, 시킨 자, 소장을 날조하여 쓴 사람을 심문하여 모두 죄를 물으며, 아뢴 내용은 사실 여부를 가리지 않고 접수하여 처리하지 않는다."라고 되어 있어, 이 조례가 반포된 이후에는 처리 방식에 변화가 생긴 듯하다. 당률 359조 월소(越訴)는 대체로 명률 355조 월소로 계승되었는데, 황제의 행차를 기다렸다가 의장 안에 불쑥 들어와 호소하는 행위에 대한 규정을 따로 떼어 여기로 가져온 것이다.

216
의장 안으로 갑자기 뛰어듦 3조
衝突儀仗

군인·민간인의 집에서 가축을 풀어놓고 기르는데[1] 어가를 수위(守衛)하는 사람의 호위가 갖추어지지 않아 이로 인하여 가축이 의장(儀杖) 안으로 갑자기 뛰어들면 수위하는 사람은 장 80이다.[2] 가축이 황성 문 안에 갑자기 들어오면 장 100이다.[3]

직해 군인이나 민간인의 집에서 소나 말을 풀어놓았는데, 지키는 것이 허술하여 소나 말이 의장 안으로 불쑥 들어오면 장 80이다. 소나 말이 궐문 안으로 불쑥 들어오면 장 100이다.

1 풀어놓고 기르는데 : 거둥 시에 일부러 풀어놓은 것이 아니라 평시에 풀어놓고 밖에서 기르는 것을 말한다.〔縱放 謂平時縱放在外者言〕《집해 1051쪽》〔縱放 言其日常縱放在外 非故縱之謂也〕《집주(상) 439쪽》

2 장 80이다 : 가축을 풀어 기르다가 금지하지 못한 것은 410조 불응위(不應爲)에 속한다. 율에는 비록 조문이 없지만 죄가 없다고 할 수 없으므로 가축을 풀어 기른 집의 가장도 불응위조 중 일이 중한 죄인의 경우에 해당하는 율인 장 80으로 처벌한다고 주석서에서 밝히고 있다.〔縱放牲畜之家 依不應杖〕《부례(상) 552쪽》《집해 1052쪽》

3 장 100이다 : 《부례》에는 뒤에 "황성 수위의 책임자를 처벌한다.〔坐皇城守衛爲首之人〕"라는 세주(細註)가 달려 있다.《부례(상) 551쪽》 어가 행렬에 충돌하는 일은 더러 갑자기 생길 수도 있으나 황성 금지 구역에 가축이 충돌하는 일은 있어서는 안 되므로 죄에 경중을 둔 것이다.〔蓋駕行而衝突事 或出於卒然 若皇城禁地 豈牲所宜衝突哉 故罪有輕重如此〕《전석 권13 14장》

217
행궁의 영문에 함부로 들어감
行宮營門

행궁(行宮)[1]의 바깥 영문(營門)과 그다음 영문은 황성(皇城)의 문과 같다. 함부로 들어가면 장 100이다. 행궁 내영(內營)의 아장문(牙帳門)[2]은 궁전의 문과 같다. 함부로 들어가면 장 60 도 1년이다.

직해 어가의 행차가 있을 때 행궁의 바깥 영문과 그다음 영문에 함부로 바로 들어가면 장 100이다. 행궁 내영의 아장문에 함부로 바로 들어가면 장 60 도 1년이다.

해설

황제가 행행(行幸)하다 잠시 묵는 곳에는 반드시 행궁이 있다. 비록 정식 궁전과 규모는 같지 않으나 지존이 머물러 함부로 들어갈 수 없는 궁금(宮禁)임은 마찬가지이다. 행궁의 바깥 영문과 그다음 영문은 궁전의 황성 문과 똑같으며, 내영 아장문은 정식 궁전의 궁전 문과 똑같으므로, 만약 이곳에 함부로 들어가면 정식 궁전과 마찬가지로 처벌한다. 문의 경계를 넘지 않은 경우, 문을 지키는 관원이나 숙위하는 군인이 함부로 들어가는 것을 고의로 묵인하거나 각찰(覺察)하지 못한 경우 등에 대한 처벌은 말하지 않았는데, 이는 정식 궁전을 범하는 경우 처벌하는 203조 궁전문천입(宮殿門擅入)에 의거해 의단(擬斷)한다.

1 행궁(行宮) : 황제가 행행하다 잠시 묵는 곳이다.〔車駕行幸駐蹕之處曰行宮〕《석의 권13 12장》

2 아장문(牙帳門) : 장수가 거처하는 막사의 문이다.

218
성을 넘어감
越城

황성(皇城)을 넘어가면[1] 교형이다. 경성(京城)이면 장 100 유 3000리이다. 각 부(府)·주(州)·현(縣)·진(鎭)의 성[2]을 넘어가면 장 100이며, 관부 청사의 담장이면[3] 장 80이다. 넘으려 하였으나 미처 넘지 못하면 각각 1등급을 줄인다. 규피(規避)한 바가 있으면 각각 무거운 쪽으로 논한다.[4]

직해 궐 안의 성을 넘어 들어가면 교형으로 죽인다. 경성을 넘어 들어가면 장 100이고 먼 곳에 부처(付處)한다. 각 주·부·진의 성을 넘어 들어가면 장 100이다. 관부 청사의 담장을 넘어 들어가면 장 80이다. 넘으려 하였으나 미처 넘지는 않았으면 각각 1등급을 줄인다. 회피하려고 넘어 들어가면 회피한 죄와 비교하여 더 무거운 죄로 논한다.

1 넘어가면 : 문을 거치지 않고 넘는 것이다.〔不由門而踰曰越〕《부례(상) 553쪽》 나가고 들어오는 것을 겸하여 말한 것이다.〔越城 兼出入言〕《집해 1055쪽》

2 진(鎭)의 성 : 요해지에 군위(軍衛)를 두고 진수(鎭守)하여 도적을 방어하는 곳의 성이다.《언해 권15 49장》 각처의 순검사 및 변진에 진의 성이 많이 있다.〔鎭城所 指者廣 如各處巡檢司及邊鎭去處 多有鎭城〕《집해 1055쪽》

3 관부 청사의 담장이면 : 주·현에 성이 없거나 관부·공해에 담장이 없고, 다만 토장(土墻)이나 울타리나 목책만 있어도 이에 해당한다.〔州縣無城 官廨無墻垣 但有土墻籬柵 亦是〕《부례(상) 553쪽》

4 규피(規避)한……논한다 : 경성에서부터 끝까지를 받는 말이다. 정보를 누설하거나, 간도(姦盜)를 범하거나, 죽을죄를 짓고 도망하거나, 다른 사람을 납치하는 것이 모두 규피한 바가 무거운 경우이다.〔規避從重者 承京城起至末 或走透消息 或姦盜 或死罪逃走 枴帶人物 皆是規避重者〕《부례(상) 553쪽》

해설

중앙의 황성과 경성, 지방의 부·주·현·진의 성에 대한 관방(關防)이 긴밀하지 못하면 간사한 폐단이 생기므로 문이 아닌 곳으로 출입하지 못하게 한 조문이다.

219
성문을 여닫고 자물쇠를 채우는 일
門禁鎖鑰

219-1 각처의 성문을 닫아야 하는데 착오로 자물쇠를 채우지 않으면[1] 장 80이다. 제 시각이 아닌데도 함부로[2] 열거나 닫으면[3] 장 100이다. 경성의 문은 각각 1등급을 더한다.[4] 급박한 공무가 있어 제 시각이 아닌데도 열거나 닫는 것은 이 규정을 적용하지 않는다.

219-2 황성의 문을 닫아야 하는데도 착오로 자물쇠를 채우지 않으면 장 100에, 변방 먼 곳으로 보내 충군(充軍)한다. 제 시각이 아닌데도 함부로 열거나 닫으면 교형이다. 성지(聖旨)가 있어서 열거나 닫으면 논하지 않는다.

직해 각처에서 법례에 따라 자물쇠를 걸어야 하는 성문을, 착오로 자물쇠를 걸지 않으면 장 80이다. 때가 아닌데 함부로 열거나 닫으면 장 100이다. 경성 문은 각각 1등급을 더한다. 시급한 공무로 인하여 때가 아닌데도 열거나 닫는 것은 이 규정을 적용하지 않는다.

1 착오로……않으면 : 이는 문을 닫기는 하였으나 단지 자물쇠를 채우지 않았을 뿐이다.〔誤不下鎖 是亦闔矣 但未下鎖耳〕《집해 1058쪽》

2 함부로 : 의도를 가지고 일부러 범한 것이다.〔擅者 有意故犯〕《집주(상) 442쪽》

3 제……닫으면 : 단지 낮과 밤만을 이르는 것이 아니라, 열어야 하는데 닫거나, 닫아야 하는데 여는 경우를 모두 말한다.〔開閉 不但謂晝夜 凡應開而閉 應閉而開 俱謂之非時〕《집해 1058쪽》 성문은 아침에 열고 밤에 닫아서 전혀 착오를 일으킬 이치가 없으므로 시각이 아닌데도 열거나 닫는 것을 함부로 하였다고 말한 것이다.〔城門早開夜閉 必無誤理 非時開閉 卽所謂擅矣〕《집주(상) 442쪽》

4 각처의……더한다 : 자물쇠를 엄격하게 관리하지 않으면 간사함을 막을 수 없고, 열거나 닫는 것을 시각에 맞게 하지 않으면 백성은 지키는 법을 알 수 없으므로 당연히 처벌해야 하는 것이다. 경성 문 또한 각처의 성문에 비할 바가 아니므로 각각 1등급을 더한다.〔蓋鎖鑰不嚴 姦無以杜 開閉不時 民不知守 其罪之宜也 至京城門 又非各處城門可比 故各加一等〕《집해 1058쪽》

○ 궐 안의 성문은 법례에 따라 자물쇠를 걸어야 하는데, 착오로 걸지 않으면 장 100이고 먼 변방에 충군한다. 때가 아닌데 함부로 열거나 닫으면 교형으로 죽인다. 왕지(王旨)로 열거나 닫는 것은 논죄하지 않는다.

해설

성문의 개폐 시간 준수에 대한 조문이다. 형량은 먼저 고의성 유무에 따라 착오로 자물쇠를 채우지 못한 경우와 함부로 시간을 어긴 경우로 나누었으며, 이어 장소에 따라 각처 성문, 경성 문, 황성 문 등 3단계로 구분하였다.

220
관방패면[1]을 허리에 참[2]
懸帶關防牌面

조회(朝會)에 참여하는 문무 관원과 내관(內官)은 상아패나 철패를 허리에 찬다. 주자(廚子)와 교위(校尉)가 궐문 안으로 들어갈 때는 각각 오동나무 패면(牌面)을 찬다. 패면을 유실(遺失)하면 관원은 벌금으로 보초(寶鈔) 20관을, 주자와 교위는 벌금으로 보초 10관을 부과한다. 주워서 즉시 관에 보고하면 각자에 해당하는 벌금의 보초를 상으로 준다. 패면이 있는데도 허리에 차지 않거나, 패면이 없이 멋대로 들어가면 장 80이다. 패면을 빌리거나 빌려주면 장 100이다. 일에 규피(規避)하는 것이 있으면 무거운 쪽으로 논한다. 패면을 숨기거나 감추면 장 100 도 3년이다. 숨기거나 감춘 범인을 직접 출두하여 고발하면 범인에게서 보초 50관을 추징해서 상으로 준다. 속여서 패면을 차고 조회에 참여하거나 지방에서 관원의 명호(名號)를 사칭해서 요구하는 일이 있으면 교형이다. 패면을 위조하면 참형이다. 직접 출두하여 고발하면 범인에게서 보초 100관을 추징해서 상으로 준다.

1 관방패면(關防牌面) : 관방이란 사위(詐僞)를 방지하기 위한 장치나 행위를 가리킨다. 패면은 아패(牙牌)·동패(銅牌)의 면(面)에 신기(信記)의 자호(字號)가 있기 때문에 패면이라고도 하고 장면(帳面)이라고도 한다.〔關防ハ詐僞濫入ノ弊ラ關防ノ義也 牌面ハ牙牌銅牌ノ面ニ信記ノ字號アリ故ニ牌面ト云帳面ト云ノ類也〕《언해 권15 53장》 관방패면은 황성문이나 궁전 문에 권한 없이 출입하거나 범죄 목적으로 출입하는 사람을 단속하기 위하여 신분이 확실한 사람들에게 발급하는 패로서 특수한 관인이 찍힌 명패이다. 내사감관·봉어 내사는 각자 관방패면을 지니고 있었다. 내사감관·봉어 내사뿐만 아니라 조회에 참여하는 모든 문관·무관은 관방패면을 지니고 다녀야 한다.

2 관방패면(關防牌面)을 허리에 참 : 이 조문은 임진왜란 이전에 간행된 세종판, 공주판, 광주판에는 실려 있지 않고, 17세기에 간행된 진주판, 낙안판, 평양판에 직해 없이 실려 있다.

대명률직해

제14권 병률兵律 군정軍政

군정 軍政

〈군정〉은 한(漢) 소하(蕭何)가 군융(軍戎)에 관련된 것을 〈홍률(興律)〉로 처음 만들었다. 위(魏)에서는 〈천흥(擅興)〉이라 하였다가 진(晉)에서 다시 〈홍률〉로 하였다. 남조 송(宋)에서 또다시 〈천흥〉으로 바꾸었고 북제(北齊)도 따랐다. 후주(後周)는 〈홍천(興擅)〉으로 고쳤고, 수(隋) 개황(開皇) 연간(581~600)에 다시 〈천흥〉으로 바꾸었으며, 당(唐)에서도 계승하였다.

명대(明代)에 이르러 군사(軍事)가 지극히 중대하므로 〈궁위(宮衛)〉 아래에 특별히 편목을 세웠다. 당률 224조 천발병(擅發兵)은 221조 천조관군(擅調官軍)으로, 당률 225조 조발공급군사(調發供給軍事)는 224조 변경신색군수(邊境申索軍需)로, 당률 228조 정인모명상대(征人冒名相代)는 227조 군인체역(軍人替役)으로 각각 바꾸었다. 당률 233조 주장수성(主將守城), 234조 주장임진선퇴(主將臨陣先退)는 228조 주장불고수(主將不固守)로 합쳤고, 당률 231조 정인계류(征人稽留), 236조 정인교사피역(征人巧詐避役)은 226조 종정위기(從征違期)로 합쳤다. 또한 당률 226조 불급발병부(不給發兵符), 227조 간점위사정인(揀點衛士征人), 229조 교열위기(校閱違期), 237조 진수유범(鎭戍有犯) 등은 제도에 합치되지 않아 삭제하였다. 아울러 미비한 점을 살펴서 222조 신보군무(申報軍務), 223조 비보군정(飛報軍情), 231조 격변양민(激變良民) 등을 추가하였고, 이를 묶어 〈군정〉이라 명명하였다. 모두 20조이다.

221
함부로 관군을 동원함
擅調官軍

221-1 장수(將帥)[1]가 군마(軍馬)를 거느리고[2] 성지(城池)[3]를 수어(守禦)하거나 변방의 진(鎭)에 주둔할 때, 만약 관할하는 지역에서 마침 초적(草賊)[4]이 발생하였다는 보고가 이르면, 즉시 사람을 차정(差定)해서 정세의 완급(緩急)을 정탐하게 하여[5] 반드시 먼저 자신을 관할하는 상급 관사[6]에

1 장수(將帥) : 지휘사(指揮使), 천호(千戶), 백호(百戶) 등으로 삼군(三軍)의 우두머리 군관(軍官)이다. 총기(總旗)는 장수에게 명령을 받고, 소기(小旗)와 군인은 군관이나 총기에게 명령을 받는다.〔蓋將帥 三軍首領軍官 總旗 受命於將帥 小旗軍人 又聽令於軍官總旗者〕《집해 1118쪽》《언해 권16 2장》〔將帥と云は指揮使千戶百戶のことなり〕《국자해 306쪽》

2 거느리고 : 원문의 부(部)는 통(統), 부곡(部曲)이다. 인마(人馬)를 분담하여 일조(一組)의 수하에 소속시켜 거느리는 것을 부령(部領)한다고 한다.〔部ハ統也部曲也人馬ヲ手分ケシテ一組ノ手下ニ屬シ領スルヲ部領スルト云〕《언해 권16 2장》

3 성지(城池) : 지(池)는 해자이다. 해자는 성에 딸려 있는 것이므로 성을 성지라고 한 것이다.〔池はほりなりほりは城につきてあるものゆへ城と云ことを城池と云〕《국자해 306쪽》

4 초적(草賊) : 산과 풀숲에 숨어 살기 때문에 초적이라고 일컫는다.〔山栖草藏 故名草賊〕《吏學指南》 이적(夷狄)의 적병(賊兵)은 초야에 기복(起伏)하여 모이고 흩어지기 때문에 갑주(甲冑)·안마(鞍馬)의 색을 변지(邊地)의 풀과 같은 색으로 하여 복병(伏兵)을 숨겨두기 위한 방편으로 삼는다. 중국의 군사도 마찬가지로 풀색과 같이 치장하여 꾸미는데 하맹춘(何孟春)의 《여동서록(餘冬序錄)》에 보인다.〔夷狄ノ賊兵草野ニ起伏シテ聚散スル故ニ甲冑鞍馬ノ色ヲ邊地ノ艸ト一樣ノ色ニナシテ伏兵ヲ置クノ便トスル也故ニ草賊ト云中華ノ軍士モ同ク草色ノ如クニ裝束スルコト何孟春カ餘冬序錄ニ見タリ〕《언해 권16 3장》

초적은 원래 살인강도의 부류로 강도의 무리에 들어간 이를 낙초(落草)라고 하였으나 무장 반군의 부류도 역시 초적이라고 일컫는다. 군현제에서 천하가 통일되어 제후의 싸움이라고 할 만한 것이 없기 때문에 일체의 무장 반군의 부류까지 합쳐서 살인강도의 부류로 간주하여 초적이라고 하였다.〔草賊は一揆のるいを指して云なり元來は切取强盜のるい草わらに隱れて往來の人を殺して財を奪ふを草賊と云强盜のなかまに入たるを落草と云なり郡縣の世は天下一統なれば諸侯の戰と云ことは絶てなきことなるゆへ一切の一揆のるいまでをもし合せて切取强盜のるいと見なして草賊と云たるなり〕《국자해 307쪽》

5 즉시……하여 : 완급(緩急) 두 글자가 이 조문의 관건으로 1항의 긴급한 일이 없으면 함부

보고하고, 조정에 차례로 상달하여 주문(奏聞)한다. 황제가 어보(御寶)가 찍힌 성지(聖旨)[7]를 내리면 관군(官軍)을 동원하여 보내 토벌한다. 긴급한 일이 없는데[8] 먼저 상급 관사에 보고하지 않거나 비록 상급 관사에 보고하였어도, 회보(回報)를 기다리지 않고 멋대로 소속 부대로부터 군마(軍馬)를 함부로 동원하거나, 소속 부대가 함부로 군마를 동원하여 제공하면 각각 장 100에, 파직(罷職)하고 변방 먼 곳에 보내어 충군(充軍)한다.[9]

221-2 갑자기 일어난 적병(賊兵)[10]이 불시에 와서 습격하려 하거나, 성(城)이나 진(鎭) 등 군마가 주둔한 곳에 혹 모반(謀反)이나 모반(謀叛)이 일어나거나, 적에게 내응하는 자가 있어 사정이 긴급하거나, 또는 거리가 매우 멀면 모두 편의대로 신속히 군마를 동원하여 기회를 틈타 토벌하여 체포하도록 한다.[11] 적도가 많이 발생하여 합동으로 체포해야 하면[12] 인근의

로 조발(調發)해서는 안 된다는 것과 2항의 긴급한 일이 있으면 또한 신속히 조발해야 한다는 것이 모두 이로부터 나온 것이다.〔體探緩急聲息 又此條肯綮 下文若無警急 則不應擅調 次節事有警急 則又當速調 皆從此看出也〕《집주(상) 446쪽》〔緩急二字 是一條張本 下無警急 及事有警急 皆從此二字生出〕《집설 권5 41장》《집해 1069쪽》《전석 권14 1장》

6 자신을……관사 : 수하에 속하여 지시를 받는 우두머리로, 백호(百戶)는 천호(千戶)를 상급 관사로 하고 천호는 도사(都司)를 상급 관사로 하는 따위이다.〔手下ニ屬テ其下知ヲ受ル所ノ頭ヲ指テ言フ百戶ハ千戶ヲ上司トシ千戶ハ都司ヲ上司トスル類也〕《언해 권16 3장》 위(衛)·소(所)라면 도사·위, 진수(鎭戍)라면 총병(總兵)이다.〔本管上司とは衛所なれば都司衛鎭戍なれば總兵のことなり〕《국자해 307쪽》

7 어보(御寶)가 찍힌 성지(聖旨) : 어보는 천자의 어인(御印)이고, 성지는 천자가 처분을 내리는 의견이다. 천자의 어인을 찍은 조서(詔書)를 어보성지라 한다.〔天子ノ御印ヲ御寶ト云聖旨ハ天子ノ御ハカラヒヲ仰セ出サルル思食ノ旨也天子ノ御印ヲヲシタル詔書ヲ御寶ノ聖旨ト云〕《언해 권16 3장》

8 긴급한 일이 없는데 : 《소의(하) 47쪽》과 《집주(상) 446쪽》에는 뒤에 "그리고 비록 긴급한 일이 있더라도〔及雖有警急〕"라는 내용이 추가되어 있다.

9 장수(將帥)가……충군(充軍)한다 : 1항은 사정이 여유로운 경우이다.〔此自其聲息之緩者 言之〕《집설 권5 42장》《집해 1072쪽》《전석 권14 2장》

10 갑자기 일어난 적병(賊兵) : 원문의 폭(暴)은 빠르다는 뜻이고, 갑자기 일어나는 모양이다. 갑자기 봉기하는 병사를 폭병(暴兵)이라고 한다.〔暴ハ驟也猝也又卒起貌ニハカニ蜂起スル兵ヲ暴兵ト云〕《언해 권16 5장》《국자해 308쪽》 폭병을 명사구로 보지 않고 '적병이 갑자기 일어나다'라는 뜻의 동사구로 볼 가능성도 있다.〔若在外暴發賊兵〕《집주(상) 446쪽》

위(衛)·소(所)는 비록 소속이 아니더라도 군마를 동원하여 책응(策應)[13]해야 한다. 모두[14] 즉시 자신을 관할하는 상급 관사에 보고하고, 차례로 상달하여 조정에 알린다.[15] 군마를 즉시 동원하여 보내 합동 작전을 펴지 않거나,[16] 또는 즉시 상급 관사에 보고하지 않거나, 인근의 위·소에서 즉시 군사를 보내어 책응하지 않으면 모두 관군을 함부로 동원한 죄와 같다.[17]

11 갑자기……한다 : 2항에서 군사를 편의대로 동원하는 조건으로 폭병졸지(暴兵卒至), 반반(反叛), 내응(內應), 노정요원(路程遙遠) 네 가지를 들었는데 이 중 한 가지만 충족해도 군사를 동원할 수 있다.〔二節曰暴兵卒至 曰反叛 曰內應 曰路程遙遠 是四事 四者有一 卽聽從便調撥 非謂有是四者而後可調撥也〕《집해 1069~1070쪽》《전석 권14 2장》

12 적도가……하면 : 구적(寇賊)이 많이 발생하여 혼자 대적할 수 없어서 경계에 있는 군병, 인근의 군마를 회합(會合)하여 초포(勦捕)하는 경우이다.〔若寇賊 如水之相滋 蔓之牽引 其類數多 不能自敵 合會臨境軍兵勦捕者〕《소의(하) 48쪽》〔會捕ハ近隣ノ軍馬ヲ會合シ一所ニ聚メテ衆人ヲ以テ掩ヒ捕ヲ云〕《언해 권16 6장》

13 책응(策應) : 급한 사정에 응하여 계책을 마련해서 신속하게 구원하는 것이다.〔策應ハ計策ヲ設ケ急ヲ告ルニ應シテ馳セ援フヲ云〕《언해 권16 6장》

14 모두 : 합동 작전을 위해 군마를 요청한 장수와 그 요청에 응하여 군마를 내준 장수 양쪽을 가리킨다.〔The commanding officers and supporting officers〕《GMC 128쪽》

15 모두……알린다 : 원문의 병즉신보(竝卽申報), 전달지회(轉達知會)는 2항에서 군마를 동원할 수 있는 두 가지 경우, 즉 신속히 군마를 동원해야 할 상황과 적도의 수가 많아 합동으로 포획해야 할 상황을 모두 받아서 말하는 것이다.〔竝卽申報 轉達知會二句 總承上文調撥二事〕《집설 권5 41장》

16 군마를……않거나 : 《전석》에서는 조견(調遣)과 회합(會合)을 병치하여 '만약 동원해야 하는데 동원하지 않거나, 합동 작전을 해야 하는데 합동 작전을 하지 않거나'로 보았다.〔若當調遣而不卽調遣 當會合而不卽會合〕《전석 권14 2장》

17 군마를……같다 : 적도가 많은데 합동 작전을 펴지 않는 것은 곧 간도(姦徒)를 제거하는 일을 소홀히 하는 것이고, 합동 작전을 펴는데 따르지 않는 것 역시 구원에 해이한 것이다. 이와 더불어 합동 작전을 펴고서 상급 관사에 보고하지 않는 것 이 세 가지는 행위는 비록 다르지만 죄는 천조(擅調)와 마찬가지이다.〔賊多不會 卽是怠於除姦 會而不從 亦是緩於救援 若已會報不申上司 三者 爲事雖殊 罪與擅調則一〕《소의(하) 50쪽》 1항과 2항의 중점은 완급에 있다. 1항은 형세가 여유로운 경우로, 이때는 정해진 제도를 지켜야 하고 경솔히 동요하면 안 되므로 소속의 병사라 할지라도 함부로 동원할 수 없다. 2항은 형세가 급박한 경우로, 임기응변을 행해야 하고 늦추다가 그르치면 안 되므로 인근의 병사라 할지라도 동원할 수 있다.〔蓋前是言聲息之緩者 當守定制 而不得輕擾 後是言聲息之急者 當行權變 而不得遲誤〕《집주(상) 447쪽》〔此自聲息之急者言之 曰不得擅調 曰待報後發 御將帥之權也 曰從便調

221-3 친왕(親王)의 봉지(封地)에 긴급 상황이 발생하였을 때 군사를 동원하는 데에 정해진 제도[18]가 있다. 그 밖의 지역에서 상급 관사나 대신이 문서로써 장수와 군사를 동원하여 보내거나 군마를 징발할 때,[19] 어보가 찍힌 성지(聖旨)를 받들지 않으면 함부로 관할 지역[20]을 벗어날 수 없다. 군관이 다른 직으로 개제(改除)[21]되거나, 혹은 죄를 범하여 소환될 때,[22] 주문(奏聞)하여 성지를 받들지 않으면 또한 함부로 이동하는 것을 허락하지 않는다.[23] 어기면 죄가 또한 같다.[24]

遣 曰先發後聞 應事變之機也〕《집설 권5 42장》《집해 1073~1074쪽》〔前條此條重キコト緩急二字ニアリ勢ノ緩トキハ所屬ノ兵トイヘトモ擅ニ調スルコトヲ不許勢ノ急ナルトキハ隣近ノ兵ト云トモ亦調發スルコトヲ得ル也〕《언해 권16 7~8장》

18 정해진 제도 : 진수관(鎭守官)이 반드시 어보가 찍힌 성지를 받고 또 친왕의 영지(令旨)를 받아서 대조해 보아 서로 맞아야만 비로소 군사를 동원하는 것을 허락함을 이른다. 자세한 것은 《황명조훈》에 실려 있다.〔定制 謂鎭守官 須得御寶聖旨 又得親王令旨 比對相合 方許發兵 詳載皇明祖訓〕《집설 권5 41장》《집해 1070쪽》《전석 권14 3장》 60쪽 금패, 주마부패 보충 설명 참조.

19 징발할 때 : 원문의 제발(提撥)은 출정이나 수비에 동원하여 보내는 따위를 이른다.〔提撥 謂調遣征守之類〕《집주(상) 480쪽》

20 관할 지역 : 땅을 지키는 관원이 각각 부신(符信)을 가지고 있기 때문에 관할하는 땅을 신지(信地)라고 한다. 여기서는 부신을 주어 정한 땅을 지키는 것을 말한다.〔信地ハ符信ヲ授カリテ管領シ守ルノ地ヲ云也 吏文輯覽云 信地 守地之官 各有符信 故所管之地 謂之信地 此言守其信定之地也〕《언해 권16 9장》

21 개제(改除) : 불필요한 관직이나 아문 등이 없어져서 이부나 병부로 보내졌다가, 관직을 바꾸거나 아문을 바꾸어 다른 자리에 임용되는 것이다.〔改除 如沙汰裁革 起送赴部 或改官或改衙門 別項除用者〕《집해 246쪽》

22 죄를……때 : 원문의 취(取)는 구취(句取)의 취로서, '죄를 범한 것으로 말미암아 상급 관사로부터 소환을 받는 일이 있어도'라는 뜻이다.〔犯罪取發とは取は句取の取にて罪を犯したるによりて上司より召喚るることありともと云意なり〕《국자해 309쪽》

23 군관이……않는다 : 앞 문장의 부득천리신지(不得擅離信地)는 군마의 동원에 대한 것이고, 여기서 불허천동(不許擅動)은 직사(職事), 장수(將帥)에 대해 말한 것이다. 군사(軍事)는 무거우므로 어보성지(御寶聖旨)라 하였고, 직사는 가벼우므로 주봉성지(奏奉聖旨)라 한 것이다. 반드시 어보가 있어야 하는 것은 아니지만 반드시 성지라는 글자가 있지 않으면 함부로 떠나거나 이동할 수 없다.〔此軍馬調發ニ就テ言フ……此職事ニ就テ言フ軍事ハ重シ故ニ御寶聖旨ト云職事ハ輕シ故ニ奏奉聖旨ト云必御寶アルニ非ス輕重自ラ差別アル也然ト

직해 높고 낮은 군관이 군마를 거느리고 방어할 때, 관할 지역에 초적(草賊)에 대한 보고가 도착하면 즉시 사람을 차정하여 정탐하고 상황이 여유로운지 급박한지를 반드시 도절제사(都節制使) 및 안렴사(按廉使)에게 먼저 보고한다. 도평의사사에 전보(傳報)하면 임금에게 아뢰고, 왕지(王旨)가 내려와야 군마를 뽑아 보내 체포한다. 초적의 형세가 긴급하지 않거나, 전보하지 않거나, 비록 전보하였어도 임금의 처결이 도착하지 않았는데 소속관에게 처분을 내려 군마를 징발하거나, 소속관도 자의적인 처분으로 군마를 동원하면, 각각 장 100에 정직(停職)하고 먼 변방에 충군한다.
○ 급박하게 적병이 갑자기 포위하거나, 군마가 주둔하는 곳에서 반군이 알아차리지 못한 사이에 일어나거나, 혹 적과 한통속이 되어 내통하여 군사상 긴급하거나, 갈 길이 멀면, 모두 편한 대로 신속히 군대를 일으켜 추격하여 잡는다. 이때 적이 크게 일어나 전투를 도와주어야 하면, 근처의 군관이 비록 소속이 아니라도 전투를 도우며, 즉시 도절제사・안렴사에게 급히 보고하여 도당(都堂)에 전보한다. 군마를 보내어 전투를 돕지 않거나, 전보하지 않거나, 군대를 관할하는 관원인데 군마를 이끌고 전투를 돕지 않으면, 모두 자의적인 처분으로 군마를 동원한 예로 논한다.
(○) 제왕(諸王)이 관할하는 도내(道內)에 초적의 형세가 있으면, 도내의 관원이 군마를 동원하여 방어하는 정해진 법식이 있거니와, 다른 도의 높고 낮은 군관원이 문서를 보내어 군마를 동원하여 전투를 돕게 하는 일은 왕지가 내려오지 않고는 경계를 넘을 수 없다. 각 곳에 배치한 군관원을 이

モ必聖旨ノ字アルニ非レハ擅離擅動クコトヲ不許〕《언해 권16 10장》〔上擅離 言軍馬之重 此擅動 言職守之重〕《집주(상) 448쪽》〔擅離自軍馬言 擅動自將帥言〕《집설 권5 41장》《집해 1070~1071쪽》 함부로 관할 지역을 벗어날 수 없는 것은 긴급한 일이 없을 때이고, 긴급한 일이 있는데 책응하지 않으면 2항의 규정이 있다.〔不得擅離信地 此亦自無警急者言之也 若警急不策應 則上節已言矣〕《전석 권14 3장》

24 어기면……같다 : 문서로써 군사를 동원한 상급 관사나 대신 역시 천리(擅離)・천동(擅動)의 죄로 처벌해야 한다. 성지(聖旨)를 받들지 않고 군관을 함부로 구문(句問)하는 행위에 대해서는 〈명례율〉 6조 군관유범(軍官有犯)이 있다.〔然則 將文書調發之上司大臣 獨無罪乎 亦當坐違者之罪矣 至不奉旨 擅自句問 在名例律軍官有犯條〕《전석 권14 3장》

동 발령하는 일과, 군관원이 죄를 지었을 때 잡아와 결단하는 일은, 모두 임금에게 아뢰도록 하며 함부로 처리할 수 없다. 이를 어기면 같은 죄로 논한다.

•••

금패, 주마부패

황명(皇命)으로 발병(發兵)하도록 명을 내릴 때는 금패(金牌)를 사용하고, 특정 인물을 차정하여 명을 내릴 때는 주마부패(走馬符牌)를 주어 보냈다. 1371년(홍무4) 홍무제는 공부(工部)로 하여금 금패, 주마부패를 제작하도록 하였다. 금패는 2개를 제작하여 중서성(中書省)과 대도독부(大都督府)에 각각 보관하였다가 황제가 제서(制書)로 발병을 명하면 중서성과 대도독부가 금패를 제출하고 내부(內府)에서 어보(御寶)를 찍어 발급하였다. 주마부패는 국가에 군사적 긴급 상황이 발생하면 파견하는 사신이 차고 나갔다. 처음 예부(禮部)에서 당・송대 주마은패(走馬銀牌)의 제도를 모방하여 제작하도록 건의하자 홍무제가 크기는 당의 제도를 따르고, 격식은 송의 제도를 따르도록 지시하여 정밀하게 제작하였다. 금자패 20개, 은자패 20개를 제조하였는데, 패문은 '부령소지 즉시봉행 위자필형(符令所至卽時奉行違者必刑)'이었다. 주마부패는 철로 만드는데 너비는 2촌 5분, 길이는 5촌이고, 위쪽에 비룡(飛龍) 두 마리를, 아래쪽에 기린 두 마리를 새겼으며, 패 머리에 둥근 구멍을 뚫어 붉은 실로 매듭을 지었다. 주마부패는 내부에 보관하였다가 조발할 때 사용하였다.

222
군무[1]를 보고함
申報軍務

222-1 장수가 총병관(摠兵官)[2]을 수종(隨從)하여[3] 정벌하러 나아갈 때,[4] 만약 총병관이 소속 군대를 나누어[5] 성채(城寨)[6]를 공격하여 탈취하면 평정한 후에 수종한 장수는 즉시 사람을 차정(差定)하여 승전 소식[7]을 비보

1 군무 : 이 조문은 군무(軍務), 223조 비보군정(飛報軍情)은 군정(軍情), 225조 실오군사(失誤軍事)에는 군사(軍事)・군기(軍機)라는 용어를 사용하였는데, 군무, 군정(軍情), 군기, 군정(軍政)의 관계는 대체로 다음과 같다. 군무는 군인이나 말을 동원하거나 갑옷과 병장기를 정비하는 따위,〔軍務 如調發軍馬 繕治甲兵之類〕《집해 488쪽》 혹은 군인이나 말을 동원하거나 군수(軍需)를 마련하여 갖추는 따위이다.〔軍務 如調發軍馬 取辦軍需之類〕《집설 권3 39장》 군정(軍情)은 군과 관련된 모든 정세를 말하고, 군정 중에서 군대를 동원하여 외번(外蕃)을 토벌・습격하거나 반역한 도적의 무리를 붙잡는 따위와 같이 특히 중요한 정세에 대한 정보를 군기라 한다.(① 70 漏泄軍情大事) 군정(軍政)은 군무, 군정(軍情), 군기와 관련된 사무를 총칭하는 용어이다.

2 총병관(摠兵官) : 처음 명(明)에서 장군을 보내어 출정할 때, 총병관・부총병관(副總兵官)의 호칭을 사용하였으며, 뒤에 각지에 총병관을 두어 군대를 통솔・진수(鎭守)하게 하였다. 총병관을 약칭하여 총병이라고 한다. 조정이나 지방의 총병은 정로장군(征虜將軍)・정만장군(征蠻將軍)・진삭장군(鎭朔將軍) 따위로 군사를 동원하여 외번을 정벌・엄습하거나 반역한 적도들을 잡아들인다.〔朝廷及在外總兵 如征虜征蠻鎭朔將軍之類 調兵征討掩襲外蕃 及收捕反逆賊徒〕《집설 권3 43장》

3 수종(隨從)하여 : 원문의 참수(參隨)는 '도와 수종한다.〔參贊隨從〕'라는 뜻이다. 《소의(하) 51쪽》《전석 권14 3장》

4 정벌하러 나아갈 때 : 정복하고 토벌하는 법에 진격만 있고 후퇴가 없으므로 정진(征進)이라고 한 것이다.〔征進者 征討之法 有進無退 故曰征進〕《집설 권5 42장》

5 소속 군대를 나누어 : 원문의 분조(分調)란 소속 군대를 몇으로 나누어 전투에 임하게 하는 것이다. 《언해 권16 11~12장》

6 성채(城寨) : 성(城)은 정식의 대성(大城)이고 채(寨)는 흙을 쌓아 담을 높이고 나무로 울타리를 만든 약식의 소성(小城)이다. 《언해 권16 12장》

7 승전 소식 : 원문의 첩음(捷音)은 승리하였다는 소식이다.〔捷音 得勝消息也〕《집해 1077쪽》

(飛報)하되, 한편으로는 총병관에게 보고하고, 한편으로는 오군도독부(五軍都督府)에 보고하고, 한편으로는 병부(兵部)에 행이(行移)한다. 별도로 주본(奏本)을 갖추어 밀봉하여 황제에게 상주한다.[8]

222-2 적의 수가 많고 출몰이 일정하지 않은데 만약 거느린 군인의 수가 부족하면 반드시 총병관에게 속히 보고하여 군마를 더 조발하고, 계책을 세워 적을 토벌하여 체포한다. 신속히 보고하지 않으면 총병관이 일의 경중을 헤아려 죄를 다스린다.[9]

222-3 투항하여 온 자가 있으면 즉시 총병관에게 보내어 조정에 차례로 상달(上達)해서 구처(區處)한다. 투항한 사람의 재물을 탐내 빼앗고 이로 인하여 사람을 살상(殺傷)하거나, 중도에서 핍박하여 도망쳐 숨어 버리게 하면 참형이다.

직해 군관원(軍官員)이 총병관의 지휘로 길을 나누어 전투를 도와 적을 제압하여 평정한 뒤에는 승전 상황을 즉시 급히 보고한다. 한 통은 도절제사, 한 통은 도평의사에게 모두 보고하고, 임금에게 밀봉하여 바친다.

(○) 적이 수가 많고 수시로 출몰하는데 관할하는 군인이 부족하면 반드시 총병관이 있는 도에 신속히 전보(傳報)하여 군마를 더 징발하고 좋은 계책으로 추격하여 잡는다. 급히 보고할 일을 게을리하면 총병관이 경중을 참작하여 죄준다.

(○) 투항한 사람들은 즉시 총병관에게 보내고, 이어서 도평의사에게 보낸다. 투항한 사람의 재물을 탐내 빼앗으려고 살상하거나 중도에서 침탈하고 핍박하여 도망하게 하면 참형이다.

8 별도로……상주한다 : 총병관, 오군도독부, 병부 외에 정복한 연유를 주본으로 만들어 실봉(實封)한 채 상주하여 어전에서 열어 볼 수 있게 한다.〔三者之外 另具克平緣由 奏本實封御前開坼〕《집설 권5 43장》

9 적의……다스린다 : 이는 실오(失誤)에 이르지 않은 잘못을 가리키는 것이고, 만약 실오가 있으면 실오군기(失誤軍機) 상률(常律)(③ 225 失誤軍事)로 처벌한다.〔此自未至失誤者言 若有失誤 仍依失誤軍機常律〕《전석 권14 4장》

223
군정을 비보함
飛報軍情

군정(軍情)을 비보(飛報)할 때, 지방의 부(府)·주(州)는 사람을 차정(差定)하여 한편으로는 포정사(布政司)에 보고하고, 한편으로는 도지휘사사(都指揮使司)에 보고하고 본도 안찰사(按察司)에 행이(行移)한다.[1] 한편으로 밀봉하고 모두 황제 앞에 이르러 개봉한다.[2] 서로 간에만 알리고, 숨기면서 신속히 주문(奏聞)하지 않으면 장 100에, 직역(職役)을 파하고 서용(敍用)하지 않는다.[3] 이로 인하여 군기(軍機)를 그르치면[4] 참형이다.

직해 군대의 사정을 급히 보고할 때 지방 각 촌의 관원·군관 등이 한 통은 도총절제사, 한 통은 안렴사, 한 통은 도평의사사에 모두 급히 보고하고, 한 통은 밀봉하여 임금에게 바친다. 만일 서로 사정을 알고도 숨겨 즉

1 안찰사(按察司)에 행이(行移)한다 : 《대명률직해》 이외의 주석서에는 이 뒤에 "수어관은 사람을 차정하여 도지휘사사에 행이한다. 도지휘사사는 사람을 차정하여 한편으로는 자신을 관할하는 도독부에 행이하고, 한편으로는 밀봉 문서를 마련한다. 포정사는 한편으로 사람을 차정하여 병부에 행이하고〔其守禦官差人 行移都指揮使司 都指揮使司差人 一行本管都督府 一具實封 布政司 一差人行移兵部〕"라는 내용이 추가되었다.

2 개봉한다 : 《대명률직해》 이외의 주석서에는 이 뒤에 "안찰사는 사람을 차정하여 밀봉 문서를 마련하여 황제께 직접 아뢴다. 중앙 직례의 군(軍)·민(民) 관사는 모두 사람을 차정하여 자신을 관할하는 도독부와 병부에 보고하고, 따로 밀봉 문서를 마련하여 각자 황제에게 주문(奏聞)한다.〔按察司差人 具實封直奏 在內直隸軍民官司 竝差人 申本管都督府及兵部 另具實封 各自奏聞〕"라는 내용이 추가되었다.

3 서로……않는다 : 서로 명백히 알리고 위아래가 서로 한통속이 되어 군정(軍情)을 숨기고 신속히 조정에 주문하지 않으면 황제를 속이는 것일 뿐만 아니라 또한 장차 도적을 키우는 것이다. 그러므로 군기(軍機)를 그르치는 일이 없으면 장 100에 파직하고, 군관은 총기(總旗)로 강등시킨다.〔互相知會明白 乃上下相與符同 隱匿軍情 不速奏聞朝廷 不惟欺君 亦且長寇 故無所失誤者 杖一百 罷職 軍官仍降充總旗〕《집설 권5 45장》

4 군기(軍機)를 그르치면 : 성이 함락되거나 군대를 잃는 따위이다.〔失誤軍機 如陷城損軍之類〕《석의 권14 4장》

시 보고하지 않으면 장 100이고 정직(停職)한다. 이로 인하여 군기를 그르치면 참형이다.

224
변경에서 보고하여 군수를 징발함
邊境申索軍需

변방을 지키는 장수가 만약 군기(軍器)나 전량(錢糧) 등의 물품[1]을 징발할 일이 있으면, 반드시 사람을 차정(差定)하여 한편으로는 포정사(布政司)에 행이(行移)하고, 또 한편으로는 도지휘사사(都指揮使司)에 행이한다. 다시 사람을 차정하여 한편으로는 오군도독부(五軍都督府)에 행이하고, 또 한편으로는 해당 부(部)[2]에 행이하며, 주본(奏本)을 갖추어 밀봉하여 황제 앞에 이르게 한다. 그 공문이 해당 부(部)와 오군도독부에 도달하면 반드시 즉시 주문(奏聞)하여 구처(區處)하고,[3] 차정되어 온 사람을 되돌려 보낸다. 일을 지체하여[4] 즉시 주문하지 않거나, 각처에서 정식에 따라 보고하지 않으면 모두 장 100에,[5] 파직하고 서용하지 않는다.[6] 이로 인하여 군기(軍機)를 그르치면 참형이다.[7]

1 등의 물품 : 군기나 전량 외의 수레나 말, 가축 따위이기 때문에 '등의 물품'이라고 한 것이다.〔軍器錢糧之外 若車馬頭疋之類 故曰等物〕《집해 1086~1087쪽》

2 해당 부(部) : 예컨대 군무는 병부에 속하고, 군기는 공부에 속하며 전량은 호부에 속하는 것이다.〔合干該部如軍務該隸兵部 軍器隸工部 錢糧隸戶部 是也〕《집해 1087쪽》

3 주문(奏聞)하여 구처(區處)하고 : 전량을 어떻게 운송하며 병기를 어떻게 지급할 것인지를 의논하여 결정하고, 그러한 연유를 상주하여 허락을 얻고 공문에 낱낱이 기록하여 가지고 온 사람에게 되돌려 보내는 것을 이른다.〔奏聞區處 謂錢糧當何運送 軍器當何關給議定 緣由奏準 開寫公文 發回來人〕《부례(하) 10쪽》

4 지체하여 : 오군도독부나 해당 육부만이 아니라 장수가 지체하여 곧장 갖추어 주문하지 않는 것도 지체하는 것이다.〔稽緩 不可專就府部 如將帥稽緩 不卽具奏 亦是〕《집해 1087쪽》

5 모두 장 100에 : 지체하여 주문하지 않는 것과 법식에 어긋나게 보고하는 두 가지 일을 말한다.〔竝杖一百 指稽緩不奏 申報違式 二事言〕《집해 1087쪽》

6 파직하고 서용하지 않는다 : 군관은 강등하여 총기로 충당한다.〔軍官 降充總旗〕《집해 1089쪽》

7 군기(軍機)를 그르치면 참형이다 : 소유(所由)만 처벌한다.〔失誤軍機者 斬 罪坐所由〕《집주(상) 452쪽》

직해 방어하는 군관원이 군사 기물과 식량을 청구하면 반드시 사람을 차정하여 한편으로 도절제사와 안렴사에게, 한편으로 도평의사사에 모두 전보(傳報)하고, 임금에게 각별히 밀봉하여 바친다. 위 보고 문서가 도평의사사에 도달하면, 즉시 임금에게 아뢰고 보고 문서를 가지고 온 사람을 되돌려 보낸다. 즉시 계를 올려 아뢰지 않은 육방의 소임 녹사(錄事) 및 각처에서 방어하는 군관원으로서 보고하지 않은 자는 모두 장 100이고 정직(停職)하여 서용하지 않는다. 이로 인하여 군대의 일을 그르치면 참형이다.

해설

군수 물자 조달은 중대한 일로 반드시 내외 관사에서 실봉(實封)으로 주문해야 하고, 해당 관사에서는 보고받는 즉시 주문하며 장수들은 규정에 따라 군수 물자를 취해야 한다. 변진(邊鎭)에 주둔하여 지키는 장수들이 군기나 전량 등의 물품이 부족할 때 이를 요청하는 행정 계통과 절차를 규정하였다.

225
군사를 그르침
失誤軍事

군대가 정벌에 임할 때 군기(軍器), 군량(軍糧), 초료(草料) 등을 공급해야 하는데 기한을 어겨 완비하지 못하면 해당 관리는 각각 장 100이며, 소유(所由)를 처벌한다.[1] 적과 대치하고 있는데 군수가 결핍되거나, 영병관(領兵官)[2]이 동원하여 보내라는 명령을 받고 기한에 맞추어 군대를 나아가게 하여 책응(策應)하지 않거나,[3] 차정(差定)된 사람[4]이 군사상의 기일을 보고할 때 그 기한을 어겨[5] 이로 인하여 군기(軍機)를 그르치면, 모두 참형이다.

1 소유(所由)를 처벌한다 : 일을 지체시킨 사람을 처벌하는 것이다.〔罪坐所由 稽遲之人〕《집해 1090쪽》 가령 상급 관사의 관리가 이문(移文)을 늦게 보내거나 잘못 보내어 기한을 어기면 상급 관사를 처벌하고, 이문을 접수하고도 기한을 어기면 접수한 관리를 처벌하는 것이다.〔謂如上司官吏 移文遲誤以致違期者 罪坐上司 若所屬已承受移文而違期者 罪坐承受官吏 謂之罪坐所由〕《상해 263쪽》

2 영병관(領兵官) : 군병을 인솔하는 장수이다.〔領兵官とは軍兵を引率する將帥のことなり〕《국자해 314쪽》

3 영병관(領兵官)이……않거나 : 영병관이 총병관으로부터 파견의 명을 받들었으나 머뭇거리고 관망하면서 군사가 모이는 기한에 맞추어 군대를 이끌고 책응하지 않은 것.〔及領兵官已承上司調遣 而逗遛觀望 不依會兵之期進兵策應者〕《전석 권14 7장》《집해 1090쪽》 총병관의 명을 받들어 영병관의 군영으로 가서 군병을 전진하는 기한을 알리도록 하였는데 그 기한을 어긴 것이다.〔摠兵官の使を承て領兵官のもとへゆきて軍兵を進むる日限を告しむるにその日限に違のあることなり〕《국자해 314쪽》

4 차정(差定)된 사람 : 총병관의 차견을 받은 사람이다.〔承總官差〕《부례(하) 11쪽》

5 그 기한을 어겨 : 영병관의 군중에서 군사가 모이는 시기를 알렸으나 차견된 사람이 지체하여 기한을 어긴 것이거나,〔若軍中告報會兵日期 而承差之人遲違程限者〕《전석 권14 7장》 혹은 파견된 사람이 출정 일자를 보고하라는 명령을 받았으나 약정된 시간을 어긴 것이다.〔or assignees are ordered to report the dates {of operations} but violate the prescribed time limit〕《GMC 130쪽》

직해 군에서 행하는 정벌을 맞아 규정에 따라 공급해야 할 군사 기물, 양식, 초료 등을 날짜에 맞추어 준비하여 공급하지 못하면, 담당 관리는 각각 장 100이다. 그 과정에서 늦거나 잘못 처리한 사람을 추고하여 죄준다. 적군을 맞아 싸울 때 여러 물자가 결핍되고 끊어지거나, 병졸을 인솔하는 군관이 정해진 날짜에 맞추어 병졸을 이끌고 가 싸움을 돕지 않거나, 군사 작전에 긴급한 문서를 정해진 날짜에 맞추어 전달하지 않아서, 이로 인하여 군대의 일이 착오가 생기게 하면 모두 참형이다.

해설

군무의 과실이나 착오가 있을 때 처벌하는 규정이다. 임전(臨戰) 시에 군수 물자가 미비하거나, 군사 작전 시기에 총병관(摠兵官)의 명령을 영병관이 어기거나, 영병관이 보고한 기한을 총병관이 파견한 사람이 지체하여 어기면 모두 참형에 처하였다. 군사는 모두 국가의 대사이므로 엄히 처벌한 것이다.

226
출정하는 데 기한을 어김
從征違期

군관이나 군인이 정벌에 임할 때 이미 정해진 출발 기일이 있는데 머뭇거리고 나아가지 않으면, 1일은 장 70이고, 3일마다 1등급을 더한다.[1] 일부러 스스로 몸을 상하게 하거나[2] 거짓으로 질병을 꾸며 대는 따위로 정벌에 나가는 역을 피하면 각각 1등급을 더하되 모두 죄는 장 100에 그치고, 원래대로 출정하게 한다. 군대가 적경(敵境)에서 대치하고 있는데 핑계를 대고 기한을 어겨서 1일 안에 오지 않으면 장 100이고, 3일 안에 오지 않으면 참형이다. 전공(戰功)을 세워 속죄(贖罪)할 만하면 총병관이 구처(區處)한다.[3]

직해 군관이나 군인 등이 정벌하러 나갈 때 출발일이 이미 정해져 있는데도 머물러 지체하며 나아가지 않으면, 1일이면 장 70이고 3일마다 1등급을 더한다. 고의로 신체 수족을 상하게 하거나, 거짓으로 질병을 칭탁하여 정벌에 나아가는 역을 회피하면 각각 1등급을 더하되 장 100을 한도로 하고, 즉시 정벌에 나아가게 한다. 군대가 적과의 접경에서 전투하고 있는데 여러 가지 핑계를 대며 정해진 날짜에 오지 않으면, 1일이면 장 100이고 3일이면 참형이다. 유능한 자가 공을 세워 속죄할 만한 사람이면 절제사(節制使)가 처분하여 결단한다.

1 1일은……더한다 : 2일을 말하지 않은 것은 1일의 법과 같기 때문이다.〔稱一日三日 不言二日者 同一日法也〕《집해 1095~1096쪽》

2 일부러……하거나 : 독질(篤疾)이 되어 정벌에 나갈 수 없게 되는 것이다.〔傷殘 至篤疾 不堪征進者〕《집해 1095쪽》

3 전공(戰功)을……구처(區處)한다 : 군관이나 군인이 결장(決杖)이나 처참(處斬)에 해당되는데 자원하여 공적을 세워 속죄할 수 있다면 총병관이 적절하게 구처하도록 한다.〔若軍官軍人 應合決杖處斬 有能自願建立事功準贖前罪者 聽總兵官從宜區處〕《집해 1096쪽》

해설

군관이나 군인이 출정 기일을 어기거나, 출정하지 않기 위해 자해하거나 질병을 칭탁하는 경우 처벌하는 규정이다. 그러나 죄인이 유능하여 속죄할 만한 공적을 세우기를 자원하면 총병관이 임의대로 처리할 수 있도록 하였다.

227
군인이 역을 대체시킴
軍人替役

227-1 군인이 자기가 직접 출정(出征)하지 않고 타인을 고용하여 이름을 사칭해서 대체하면[1] 대체된 사람은 장 80에 군적(軍籍)에 수록하여 충군(充軍)하며, 본인은 장 100에 예전대로 충군한다.[2] 수어(守禦)하는[3] 군인이 타인을 고용하여 이름을 사칭해서 대체하면 각각 2등급을 줄인다.[4] 아들·손자·아우·조카 및 동거하는 젊고 건장한 친속이 대체하기를 자원하면 들어준다.[5] 실제로 노약(老弱)이거나 잔질(殘疾)이면 자신을 관할하는 관사에 나아가 아뢰고, 관사에서 사실을 조사하여 그 본인의 군역은 면제해 준다.[6]

1 군인이……대체하면 : 군관에 대해 말하지 않은 것은, 군인은 이름을 사칭하여 대체시키는 일이 있을 수 있으나 군관은 그런 일이 일어날 수 없고 아들·손자 등이 대체할 수도 없기 때문이다.〔軍人可以冒替 軍官不得冒替 而子孫等亦不得代替 故不言也〕《집주(상) 456쪽》

2 예전대로 충군한다 : 본인이 원래 정군(正軍)이었으므로 예전대로 충군한다고 한 것이다. 대체된 사람이 군적에 수록된다고 해서 본인이 면하게 되는 것이 아니다.〔本身原是正軍 故曰依舊充軍 不因替身收籍而遂免也〕《집주(상) 456쪽》

3 수어(守禦)하는 : 지방을 수호하고 도적을 방어하는 것이다.〔守禦者 護守地方 防禦寇盜也〕《집해 384쪽》

4 수어(守禦)하는……줄인다 : 출정(出征)의 경우 체신(替身) 장 80, 정신(正身) 장 100이므로, 수어의 경우 2등급을 줄여 체신 장 60, 정신 장 80임은 쉽게 알 수 있다. 또한 출정과 마찬가지로 수어도 정신은 예전대로 충군함은 쉽게 짐작할 수 있다.

5 아들……들어준다 : 아들·손자·동생·조카 이하는 모두 종정(從征)과 수어를 겸해서 말한 것이다.〔其子孫弟姪以下 皆兼從征守禦言〕《집해 1098쪽》 출정·수어하는 군인의 아들·손자·아우·조카 및 동거하는 젊고 건장한 친속은 고용한 것이 아니라 자원한 것이므로 대체하여 출정·수어하는 것을 허락한다. 대체한 지친은 고용하여 대체하는 것에 비할 바가 아니므로 허락하는 것이다.〔其出征守禦軍人之子孫弟姪及同財共居年少力壯之親屬 非係雇倩 自行情愿 代替出征守禦者聽許 代替至親 休戚一體 必無妨誤 非雇倩代替者比 故聽之耳〕《전석 권14 9장》

227-2 의공(醫工)[7]이 차정되어 관(官)의 약을 지급받고[8] 군대를 따라 출정하게 되었는데, 대신 용렬한 의원을 고용하여 이름을 사칭하고 대체하면 각각 장 80이다. 고공전(雇工錢)은 관에 들인다.[9]

직해 군인이 직접 출정하지 않고 다른 사람에게 대가를 주고 이름을 사칭하여 대신 세우면, 대신 선 사람은 장 80에 군적에 올려 충군하고, 자신은 장 100에 예전처럼 충군한다. 방어하는 군인이 다른 사람에게 대가를 주고 이름을 사칭하여 대신 세우면 2등급을 줄인다. 아들・손자・아우・조카나

6 실제로……준다 : 군인이 노쇠・병약・잔질 등의 사유로 군역을 면제받게 되면, 군오(軍伍)의 결손을 막기 위해 그 자리를 다른 장정으로 채워야 하는데, 군역을 면제받는 군인의 호에 그 자리를 대신할 장정이 있으면 그 장정으로 채우고, 해당 호에 그럴 장정이 없으면 다른 장정으로 채운다.〔或另收在營壯丁 或句戶丁補役〕《소의(하) 64쪽》〔與免軍身 必句丁補伍 如無次丁 則免老軍終身〕《집해 1098～1099쪽》〔與免軍身者 免其本身軍役 仍句丁頂補以有定制 不待言也〕《집주(상) 456쪽》 반면 《전석》에서는 차정(次丁)이 없으면 노군(老軍)을 종신토록 군역에 충당한다고 보았다.〔如無次丁 則免老軍終身〕《전석 권14 9장》

7 의공(醫工) : 의관(醫官)이라고 하지 않고 의공이라고 한 것은, 의술은 본래 기예이기 때문이고, 이들은 민간에서 의술을 업으로 삼아 이름을 민호의 책적(冊籍)에 올리고 역(役)에 충당되어 차출되어 종군하는 자로서, 태의원(太醫院)에 속한 의생(醫生)・의사(醫士)의 무리가 아니기 때문이다.〔醫本技藝 故曰工〕《석의 권14 7장》《집해 1099쪽》〔醫官ト不言シテ醫工ト云ハ民間ニ在テ醫ヲ業トシ名ヲ民戶ノ籍ニ編入タル人ニテ夫役ニ充ラレテ差發シテ軍ニ從フ者ニシテ太醫院ニ隷タル醫生醫士ノ輩ニ非ルヲ以テ也〕《언해 권16 34장》

8 관(官)의 약을 지급받고 : 군마가 모여 있으면 전염병이 쉽게 생기므로 의약(醫藥)은 또한 군정(軍政)의 중요한 업무이다.〔軍馬屯聚 疫癘易生 醫藥 亦戎政之要務也〕《전석 권14 9장》 원문의 관령(關領)은 관문(關文)을 보내어 관사로부터 수취(受取)하여 받아들이는 것을 이른다. 《이문집람》에 "관(關)은 관(官)으로부터 물건을 지급받는 것이다. 영(領)은 수(受)이다."라고 하였다.〔關領ハ關文ヲ行フテ官司ヨリ受ケ取リ領入スルヲ云 吏文輯覽云 關從官支給物也 領受也〕《언해 권16 34장》

9 고공전(雇工錢)은 관에 들인다 : 고공전을 관에 들이는 것이 이 조문 전체에 해당하는지 2항에만 해당하는지에 대해 주석서에 따라 견해 차이가 있다. 《석의》에서는 용의(庸醫)・종정・수어를 통틀어 말한 것이라고 보았다.〔雇工錢入官 指受雇之人 通庸醫從征守禦而言〕《석의 권14 7장》

《전석》에서는 용의에 대해서만 말한 것으로 보았다. 타인을 대체하여 종정・수어하였을 때, 대체된 사람을 군적에 수록하여 충군하면 고공전을 추징하는 것을 면제하고, 군적에 수록하여 충군하지 않으면 고공전을 추징하여 관에 들여야 한다고 하였다.〔庸醫所得雇工錢係彼此俱罪之贓 合追入官 雇工上無圈 當止就庸醫言 舊註通承上文 非也 其替人從征守禦 若替身收籍充軍者 免追雇工錢 不收充軍者 合追入官〕《전석 권14 9장》

동거하는 젊고 건장한 친속 등이 스스로 대신 서기를 원하면 허락한다. 실제로 늙거나 어리거나 잔질인 사람들이 관할 관사에 아뢰면, 추고하여 사실을 확인하고 군역을 면하게 한다.

(○). 유능한 의원이 관의 약을 받아서 군사에게 가게 되었다가, 직접 가지 않고 무능한 의원에게 재물을 주어 대신 가게 하면, 각각 장 80이다. 대신 간 사람이 받은 재물은 관에 몰수한다.

해설

군인이 출정하거나 수어할 때 직접 역(役)을 지지 않고 다른 사람을 시켜서 대신 하게 한 행위에 대한 처벌 규정이다. 본래 군호(軍戶)에 속하여 군역을 지는 사람은 훈련도 받고 전투 경험도 있을 수 있는 데 비해, 이를 대신 하는 이는 훈련을 받지 않았고 경험도 없으므로 전투력 손실을 초래하게 된다. 따라서 군역을 멋대로 대체하는 것을 금지하는 것이다.

228
장수[1]가 성을 굳건히 지키지 않음
主將不固守

변방을 지키는 장수[2]가 적의 공격으로 성채가 포위되었을 때 굳건히 지키지 않고 멋대로 버리고 떠나거나, 평시에 수비를 제대로 하지 않아 적에게 불시의 습격을 당하여 이로 인하여 성채를 빼앗기면 참형이다. 적과 대치하고 있는데 높은 곳에서 망을 보거나 순찰하면서 적의 동정을 살피는[3] 사람이 제대로 비보(飛報)하지 않아 성을 빼앗기고 군사를 잃게 하면 역시 참형이다. 적이 경내에 침입하여 인민(人民)이 노략[4]을 당하면 장 100에, 변방 먼 곳으로 보내 충군한다.[5] 군관이나 군인이 전투에 임하여 먼저 물러나거나, 적의 성을 포위하여 출로가 없게 하고서도 도망하면 참형이다.

직해 변경의 군관원(軍官員)이 방어하는 성곽을 적이 포위하였는데, 견고

1 장수 : 조문명에서 장수(將帥)가 아니라 주장(主將)으로 표기하였는데 같은 뜻으로 보인다. 당률에서는 주장에 대해 병졸을 주관·통솔하는 사람이라고 하였고, 몸소 주장이 되는 사람이란 혹 제진(諸鎭)의 장관인 진장(鎭將)이나 제수(諸戍)의 장관인 수주(戍主) 혹 변방 성(城)의 유수(留守)나 주(州)·현(縣)의 성주(城主) 따위라고 풀이하였다.〔主將者 謂主領人兵 親爲主將者 或鎭將戍主 或留守邊城州縣城主之類〕《당률 233조 主將守城》

2 변방을 지키는 장수 : 《만력회전》에서 일방(一方)을 총괄하여 지키는 자를 진수(鎭守), 일로(一路)를 홀로 지키는 자를 분수(分守), 하나의 성(城)이나 보(堡)를 홀로 지키는 자를 수비(守備), 주장(主將)과 하나의 성에 같이 있는 자를 협수(協守)라 하는데 수변장수(守邊將帥)란 이들을 말한다고 하였다.〔守邊將帥 按會典 總鎭一方者 曰鎭守 獨守一路者 曰分守 獨守一城一堡者 曰守備 有與主將同處一城者 曰協守 律云守邊將帥 指此等也〕《전석 권14 12장》

3 높은……살피는 : 높게 쌓은 둔덕에서 망을 보며 적의 동정을 살피고, 변경을 다니면서 보고 그 소식을 엿보는 것을 망고순초(望高巡哨)라 한다.《언해 권16 45장》

4 노략 : 노(擄)는 사람을 생포하는 것, 약(掠)은 재물을 빼앗아 취하는 것이다.《언해 권16 45장》

5 적이……충군한다 : 성을 빼앗기는 것과는 차이가 있으므로 다만 장 100에 변방 먼 곳으로 보내 충군한다.〔若將帥守備不設 及哨望失於飛報 被賊人侵入境內擄掠人民者 視致有失陷者有間也 故止杖一百 發邊遠充軍〕《집설 권5 52장》

하게 성을 지키지 않고 버리고 도망가거나, 수비가 허술하여 적이 엄습하게 하고 이로 인하여 성곽을 함락당하게 하면, 모두 참형이다. 적이 경계를 접하고 있는데 봉화를 올리고 망을 보는 사람이나 말을 타고 적정을 살피는 사람 등이 급히 보고할 것을 게을리하여 성이 함락당하고 군대가 손실을 입게 하면 참형이다. 적이 경내에 침입하여 인민을 노략하도록 내버려두면 장 100이고 먼 곳에 충군한다. 군관원이 전쟁에 임하여 먼저 물러서거나, 적의 성을 포위하여 곤궁하게 하였는데도 도망하면 참형이다.

229
군인이 노략하도록 내버려 둠
縱軍擄掠

229-1 변경을 지키는 장수가 군인을 동원하여 보내라는 명령을 받들지 않고 제멋대로 군인으로 하여금 변경 밖에서 사람을 납치하거나 재물을 약탈하게 하면 장 100에, 파직(罷職)하여 충군(充軍)한다. 장수의 부하[1]로서 지시에 따른 군관과 총기(總旗)는 1등급씩 차례로 줄인다.[2] 모두 소유(所由)를 처벌한다.[3] 소기(小旗)와 군인은 처벌하지 않는다.[4]

229-2 군인이 자신을 관할하는 두목[5]을 거치지 않고 사사로이 변경 밖으로 나가 노략하면 수범(首犯)은 장 100, 종범(從犯)은 장 90이고, 사람을 다치게 하면 수범은 참형, 종범은 장 100이다. 모두[6] 변방 먼 곳으로 보내

1 장수의 부하 : 원문의 소부(所部)는 장수의 부하로, 지휘, 천호, 백호, 총기, 소기, 군인 등이 있다.〔所部 謂將帥之部下 必有指揮千戶百戶總小旗軍人也〕《집해 1115쪽》

2 차례로 줄인다 : 가령 지휘가 사사로이 천호와 백호를 시켜 사람을 노략하게 하였으면, 지휘는 장 100, 천호는 장 90, 백호는 장 80, 총기는 장 70인 따위이다.〔遞減 謂如指揮私使千戶百戶擄掠人口 指揮杖一百 千戶杖九十 百戶杖八十 總旗杖七十之類 謂之遞減〕《강해 266쪽》

3 소유(所由)를 처벌한다 : 가령 지휘가 천호를 시키지 않았는데 천호가 제멋대로 노략하면 천호를 처벌하고, 천호가 백호를 시키지 않았는데 백호가 제멋대로 노략하면 백호를 처벌하는 따위이다.〔罪坐所由 謂如指揮不曾使千戶 千戶私自擄掠 罪坐千戶 又如千戶不曾使令百戶 百戶私自擄掠 罪坐百戶 若此之類 謂之罪坐所由也〕《강해 266쪽》 변방 위(衛)에는 지휘, 천호, 백호, 총기가 있는데 반드시 주도한 사람과 지시에 따르는 사람이 있으니, 소유를 처벌하면 그 죄를 처벌하는 데 끝없이 연루되는 일이 없을 것이다.〔蓋邊衛有指揮千戶百戶總旗 必有主意聽使者 則坐其罪 不濫及也〕《석의 권14 8~9장》

4 소기(小旗)와……않는다 : 소기와 군인은 남의 명령을 받는 사람이므로 처벌하지 않는다.〔小旗軍人 受制於人者 故不治〕《석의 권14 9장》

5 두목 : 지휘, 천호, 백호 등을 이른다.〔頭目 如指揮千百戶等〕《전석 권14 15장》

6 모두 : 제멋대로 변경 밖으로 나가 노략하다 사람을 다치게 한 종범과 다치게 하지 않은 수범과 종범을 이른다.

충군한다.[7] 관할하는 두목이 검속(鈐束)을 엄하게 하지 않으면 장 60에, 부과(附過)하고 본직으로 돌려보낸다. 변경 성곽이나 고을에 적이 출몰하였을 때 기회를 틈타 병사를 이끌고 공격하여 탈취하면 이 율을 적용하지 않는다.[8] 이미 귀부(歸附)한 지역[9]에서 노략하면[10] 수범과 종범을 가리지 않고 모두 참형이다.[11] 관할하는 두목이 검속을 엄하게 하지 않으면 각각 장 80에, 부과하고 본직으로 돌려보낸다.[12] 실정을 알고도 고의로 묵인하면[13] 각

7 모두……충군한다 : 군인이 사사로이 나가 노략하면 수범과 종범 모두 충군하며 단지 장 100과 장 90의 구분이 있을 뿐이다. 이는 〈명례율〉 27조 공범죄분수종(共犯罪分首從)의 종범은 수범에서 1등급을 줄인다는 수종법(首從法)이 아니라, 본조 자체에 죄명이 있는데 〈명례율〉의 죄와 같지 않으면 각각 본조에 따른다는 〈명례율〉 34조 본조별유죄명(本條別有罪名)에 따른 것이다.〔軍人私出擄掠 首從皆充軍 止有杖一百九十之分 與名例首從法不同 所謂各依本條也〕《집주(상) 461쪽》

8 변경……않는다 : 이는 적에 응하는 임기응변이다. 이 경우 장수에게 제멋대로 출병하였다거나, 군관과 총기에게 지시를 받아 노략하였다거나, 두목에게 부하에 대한 검속이 엄하지 않다고 이르지 않으므로 이 규정을 적용하지 않는다고 한 것이다.〔此應敵之權也 在將帥不謂之私使 在軍官總旗不謂之聽使 在頭目不謂之鈐束不嚴 故曰不在此限〕《집설 권5 55장》

9 이미 귀부(歸附)한 지역 : 귀부하여 판적에 올린 지역이므로 같은 백성이다.〔已附地面 謂已歸附籍之地 卽吾民也〕《석의 권14 9장》

10 이미……노략하면 : 군인 자신이 노략하는 것이다.〔若已附地面節 專承軍人自擄節〕《집해 1117쪽》 그러나 군인에 한정하면 1항에서 언급한 변경을 지키는 장수나 장수의 부하인 지휘, 천호, 백호, 소기 등이 귀부한 지역에서 노략하는 것을 처벌하는 규정이 없다는 문제점이 있다.

11 이미……참형이다 : 귀부한 지역에서 인민을 납치하고 재물을 약탈하면 같은 백성을 해치는 것일 뿐만 아니라 또한 뒤에 귀부하여 오려는 사람의 마음을 막을 우려도 있으므로 수범과 종범을 가리지 않고 모두 참형이다.〔於此地擄掠人民財物 非惟殘害吾民 亦恐阻後來歸附者之心 故不分首從 皆斬〕《석의 권14 9장》

12 이미……돌려보낸다 : 노략인 것은 같지만 변경 바깥은 적국이나 마찬가지여서 노략을 금하지 않으면 원수를 맺을 우려가 있으므로 장 60이다. 귀부하였으면 같은 백성인데 이들을 동요시키면 아직 귀부하지 않은 지역의 백성을 위무하여 복종시킬 수 없으므로 장 80으로 처벌한다. 그 죄를 똑같이 처벌할 수는 없다.〔擄掠一也 外境猶爲敵國 不禁 恐其搆怨 已附卽爲吾民 擾之如何招來 其罪自不容同科耳〕《집해 1120쪽》

13 실정을……묵인하면 : 실정을 모른 경우를 말하지 않은 것은 이미 검속을 엄하게 하지 않은 죄가 있기 때문이다.〔止言知情故縱 不言不知者 已有鈐束不嚴之罪也〕《집주(상) 461쪽》

각 범인과 더불어 같은 죄이다.

직해 변경을 방어하는 장수가 상부의 지시 없이 사사로이 군인으로 하여금 변경 밖에서 사람이나 재물을 노략하게 하면 장 100에 정직(停職)하여 충군하고, 그 관할 아래 군관・백호(百戶) 등은 각각 차례로 1등급을 줄여 장(杖)을 치고, 통주(統主)・군인은 논죄하지 않는다.

(○) 군인이 두목에게 알리지 않고 사사로이 경계 밖으로 나가 노략하면 수범은 장 100, 종범은 장 90이다. 사람을 상해하면 수범은 참형, 종범은 장 100이고 모두 먼 곳에 충군한다. 주관하는 두목이 단속을 하지 못하면 장 60이고, 죄명을 기록하여 본직으로 돌려보낸다. 변경의 성읍 등에 적이 출입하고 있는데 기회를 잡아 병사를 이끌고 가 적을 붙잡는 경우는 이 규정을 적용하지 않는다. 이미 투항하여 귀부한 지역에서 노략하면 수범과 종범을 가리지 않고 모두 참한다. 능히 가르치고 명령하지 못한 두목은 장 80이고, 죄명을 기록하여 본직으로 돌려보낸다. 실정을 알고도 고의로 내버려 두면 범인과 같은 죄로 논한다.

해설

군대의 기율을 엄격하게 하는 것이 장수의 중요한 임무로, 장수는 변경에 아무 일이 없을 때 적의 동정을 정탐할 뿐, 사달을 일으켜서는 안 됨을 말하였다. 장수와 군인에 관한 내용, 임기응변으로 출병한 경우, 이미 귀부한 지역에서 노략하는 경우, 실정을 알고도 고의로 내버려 두었을 경우 등에 대해 규정하였다.

230
군사를 조련하지 않음
不操練軍士

230-1 각처[1]의 수어(守禦)하는 관원[2]이 기율(紀律)을 지키지 않거나, 군사를 조련(操鍊)[3]하지 않거나, 성지(城池)를 완비하지 않거나, 갑옷과 병장기를 정비하지 않으면, 초범[4]은 장 80에 부과(附過)하고 본직으로 돌려보낸다. 재범은 장 100에, 지휘사(指揮使)는 강등하여 동지(同知)에 충당하고, 동지는 강등하여 첨사(僉事)에 충당하고,[5] 첨사는 강등하여 천호(千戶)에 충당하고, 천호는 강등하여 백호(百戶)에 충당하고, 백호는 강등하여 총기(摠旗)에 충당하고, 총기는 강등하여 소기(小旗)에 충당하고, 소기는 강등하여 군역(軍役)에 충당하되, 모두 변방 먼 곳에 보내어 수어하게 한다.

230-2 방비[6]가 엄하지 않거나 위무(慰撫)하여 다스리는 데[7] 법도가 없어

1 각처 : 변방이나 중앙의 위(衛)나 소(所)이다.〔邊方腹裏衛所〕《집주(상) 462쪽》

2 수어(守禦)하는 관원 : 각 위(衛)의 지휘, 수어천호소(守禦千戶所)의 천호 따위이다.〔守禦官 如各衛指揮 守禦千戶所千戶之類〕《소의(상) 610쪽》

3 조련(操鍊) : 치고 찌르는 기술과 진영에서 공격・수비하는 법을 연습하는 것이다.〔操練者 習演技擊營陳攻守之法〕《전석 권14 17장》

4 초범 : 1차 조사 점검에 잘못이 있으면 이를 초범이라 이르고, 2차이면 재범이 된다.〔初犯 如一次查點有失 謂之初犯 二次 卽爲再犯〕《집해 1124쪽》

5 동지는……충당하고 : 위사(衛司)에는 정3품인 지휘사 1인, 종3품인 지휘 동지 2인, 정4품인 지휘 첨사 4인이 있다. 동지・첨사는 지휘사를 보좌하여 위(衛)의 사무를 관장하는 군직이다.《언해 권17 2장》

6 방비 : 제(隄)는 막는 것이니, 원문의 제비(隄備)는 적병을 방어하는 준비를 하여 불의의 변(變)을 경계하는 것이다.《언해 권17 3장》 한편 제비를 부대를 통제하는 것으로 보기도 한다.〔control troops〕《GMC 132쪽》

7 위무(慰撫)하여 다스리는 데 : 원문의 무(撫)는 위문하고 격려하는 것으로 아랫사람을 편안하게 하는 것이고, 어(馭)는 말을 제어하는 것으로, 무어(撫馭)란 아랫사람에게 벼슬이나 상을 주거나 빼앗아 다스리는 것을 말한다.《언해 권17 63장》

서 부하 군인들이 모반(謀反)이나 모반(謀叛)을 일으키게 되면 직접 관할하는 지휘·천호·백호·진무(鎭撫)[8]는 각각 장 100이고, 군직을 추탈(追奪)하여 변방 먼 곳으로 보내 충군한다. 성을 버리고 도망하면[9] 참형이다.

직해 각처의 방어하는 군관원(軍官員)이 기강과 법령을 준수하지 않고 군사를 바로 조련하지 않거나, 성지(城池)를 견실하게 보수하지 않거나, 갑옷과 군사 기물을 가지런히 정돈하지 않으면, 초범은 장 80이고 죄명을 기록하여 본직으로 돌려보낸다. 재범이면 장 100인데, 절제사는 강등하여 병마사(兵馬使)를 맡게 하고, 병마사는 강등하여 지병마사(知兵馬使)를 맡게 하고, 지병마사는 강등하여 부사(副使)를 맡게 하고, 부사는 강등하여 판관(判官)을 맡게 하고, 판관은 강등하여 천호를 맡게 하고, 천호는 강등하여 백호를 맡게 하고, 백호는 강등하여 통주(統主)를 맡게 하고, 통주는 충군한다. 모두 먼 곳에서 방어하게 한다.

(○) 방어가 엄정하지 않거나 군인을 위무하는 데 법도가 없음으로 말미암아 관할하는 군인이 배반하고 역모하게 하면, 절제사부터 천호·백호까지 각각 장 100이고 사첩(謝貼)을 거두어들여 먼 곳에 충군한다. 성곽을 버리고 도망하면 참형이다.

해설

기율을 지키지 않으면 군법이 밝지 않게 되고, 군사를 조련하지 않으면 병력의 위세를 떨칠 수 없고, 성지를 완비하지 않으면 공격받기 쉽고, 병장기를 정비하지 않으면 방비할 수 없으므로 이 조문이 제정되었다. 각처를 수

8 지휘……진무(鎭撫) : 모두 군관이다.〔指揮千百戶鎭撫 皆軍官也〕《집주(상) 461쪽》 진무는 위소(衛所)의 보좌관이다. 지휘사 진무는 2인이고 형옥을 관장하며, 천호소 진무는 2인이고 형옥을 관장한다. 옥사(獄事)가 없고 군을 관할하는 백호가 비면 그를 대신한다.《언해 권17 4장》

9 성을 버리고 도망하면 : 지휘 이하 군관들이 군인들의 모반(謀反)·모반(謀叛)으로 인해 도망하는 것을 말한다.〔棄城而逃 言指揮以下 因軍反叛而逃也〕《부례(하) 56쪽》

어하는 군인이 기율을 준수하고, 군사를 조련하며, 성지를 수리하고, 갑옷과 군기를 정비하여 방비를 철저히 하지 못하면 지휘 체계에 따라 처벌하였다. 또한 방비를 잘못하거나 휘하를 위무하지 못하여 관할 군인들이 모반(謀反)이나 모반(謀叛)을 하게 되면 역시 처벌하도록 하였다.

231
양민을 급격하게 동요시킴
激變良民

목민관(牧民官)[1]이 제대로 어루만지고 보살피지 못하거나, 법에 맞지 않게 일을 처리하여 양민을 급격하게 동요시켜[2] 이로 인하여 양민이 무리를 모아 모반(謀反)이나 모반(謀叛)을 일으켜 성지(城池)를 빼앗기면 참형이다.[3]

직해 백성을 다스리는 관원이 백성을 보호하여 불쌍히 여기지 않고 법에 맞지 않게 공무를 집행함으로 말미암아, 백성으로 하여금 격노하여 무리를 지어 배반하게 하며 성곽을 함락당하면 참형이다.

해설
목민관이 백성을 제대로 보살피지 못하고 불법적인 일을 행하여 모반(謀

1 목민관(牧民官) : 명대 통치 체계에서 백성들과 연관된 직무를 담당한 관리로서 목민지관(牧民之官), 백관유사(百官有司)라고도 한다. 명대 재외(在外)는 민정 지역의 주·군·현과 군정 지역의 위(衛)·소(所)로 구분되므로, 목민의 직무는 주·군·현의 관원 및 위·소의 관원까지 포함된 대민(對民) 업무를 의미한다.

2 법에……동요시켜 : 만약 평소 어루만지고 자애롭게 대하지 않으면 백성은 사랑하고 존경하지 않으며, 법에 맞지 않게 일을 처리하고 그들을 포학하게 대해 죄 없는 양민이 그 명령을 감당하지 못하면 자극을 받아 변란을 일으키게 된다.〔若平日失于撫字 民不愛戴 而又非法行事以暴虐之 使無罪良民不堪其命 一時激成變亂〕《집주(상) 464쪽》

3 참형이다 : 법대로 일을 처리하였다면 비록 과실이 있더라도 선량하지 못한 간사한 백성이 변란을 일으켰을 경우 이 율을 적용하지 않는다.〔若依法行事 雖有過差 不逞姦民生變者 不在此律〕《전석 권14 20장》 만약 모반(謀反)·모반(謀叛)에 그치고 성지를 빼앗기지 않았으면 230조 불조련군사(不操練軍士)의 2항 수어(守禦)하는 관원이 위무하여 다스리는 데 법도가 없어 휘하 군인이 모반·모반하면 장 100에 군직을 추탈(追奪)하고 충군하는 율에 비의(比擬)하여 주청한다.〔若止反叛而城池未陷者 比依{擬}守禦官撫馭無方致所部軍人反叛充軍律 奏請〕《집해 1132쪽》

反)이나 모반(謀叛)이 일어날 경우 처벌하는 규정이다. 부(府)·주(州)·현(縣)의 친민관(親民官)의 평상시 소임이 백성을 보호하는 것임을 강조하였다.

232
사사로이 전마를 팖
私賣戰馬

군인들이 출정해서 획득한 마필(馬匹)은 반드시 전부 관(官)에 보고해야 한다. 사사로이 팔면[1] 장 100이다. 군관이 팔면 죄가 같고, 파직(罷職)하여 충군(充軍)한다.[2] 사들인 자[3]는 태 40이다. 마필과 그 값으로 치른 돈은 모두 관에 들인다. 군관이나 군인이 사면 논하지 않는다.[4]

직해 군인이 출정할 때 얻은 마필은 반드시 모든 수효를 관에 보고한다. 사사로이 팔면 장 100이다. 군관이 팔면 같은 죄로 논하고 정직(停職)하여 충군한다. 산 사람은 태 40이고, 마필과 값은 관에 몰수한다. 군관이나 군인이 샀으면 논죄하지 않는다.

해설

군인이나 군관이 출정할 때 획득한 마필에 대해 관에 보고하며 사사로이 팔지 못하도록 하고 이를 어겼을 경우 처벌하는 내용이다. 이 말을 사들인 일반 사람도 처벌을 하되, 군인이나 군관이 사들였을 경우는 어차피 관용

1 사사로이 팔면 : 원문의 사하(私下)는 상급 관사에 보고하여 허락을 얻지 않는 것이다.《언해 권10 53장》 관에 보고한 후 파는 것은 금하지 않는다.〔曰私下貨賣 則報官後和賣者 不禁〕《집해 1133쪽》

2 군관이……충군(充軍)한다 : 파는 것은 마찬가지지만 군관의 죄가 군인보다 무거운 것은 검속하는 책임이 있기 때문이다.〔夫同一賣也 而軍官罪重 以其有鈐束之責也〕《집해 1134쪽》

3 사들인 자 : 일반인을 가리켜 말하는 것이다.〔買者 指常人言〕《집해 1133쪽》

4 군관이나……않는다 : 사는 것은 일반인과 마찬가지지만 군관이나 군인이 사들이면 그래도 환수하여 관용으로 충당할 수 있기 때문에 논하지 않는 것이다.〔同一買也 而軍官軍人勿論 以其還充官用耳〕《집해 1134쪽》

(官用)으로 사용된다고 보아 처벌하지 않는 것을 골자로 하였다. 233조 사매군기(私賣軍器)와 내용이 유사하므로 연계하여 볼 필요가 있다.

233
사사로이 군기를 팖

私賣軍器

군인이 지급받은[1] 옷·갑옷·창·칼·깃발[2] 등 일체의 군기를 사사로이 팔면 장 100에, 변방 먼 곳에 보내어 충군(充軍)한다.[3] 군관이 팔면 죄가 같고, 파직(罷職)하여 충군한다.[4] 사들인 자는 태 40이다. 금하는 군기이면 사사로이 소유한 죄[5]로 논한다.[6] 군기와 그 값으로 치른 돈은 모두[7] 관에 들

1 지급받은 : 원문의 관급(關給)은 관으로부터 물건을 지급받는 것, 관사로부터 넘겨받는다는 뜻이다. 관(關)은 본래 평등한 관사끼리 서로 왕래하는 공문의 이름인데, 공문으로써 수취하고 지급하기 때문에 관지(關支), 관급(關給)이라고 한 것이다.〔關ハ本平等ノ官司相往來スル公文ノ名也公文ヲ以テ支取支給ノ故ニ關支關給ト云也關給ハ官司ヨリワタシタルト云意也 吏文輯覽云 關 從官支給物也〕《언해 권17 22장》 1392년(홍무25) 군관과 군인으로 하여금 군기를 관급받으면 성명과 수목(數目)으로 장부를 만들어 보관하고, 각 군기에 군관·군인의 성명을 기록하게 하였으며, 손상하거나 잃어버리면 관에 배상하게 하였다.〔洪武二十五年 令官軍關領軍器 將姓名數目 造冊收貯 仍於各器上 記官軍姓名 損失卽令償官〕《회전 권193 軍器軍裝2 火器》

2 깃발 : 원문의 기(旗)는 깃발이고, 치(幟)는 깃발에 꽂는 물건이다. 《설문(說文)》에 "치는 기(旗)·기(旂)의 부류로, 군법에 비단을 병기의 끝에 묶어 표지로 삼는다."라고 하였으며, 《육서고(六書故)》에 "치는 표시하는 수단으로서 색깔 있는 비단으로 만든다."라고 하였다.〔旗マトヒ也幟サシモノ也……說文云 幟旗旂之屬 軍法 以帛繫兵端 爲耳目 六書故云 幟 所以識也以采帛爲之〕《언해 권17 12장》

3 군인이……충군(充軍)한다 : 군진(軍陣)에서 군기를 획득하여 팔면, 관에 들여야 하는 물건을 은닉하고 납부하지 않은 것을 처벌하는 데 따라, 모자라는 것을 계산하여 절도에 준하여 논한다.〔會解云 在陣獲得軍器而賣 依應入官物隱匿不納者 計所虧欠 準竊盜論〕《언해 권17 13장》

4 충군한다 : 군관도 군인처럼 변방 먼 곳에 보내어 충군하는지 아니면 가까운 곳에 보내어 충군하는지에 대해서는 주석서에 따라 견해가 엇갈린다. 《집주》에서는 죄동(罪同)이라고 하였으므로 군관도 군인처럼 모두 변방 먼 곳에 보내어 충군한다고 보았다. 《집주(상) 466~467쪽》 그러나 《소의》와 《집해》에서는 죄동은 신체형인 장 100에 대해서만 해당되는 말이고 군관이 파직된 것만으로도 상당히 무거운 처벌이므로 가까운 곳에 보내어 충군한다고 보았다. 《소의(하) 76쪽》《집해 1136쪽》

인다. 군관이나 군인이 사면 논하지 않는다.[8]

직해 군인들이 관사에서 내준 옷·갑옷·창·칼·깃발 등의 군사 기물을 사사로이 팔면 장 100이고 먼 곳에 충군한다. 군관원(軍官員)이 팔면 죄가 같으며 정직(停職)하고 충군한다. 군사 기물을 사면 태 40이다. 산 군사 기물이 국가에서 금하는 것이면 사사로이 소유한 예로 논죄하고, 군사 기물과 값은 모두 관에 몰수한다. 군관이나 군인이 샀으면 논죄하지 않는다.

해설

군인이나 군관이 관에서 지급받은 군기를 사사로이 파는 행위에 대한 처벌 규정이다. 군관이나 민간인에게 팔아 군기가 군대 밖으로 유출되면 전투력에 손실이 생기기 때문에 금지하는 것이다. 이 조문은 232조 사매전마(私賣戰馬)와 같은 취지이지만, 군기는 관에서 지급받는 것으로서 적으로부터 노획한 전마와는 다르므로 죄에 경중이 있다.

5 사사로이 소유한 죄 : ③ 235 私藏應禁軍器

6 금하는……논한다 : 처벌 대상에 대해 《집해》와 《집주》는 산 사람에 대해서만 말한 것으로 보고 민간에서 사적으로 소유가 금지된 군기를 가지고 있으면, 1건에 장 80이고, 1건마다 1등급을 더한다고 하였다.〔應禁者 以私有論罪 止就買者言〕《집해 1135쪽》〔賣者 不分應禁與否 買者 則分別科斷 蓋民間許有平常軍器 不得私有應禁軍器也 私藏應禁軍器 一件杖八十 每一件加一等 此賣者之罪 不限件數 而買者之罪 則按件科之也〕《집주(상) 467쪽》 그러나 《GMC》는 판 사람을 처벌하는 것으로 보았다. 《GMC 133쪽》

7 모두 : 군기와 가전(價錢)을 모두 관에 들이되, 《전석》에서는 응금지물(應禁之物)뿐 아니라 불응금지물(不應禁之物)도 해당된다고 보았다.〔竝字 承應禁不應禁兩下說〕《전석 권14 21장》

8 군관이나……않는다 : 군관·군인에게 판 경우, 가전을 추징하는지와 판 사람을 처벌하는지에 대해 주석서에 따라 견해가 엇갈린다. 《소의》는 산 군관·군인은 물론 판 사람도 처벌하지 않고 가전도 추징하지 않는다고 보았다. 《소의(하) 76쪽》 그러나 《집해》와 《전석》은 판 사람은 처벌하고 가전을 추징하여 관에 들인다고 보았다. 산 군관·군인을 처벌하지 않는 이유에 대해 《집해》는 출정·수어에 쓸 것을 스스로 마련하였으니 처벌할 일이 아니라고 하였고, 《전석》은 군기가 민간으로 유출된 것이 아니라 여전히 관에 머물러 있어 쓸 수 있기 때문이라고 하였다. 《집해 1136~1137쪽》 《전석 권14 21장》

234
군기를 버리거나 훼손함
棄毁軍器

234-1 장수가 지급받아 나누어 준[1] 일체의 군기를 정벌이나 수비하는 일이 끝났는데도 그대로 두고 회수하여 관에 반납하지 않으면, 10일은 장 60이고[2] 10일마다 1등급을 더하되 죄는 장 100에 그친다.

234-2 장수가 군기를 멋대로 버리거나 훼손하면 1건에 장 80이고, 1건마다 1등급을 더하되 20건 이상이면 참형이다. 유실(遺失)하거나 착오로 훼손하면 각각 3등급을 줄인다.[3] 군인이면 각각 또 1등급을 줄인다. 모두 버리거나 훼손한 수량을 조사해 추징하여 배상하게 한다.[4] 일찍이 전투를 치르다가 손실이 발생하였으면 처벌하지 않고 배상하게 하지 않는다.

직해 군관이 관고(官庫)에서 받아 낸 군사 기물 등을 일이 끝난 뒤에도 계속 지니고 반납하지 않으면, 10일이면 장 60이고 10일마다 1등급을 더하되 장 100을 한도로 한다.

○ 버리거나 훼손하면, 1건이면 장 80이고 1건마다 1등급을 더하되 20건

1 지급받아 나누어 준 : 원문의 관발(關撥)은 관고(官庫)에 보관되어 있는 군기(軍器)를 장수가 지급받아 다시 수하 군인에게 나누어 주는 것이다. 《언해 권17 24장》

2 10일은 장 60이고 : 일이 끝난 날로부터 시작하여 10일 동안 반납하지 않으면 장 60이다. 〔若征守事已完訖 將原關撥軍器停留在外 不回納還官者 以事訖日爲始 十日不納者杖六十〕《집해 1139쪽》

3 유실(遺失)하거나……줄인다 : 감수자도(監守自盜)의 경우에는 장(贓)이 25관 이상 40관 미만이면 유 3000리이고, 40관에 이르면 교형이 아닌 참형이다. 이는 고의를 주벌(誅罰)하는 것이다. 그러나 만약 유실하거나 착오로 훼손하면 각각 기훼(棄毁)한 죄에서 3등급을 줄인다.〔不加入絞以至於斬 亦有監守自盜二十五貫流三千里 至四十貫 卽直坐斬耳 此誅其故意也 若有遺失及誤毁者 卽無心之失 各減棄毁之罪三等〕《전석 권14 21장》

4 배상하게 한다 : 타인의 재물을 보상하는 것이 배(賠)이다.〔正字通云 補償人財物曰賠〕《언해 권17 15장》

이상은 참형이다. 잃어버리거나 착오로 훼손하면 각각 3등급을 줄인다. 군인이면 다시 1등급을 줄이고, 모두 수량을 계산하여 추징한다. 일찍이 전쟁터에서 손실한 것은 처벌하지 않으며 추징하지 않는다.

해설

정벌할 일이 있거나 적의 침입을 경계하고 방어할 일이 있으면 관에 있는 군기를 지급해야 한다. 이럴 때는 장수의 책임하에 군기를 개별 군사에게 지급하고, 일이 종료된 후에는 다시 장수의 책임하에 지급된 군기를 회수하여 관에 반납해야 한다. 반납하지 않으면 지체된 날에 비례하여 장수에게 책임을 부과하고, 일이 종료되었는데 군기를 반납하지 않고 관 밖에서 사적으로 점유하면 그 죄는 장수에게만 있고 군인에게는 미치지 않는다.

235
금하는 군기를 사사로이 소장함
私藏應禁軍器

민간에서[1] 사람이나 말의 갑옷, 방패, 화통, 화포, 기둑(旗纛), 호대(號帶)[2] 따위의 금하는 군기[3]를 사사로이 소유하면[4] 1건에 장 80이고, 1건마다 1등급을 더한다. 사사로이 제조하면[5] 사사로이 소유한 죄에서 1등급을 더한다. 각각[6] 죄는 장 100 유 3000리에 그친다. 온전한 상태가 아니면[7] 모두 논하지 않으며, 관에 들이도록 허락한다.[8] 활, 화살, 창, 칼, 쇠뇌 및 어차(魚

1 민간에서 : 민간뿐 아니라 문관도 가질 수 없다.〔文官 亦不得有 蓋非軍旅之家故也〕《석의 권14 13장》

2 호대(號帶) : 깃대에 매달아 군졸을 부르는 긴 명주 띠이다.

3 사람이나……군기 : 이는 진영에서 쓰는 것으로 사가(私家)에서 가지면 반역을 꾀하는 도구가 되므로 금하는 군기가 되는 것이다.〔若人馬甲傍牌火筒火砲旗纛號帶之類 乃戰陣所用 私家有之 則不軌之具也 故爲應禁軍器〕《집주(상) 469쪽》

4 소유하면 : 옛날부터 있었던 것으로, 조상이 남기거나 다른 곳에서 습득하여 집에 있는 것이지 사용하려는 것은 아니다.〔有謂舊有 或先世所貽 或別處拾得 因收藏在家 而不以爲用也〕《집주(상) 469쪽》 사사로이 가지고 있으면서 관에 보내지 않으면 죄는 은닉한 실정이 있는 것에 그치므로 1건에 장 80이며 1건마다 1등급을 더한다.〔若私有而不送官者 止有隱匿之情 故一件杖八十 每一件加一等〕《집설 권5 61장》

5 제조하면 : 새로 제조한 것으로, 본래 그 군기가 없는데 만든 것은 장차 그것을 쓰려는 생각이 있는 것이다.〔造謂新造 本無其器 而自己造作 則將有用之之意也〕《집주(상) 469쪽》

6 각각 : 사유(私有)와 사조(私造)를 가리켜 말한 것이다.〔各字 指私有私造而言〕《소의(하) 79쪽》

7 온전한 상태가 아니면 : 가령 기(旗)는 있으나 깃대가 없는 것, 혹은 만들기는 하였으나 완성하지 못한 것, 혹은 이미 썩고 파괴되어 갖추어 쓸 수 없는 것 모두가 이에 해당된다.〔非全成如有旗無杆 或造而未完 或已朽壞 俱不堪用者 皆是〕《부례(하) 36쪽》

8 온전한……허락한다 : 사유(私有)한 것이 형체가 파괴되었고, 사조(私造)한 것이 완전하지 못하여 온전하지 않으면 쓸 수 있는 도구가 아니므로 죄로 처벌하지 않는다. 그러나 또한 집에서 사장(私藏)할 수 없기에 관에 들이도록 허락한다.〔私有者 形體已壞 私造者 工制未完 旣不成全 則非堪用之具 故不坐罪 然亦不得私藏在家 許令納官〕《집주(상) 469쪽》

叉), 화차(禾叉) 등은 금지하는 규정을 적용하지 않는다.[9]

직해 백성이 사람과 말의 갑옷 및 방패, 화통, 화포, 기둑 등의 군사 기물을 사사로이 가지고 있으면, 1건은 장 80이고 1건마다 1등급을 더한다. 사사로이 만들면 사사로이 소유한 죄의 예에서 1등급을 더하되 장 100을 한도로 한다. 온전한 물건이 아닌 조각이면 논죄하지 않고 그 물건은 관에 납부하도록 한다. 그 밖의 활, 화살, 창, 칼, 쇠뇌 및 물고기를 잡고 풀을 베는 작살이나 창 등은 이 금지 규정을 적용하지 않는다.

해설

군기는 나라에서 금하는 물건이므로 민간이 가져서는 안 됨을 말한 조문으로, 군기를 사유(私有)하거나 사조(私造)하면 모두 직분에 어긋나므로 처벌한다. 다만 사유한 것은 조상으로부터 전래한 것이며 사조한 것은 자신이 직접 만든 것이므로, 처벌에 경중이 있다. 만약 군기가 온전하지 않거나 민간에서 가질 수 있는 것이면 처벌하지 않는다.

9 활……않는다 : 활, 화살, 칼, 창, 작살, 곡식이나 풀 따위를 햇볕에 말리거나 쌓을 때에 쓰는 농기구 따위는 모두 민간에서 쓰는 것이므로 금지 규정을 적용하지 않는다.〔其弓箭刀槍魚叉禾叉之屬 則皆民間所應用者 故不在禁限〕《집주(상) 469~470쪽》

236
군인을 마음대로 놓아주어 군역을 비게 함
縱放軍人歇役

236-1 군대를 관장하는 백호(百戶) 및 총기(摠旗)·소기(小旗)·군리(軍吏)[1]가 군인을 놓아주어 100리 밖으로 나가[2] 매매하게 하거나 혹은 사사로이 전토를 경작하게 하거나 혹은 몰래 자기 집에 두고 부려서 군역을 비게 하면, 1명에 장 80이고 3명마다 1등급을 더하되 죄는 장 100에 그치며, 파직(罷職)하고 충군(充軍)한다.[3] 재물을 받고 풀어 주면[4] 왕법(枉法)으로 보되, 무거운 쪽으로 논한다. 숨겨진 군인은 모두[5] 장 80이다. 사사로이 변경 밖으로 나가게 하였다가 이로 인하여 죽거나 도적에게 사로잡히면 장 100에, 파직하고 변방 먼 곳으로 보내어 충군한다.[6] 3명에 이르면 교형이다. 자신을 관할하는 관리[7]가 실정을 알면서도[8] 용은(容隱)하고 적발하지

1 군리(軍吏) : ① 10 軍官軍人犯罪免徒流

2 100리 밖으로 나가 : 100리 밖이라 하였으니 가까운 곳에서 장사하거나 사사로이 토지를 경작하게 하는 것, 일찍이 군역을 비게 하지 않은 것은 논하지 않는다는 것을 알 수 있다.〔云百里之外 則近便賣買私種田土 不曾空歇軍役者 在所勿論 可知矣〕《전석 권14 23~24장》

3 파직(罷職)하고 충군(充軍)한다 : 백호는 파직하고 총기·소기·군리와 더불어 가까운 위(衛)로 보내 충군한다.〔百戶罷職 與總小旗軍吏 俱發附近衛分充軍〕《집해 1147쪽》

4 재물을……주면 : 군인의 재물을 받고 풀어 주어 군역을 비게 하는 것이다.〔若受軍人之財而賣放歇役者〕《집주(상) 471쪽》

5 모두 : 종방(縱放), 은점(隱占), 매방(賣放)된 각각의 군인이다.〔竝者 指所縱放隱占賣放各軍也〕《집해 1146쪽》

6 파직하고……충군한다 : 백호는 역시 파직하고 총기·소기·군리와 더불어 모두 변방 먼 곳으로 보내어 충군한다.〔百戶亦罷職 與總小旗軍吏 俱發邊遠充軍〕《집해 1148쪽》

7 자신을 관할하는 관리 : 자신을 관할하는 지휘·천호·진무 및 해당 수령관과 이전(吏典)이다.〔其本管指揮千戶鎭撫 及當該首領官吏〕《전석 권14 34장》

8 실정을 알면서도 : 자신을 관할하는 관리가, 백호·총기·소기·군리가 군인을 사사로이 부리거나 군인이 사사로이 변경 밖으로 나갔다가 죽거나 사로잡힌 실정을 명확히 아는 것

않거나, 도망하였다고 거짓으로 기록하는 등 한통속이 되어 관(官)에 보고하면 범인과 더불어 같은 죄이다.[9] 소기·총기·백호가 군인을 놓아주었는데 자신을 관할하는 지휘(指揮)·천호(千戶)·진무(鎭撫) 및 해당 수령관(首領官)과 이전(吏典)이 실정을 알면서도 고의로 묵인하거나, 혹은 용은하고 적발하지 않는 경우와, 지휘·천호·진무가 군인을 고의로 묵인하였는데 백호·총기·소기가 알면서도 고발하지 않는 경우에는 죄가 또한 그와 같다.[10]

236-2 검속(鈐束)을 엄격히 하지 않아 위와 같이 법을 어기고 죄를 범하게 한 것이나 제대로 적발하지 못한 것[11]이 소기 휘하에 1명, 총기 휘하에 5명, 백호 휘하에 10명, 천호 휘하에 50명이면 각각 태 40이고, 소기 휘하에 2명, 총기 휘하에 10명, 백호 휘하에 20명, 천호 휘하에 100명이면 각각 태 50이다. 모두 부과(附過)하고 본직으로 돌려보낸다. 수가 차지 않으면 처벌하지 않는다.

236-3 군관이 사가(私家)에서 군인을 부렸으나 몰래 차지하여 군역을 비게 한 경우가 아니면 1명에 태 40이고, 5명마다 1등급을 더하되 죄는 장 80에 그친다. 모두 1명마다 1일에 고공전(雇工錢) 60문(文)을 추징하여 관에 들인다. 길흉사가 있어서 빌려다가 부리는 것은 논하지 않는다.

직해 군을 관장하는 군관·군리 등이 고의로 군인들을 100리 밖에 놓아주

이다.〔本管官吏 明知私使致死被執之情〕《집주(상) 471쪽》

9 범인과……죄이다 : 사형에 이르면 1등급을 줄인다.〔稱與同罪 則致死者 減一等〕《집해 1149쪽》

10 그와 같다 : 원문의 여지(如之)의 지(之) 자는 윗글의 종방(縱放)한 사람을 가리켜 말한 것으로, 군인을 종방한 것을 용은하면 그 죄가 종방한 범인의 죄와 같다.〔罪亦如之之字 指上文縱放之人言 謂容隱縱放軍人者 其罪 亦如縱放之犯人之罪〕《집해 1148쪽》

11 검속(鈐束)을……것 : 천호·백호·총기·소기가 군인을 묵인하거나 사사로이 부릴 뜻이 원래 없었는데 단지 부하를 엄하게 검속하지 않아 법을 어기고 사사로이 100리 밖이나 경계 밖으로 나가게 한 것, 또는 원래 실정을 알고 용은하려 한 것이 아니라 다만 일시적으로 제대로 각찰하지 못한 것이다.〔若千百戶總小旗 原無故縱私使軍人之情 止因鈐束部伍不嚴 致有違犯私出百里之外 或出外境 及原無知情容隱 止是一時失於覺察者〕《전석 권14 25장》

어 물건을 사고팔게 하거나, 사사로이 전지를 경작하게 하거나, 집 안에 숨겨 두고 부리어 군역을 빠지게 하면, 1명이면 장 80이고 3명마다 1등급을 더하되 장 100을 한도로 하며 정직(停職)하고 충군한다. 재물을 받고 놓아 보내면 왕법(枉法)의 예로 보되, 무거운 쪽으로 논죄한다. 숨겨진 군인은 모두 장 80이다. 사적인 일로 경계 너머로 뽑아 보냈다가 이로 인하여 죽게 하거나 혹 적도에게 붙잡히게 하면, 장 100에 정직하고 먼 곳에 충군하되, 3명이면 교형으로 죽인다. 관할하는 관리가 실정을 알면서도 숨겨 두고 추고하지 않거나, 도망하였다고 거짓으로 칭하며 뜻을 같이하여 관에 보고하면, 범인과 같은 죄로 논한다. 백호·천호·통주(統主) 등이 군인을 놓아 보냈는데 관할하는 병마사·지병마사·부사·판관 등이 사정을 알면서도 놓아 보내거나, 혹은 한통속이 되어 숨겨 두고 조사하지 않는 경우와, 병마사·지병마사·천호·진무 등이 고의로 군인을 놓아 보냈는데 백호·통주가 사정을 알면서도 고발하지 않는 경우는 같은 죄로 논한다.
(○) 군인을 단속하지 못하여 법을 어기게 하거나, 알지 못하여 각찰을 제대로 하지 못하면, 통주 휘하에 1명, 백호 휘하에 5명, 천호 휘하에 10명, 만호 휘하에 50명이면 각각 태 40이다. 통주 휘하에 2명, 백호 휘하에 10명, 천호 휘하에 20명, 만호 휘하에 100명이면 각각 태 50이고, 모두 죄명을 기록하고 본직으로 돌려보낸다. 이 수효에 미치지 않으면 처벌하지 않는다.
(○) 군관이 사가(私家)에서 군인을 부리되 그의 부역을 빠지지 않게 하면, 1명이면 태 40이고 5명마다 1등급을 더하되 죄는 장 80에 그친다. 1명마다 1일에 군인을 부린 비용 60문을 추징하여 관에 납부한다. 이 경우 길례나 흉사에 빌리기를 청하여 부리는 것은 논죄하지 않는다.

해설

군관이 관할 군인의 군역을 이용하여 사익을 챙기느라 군역이 비게 하는 것을 막기 위한 규정이다. 율문에서 군인을 100리 밖으로 보내 장사하게 하는 종방(縱放), 몰래 자기 집에 두고 부려서 군역을 지지 못하게 하는 은점(隱占)·사사(私使), 재물을 받고 풀어 주는 매방(賣放), 군역을 지게 하면서 자기 집에서 부리는 사역(使役) 등 다섯 가지 잘못을 규정하였다.

237
공이나 후가 사사로이 군관이나 군인을 부림
公侯私役官軍

공(公)이나 후(侯)[1]가 특지(特旨)를 받들지 않고 사사로이 각 위(衛)의 군관이나 군인을 불러다 부릴 수 없다.[2] 어기면 초범이나 재범은 죄를 면해 주고 부과(附過)하며, 3범은 한 차례 사형을 면해 주는 것에 준한다.[3] 군관이나 군인이 시키는 대로 따르거나, 출정하지 않을 때에 멋대로 공이나 후의 집 문 앞에서 대기하고 있으면 군관은 각각 장 100에, 파직(罷職)하고 변방 먼 곳으로 보내 충군(充軍)한다. 군인도 죄가 같다.

직해 여러 군(君)이나 재추(宰樞)가 임금의 명이 없이 각 위(衛)의 군관이나 군인 등을 불러 다른 곳으로 보내어 부리면, 초범과 재범은 면죄하되

1 공(公)이나 후(侯) : 백(伯)을 말하지 않았으나 처벌은 공이나 후와 같다.〔按此條不言伯者有犯亦與公侯同〕《집해 1158쪽》 백작(伯爵)이나 기교(旗校)가 관군을 사사로이 부린 죄를 범하면 이 율문으로 과단하여 주청한다.〔若伯爵及旗校有犯 一準此律 科斷奏請〕《주해 559쪽》

2 사사로이……없다 : 공이나 후는 공훈을 세워 작을 받고 누대에 걸쳐 나라에서 녹봉을 받는 신하이다. 지위가 높고 세력이 위중(威重)하므로 이들이 사적으로 군역을 점유하고 군관과 군인은 아부하여 순순히 따라서 황제가 능멸을 당하고 아래가 위를 대신하는 데 이르는 상황을 염려한 것이다. 이러한 폐단은 그대로 두어서는 안 되므로 특별히 금한 것이다.〔公侯 勛爵世臣 勢位尊重 恐其私占軍役 而軍官軍人阿附承順 以致上凌下替 漸不可長 故特禁之〕《집주(상) 475쪽》

3 어기면……준한다 : 초범이나 재범은 처벌은 면하더라도 부과(附過)하고, 3범에 이르면 사형을 한 차례 면해 주는 것에 준한다.〔公侯位高勢重 役占之漸 又不可長 故初犯再犯 猶得免罪附過 至三犯準免死一次 是雖未坐罪 而罰之亦重矣〕《전석 권14 27장》 사형을 면하는 것은 공신의 철권(鐵券)에 비추어 행한다.〔免死 照鐵券行〕《부례(하) 45쪽》 공이나 후는 봉작(封爵)을 받을 때 모두 황제가 철권을 주는데, 철권의 안쪽에 그 공훈을 헤아려서 사형을 면해 주는 차수를 적는다. 예컨대 사형을 면해 주는 차수가 3차이면, 사적으로 관군을 부린 죄가 3범에 이르렀을 때 사형을 한 차례 면해 주고 사형을 면해 주는 기회가 두 차례 남는 따위이다.〔蓋以公侯受封 皆有欽給鐵券 於內量其功勳 開寫免死次數 如原開免死三次者 至三犯 則準作免死一次 止存二次之類也〕《집해 1157쪽》

죄명을 기록하고, 3범은 사죄(死罪)를 한 번 면해 주는 것으로 인정한다. 군관이나 군인 등이 그것을 따르거나, 출정하지 않을 때 앞서 말한 세력가의 문에서 기회를 엿보며 서 있거나 배회하면, 군관은 장 100에 정직(停職)하고 먼 지방에 충군한다. 군인도 같은 죄로 논한다.

238
출정하거나 수어하는 군관이나 군인이 도망함
從征守禦軍官逃

238-1 군관이나 군인이 군대를 따라 출정하였다가 사사로이 도망하여 집으로 돌아가거나 다른 곳으로 도망가면, 초범은 장 100에 곧바로 출정시키고, 재범은 교형이다. 도망한 실정을 알면서 몰래 숨겨 주면 장 100에 충군(充軍)한다.[1] 이장(里長)이 알면서도 고발하지 않으면 장 100이다. 군대가 돌아올 때에 먼저 돌아오면 5등급을 줄이고, 이로 인하여 도망하면 장 80이다. 서울에 있는 각 위(衛)의 군인이 도망하면, 초범은 장 90에, 부근의 위(衛)로 나누어 보내어 충군한다. 각처의 성지(城池)를 수어(守禦)하는[2] 군인이 도망하면 초범은 장 80에, 곧바로 본래 소속 위로 보내어 충군한다. 재범은 모두[3] 장 100에, 전부[4] 변방 먼 곳으로 보내 충군하고, 3범이면 교형이다.[5] 실정을 알면서도 숨겨 주면 범인과 더불어 같은 죄이되, 죄는 장 100에 그치고 충군한다. 이장이 알면서도 고발하지 않으면 각각 2등급을 줄인다. 자신을 관할하는 두목이 실정을 알면서도 고의로 묵인하면 각각 더불어 같은 죄이되, 죄는 장 100에 그치며 파직하고 충군한다. 단, 도망 중인 군관이나 군인이 100일 이내에 스스로 관사에 나아가 자수하면 죄를

1 도망한……충군(充軍)한다 : 초범과 재범을 따지지 않는다.〔不問初犯再犯〕《집주(상) 476쪽》

2 수어(守禦)하는 : 지방을 수호하고 도적을 방어하는 것이다.〔守禦者 護守地方 防禦寇盜也〕《부례(상) 384쪽》

3 모두 : 경위(京衛)나 외위(外衛)를 따지지 않는다.〔不問京衛外衛〕《집주(상) 476쪽》

4 전부 : 초범이면 보내는 곳이 다르지만 재범인 경우 같은 곳으로 보내는 것을 의미한다.

5 서울에……교형이다 : 서울에 있는 각 위(衛)와 각처의 수어하는 군인이 도망한 것에 대해 말하였을 뿐 집으로 돌아가거나 다른 곳으로 가는 것에 대해 말하지 않은 것은 문장을 생략한 것이다.〔按在京各衛與各處守禦軍人 但言在逃 而不言還家及往他所者 省文也〕《집해 1167쪽》

면해 준다.[6] 정해진 기한이 지나서 자수하면 죄를 2등급 줄인다. 다만 그가 도망간 곳의 관사에 자수하면 모두 위의 예에 준하여 처리한다.[7]

238-2 각 위의 군인이 다른 위로 옮겨 투속(投屬)하여 충군하면 도망한 군인과 같이 논한다.

238-3 직접 관할하는 두목이 마음을 써서 검속(鈐束)하지 않아 군인이 도망하게 되었을 경우, 소기(小旗) 휘하에서 5명이 도망하면 강등하여 군인에 충당하고, 총기(總旗) 휘하에서 25명이 도망하면 강등하여 소기에 충당한다. 백호(百戶) 휘하에서 10명이 도망하면 1석(石)을, 20명이면 2석을, 30명이면 3석을, 40명이면 4석을 감봉하고, 도망한 자가 50명에 이르면 추탈(追奪)[8]하고 강등하여 총기에 충당한다. 천호(千戶) 휘하에서 도망한 자가 100명이면 1석을, 200명이면 2석을, 300명이면 3석을, 400명이면 4석을 감봉하고, 도망한 군인이 500명에 이르면 강등하여 백호에 충당한다. 관할하는 군인의 수가 많으면 그 수효를 조사하여 환산해서 감봉하거나 강등하며, 수효에 미치지 못하면 처벌하지 않는다.[9] 병이 들어 사망하거나,[10] 잔질(殘疾)이거나, 징발되는[11] 등의 사고가 있으면 이 규정을 적용하지 않는다.

직해 군관이나 군인 등이 정벌하러 가다가 사사로이 도망하여 집으로 돌

6 도망……준나 : 초범과 재범을 따지지 않는다.〔不問初犯再犯〕《집주(상) 476쪽》

7 준하여 처리한다 : 원문의 준리(準理)는 100일 이내에 자수하면 모두 면죄해 주고, 기한이 지나서 자수하면 모두 죄를 2등급 줄여 주는 것을 이른다.〔準理者 謂限內竝聽免罪 限外竝聽減罪二等〕《부례(하) 49쪽》

8 추탈(追奪) : ① 14 除名當差 주2

9 수효에……않는다 : 이를테면 도망한 군인의 수가 5명에 미치지 않으면 소기(小旗)의 경우 강등하여 충군하지 않는 것이다.〔不及數 如所逃軍不及五名 則小旗不降充軍也〕《부례(하) 49쪽》

10 병이 들어 사망하거나 : 《GMC 137쪽》에서는 병이 들거나 사망하는 두 경우로 나누어 해석하였다.

11 징발되는 : 원문의 제발(提撥)은 출정이나 수어에 동원되어 보내지는 따위를 이른다.〔提撥謂調遣征守之類〕《집주(상) 480쪽》

아가거나 다른 곳으로 도망가면, 초범은 장 100이고 법례에 따라 출정시킨다. 재범이면 교형으로 죽인다. 실정을 알면서도 용은(容隱)하여 숨겨 주면 장 100에 충군한다. 이장이 알면서도 신고하지 않으면 장 100이다. 출군하였다가 돌아올 때 먼저 돌아오면 5등급을 줄이고, 이로 인하여 도망하면 장 80이다. 서울에서 시위(侍衛)하는 군인이 도망 중이면, 초범은 장 90이고 근처 방어소에 보내어 충군한다. 각처 성지(城池)를 방어하는 군인이 도망 중이면, 초범은 장 80이고 법례에 따라 본래 소속된 위로 돌려보내 충군한다. 재범이면 모두 장 100이며 먼 곳에 충군한다. 3범이면 교형으로 죽인다. 실정을 알면서도 용은하여 숨겨 주면 죄가 같되 장 100을 한도로 하고 충군한다. 이장이 알면서도 신고하지 않으면 각각 2등급을 줄인다. 관할하는 두목이 실정을 알면서도 놓아 돌려보내면 각각 더불어 같은 죄이되, 장 100을 한도로 하고 정직(停職)하여 충군한다. 도망 중인 관군이 100일 내에 관사에 나타나 자수하면 면죄한다. 정해진 기일이 지나서 나타나 자수하면 죄를 2등급 줄여 준다. 소재 관사에 나타나 자수하면 모두 면죄한다.

(○) 각 위의 군인들이 다른 위로 투속하여 충군하면 도망한 군인의 예로 논죄한다.

(○) 관할하는 두목이 엄하게 다스리지 않아 군인을 도망가게 한 경우, 통주(統主) 휘하 5명이 도망가게 하면 강등하여 충군한다. 백호 휘하 25명이면 강등하여 통주에 충원하며, 천호 휘하 10명이면 양료(糧料) 1석을 줄이고, 20명이면 양료 2석을 줄이고, 30명이면 양료 3석을 줄이고, 40명이면 양료 4석을 줄이고, 50명이면 사첩(謝貼)을 거두어들이고 강등하여 백호에 충원한다. 병마사 휘하 100명이면 양료 1석을 줄이고, 200명이면 양료 2석을 줄이고, 300명이면 3석을 줄이고, 400명이면 4석을 줄이고, 500명이면 강등하여 천호에 충원한다. 관할하는 군인의 수효를 헤아려 감봉・강등하고, 수효가 미치지 못하면 처벌하지 않는다. 병들어 죽거나 잔질이거나 사고가 있는 자는 이 규정을 적용하지 않는다.

239
군인의 가속을 우대하여 돌봄[1]
優恤軍屬

전사하거나 병사한[2] 군관이나 군인의 가속(家屬)에게 고향으로 돌아가는 도중에 먹을 양식과 탈것[3]을 유사(有司)가 즉시 제공하지 않을 경우, 1일 지체하면[4] 태 20이고, 3일마다 1등급을 더하되 죄는 태 50에 그친다.[5]

직해 전사하거나 병사한 군인의 아내와 자식 등이 고향으로 돌아갈 때, 소재 관사에서 가면서 먹을 양식과 탈것을 신속히 공급하지 않으면, 1일 늦으면 태 20이고 3일마다 1등급을 더하되 태 50을 한도로 한다.

1 우대하여 돌봄 : 원문의 우(優)는 넉넉한 것으로 풍족하고 골고루 널리 미쳐서 곤궁하게 하지 않는 것이고, 휼(恤)은 가엾이 여기는 것으로 애통해하고 어루만져 편안하게 하는 것이다.〔優ハ饒洽也ユタカニアマネフシテ窮困セシメザル也恤ハ愍也哀ミ痛テ拊綏ズルヲ云〕《언해 권17 56장》

2 전사하거나 병사한 : 원문의 진망(陣亡)은 적과 교전하다가 죽는 것이고, 병고(病故)는 종정(從征)하여 군영에서 병으로 말미암아 죽는 것으로, 모두 나라의 일로 죽는 것이다.〔陣亡 謂與敵交戰而死者 病故 則從征在營 因病而死也 皆沒於國事者也〕《석의 권14 18장》

3 탈것 : 원문의 각력(脚力)은 사객(使客)이 왕래할 때 직임이 없는 사람이 타는 노새·나귀이다. 수레나 말을 모는 인부와 말을 이르기도 한다.〔吏文輯覽云 脚力 使客往來時 無職人所乘騾驢 謂之脚力 卽人足路銀也〕《언해 권17 57장》〔脚力謂人夫馬匹〕《집설 권5 97장》

4 1일 지체하면 : 가속이 관할 지역에 도달한 날을 기산점으로 삼는다.〔自家屬到日爲始〕《집해 1169쪽》

5 전사하거나……그친다 : 이 조문은 늦은 것에 대해서만 말한 것이고, 만약 아예 지급하지 않으면 따로 논해야 한다.〔此止言遲也 若不應付 又當別論〕《집주(상) 481쪽》 273조 병고관가속환향(病故官家屬還鄕)에서는 "병사한 군관의 가속이 고향으로 돌아가려 하는데 보내지 않으면 장 60이다."라고 하여 이 조문의 처벌과 다른데, 273조는 원임 관사(原任官司)에 대한 규정이고 이 조문은 지나가는 지역의 유사(有司)에 대한 규정이다.〔或謂 病故官家屬還鄕 違而不送者 杖六十 不與此同者何 蓋彼自原任官司言之 此自經過有司言之〕《전석 권14 33장》《집주(상) 481쪽》

240
야간 통행금지
夜禁

경성(京城)의 야간 통행금지는 1경(更) 3점(點)을 알리는 종소리가 이미 멈추었거나 5경 3점을 알리는 종소리가 아직 울리지 않았을 때 범하면 태 30이고, 2경·3경·4경에 범하면 태 50이다.[1] 지방 군(郡)의 성(城)이나 진(鎭)은 각각 1등급을 줄인다. 시급한 공무, 질병, 출산, 사망의 경우에는 금지 규정을 적용하지 않는다. 저녁 종소리가 아직 멈추지 않았거나 새벽 종소리가 이미 울렸는데 야간에 순찰하는 사람[2] 등이 고의로 행인을 구류하여 야간 통행금지를 범하였다고 거짓으로 주장하면[3] 그에 상응하는 죄를 준다.[4] 야간 통행금지를 범하고도 체포에 저항하거나, 폭력으로 야간 통행금지를 범한 자를 탈취하면 장 100이다.[5] 이로 인하여 타인을 구타하여 절

1 2경……50이다 : 2경·3경·4경은 더욱 밤이 깊으므로 이 시간에 야간 통행금지를 범하면 경성(京城)에서는 태 50이고, 외군(外郡)의 성(城)·진(鎭)이면 1등급을 줄여 태 40이다.〔二更三更四更尤爲夜深 此時有犯者 在京城 則笞五十 在外郡城鎭 則減一等笞四十〕《집설 권5 68장》

2 야간에 순찰하는 사람 : 수위(守衛)하는 군인으로서 오성병마사(五城兵馬使)의 군인 등이 이 일을 하였다.《언해 권17 59장》

3 거짓으로 주장하면 : 고발하되 사실이 아닌 것이 무(誣)이고, 집(執)은 무고한 일을 증언하는 것이다.〔告言不實曰誣 執者 指證所誣之事也〕《집주(하) 924쪽》

4 그에……준다 : 원문의 저죄(抵罪)는 죄의 경중에 따라 상응하는 형벌을 가하는 것이다.《언해 권17 59장》 위에서는 종소리가 이미 멈췄거나 종소리가 아직 울리지 않았을 때 야간 통행금지를 범하면 태 30이라 하였고, 아래에서는 야간 통행금지의 종이 아직 멈추지 않았거나 야간 통행금지 해제의 종이 이미 울렸는데 잡아 두면 죄준다고 말하였다. 두 가지가 명백히 서로 대가 되므로 태 30으로 죄주는 것이 타당하다.〔上言鐘聲已靜鍾聲未動而犯者笞三十 下言鍾已{未}靜鍾已動而執者抵罪 二者明若相對 止抵笞三十爲當〕《소의(하) 97쪽》

5 체포에……100이다 : 체포에 저항하는 것은 야간 통행금지를 범한 본인이고, 폭력으로 야간 통행금지를 범한 이를 탈취하는 것은 주변 사람이다. 만약 야간 통행금지를 범하여 잡혀가는 사람이 가인(家人)이나 숙인(熟人)을 시켜 폭력을 휘둘러 자신을 탈취하게 하면 잡

상(折傷)[6] 이상에 이르면 교형이고, 죽으면 참형이다.

직해 경성 내에서 야금(夜禁)을 범하는 사람을 단속한다. 1경 3점에 종소리가 이미 끊어졌거나 5경 3점에 종소리가 아직 울리지 않았는데 야금을 범하여 돌아다니는 사람은 태 30이다. 2경, 3경, 4경에 야금을 범하면 태 50이다. 지방의 성이나 진은 각각 1등급을 줄이되, 시급한 공무나 질병, 출산, 사망 등의 일은 이 조문을 적용하지 않는다. 저녁 종소리가 아직 끊어지지 않았거나 새벽 종소리가 이미 울리고 난 후에 순라(巡邏)를 도는 사람들이 행인을 고의로 야금을 범하였다고 거짓으로 칭하여 잡아 두거나 체포하면, 순라를 도는 사람을 반좌(反坐)한다. 순라를 도는 사람이 야금을 범한 사람을 체포할 때 거역하거나, 야금을 단속하는 사람을 때려 상해하거나, 야금을 범한 사람을 탈취해 간 사람은 장 100이다. 이로 말미암아 단속하는 사람을 때려 절상(折傷)을 입히면 교형으로 죽이고, 죽게 하면 참형이다.

•••

경점

도성문을 닫는 인정(人定)에는 28번, 도성문을 여는 파루(罷漏)에는 33번의 종을 쳤고, 인정부터 파루까지는 다시 경(更)과 점(點)으로 나누어 경은 북을, 점은 징을 쳐서 알렸다.

대략 경은 2시간, 점은 1경을 다시 5점으로 나누어 24분 정도의 시간을

혀가는 사람은 거포(拒捕)한 데 대한 율에 의하여, 폭력을 휘두르는 숙인은 타탈(打奪)한 데 대한 율에 의하여 모두 장 100이고, 가인은 야간 통행금지를 범한 율에 의하여 처벌한다. 〔拒捕 是犯夜本人 打奪 是旁人 如犯夜被拏 令家人熟人打奪 被拏者 依拒捕 熟人 依打奪 竝杖一百 家人 依犯夜〕《부례(하) 53쪽》

6 절상(折傷) : 타인의 치아 1개를 부러뜨리거나, 손가락이나 발가락 1개를 부러뜨리거나, 타인의 한쪽 눈을 다치게 하거나, 타인의 귀나 코를 훼손하거나, 타인의 뼈에 손상이 가게 하거나, 끓는 물・뜨거운 불・구리물이나 쇳물로 타인에게 상해를 입히는 것이다.〔折人一齒【此下皆爲折傷】 及手足一指 眇人一目 毁缺人耳鼻 若破人骨 及用湯火銅鐵汁傷人者 杖一百〕 ③ 325 鬪毆

가리킨다. 1경은 오후 7시부터 9시까지, 2경은 오후 9시부터 11시까지, 3경은 오후 11시부터 이튿날 오전 1시까지, 4경은 오전 1시부터 3시까지, 5경은 오전 3시부터 5시까지이다. 여기서 1경 3점은 대략 저녁 8시 12분, 5경 3점은 새벽 4시 12분이다.

대명률직해

제15권 병률兵律 관진關津

관진 關津

〈관진〉은 진(秦)·한(漢)·위(魏)·진(晉)까지 편목이 없었다. 양(梁) 천감(天監) 연간(502~519)에 양률(梁律) 21편을 정하였는데 그중 제19편이 〈관시진도(關市津度)〉였고, 그 체제를 줄여 북주(北周)에서 처음으로 〈관진〉을 제정하였으나 수(隋) 개황(開皇) 연간(581~600)에 다시 없앴다. 당(唐)은 수의 제도를 답습하여 관진에 관한 일을 〈위금(衛禁)〉 말미에 붙였다.

명대(明代)에 〈관진〉에 관한 율문을 제정하여 〈군정(軍政)〉 뒤에 두었고 당률 가운데 합당한 제도는 취하였는데, 당률 84조 관진유난(關津留難), 82조 사도관(私度關), 88조 월도연변관새(越度緣邊關塞), 83조 불응도관(不應度關) 등이다. 당률 85조 사도유타죄(私度有他罪), 86조 인병도관망도(人兵度關妄度), 90조 봉후불경(烽候不警) 등은 중복되거나 같은 부류가 아니어서 조정하였다. 또한 당률 89조 연변성수(緣邊城戍)를 245조 반힐간세(盤詰姦細)로, 당률 87조 재금물사도관(齎禁物私度關)을 246조 사출외경급위금하해(私出外境及違禁下海)로 각각 고쳤다. 미비한 점을 살펴서 242조 사모급노인(詐冒給路引), 244조 체송도군처녀출성(遞送逃軍妻女出城), 247조 사역궁병(私役弓兵) 등을 추가하였고, 이를 묶어서 〈관진〉이라 명명하였다. 모두 7조이다.

241
관이나 진을 사도, 월도, 모도함
私越冒渡關津

241-1 통행증 없이 관(關)이나 진(津)을 사도(私渡)[1]하면 장 80이다. 관에서 문을 거치지 않거나 진에서 나루를 거치지 않고 월도(越渡)[2]하면 장 90이다. 변경의 관이나 요새를 월도하면[3] 장 100 도 3년이다. 이로 인하여 변경 밖으로 나가면 교형이다. 파수하는 사람[4]이 알면서도 고의로 묵인하면[5] 같은 죄이다. 검문을 제대로 하지 못하면[6] 각각 3등급을 줄이되 죄는

1 사도(私渡) : 통행증 없이 사람이 알아채지 못한 틈을 타 몰래 관(關)이나 진(津)을 건너는 것이다.〔無文引 而乘人不覺 竊過關津 爲私渡〕《부례(하) 56쪽》

2 월도(越渡) : 통행증이 없기 때문에 관은 관문을 거치지 않거나, 진은 나루를 거치지 않고 몰래 다른 샛길을 따라 건너는 것이다.〔因無文引 而關不由門 津不由渡 潛從他徑而過者 爲越渡〕《석의 권15 1~2장》

3 변경의……월도하면 : 변경의 관(關)이나 요새 밖은 모두 오랑캐 땅으로 백성들이 가볍게 나갈 수 있는 곳이 아니므로 비록 관문을 거쳤을지라도 변경의 관이나 요새 밖으로 가면 월도이다. 그러므로 율문에서 사도의 죄는 말하지 않고 곧바로 월도하면 장 100 도 3년이며, 이로 인하여 변경 밖으로 나가면 곧 교형이라고 말한 것이다.〔緣邊關塞之外 皆夷地也 非民所宜輕出 故雖由門而行 卽謂之曰越渡 故律不言私渡之罪 而直言越渡者杖一百徒三年 因而出外境者 卽絞也〕《석의 권15 2장》 관이나 진은 사도, 월도, 모도(冒渡)를 말하였으나 변경의 관이나 요새는 월도만 말하고 사도는 말하지 않았다. 통행증이 없는 것을 사도, 타인의 통행증을 사용하는 것을 모도라 하는데, 변경의 관이나 요새는 원래 나가는 것을 허락하지 않으므로 변경을 나가는 통행증을 내주지 않는다. 비록 관은 관문을 거치거나, 진은 나루를 거쳤을지라도 변경의 관이나 요새 밖으로 나가면 역시 월도이다.〔關津 曰私渡曰越渡曰冒渡 緣邊關塞 止曰越渡 不言私渡者 無文引謂之私渡 他人文引 謂之冒渡 關塞原不許出 故無給出邊文引者 雖關由門津由渡 亦卽越渡也〕《집주(상) 486쪽》

4 파수하는 사람 : 수어관이나 순검과 같은 부류이다.〔守把 如守禦官巡檢之類〕《석의 권15 2장》

5 파수하는……묵인하면 : 재물을 받고 고의로 묵인하면 장(贓)을 계산하여 왕법(枉法)으로 보되, 무거운 쪽으로 논한다.〔守把之人 受財故縱者 計贓以枉法從重論〕《집해 1180쪽》

6 알면서도……못하면 : 알면서도 묵인하는 것과 검문을 제대로 하지 못하는 것은 모두 사도,

장 100에 그친다. 군병(軍兵)[7]은 또 1등급을 줄인다.[8] 모두 당일 근무자를 처벌한다.-나머지 조문도 이에 준한다.-[9] 통행증은 있으나 남의 이름을 사칭해 관이나 진을 넘으면 장 80이다.[10] 가인(家人)이 서로 사칭하면[11] 가장(家長)[12]을 처벌한다. 파수하는 사람이 실정을 알았으면 더불어 같은 죄이며, 몰랐으면 처벌하지 않는다.[13]

241-2 말이나 노새를 끌고 관이나 진을 사도나 모도(冒渡)[14]시키면 장 60이고, 월도시키면 장 70이다.-사도는 사람은 통행증이 있으나 말이나 노새는 통행증에 기재되어 있지 않은 것을 이른다. 모도는 자기 말이나 노새를 타인의 통행증

월도 두 가지를 받아 말한 것이다.〔知而故縱及失於盤詰 俱承私越二者而言〕《집설 권5 69장》

7 군병(軍兵) : 수어관의 군인이나 순검사의 궁병과 같은 이들이다.〔軍兵者 則如守禦官之軍人 巡檢司之弓兵也〕《집해 1176쪽》

8 군병(軍兵)은……줄인다 : 각각 3등급을 줄인 데다 또 1등급을 줄이는 것이다. 통틀어 4등급을 줄이되, 죄는 장 90에 그친다.〔軍兵又減一等 謂於各減三等上 又減一等 通減四等 罪止杖九十〕《강해 279쪽》

9 나머지……준한다 : 뒤에 일반적으로 파수의 죄를 말할 때 모두 이 조문에 준하여 당일 근무자를 처벌한다는 말이다.〔註云餘條準 此謂後餘凡言守把之罪 皆坐直日者〕《석의 권15 2장》

10 통행증은……80이다 : 남의 이름을 사칭하면 통행증이 있더라도 없는 것과 마찬가지이므로 역시 사도와 마찬가지로 장 80이다.〔有引猶無引也 故亦杖八十〕《집주(상) 485쪽》

11 가인(家人)이 서로 사칭하면 : 형이 동생 통행증을 모용(冒用)하고 삼촌이 조카 통행증을 모용하는 것, 비유(卑幼) 통행증을 존장(尊長)에게 주어 이름을 속이거나 혹은 존장의 통행증을 비유에게 주어 이름을 속이는 따위이다. 전적으로 가장이 일을 벌인 것이기 때문에 가장만 처벌한다.〔家人相冒 謂如兄冒弟引 叔冒姪引之類〕《집해 1176～1177쪽》〔一家之人相冒 或卑幼文引與尊長冒名 或尊長文引與卑幼冒名 其罪皆獨坐家長 以事有專制也〕《집주(상) 485쪽》

12 가장(家長) : 일가의 장(長)이 아니라 사칭한 가인 중 우두머리이다.〔家長 非一家之長 卽家人相冒中之長也〕《집설 권5 69장》

13 몰랐으면 처벌하지 않는다 : 사도와 월도는 통행증이 없으므로 자세히 캐물어 조사하기가 쉬우나, 모도는 통행증이 있어서 변별하고 검증하기가 어렵다. 그러므로 몰랐으면 처벌하지 않으며 또 군병의 죄를 말하지 않았다.〔私渡越渡者 無文引 易於盤詰 冒渡者 有文引 難於辨驗 故不知者 得不坐 而又不言軍兵之罪也〕《석의 권15 2장》

14 모도(冒渡) : 다른 사람 통행증의 이름을 사칭하여 관이나 진, 변경의 관문이나 요새를 건너는 것이다.〔冒頂他人文引上姓名而過者 爲冒渡〕《석의 권15 2장》

에 기재된 말이나 노새의 털 색깔, 나이 등으로 속이는 것을 이른다. 월도는 사람은 관이나 진을 거치지만 말이나 노새는 관이나 진을 거치지 않고 건너는 것을 이른다.-[15]

직해 행장(行狀)[16] 없이 방호소(防護所)나 진도(津渡)를 넘어가면 장 80이다. 만약 방호소에서 문으로 나가지 않거나, 진도에서 관도(官渡)로 나가지 않고 다른 곳으로 넘어가면 장 90이다. 변경의 방호소를 넘어가면 장 100 도 3년이다. 이로 인하여 다른 나라와의 경계를 벗어나면 교형으로 죽인다. 지키는 사람이 실정을 알면서도 놓아 보내면 죄가 같다. 능히 살피지 못하였으면 각각 3등급을 줄이되, 장 100을 한도로 한다. 군병이면 다시 1등급을 줄여 논죄하되, 그날 근무한 일수(日守) 군인을 처벌한다. ○ 남의 행장을 가지고 이름을 사칭하여 넘어가면 장 80이다. 동거하는 집안사람이 서로 이름을 사칭하면 가장을 처벌한다. 지키는 사람이 사정을 알았으면 죄가 같고, 몰랐으면 처벌하지 않는다.

○ 행장이나 포망(捕亡)[17]에 사람 이름은 적고 소나 말은 적지 않은 문서를 가지고 소나 말을 끌고 지나가는 사람과, 남의 소나 말을 적은 행장을 가지고 자신의 소나 말을 끌고 지나가는 사람은 장 60이다. 사람은 관이나 진으로 넘어가고 소나 말은 다른 곳으로 넘어가면 장 70이다.

15 사도는……이른다 : 여기서는 오로지 말이나 나귀를 사도, 모도, 월도시키는 죄를 말한 것으로 끌고 가는 사람은 모두 통행증이 있다. 말이나 나귀는 반드시 사람을 따라 건너므로 만약 끌고 가는 사람이 통행증 없이 사도, 모도, 월도하면 무거운 쪽으로 과죄(科罪)하며, 말이나 나귀의 통행증은 논할 필요가 없다.〔此專言私冒越渡馬驢之罪 其人則皆有引者也 馬驢必隨人而渡 若人無引 私冒越渡者 則應從重科罪 不必論馬驢矣〕《집주(상) 486쪽》

16 행장(行狀) : 노인(路引)이나 호조(護照)처럼 외국인이나 군졸·상인 등에게 해당 관아에서 여행을 승인하여 내주는 증명서이다.

17 포망(捕亡) : 무릇 천례(賤隸)가 나루를 건널 때 주인의 서간(書簡)으로 증명을 삼으며, 그것이 없으면 잡아서 아뢴다. 이것을 속칭 포망이라 한다.〔凡賤隸渡津 以其主書簡爲驗 無則捕告 俗謂之捕亡〕《睿宗實錄 1年 8月 16日》

해설

관(關)이나 진(津), 변경의 관문이나 요새를 설치하고 검문하는 목적은 반란을 꾀하는 이들을 저지하고 첩자의 침투를 막으려는 데 있다. 그러므로 이곳을 통과하려는 사람은 반드시 통행증을 발급받아 징표로 삼도록 하고, 사도(私渡), 월도(越渡), 모도(冒渡)를 금하였다.

242
신분을 속이거나 남의 이름을 사칭하여 노인을 발급받음
詐冒給路引

242-1 노인(路引)[1]을 발급받을 수 없는 사람[2]이 노인을 발급받거나, 군인이 민간인이라고 속이거나 민간인이 군인이라고 속여 남의 이름을 사칭하여 노인 발급을 청구하거나, 발급받은 노인을 타인에게 넘겨주면 모두 장 80이다. 거쳐 지나가는 관사나 머무르는 곳에서 노인을 바꾸어 발급받거나,[3] 관원이나 토호 등 세력 있는 사람이 군(軍)·민(民) 아문에 촉탁하여 함부로 비첩(批帖)[4]을 발급받아 속여서 출입하면 각각 장 100이다. 해당 관리가 시키는 대로 따르거나 실정을 알고도 발급해 주면 모두 같은 죄이다. 따르지 않았거나 몰랐으면 처벌하지 않는다.

1 노인(路引) : 관(關)이나 진(津)의 통행 증표이다. 군(軍)·민(民)이 향리를 떠날 때 100리 밖으로 나가는 자는 그곳의 관사에 보고하여 노인을 발급받는데, 왕복할 때 지니고 있으면 관·진을 통과할 수 있다.〔路引ハ關津ノ通リ手形也凡ソ軍民鄕里ヲ去テ百里ノ外ニ出ル者ハ其處ノ官司ニ告ケテ路引ヲ給シテ往回トモニ執リ持テ關津ヲ經過スルコトヲ得也〕《어해 권13 15~16장》

2 노인(路引)을……사람 : 유배지에 안치된 죄수의 가속 및 사찰이나 도관(道觀)에 주좌(住坐)하는 승·도사 및 각 위(衛)에서 조운을 전담하는 기군(旗軍), 자유롭게 멀리 다니는 것이 허락되지 않은 사람 등은 노인을 발급받을 수 없다. 그러므로 이들이 노인 발급을 요구하는 것은 도주하려는 꾀이다.〔不應給引之人 如註云坐僧道 及各衛旗軍 與凡不許自由遠行之人 皆是〕《집설 권5 70~71장》〔囚徒安置家口 及僧道旗軍 俱不應給路引 故求給引是爲逃走之謀也〕《부례(하) 60쪽》〔不應給路引之人 如配遣囚徒 安置家口之類〕《전석 권15 4장》

3 바꾸어 발급받거나 : 원문의 도급(倒給)은 옛 노인을 폐하고 새 노인으로 바꾸어 주는 것이다.〔倒給 謂倒其舊引 而給換新引也〕《집설 권5 71장》 노인은 출발지 관사에서 발급받은 뒤 중간에 지나가는 관사나 머무는 곳에서 바꾸어 발급하는 것을 허락하지 않는데, 이는 아마도 그의 내력을 두루 알기 어렵고 도착지 관사에서 그를 믿기 어렵기 때문일 것이다.〔路引自起首官司給付之後 不許於中途經過官司 停止去處到給 恐其來歷難以周知 所到官司難以準信〕《전석 권15 4장》

4 비첩(批帖) : 각 항목의 빙첩(憑帖), 즉 첩의 형태를 한 증빙 문서로서, 후미에 관의 확인을 거친 것이다.〔各項憑帖 由官批調於後尾者〕《육부 64쪽》 ① 79 擅用調兵印信

242-2 순검사(巡檢司)가 직분을 넘어서 노인을 발급하면[5] 죄가 또한 같다.

242-3 문안(文案)을 완성하지 않고 노인에 빈칸을 둔 채 서명만 해 두었다가 사사로이 빈칸을 채워 넣어 타인에게 주면 장 100 도 3년이다.

242-4 재물을 받으면[6] 장(贓)을 계산하여 왕법(枉法)으로 논한다. 규피(規避)한 바가 있으면[7] 각각 무거운 쪽으로 논한다.

242-5 군인이나 민간인이 100리 밖으로 나가는데[8] 노인을 발급받지 않으면, 군인은 도망한 군인으로 논하고,[9] 민간인은 관이나 진을 사도(私渡)한 것[10]으로 논한다.

직해 행장(行狀)을 발급하지 말아야 할 사람에게 발급하거나, 군인이 민

5 순검사(巡檢司)가……발급하면 : 노인(路引)을 발급하는 것은 부・주・현에서 관장한다. 순검사는 사실을 살펴 통행을 허가하는 관서로서 노인을 발급하는 것은 그 직분이 아니므로 직분을 넘어 노인을 발급해 주면 발급받을 수 있는 사람인지 아닌지를 묻지 않고, 또한 해당 관리가 부탁을 들어주거나 사정을 알고 발급해 준 죄와 같이 장 100이다.〔巡檢司 乃驗實放行之官 給引非其分也 故越分給與人引者 不問應給與不應給之人 亦如當該官吏聽從及知情給與之罪 亦杖一百〕《전석 권15 4장》〔給引係府州縣所掌 巡檢司給引則爲越分〕《석의 권15 3장》

6 재물을 받으면 : 군・민 아문에서 비첩(批帖)을 함부로 발급하는 것, 담당 관리가 시키는 대로 따르거나 실정을 안 것, 빈 노인에 사사로이 써넣는 것, 순검사가 노인을 발급하는 것 등을 통틀어 말한다.〔受財 通承軍民衙門擅給批帖 當該官吏聽從知情 空押私塡 及巡檢司給引者而言〕《석의 권15 2~3장》 만약 자기의 노인을 남에게 팔아서 그것에 의거하여 관(關)이나 진(津)을 지나가면 왕법(枉法)으로 논죄하고, 다른 사람의 노인을 얻어 남에게 팔면 사기죄로 논한다.〔若將己引賣人 照過關津者 問枉法 得他人引賣人 問詐欺〕《부례(하) 60쪽》

7 규피(規避)한 바가 있으면 : 노인을 발급받은 사람을 가리킨다. 범죄가 발각되려 하자 다른 사람의 이름을 사칭하여 노인을 발급받아 그 죄를 피하려는 따위이다.〔窺避 專指給引之人言 如犯罪將發而冒名給引以避之之類〕《집설 권5 71장》 불응급(不應給), 사급(詐給), 모급(冒給), 도급(倒給), 천급(擅給) 및 순검사에 가서 노인을 발급받는 것 등을 통틀어 말한다.〔有所規避 則通不應給詐給冒給倒給擅給 及赴巡檢司給引者言也〕《석의 권15 3장》

8 100리 밖으로 나가는데 : 반드시 본래의 부・주・현의 경계로부터 계산하여 이웃의 관할 영역에 이르러야 처벌한다. 만약 본가로부터 100리 밖으로 나가더라도 경계 안의 지방에 있으면 노인 지급의 규정을 적용하지 않는다.〔百里之外 必自本府州縣界起界 至隣轄分疆 爲坐〕《부례(하) 60쪽》〔若出本家百里之外 而猶係境內地方者 不在給引之限〕《집해 1186쪽》

9 도망한 군인으로 논하고 : ③ 238 從征守禦軍官逃

10 관이나……것 : ③ 241 私越冒渡關津

간인이라고 거짓으로 칭하거나 민간인이 군인이라고 거짓으로 칭하여 이름을 사칭하여 문서를 받아 내거나, 받아 낸 행장을 다른 사람에게 전하여 넘기면, 모두 장 80이다. 앞서 발급받은 행장을 지니고 지나가는 관사 또는 머무르는 처소에서 그 행장을 새로 발급받거나, 관직이 높거나 세력 있는 사람이 사사로이 사람을 군·민 관사에 보내 체자(帖字)를 발급받아 차사(差使)처럼 출입하면 각각 장 100이다. 담당 관리가 요구를 따르거나 실정을 알고서도 발급하면 모두 죄가 같다. 요구를 따르지 않거나 실정을 몰랐으면 논죄하지 않는다.

(○) 각 방호소에서 맡은 업무 이외에 행장을 발급하면 죄가 같다.

(○) 행장을 발급할 때 허락하는 문구를 쓰지 않고 빈 종이에 서명하여 두었다가 사사로이 사람 이름을 써서 그 사람에게 주면 장 100 도 3년이다.

○ 재물을 받고 발급하면 장물의 수를 계산하여 왕법(枉法)의 예로 논한다. 이를 통해 다른 일을 회피하려 하면 각각 무거운 쪽으로 논한다.

○ 군인이나 민간인이 100리 밖으로 나갔는데 행장이 없으면, 군인은 도망한 군인으로 논하고 민간인은 관진(關津)을 사사로이 건넌 것으로 논한다.

해설

통행 허가증인 노인(路引) 관련 조문으로, 주지 말아야 할 사람에게 주거나 속이거나 사칭하여 주는 것, 경유하는 관사에서 바꾸어 주거나 멋대로 비첩(批帖)을 발급해 주는 일 등을 막기 위해 제정하였다. 속이거나 사칭하는 경우는 더러 모를 수도 있지만 바꾸거나 멋대로 발급해 주는 데에는 반드시 이유가 있으므로 죄에 경중이 있다. 이를 막아야 할 순검사에서 노인을 발급하는 것은 직분을 벗어난 일이므로 처벌하였고, 빈 노인에 멋대로 내용을 적어 넣어 발급해 주거나 재물을 받는 것, 군인이든 민간인이든 구분하지 않고 노인 없이 100리 밖으로 나가는 것을 금지하였다.

243
관이나 진에서 트집을 잡아 지체시킴
關津留難

243-1 관(關)이나 진(津)을 왕래하는 선박을, 파수하는 사람이 즉시 검문하여[1] 보내지 않고 타당한 이유 없이 가로막으면,[2] 1일은 태 20이고, 1일마다 1등급을 더하되 죄는 태 50에 그친다.
243-2 관원이나 토호 등 세력 있는 사람이 배를 타고 관이나 진을 지날 때 검문에 응하지 않으면 장 100이다.
243-3 나룻배를 모는 사공은 풍랑이 험악한 때를 만나면 배를 타고 강을 건너는 것을 허락하지 않는다. 어기면 태 40이다.[3] 풍랑을 아랑곳하지 않고 일부러 배를 띄워 강 가운데 이르러 배를 멈추고 뱃삯을 강요하면 장 80이다.[4] 이로 인하여 사람을 살상(殺傷)하면 고살상(故殺傷)으로 논한다.[5]
직해 관이나 진을 왕래하는 선박을 방호(防護)하는 사람이 즉시 문서를 조사하여 보내 주지 않고 타당한 이유 없이 붙잡아 두면, 1일은 태 20이고 1일마다 1등급을 더하되 태 50을 한도로 한다.

1 검문하여 : 원문의 반험(盤驗)은 어디에서 왔는지를 조사하고 통행증을 확인하는 것이다.〔盤驗者 盤詰其來歷 辨驗文引也〕《집해 1187쪽》《전석 권15 5장》

2 가로막으면 : 원문의 조(阻)는 떼어 놓는 것이고 당(當)은 막는 것이다.〔吏文輯覽云 阻 隔也 當 塞也〕《언해 권14 51장》

3 어기면 태 40이다 : 다른 뜻이 있어서 출항한 것이 아니기 때문에 죄가 가볍다.〔然非出於有意 故其罪猶輕〕《전석 권15 5장》

4 장 80이다 : 공갈·협박하여 사취하려는 마음을 먹은 것이기 때문에 죄가 무겁다.〔此是有心嚇詐 故其罪重也〕《집주(상) 491쪽》

5 고살상(故殺傷)으로 논한다 : 상해의 경중에 따라 투구조(③ 313 鬪毆及故殺人 ③ 325 鬪毆)를 살펴보아 과죄(科罪)하여 처벌한다.〔隨傷輕重 按鬪毆條 科坐〕《부례(하) 61쪽》'이(以)'라고 한 것은 진범과 차이가 없기 때문에 고살죄(故殺罪)에 합당하다고 본 것이다.〔以者 與眞犯無間 故云合得故殺罪〕《변의 159쪽》

○ 관직이 높거나 세력 있는 사람이 나루를 건널 때 방호소에서 추고하는데 거역하고 지나가면 장 100이다.

(○) 나루를 건너는 사공이, 풍랑이 험악하면 건너가는 것을 허락하지 않는다. 이를 어기면 태 40이다. 사공이 풍랑을 무시하고 고의로 배를 운항하여 물 가운데에서 멈추고 뱃삯을 강제로 받으면 장 80이다. 이로 인하여 사람을 죽이거나 상해하면 고의로 사람을 죽이거나 상해한 예로 논한다.

해설

관(關)이나 진(津)에서 선박의 왕래를 지체시켜 막았을 경우 이를 처벌하는 규정이다. 관이나 진에서 선박을 임의로 억류하거나, 관이나 진의 조사에 선박이 권세를 믿고 불응하거나, 악천후에 무리하게 출항하는 경우 등에 관한 내용이다. 142조 수지유난(收支留難), 189조 조현유난(朝見留難)과 더불어 3대 유난(留難) 율문 중 하나이다.

244

도망한 군인의 아내나 딸을 체송하여 성을 나가게 함

遞送逃軍妻女出城

244-1 서울에 있는 수어(守禦) 군관·군인이 도망한 군인의 아내나 딸[1]을 체송(遞送)하여[2] 경성 밖으로 나가게 하면 교형이다. 민간인이 범하면 장 100이다. 각처에서 성지(城池)를 수어하거나 주둔하는 군관·군인이 도망한 군인의 아내나 딸을 체송하여 성 밖으로 나가게 하면 장 100에, 변방 먼 곳으로 보내 충군(充軍)한다. 민간인이 범하면 장 80이다. 재물을 받으면 장(贓)을 계산하여 왕법(枉法)으로 보되, 무거운 쪽으로 논한다. 도망한 군인이 매수한 경우도 죄가 같다.[3] 성문을 지키는 사람이 실정을 알고서도 고의로 묵인하면 범인과 더불어 같은 죄이다. 검문을 제대로 하지 못하였으면 3등급을 줄이되 죄는 장 100에 그친다.[4] 군인이면 또 1등급을 줄인다.[5]

1 아내나 딸 : 아내와 딸만을 말한 것은, 아내와 딸은 스스로 도망하기 어려워 반드시 남이 체송(遞送)해 주기를 기다려야 하기 때문이다. 부모와 자손 등 동거하는 지친도 모두 이에 해당한다.〔止曰妻女者 以妻女爲難自逃 必須人遞送也 若父母子孫等同居至親 皆是〕《집주(상) 492쪽》

2 서울에……체송(遞送)하여 : 체송은 차례로 인도하여 보내는 것이다. 서울에 있는 수어(守禦) 군관·군인이 도망한 군인의 아내나 딸을 거짓으로 자기의 처나 자식이라고 꾸며 체송 절차를 통해 인도하는 것이다.〔遞送 謂挨遞引送 如假作自己妻小之類〕《집해 1190쪽》

3 도망한……같다 : 도망한 군인이 군관·군인이나 민간인을 매수하면 모두 군관·군인과 더불어 죄가 같다는 것은 사죄에 이르면 사죄로 처벌하는 것을 말한다. 만약 본래 범한 것이 무거우면 무거운 쪽으로 논한다.〔謂逃軍買求官軍及民者 竝與官軍罪同 至死者 坐以死罪 若本犯重者 從重論〕《강해 282쪽》

4 성문을……그친다 : 성문을 지키는 사람은 군인과 군관을 겸하여 말한 것이고, 검문을 제대로 하지 못한 사람은 군관만을 가리킨다. 그러므로 아랫글에서 별도로 군인의 죄를 말한 것이다.〔守門之人兼軍官言 失於盤詰專指軍官 故下文另言軍人之罪〕《집설 권5 72장》

5 또 1등급을 줄인다 : 검문을 제대로 하지 못하여 3등급을 줄인 데다 또 1등급을 줄여 통틀어 4등급을 줄이되 죄는 장 90에 그친다.〔又減一等 謂於失於盤詰減三等上又減一等 通減四等 罪止杖九十〕《강해 283쪽》

244-2 도망한 군인이 아닌 사람의 아내나 딸을 체송하여 성 밖으로 나가게 하면 장 80이다.[6] 규피(規避)하는 바가 있으면 무거운 쪽으로 논한다.

직해 서울에 있는 수어 군관이나 군인이 도망한 군인의 처나 딸을 차례로 놓아 보내면 교형으로 죽인다. 민간인이 범하면 장 100이다. 각처의 수어 군인이 도망한 군인의 처나 딸을 차례로 놓아 보내면 장 100이고 먼 곳에 충군한다. 민간인이 범하면 장 80이다. ○ 재물을 받고 놓아 보내면 장물의 수를 계산하여 왕법의 예로 보되, 무거운 쪽으로 논한다. ○ 도망한 군인이 재물을 주고 밖으로 나가면 죄가 같다. 문을 지키는 사람이 실정을 알고서도 놓아 보내면 범인과 죄가 같다. 살피는 일을 할 수 없었으면 3등급을 줄이고 죄는 장 100에 그친다. 군인이면 다시 1등급을 줄인다.
(○) 도망한 군인의 처나 딸이 아닌 자를 내보내면 장 80이다. 이를 통해 다른 일을 회피하려 하면 무거운 쪽으로 논한다.

해설

도망한 군인의 처나 딸을 차례로 성 밖으로 내보내는 것에 대한 처벌 규정이다. 도망한 군인의 처나 딸은 비록 연좌되지 않지만 기미(羈縻)의 성격을 지닌다. 처나 딸에 한정한 것은 스스로 도망하기 어려워 반드시 다른 사람이 차례로 보내야 가능하기 때문이다. 서울이나 지방, 군인이나 민간인의 구분이 없이 모두 처벌하였고, 도망한 군인이 매수하거나 문을 지키는 사람이 고의로 방임해도 처벌하였다. 도망한 군인의 처나 딸이 아니더라도

6 도망한……80이다 : 도망한 군인이 아닌 사람의 아내나 딸이란, 남편이나 아버지가 죄를 범해서 노역이나 유배 장소로 보내진 아내나 딸, 군인이 대오 중에 있는데 사사로이 원적지로 돌아간 아내나 딸, 죽은 군인의 한집안 식구 따위이다.〔非逃軍妻女 如犯罪取發 或軍在伍而妻女私還原籍 及故軍之家眷之類〕《부례(하) 63쪽》 서울이거나 지방이거나, 군인이 범하였거나 민간인이 범하였거나 모두를 겸하여 말한 것이다. 체송하였으나 아직 성을 나가지 않았으면 1등급을 줄인다.〔遞送非逃軍 兼在京在外軍犯民犯言 遞送 未出城 減一等〕《부례(하) 63쪽》

차례로 성 밖으로 나가게 하면 도망한 군인의 경우와 다소 차이는 있지만 역시 처벌하였고, 규피(規避)하는 것이 있으면 무거운 죄를 적용하였다.

245

첩자를 검문함

盤詰姦細

변경의 관문・요새 및 내지(內地)[1]에서, 만약 경내(境內)의 첩자가 외부인에게 정보를 누설하거나 경외(境外)의 첩자가 경내에 들어와서 사정을 정탐하면[2] 검문・체포하여 관에 보내서, 첩자를 맞아 인도한 사람 및 음모를 꾸민 사람[3]에 대해 반드시 국문(鞫問)해야 한다. 사실이 확인되면[4] 모두[5] 참형이다.[6] 첩자가 지나간 곳을 파수하는 사람[7]이 실정을 알고서도 고의로

1 내지(內地) : 원문의 복리(腹裏)는 내지와 같다. 거용관・산해관 등의 관새, 즉 화(華)와 이(夷)를 나누어 경계 짓는 곳보다 안에 있는 주・현을 복리의 지면(地面)이라 한다.〔吏文輯覽云 腹裏 猶俗內地 凡ソ居庸關山海關等ノ關塞華夷ヲ隔テ限ル處ヨリ內ニアル州縣ヲ腹裏ノ地面ト云〕《언해 권18 25장》

2 경내(境內)의……정탐하면 : 경내는 중국 사람을, 경외는 외부인이나 도적 떼를 가리킨다.〔境內者 指中國之人言 境外者指外寇之人言〕《집해 1194쪽》 정보나 사정은 포괄하는 바가 넓다. 군정의 기밀로서 중대한 일이 모두 이에 해당한다.〔消息事情 所包者廣 謂凡軍情機密重大之事 皆是〕《집설 권5 73장》《집해 1194쪽》

3 첩자를……사람 : 첩자를 맞아 인도한 사람은 첫 문장의 경외의 첩자가 경내에 들어와서 사정을 정탐하는 경우를 가리키는 것이고, 음모를 꾸민 사람은 첫 문장의 경내의 첩자가 외부인에게 정보를 누설하는 경우를 가리키는 것이다. 경외의 첩자가 경내에 들어올 때는 대개 이를 맞아 인도하는 사람이 있고, 경내의 첩자가 외부인에게 정보를 누설할 때에는 대개 음모를 꾸민 사람이 있다.〔但境外姦細入境 或有接引之人 境內姦細 必有起謀之人〕《전석 권15 7장》

4 사실이 확인되면 : 맞아 인도한 사람과 음모를 꾸민 사람은 종적이 애매하기 때문에 반드시 실제 종적이 있어야 처벌한다.〔接引起謀蹤跡曖昧 故須有實跡 方坐〕《쇄언 273쪽》《부례(하) 64쪽》《전석 권15 7장》

5 모두 : 수범과 종범을 가리지 않는다.〔不分首從〕《집주(상) 493쪽》

6 참형이다 : 군대가 승리하거나 패배하는 것은 많은 경우 첩자 때문이므로 그 죄를 무겁게 하지 않으면 안 된다.〔勝師覆軍多由諜者 故不得不重其罪〕《석의 권15 5장》

7 파수하는 사람 : 원문의 수파인(守把人)은 관문이나 변경을 지키는 군관・군인, 순검사의 관원・이전・궁병이다.〔守把人 是守關隘之軍官軍人巡檢司之官吏弓兵也〕《부례(하) 64쪽》

묵인하거나 숨기고 고발하지 않으면 모두 범인과 더불어 같은 죄이다.[8] 검문을 제대로 하지 못하면 장 100이다. 군인이나 궁병(弓兵)[9]은 장 90이다.[10]

직해 변경 요새의 방호소나 경성 안에서 첩자나 악인이 경내의 사정을 외인에게 알려 주거나, 경내에 잠입하여 사정을 정탐한 경외의 첩자를 수색하여 붙잡아 관에 보내면, 반드시 음모를 꾸미거나 첩자를 끌어들인 사람을 추문(推問)한다. 증거가 확실하면 모두 참형이다. 첩자가 지나간 곳을 지키는 사람이 실정을 알고도 놓아 보내거나 숨겨 두고 고발하지 않으면 모두 죄가 같다. 제대로 살피지 않았으면 장 100이고, 군병(軍兵)은 장 90이다.

해설

첩자 및 그 관련자, 첩자에 대한 파수・검문을 제대로 하지 못한 것에 대한 처벌 규정이다. 이 조문은 70조 누설군정대사(漏泄軍情大事)와 서로 참조해서 볼 필요가 있다. 간세(姦細)와 누설(漏泄)은 서로 비슷한데, 딴마음이 없으면 누설이고 딴마음이 있으면 간세이다. 70조는 듣고 누설한 데에 대한 규정이어서, 먼저 전하는 행위와 전하여 적에게 이르게 하는 행위의

8 범인과……죄이다 : 사죄에 이르면 1등급을 감하여 장 100 유 3000리이다.〔減一等 杖一百 流三千里〕《집해 1195쪽》

9 군인이나 궁병(弓兵) : 원문의 군병(軍兵)을《집설 권5 74장》,《집해 1196쪽》,《전석 권15 7장》 등에서는 군인과 궁병의 병칭으로 파악하였으나,《GMC 140쪽》,《집주(상) 494쪽》에서는 군인으로 파악하였다.

10 검문을……90이다 : 당일 근무한 사람을 처벌한다. 만약 일이 아직 발각되지 않았는데 자수하면 자수에 준하여 죄를 면해 주고, 첩자가 이미 경계 밖으로 빠져나갔거나 일이 발각되었으면 자수에 준하지 않는다. 존장(尊長)이 첩자를 맞아 인도한 것을 비유(卑幼)가 고발해도 간명범의(④ 361 干名犯義)의 규정을 적용하지 않는다.〔罪坐直日之人 若未發自首 準免 姦細已出境 或已事發 不準 卑幼首尊長接引 不在干名之限〕《전석 권15 7장》 군관은 장 100, 군인은 장 90이다.〔官杖百 軍人杖九十〕《집주(상) 494쪽》

구별이 있다. 이 조문은 첩자에 대해서만 말하였는데, 첩자뿐 아니라 경외로부터 오는 첩자를 맞아 인도한 사람과 첩자와 더불어 음모를 꾸민 사람을 모두 처벌하였다.

246
사사로이 경계 밖으로 나가거나 금령을 어기고 바다로 나감
私出外境及違禁下海

말이나 소, 군수(軍需)[1]로 쓸 수 있는 철제 물건,[2] 동전, 비단, 명주, 생사를 가지고 사사로이 경계 밖으로 나가 팔거나 바다로 나가면 장 100이다. 짊어지거나 가축・수레・배에 실어 운반한 사람[3]은 1등급을 줄인다. 그 물화・배・수레는 모두 관에 들이되 그 안에서 10등분하여 3분은 신고한 자에게 상으로 준다. 사람을 거느리거나 군기를 가지고 경계를 나가거나 바다로 나가면 교형이다.[4] 이로 인하여 경내의 사정을 누설하면[5] 참형이다. 담당 관사나 파수하는 사람[6]이 한통속이 되어[7] 몸에 몰래 숨겨 나가거나,[8]

1 군수(軍需) : 224조 변경신색군수(邊境申索軍需)에서는 군수를 군기전량등물(軍器錢糧等物)로 파악하였고, 145조 전해관물(轉解官物)의 《집해》 주석에서는 군수를 솜을 많이 두어 만든 윗옷, 바지, 신발 따위로, 군기(軍器)는 활, 화살, 활시위 따위로 해설하였다. 이로 미루어 보건대 군수는 군기를 포함하는 더 넓은 의미임을 알 수 있다.

2 군수(軍需)로……물건 : 예컨대 철로 만든 주방용 솥 따위는 군수용은 아니지만 녹여서 군기를 제작할 수 있으므로 군수품이다. 군수철화(軍需鐵貨)는 비록 병장기의 재료이나 아직 군기를 조성하지 않은 상태이다.〔軍需鐵貨 雖兵仗所資 猶未造成軍器〕《전석 권15 9장》 한편 《집주》에서는 군수와 철화를 별개로 보았다. 《집주(상) 496쪽》

3 짊어지거나……사람 : ② 149 鹽法 주13

4 사람을……교형이다 : 중국 사람을 대동하거나 군기를 소지하여 경계를 나가거나 바다로 나가는 것은 단순히 이익을 취하려는 데 그치지 않고 필시 적병에게 도움이 되고 적당을 도우려는 마음이 있는 것이므로 교형이다. 이로 인하여 중국의 사정을 누설하면 첩자와 다름이 없으므로 참형이다.〔若將中國人口軍器出境及下海者 是必有資寇兵 而助賊黨之心 非止爲利矣 故絞 因而走泄中國事情者 卽與姦細無異 故斬〕《집주(상) 495쪽》

5 이로……누설하면 : 말이나 소 등의 물건을 가져가는 항목, 사람을 거느리거나 군기를 가져가는 항목 두 가지를 모두 받아서 말한 것이다.〔因而走泄事情 承將馬牛等物及將人口軍器二項言〕《집설 권5 75장》

6 담당……사람 : 원문의 구해(拘該)는 담당 관리이다.〔拘該……卽當該官吏也〕《집주(상) 496쪽》 원문의 구해 관사(拘該官司)는 사사로이 경계 밖으로 나가는 자를 구속해야 하는

알고서도 고의로 묵인하면 범인과 더불어 같은 죄이다. 각찰(覺察)을 제대로 하지 못하면 3등급을 줄이되 죄는 장 100에 그친다. 군인이나 궁병은 또 1등급을 줄인다.

직해 말·소·군용 철물·동전·비단을 지니고 국경 밖에서 사사로이 이익을 취하거나 바다로 나가 매매하면 장 100이다. 등에 짊어진 사람과 마소를 끈 사람은 1등급을 줄이고, 동전과 물품 및 배와 말 등은 모두 관에 몰수하되, 그중 10분의 3은 신고한 사람에게 상으로 준다. 사람이나 군사 기물 등을 앞과 같이 하여 팔면 교형으로 죽인다. 이로 인하여 군사상의 일을 누설하면 참형이다. 소재 관사 및 방어하는 사람 등이 뜻을 같이하거나 알고도 고의로 놓아주면 범인과 죄가 같고, 각찰을 제대로 하지 않으면 3등급을 줄이되 죄는 장 100에 그친다. 군인은 또 1등급을 줄인다.

해설

말이나 소, 군수로 쓸 수 있는 철제 물건 등이 적국으로 유출되거나 국내 사정이 적국에 누설되면 적국의 힘이 늘어나 국방에 위협 요소로 작용할 수 있어 이 조문이 제정된 것이다. 당률에는 자사(刺史)·현령(縣令)·절충(折衝)·과의(果毅)가 사적인 일로 다스리는 경계를 벗어나면 처벌하는 조문이 있을 뿐이고 현대의 세관(稅關)이나 출입국 관리 체제와 유사하게 허가 없이 국경을 넘나드는 행위 일반을 처벌하는 조문은 찾기 어렵다.

아문이고, 파수하는 사람은 관리, 총기, 소기, 군병 등이다.〔拘該 是應該拘束衙門 守把之人 是官吏總小旗軍兵人等〕《부례(하) 67~68쪽》

7 한통속이 되어 : ② 155 鹽法 주8

8 몸에……나가거나 : ② 150 鹽法 주3

247
궁병을 사적으로 부림
私役弓兵

궁병(弓兵)을 사적으로 부리면,[1] 1인은 태 40이고 3인마다 1등급을 더하되 죄는 장 80에 그친다. 1명당 하루에 고공전(雇工錢) 60문을 추징하여 관에 들인다.[2] 담당 관사가 그에 응하여 궁병을 내주면 죄가 같다.[3] 소유(所由)를 처벌한다.[4]

직해 궁병을 사사로이 부리면, 1인이면 태 40이고 3인마다 1등급을 더하되 장 80을 한도로 한다. 1명당 하루 치 신역(身役)의 공전(功錢) 60문을 계산하여 추징하고 관에 몰수한다. 담당 관사에서 궁병을 허락하여 내주면 같은 죄로 처벌하되 직접 담당하여 일을 부린 색장(色掌)에게 죄준다.

1 궁병(弓兵)을 사적으로 부리면 : 궁병은 부, 주, 현의 순검사에 모두 있는데 관에서 역을 지는 사람이므로 사용(私用)해서는 안 된다.〔弓兵府州縣巡檢司皆有之 俱在官役使之人 不宜私用〕《석의 권15 6장》 궁병은 유사(有司)가 정량(丁糧)과 인호(人戶) 내에서 가려 뽑아 충당하니 이른바 역역(力役)으로 차정한 것이다.〔弓兵 乃有司於丁糧人戶內 僉點發充 所謂力役之差也〕《집주(상) 498쪽》

2 1명당……들인다 : 궁병은 관아에 딸려 역을 지고 있어서 고을의 백성인 부민(部民)이나 정부(丁夫), 잡장(雜匠)(② 92 私役部民夫匠)과는 같지 않다. 따라서 부민, 정부, 잡장을 사적으로 부리면 고공전(雇工錢)을 추징하여 노동력의 주인인 본인들에게 주고, 궁병을 사적으로 부리면 고공전을 추징하여 관에 들인다.〔蓋弓兵隸役公家 與部夫匠不同 故私役者 在彼追雇工錢給主 在此追雇工錢入官〕《집설 권5 77장》

3 담당……같다 : 순검이 궁병을 사사로이 부리는데 유사가 살피지 않고 요구에 응하여 궁병을 내주면 공무를 그르치고 백성에게 누를 끼치는 것이다. 그러므로 요청한 사람과 같은 죄이다.〔巡檢私役 有司不察而應付 則誤公累民矣 故與同罪〕《집주(상) 498쪽》

4 소유(所由)를 처벌한다 : 동료 관리로서 주도적으로 부탁을 들어주어 궁병을 내준 자를 처벌한다.〔罪坐所由者 以同僚官吏主意聽從應付者 坐罪也〕《부례(하) 74쪽》 동료 관리 중 요구에 응하여 궁병을 내준 사람이 누구인지 추적해 찾아내면 처벌이 널리 미치지 않게 된다. 그러므로 소유를 처벌한다고 한 것이다.〔必推究其同僚官吏應付者何人 則坐之不概及也 故曰罪坐所由〕《석의 권15 6장》

●●●

궁병

궁병(弓兵)은 원래 전장에서 활을 담당하여 전투를 수행하던 군종(軍種)의 하나였지만, 명 건국 이후 점진적으로 실제 전장의 전투 대신 지역 사회의 치안 유지 및 지역 순찰을 하는 것으로 그 임무가 전환되었다. 대개 전투 병력으로 활을 담당하면 궁수(弓手)라고 하지만, 궁병이라고 할 때는 전투와 치안·순찰의 의미를 포함한다. 이러한 궁병의 연원은 오래되어 진대(秦代)·한대(漢代)에 이미 변방의 주요 군사 지역에 궁병을 두어 전투와 순찰을 겸하도록 하였다. 당대(唐代)에는 수도인 경사(京師)에 기마병으로 활과 쇠뇌를 잘 다루는 병력을 배치하여 전투 및 순찰을 통해 도둑을 잡도록 하였다. 원대(元代)에도 중앙에 남북양성병마사(南北兩城兵馬司)를, 지방의 주·현에 위사(尉司), 순검사(巡檢司), 포도소(捕盜所) 등을 설치하고 순군궁수(巡軍弓手)를 두어 치안 유지 임무를 수행하도록 하였다. 원 말에 이를 준용하여 궁병을 두어 건국 과정에서 전투병으로 활용하다가 명 건국 이후 점진적으로 치안 유지 병력으로 활용하였다. 궁병은 이외에 역(驛)의 파수(把守), 지역 사회의 방위 업무를 담당하기도 하였으며, 지역에 따라 의례 행사에 동원되기도 하였다. 명 중기 이후 지방 정치가 부패하면서 궁병의 탐학, 남용, 무뢰화 현상이 발생하였으며, 순검이 궁병을 사사로이 부리는 현상이 많아졌다. 궁병은 임무는 중하였지만, 사회적 신분은 비천하여 각종 폐단을 낳았다.

대명률직해

제16권 병률兵律 구목廐牧

구목 廐牧

한(漢)에서 《구장률(九章律)》을 제정할 때에 처음으로 〈구율(廐律)〉을 만들었고, 위(魏)에서는 마구간에 관한 일을 여러 편목에 분산시켰다. 진(晉)에서는 목축에 관한 일을 합하여 〈구목(廐牧)〉이라 하였으며, 남조 송(宋)에서 양(梁)까지는 다시 〈구율〉이라 하였다. 북위(北魏) 태화(太和) 연간(477~499)에 〈목산(牧産)〉이라 하였다가 정시(正始) 연간(504~508)에 이르러 다시 〈구목〉이라 하였다. 북제(北齊)·북주(北周)를 거치면서는 명칭을 고치지 않다가, 수(隋) 개황(開皇) 연간(581~600)에 창고의 일을 덧붙여 〈구고(廐庫)〉라 바꾸었고, 당(唐)은 이를 계승하였다.

명(明)에서는 창고에 관한 일은 〈호율〉에 두었으며, 목축에 관한 일은 마구간에 관한 일에 합쳐 〈병률〉에 붙였다. 당률 196조 목축산과불충(牧畜産課不充)은 249조 자생마필(孶生馬疋)로, 당률 198조 수관이병축산(受官羸病畜産)은 251조 양료수병축산불여법(養療瘦病畜産不如法)으로, 당률 207조 견상살축산저답설인(犬傷殺畜産抵蹹齧人)은 255조 축산교척인(畜産咬踢人)으로 바꾸었다. 당률 209조 관사축손식물(官私畜損食物)과 205조 살시마친마우(殺緦麻親馬牛)는 254조 재살우마(宰殺牛馬)로 합쳤다. 당률 200조 대사희생양사불여법(大祀犧牲養飼不如法)은 〈제사(祭祀)〉 176조 제향(祭享)에 넣고, 당률 199조 승관축사태물(乘官畜私馱物)은 〈우역(郵驛)〉 275조 승관축산거선부사물(乘官畜産車船附私物)에 붙였다. 당률 197조 험축산부실(驗畜産不實), 201조 승관축척파영천(乘官畜脊破領穿), 202조 관마불조습(官馬不調習) 등은 옛 이름을 준용하여 각각 250조 험축산불이실(驗畜産不以實), 252조 승관축척파영천, 253조 관마불조습으로 하였다. 또 미비점을 살펴 258조 공사인등색차마필(公使人等索借馬匹), 248조 목양축산불여법(牧養畜産不如法), 256조 은닉자생관축산(隱匿孶生官畜産) 등을 추가하였고, 이들을 묶어서 〈구목〉이라 명명하였다. 모두 11조이다.

248
가축을 기르는 데 법대로 하지 않음
牧養畜産不如法

말·소·낙타·노새·나귀·양을 기르는 데 모두 100마리를 한 단위로 한다.[1] 죽거나 다치거나 잃어버리면 각각 사실대로 낱낱이 보고한다. 죽으면 즉시 가죽·갈기·꼬리를 관(官)에 들이고, 소의 힘줄·뿔·가죽도 관에 들인다. 그 군두(群頭)와 군부(群副)[2]는 1마리마다[3] 각각 태 30이고, 3마리마다 1등급을 더한다. 죄가 장 100을 넘으면[4] 10마리마다 1등급을 더하되, 죄는 장 100 도 3년에 그친다.[5] 양은 말보다 3등급을 줄이고,[6] 나귀·노새는 말·소·낙타보다 2등급을 줄인다.[7] 태중의 새끼가 날짜에 미치지 못해서 사산(死産)되면 재〔灰〕로 덮어 두고, 조사하여 명백하면 처벌하지 않는다.[8] 잃어버리면 배상하게 하고, 다쳐서 쓸모없게 되면 죽게 한 죄에서 1등

1 100마리를……한다 : 대략 100마리를 단위로 하여 1군(群)으로 논한다.〔一百頭爲率 謂大率一百頭論〕《집해 1210쪽》

2 군두(群頭)와 군부(群副) : 1군의 목축을 관장하는 두목이다.〔群頭群副 卽管牧一群之頭目也〕《집해 1210쪽》

3 1마리마다 : 죽은 경우이다.〔其管牧之群頭群副 於一百頭內 有倒死馬牛駝一頭者〕《전석 권16 2장》

4 장 100을 넘으면 : 22마리에 이르면 장 100에 해당한다.〔至二十二頭 該杖一百〕《집해 1211쪽》

5 10마리마다……그친다 : 10마리마다 1등급을 더하여, 32마리에 이르면 죄를 더하여 장 60 도 1년이 되고 72마리 이상에 이르면 죄는 장 100 도 3년에 그친다.〔每十頭加一等 至三十二頭 方加入杖六十徒一年 至七十二頭之上 罪止杖一百徒三年〕《집해 1211쪽》

6 양은……줄이고 : 양 4마리가 죽으면 태 10이고 3마리마다 1등급을 더한다.〔羊減三等 謂死四頭 笞一十 每三頭加一等〕《강해 288쪽》

7 나귀……줄인다 : 나귀나 노새 1마리가 죽으면 태 10이고 3마리마다 1등급을 더한다.〔驢騾減馬牛駝二等 謂死一頭 笞一十 每三頭加一等〕《강해 288쪽》

8 태중의……않는다 : 말·소·낙타·나귀·노새·양에게 태중의 새끼가 있었는데 날이 차기 전에 죽으면, 재로 덮어 관에 보내어 사인을 조사해서 자연 낙태가 명백하면 처벌하지 않는

급을 줄여 처벌한다. 죽거나 다친 수효는 모두 정수(定數)에서 빼 주지 않는다.[9]

직해 말·소·낙타·노새·나귀·양 등을 기르게 하는 데에 모두 100마리를 한 단위로 한다. 죽거나, 허약해지거나, 잃어버리면 자세히 사실을 기록하고 분별하여 보고하고, 죽은 것은 즉시 가죽과 갈기와 꼬리 등을 관에 들인다. 소는 힘줄과 뿔과 가죽 등을 관에 들인다. 기른 사람들에 대해, 1마리마다 각각 태 30이고 3마리마다 1등급을 더한다. 장 100이 이미 찬 다음에는 10마리마다 1등급을 더하되 죄는 장 100 도 3년에 그치고, 양은 말보다 3등급을 줄인다. 노새·나귀는 말·소·낙타보다 2등급을 줄인다. 법례에 따라 태어난 지 1년도 되지 않아 죽으면 재와 초(醋)를 써서 씻고 자세히 살펴보아 저절로 죽은 것이 명백하면 죄를 면해 준다. 잃어버리면 같은 종으로 추징한다. 상처를 입어 사용할 수 없으면 죽게 한 죄에서 1등급을 줄여서 논죄한다. 그중에 죽은 수효는 모두 정수에서 빼 주지 않는다.

해설

백성들에게 말·소·낙타·노새·나귀·양을 기르게 하고 100마리 단위로 군두(群頭)와 군부(群副)를 두어 관리하게 하는데, 가축의 귀천과 가격 차이를 고려하여 말·소·낙타, 노새·나귀·양을 구분하고, 죽었을 때와 잃어버리거나 다쳤을 때를 구분하여 처벌한다. 말·소·낙타가 죽었을 때를 기준으로 노새·나귀는 2등급을, 양은 3등급을 줄인다.

다.〔若馬牛駝驢騾羊有胎生 不及時日而殰死者 灰醃 送官看視明白 不坐以罪〕《집설 권4 78장》

9 죽거나……않는다 : 말·소·낙타·나귀·노새·양의 죽거나 다친 수는 모두 사서 채워 넣어 관에 돌려보내도록 하고 정수에서 빼 주지 않는다. 잃어버린 것은 배상하라고 하였으므로 죽거나 다치면 면제해 주지 않는 것이며, 죽거나 다친 데 대해서도 면제해 주지 않는다 하였으므로 반드시 배상해야 한다. 두 구가 짝을 이루어 앞뒤 문장의 뜻을 완전하게 나타내 주는 호문(互文)으로 볼 수 있다.〔其馬牛駝驢騾羊死損數目 竝令買補還官 不準除豁 蓋失去旣云倍償 則必不準除 死損者不準除 則必倍償 互文以見之也〕《집설 권4 78장》

249
말을 번식시킴
孳生馬疋

군두(群頭)가 암말을 관리하는 데[1] 100마리를 1군(群)으로 하여 매년 망아지 100마리를 번식[2]시킨다.[3] 1년 내에 번식시킨 망아지가 80마리에 그치면 태 50이고, 70마리에 그치면 장 60이다.[4] 도군소(都群所)의 관원이 신경 써서 관리하지 않으면 각각 3등급을 줄이고,[5] 태복시(太僕寺)의 관원은 다시 도군소 관원의 죄에서 2등급을 줄인다.[6]

직해 말 기르는 사람들이 관리하는 암말은 100마리를 한 무리로 한다. 매

1 군두(群頭)가……데 : 태복시 도군소(都群所)의 각 군두 1명이 관의 암말을 관리한다.〔凡大僕寺都群所各群頭一名 管領係官騍馬〕《집해 1215쪽》

2 번식 : 원문의 자(孳)는 낳는 것으로, 말이나 소 등의 새끼를 낳는 것을 자생(孳生)이라고 한다.〔孳ハ生也馬牛等ノ子ヲ産スルヲ孳生ト云也〕《언해 권18 83장》

3 군두(群頭)가……번식시킨다 : 말, 소, 낙타, 노새, 양, 나귀 등은 도군소 관원이 번식을 관장하고, 전목소(典牧所) 관원이 희생이나 제사 등에 갖추어 쓸 수 있게 하는데 모두 태복시에 예속한다.〔其馬牛駝贏羊驢 都群所官職掌孳生 典牧所官職掌備用 俱隸太僕寺〕《전석 권16 3장》

4 1년……60이다 : 80마리 이상 번식시켰으면 비록 100마리에 미치지 못해도 처벌하지 않으며, 60마리 이하라도 장 60에 그친다.〔若八十匹以上者 雖不及一百之數 亦不坐罪 六十匹以下 亦止該杖六十〕《강해 289쪽》 70마리 이하의 죄를 말하지 않았으나 죄가 장 60에 그치는 것을 알 수 있다.〔不言七十疋以下之罪 見罪止杖六十也〕《전석 권16 3장》 즉, 《강해》는 60마리를, 《전석》은 70마리를 각기 기준으로 제시하였다.

5 도군소(都群所)의……줄이고 : 담당 도군소의 관원은 관리의 책임이 있으므로 만약 신경 써서 관리하지 않아 번식시킨 것이 수효에 미치지 못하면 군두의 죄에서 각각 3등급을 줄인다.〔其該管都群所官則有提調之責若不爲用心提調以致孳生不及數者各減群頭之罪三等〕《집설 권5 79장》

6 태복시(太僕寺)의……줄인다 : 태복시에는 번식을 맡은 도군소와 목양(牧養)을 담당하는 전목소가 있는데, 태복시는 도군소의 상급 관사이므로 감형이 적용된다. 태복시 역시 순시해야 하는 책임이 있으므로 도군소 관원의 죄에서 2등급을 줄인다.〔太僕寺亦有巡視之責 故又減都群官罪二等〕《집해 1216쪽》

년 불어난 망아지 100마리로 기준 삼아 1년 안에 망아지가 80마리만 생장하게 하면 태 50이고, 70마리는 장 60이다. 말 기르는 일을 관리하는 관원이 신경을 쓰지 않았으면 각각 3등급을 줄이고, 사복시(司僕寺)의 관원은 다시 2등급을 줄인다.

250
가축을 점검하는 데 사실대로 하지 않음
驗畜産不以實

관(官)의 말・소・낙타・노새・나귀를 점검하고 분간(分揀)하는 데[1] 사실대로 하지 않으면,[2] 1마리는 태 40이고 3마리마다 1등급을 더하되 죄는 장 100에 그친다. 양(羊)을 점검하는 데 사실대로 하지 않으면 3등급을 줄인다. 이로 인하여 값의 증감이 있으면 증감한 값을 계산하여 좌장(坐贓)[3]으로 논한다. 차액을 자기 것으로 하면 감수자도(監守自盜)[4]로 논하되, 각각 무거운 쪽으로 과단(科斷)한다.[5]

직해 관사에서 말・소・낙타・노새・나귀 등의 수효를 점검하고 분간하는 데 허위로 보고하면, 1마리이면 태 40이고 3마리마다 1등급을 더한다. 양을 위와 같이 허위로 보고하면 3등급을 줄인다. 이로 인하여 본래의 값에 가감이 있으면 그 가감된 값의 본래 수효에 따라 좌장으로 논한다. 사적인 용도로 사용하면 감수자도의 예로 보아 각각 무거운 쪽으로 논한다.

1 점검하고 분간(分揀)하는 데 : 원문의 상험(相驗)은 분간과 같은 뜻으로 가축의 좋고 나쁜 것을 검사하고 구분해서 가려 뽑아 그 고하의 등급을 정하는 것을 이른다.〔相驗分揀是一義 謂相驗其美惡而分別揀選 以定其高下之等也〕《집해 1218쪽》

2 사실대로 하지 않으면 : 본래는 좋은데 나쁘다고 일컬어 낮은 등급을 매기거나, 본래는 나쁜데 좋다고 일컬어 높은 등급을 매기는 것 따위이다.〔不以實如本美而稱惡以爲下等 本惡而稱美以爲高等之類〕《집해 1218쪽》

3 좌장(坐贓) : ④ 368 坐贓致罪

4 감수자도(監守自盜) : ③ 287 監守自盜倉庫錢糧

5 각각……과단(科斷)한다 : 각각 그 죄의 무거운 쪽으로 죄목을 정하여 처벌한다는 것은 부실(不實)의 죄가 무거우면 부실을 따라 논하고, 좌장(坐贓)의 죄가 무거우면 좌장을 따라 논하며, 자도(自盜)의 죄가 무거우면 감수자도(監守自盜)를 따라 논하는 것이다.

해설

관에서 키우는 가축은 그 수가 부족하면 구입해야 하고, 남으면 팔아서 돈을 만들어야 하기 때문에 수의(獸醫) 등에게 상험(相驗)하고 분간(分揀)하게 하여 값을 정해야 한다. 이 조문은 가축을 점검하고 분간할 때 사실대로 하지 않을 경우에 대한 처벌 규정이다. 그로 인해 값이 올라 관에 불이익을 끼치거나 값이 내려 백성에게 손해를 입힐 때 좌장으로 논하고, 그들이 값을 매기는 것을 주도하기 때문에 사적 용도로 사용하면 감수자도로 논하였다.

251
야위거나 병든 가축을 돌보거나 치료하는 데 법대로 하지 않음
養療瘦病畜産不如法

야위거나 병든 말·소·낙타·노새·나귀를 돌보거나 치료하는 데[1] 법대로 하지 않으면[2] 태 30이다.[3] 이로 인하여 죽게 되면, 1마리는 태 40이고 3마리마다 1등급을 더하되 죄는 장 100에 그친다. 양은 3등급을 줄인다.[4]

직해 허약하거나 병든 말·소·낙타·노새·나귀 등을 돌보거나 치료할 때 법대로 하지 않으면 태 30이다. 이로 말미암아 죽게 하면, 1마리이면 태 40이고 3마리마다 1등급을 더한다. 양은 3등급을 줄인다.

해설

야위거나 병든 가축을 돌보고 치료하는 일에 대한 규정으로, 당률 198조 수관이병축산(受官羸病畜産)에 대동소이한 내용이 있다. 당령(唐令) 구목령(廐牧令)에 "관의 가축이 이동하는 도중에 야위거나 병들어 나아갈 수 없

1 야위거나……데 : 이 조문은 태복시(太僕寺) 소속의 수의(獸醫)와 마부(馬夫) 등이 관 소유의 야위거나 병든 가축을 치료하거나 먹이는 일에 대한 것이고,〔此條專爲醫獸人役療養係官瘦病之畜而言〕《집설 권5 81장》《집해 1222쪽》 목양인(牧養人)과 관계된 조문은 아니다.〔此條專爲馬夫獸醫言 非關牧養人也〕《휘찬》《휘집 권21 9장》 군두(群頭)와 수의의 직분은 수척해진 가축을 잘 돌보아 살지게 하고, 병들었으면 치료하여 낫게 하는 것이다.〔瘦タル畜ハ能養テ肥シムベシ病ム者ハ療シテ愈シムベシ是群頭豎獸ノ職分也〕《언해 권18 63장》

2 법대로 하지 않으면 : 물이나 풀을 때맞추어 주지 않거나, 처방이나 약이 병에 맞지 않는 것이다.〔不如法 謂水草不以時 方藥不合病也〕《집주(상) 504쪽》

3 야위거나……30이다 : 마릿수의 많고 적음을 따지지 않는다.〔不計頭數之多寡也〕《집설 권5 81장》《집해 1222쪽》《전석 권16 6장》

4 양은 3등급을 줄인다 : 죽음에 이르게 한 경우의 죄에서 줄인다. 죽음에 이르지 않으면 줄여 과죄할 것이 없다.〔自致死之罪 減之也 若未致死者 則減無科矣〕《집설 권5 81장》《집해 1222쪽》

으면, 부근 주·현에 맡겨 돌보고 먹이거나 치료하게 한다. 사료·풀·약은 관에서 지급한다."라고 되어 있다. 당률과 당령에서는 이동 중인 가축에 초점을 맞추어 양료(養療)의 책임이 해당 지방 관사에 있는 반면에, 명률에서는 양료의 책임이 태복시 소속의 수의와 마부 등의 인역(人役)에게 있다.

252
관의 가축을 타다가 등이나 목을 다치게 함
乘官畜脊破領穿

관의 말・소・낙타・노새・나귀를 타거나[1] 수레를 끌게 하는 것을 법대로 하지 않아 등을 부러뜨리거나 목을 다치게 할 경우,[2] 상처의 둘레가 3촌이면 태 20이고 5촌 이상이면 태 50이다. 기르는데 야위게 되면, 100마리를 기준으로 하여 10마리가 야위면 목양인(牧養人)과 군두(群頭)・군부(群副)는 각각 태 20이고, 10마리마다 1등급을 더하되 죄는 장 100에 그친다. 양은 3등급을 줄인다.[3] 전목소(典牧所) 관원은 각각 관할하는 군두의 많고 적음에 따라 통틀어 계산하여 과죄(科罪)한다.[4] 태복시 관원은 전목소 관원의 죄에서 각각 3등급을 줄인다.[5]

1 관의……타거나 : 관의 가축은 마땅히 탈 수 있는 사람에게만 허용된다. 마땅히 탈 수 없는 자가 타면 관의 가축을 사사로이 빌린 것에 해당된다.〔此乘官畜者 亦係應乘之人 若不應乘者 則係私借官畜矣〕《집설 권5 81장》 ③ 257 私借官畜產

2 등을……경우 : 타다가 가축의 등을 부러뜨리고, 수레를 끄는 데 사용하다가 가축의 목을 다치게 하는 것이다.〔乘騎者脊破 駕用者領穿〕《소의(하) 128쪽》

3 양은 3등급을 줄인다 : 양을 잘못 기를 경우 30마리이면 태 10이며 90마리 이상일지라도 죄는 장 70에 그친다.〔牧養官羊瘦者減……三等 不滿三十頭減盡無科 三十頭笞一十 此自馬牛等三十頭笞四十上減之也 至九十隻之上罪止杖七十〕《전석 권16 6장》《소의(하) 128~129쪽》《석의 권16 5장》

4 통틀어 계산하여 과죄(科罪)한다 : 가령 전목소(典牧所)의 관원이 관할하는 군두(群頭)가 5명이면 말・소・낙타・노새・나귀 500마리를 기준으로 계산하여, 50마리가 야위면 태 20이고 50마리마다 1등급을 더하되 죄는 장 100에 그친다. 양이면 3등급을 줄여, 100마리가 야위면 더 이상 줄일 것이 없고, 150마리가 야위면 태 10이며, 50마리마다 1등급을 더하되 죄는 장 70에 그친다.〔如管群頭五名 則計馬牛駝贏驢共五百頭爲率 若五十頭瘦者笞二十 每五十頭加一等 亦罪止杖一百 若羊亦減三等 一百頭瘦者則減盡 至一百五十頭者笞一十 每五十頭加一等 亦罪止杖七十〕《집해 1224~1225쪽》

5 태복시……줄인다 : 전목소 관원이 관할하는 군두가 5명이면 목양관의 가축 500마리가 기준이 되므로 태복시 관원은 150마리가 야위어야 비로소 태 10이다. 왜냐하면 전목소 관원

직해 관의 말·소 및 낙타·노새·나귀 등을 타거나 수레를 끌게 할 때 법대로 하지 않아 등에 상처가 나거나 목에 손상이 있어 상처의 둘레가 3촌이면 태 20, 5촌이면 태 50이다. 기를 때 허약하게 하면, 100마리를 기준으로 10마리를 허약하게 하면 직접 기른 사람 및 양마(養馬), 색장(色掌)[6] 등은 각각 태 20이고, 10마리마다 1등급을 더하되 장 100을 한도로 한다. 기르는 것을 담당한 관원은 관장한 말과 소의 수효를 통산하여 과죄한다. 사복시 관원은 기른 사람의 죄에서 각각 3등급을 줄인다.

해설

관의 가축은 평시에 타거나 수레를 끌게 하는 용도로 활용된다. 함부로 타거나 거칠게 부리면 가축이 다쳐 효용이 떨어지므로 가축의 등이나 목이 다치면 함부로 탄 사람이나 거칠게 부린 사람을 상처의 크기에 비례하여 처벌한다. 관의 가축이 야위면 기르기를 소홀히 한 것이므로 마릿수로 형량을 정하여 기르는 사람이나 그것을 감독하는 사람들을 처벌하되, 양은 소와 말 등에 비하여 효용이 적은 가축이므로 3등급을 줄인다. 감독 관원은 기르는 사람·군두(群頭)·군부(群副)에 비하여 관장하는 축산 수가 많으므로 통계하여 비율에 따라 처벌하였다.

은 150마리가 야위어야 태 40인데 태복시 관원은 여기서 3등급을 줄이기 때문이다.〔如典牧所官管群頭五人 牧養官畜五百頭 則通計五群 瘦五十頭 方笞二十 五十頭加一等 太僕寺官 各減典牧所官罪三等 則一百四十九頭減盡無科 一百五十頭笞一十 五十頭加一等 此自典牧所官一百五十頭 笞四十上減之也〕《집주(상) 505~506쪽》 태복시 관원은 전목소 관원의 형량에서 3등급을 줄이므로 말·소·낙타·노새·나귀 100마리가 야위면 더 이상 줄일 것이 없고, 150마리가 야위어야 비로소 태 10이다.〔太僕寺守又各減典牧所官罪三等 如馬牛駝羸驢瘦一百頭者則減盡 至一百五十頭方笞一十〕《집해 1225~1226쪽》

6 양마(養馬), 색장(色掌) : 249조 자생마필(孳生馬疋)에서 율문의 군두(群頭)를 직해에서는 양마(養馬)로 한 것을 참조하였다. 문맥상 양마를 관장하는 색장으로 해석할 수도 있다.

253
관마를 길들이지 않음
官馬不調習

말을 기르는 관원[1]이 관마(官馬)를 탈 수 있게 허락받고도[2] 길들이지[3] 못하면, 1마리는 태 20이고 5마리마다 1등급을 더하되[4] 죄는 장 80에 그친다.[5]

직해 말을 기르는 관원들로 하여금 관마를 타서 길들이도록 한다. 그 말이 달리거나 걷는 데 길들이지 못하면, 1마리이면 태 20이고 5마리마다 1등급을 더하되 장 80을 한도로 한다.

해설

목마관(牧馬官)의 소임은 전적으로 말을 기르는 데 있다. 그에게 관마를

1 말을 기르는 관원 : 전목소(典牧所)나 목마소(牧馬所)의 관원 따위이다.〔牧馬之官 如典牧所牧馬所官之類〕《석의 권16 6장》

2 관마(官馬)를……허락받고도 : 말을 기르는 관원에게 관마를 탈 수 있게 하는 것은 길들여 이용할 수 있게 하려는 것이다.〔牧馬官聽乘官馬者 責具調習以利用也〕《집주(상) 506쪽》

3 길들이지 : 말은 생후 2년이 되면 길들이도록 하며,〔依太僕式 在牧馬二歲卽令調習〕《당률 202조 官馬不調習》 달릴 때 빠르고 느림에 절도가 있도록 한다.〔調如使馳驟疾徐之有節也〕《집설 권5 82장》 구목령(廐牧令)에서는 전중성(殿中省) 상승국(尙乘局)에 매년 습어(習馭)를 두어 말을 길들이고 동궁에 익어(翼馭)를 두어 말을 길들이며, 또 말을 기르는 것을 감독하는 관원이 관마를 타는 것을 허락하면 길들인다고 하였다.〔令云 殿中省尙乘 每配習馭調馬 東宮配翼馭調馬 其檢行牧馬之官 聽乘官馬 卽令調習〕《당률 202조 官馬不調習》

4 5마리마다 1등급을 더하되 : 반드시 말 한 마리 한 마리 길들여야 하므로 마릿수를 계산하여 과죄한다.〔夫旣有調習之責 則必馬馬而調習之 故計匹科罪〕《전석 권16 7장》

5 1마리는……그친다 : 말을 기르는 관리는 평소 관마를 타서 길들여야 하는데, 만약 말을 길들이지 않으면 때맞추어 이용할 수 없게 된다. 그러므로 1마리이면 태 20이고 5마리마다 1등급을 더하되 죄는 장 80에 그친다.〔夫牧馬之官 官馬聽其乘坐 須常乘以調習之 若馬不調習 則不堪時用 故一疋笞二十 每五疋加一等 罪止杖八十〕《집설 권5 82장》

타도록 허락하는 것은 내달릴 때 빠르고 느림에 절도가 있도록 길들이기 위해서이다. 관마를 때맞추어 길들이지 않으면 타고 다니는 데 어려움이 있어 필요할 때 이용할 수 없게 되므로 처벌하는 것이다.

254
소나 말을 도살함
宰殺牛馬

254-1 사사로이 자기의 말이나 소를 도살하면 장 100이고, 낙타·노새·나귀를 도살하면 장 80이다.[1] 착오로 죽이면 처벌하지 않는다. 병들어 죽었는데 관에 보고하지 않고 몸통을 가르고 가죽을 벗기면 태 40이다.[2] 힘줄·뿔·가죽은 관에 들인다.[3]

254-2 타인의 말이나 소를 고의로 죽이면 장 70 도 1년 반이고, 낙타·노새·나귀를 고의로 죽이면 장 100이다. 장(贓)을 계산하여[4] 본죄(本罪)보다 무거우면 절도에 준하여 논한다.

직해 사사로이 자기 집의 말이나 소를 때려 죽이면 장 100이고, 낙타·노새·나귀이면 장 80이다. 착오로 죽인 자는 처벌하지 않는다. 병들어 죽었는데 관에 고하지 않고 몸통을 가르면 태 40이고 힘줄·뿔·가죽은 관에

1 사사로이……80이다 : 소로 밭갈이를 하고, 말로 먼 곳을 가며, 낙타·나귀·노새 역시 짐을 실을 수 있으므로 모두 백성의 삶에 없어서는 안 되는 가축들이다. 죽거나 다치는 일이 많으면 번식이 줄어 백성이 쓰기에 부족할 것이므로 비록 자기의 가축이라 해도 사사로이 잡으면 말이나 소 역시 장 100이고, 낙타·나귀·노새는 장 80이다.〔牛以代耕 馬以致遠 而駝騾驢亦馱載之物 皆民生之不可無者 戕害多則生息少而民用乏矣 故私宰者 雖其自有之物 馬牛亦杖一百 駝騾驢杖八十〕《석의 권16 7장》

2 병들어……40이다 : 관에 보고하지 않고 몸통을 가르고 가죽을 벗기면 사사로이 죽인 것과 변별할 수 없기 때문에 역시 태 40이다.〔病死而不申官開剝 則私宰者無所辨 故亦笞四十〕《석의 권16 7장》 착오로 죽이거나 병으로 죽은 경우를 함께 말한 것이다.〔若病死而不申報開剝 兼誤殺與病死者言〕《집설 권5 82장》

3 힘줄……들인다 : 사사로이 자기의 가축을 잡았거나 착오로 죽였거나 병들어 죽은 것을 모두 통틀어 말한 것이다. 힘줄과 뿔은 소에 대해, 가죽은 말, 소, 낙타, 나귀, 노새를 통틀어 말한 것이다.〔筋角皮張入官 通承私宰誤殺及病死者言 筋角 獨牛有之 皮張 則通馬牛駝驢騾而言也〕《집설 권5 82장》

4 장(贓)을 계산하여 : 죽은 동물의 값을 장으로 계산한다.

들인다.

○ 남의 말이나 소를 고의로 때려 죽이면 장 70 도 1년 반이다. 낙타·노새·나귀는 장 100이다. 장물을 계산하되 본죄보다 무거우면 도적의 예에 준하여 논한다.

-이를테면 다음과 같다. 타인의 말이나 소를 고의로 죽이면 그 가축의 값을 따져 장(贓)으로 계산하여 얻은 죄가 장 70 도 1년 반보다 무겁거나, 죽인 낙타·노새·나귀의 값을 장으로 계산하여 얻은 죄가 장 100보다 무거우면 모두 절도(竊盜)[5]에 준하여 단죄(斷罪)한다. 관아의 가축이면 일반인이 관물(官物)을 훔친 죄[6]에 준하여 단죄한다. 모두 자자형(刺字刑)은 면하고 값을 추징하여 주인에게 돌려준다.-

직해 남의 말이나 소를 때려 죽였을 때 그 말이나 소의 값을 계산하여 액수가 장 70 도 1년 반의 죄보다 무겁거나, 낙타·노새·나귀의 값을 계산하여 장 100의 죄보다 무거우면, 모두 절도의 예에 준하는 것으로 논하여 단죄한다. 관사의 말이나 소이면 일반인이 관의 물건을 훔친 예로 단죄한다. 그 값은 추징하여 주인에게 준다.

다치게 하여 죽지는 않았지만 타거나 부릴 수 없게 되거나, 돼지나 양 등 가축을 죽이면 줄어든 값을 계산하여 역시 절도에 준하여 논한다.[7] 각각 줄어든 값에 해당하는 돈을 추징하여 배상하게 한다. 값이 줄지 않았으면 태 30[8]이다.[9]

5 절도(竊盜) : ③ 292 竊盜

6 일반인이……죄 : ③ 288 常人盜倉庫錢糧

7 줄어든……논한다 : 관아나 개인의 가축을 겸하여 말한 것이다. 타인의 소유이면 절도에 준하여 논하고 관아의 소유이면 일반인이 관의 물건을 훔친 죄에 준하여 논한다.〔計減價亦準盜論 兼官私言 係他人者 準竊盜論 係官者 準常人盜官物論也〕《집설 권5 83장》

8 값이……30 : 추징하여 배상하지 않으며, 도죄(盜罪)에 준하여 논하지도 않는다.〔不追陪亦不準盜論〕《집설 권5 83장》

9 다치게……30이다 : 이는 모두 고의로 살상한 경우이다. 착오로 살상하였으면 관물인지 사물인지 구별하지 않고 모두 처벌하지 않으며 다만 줄어든 값을 추징하여 배상하게 할 뿐이

직해 상해를 입고 죽지는 않았지만 타거나 부릴 수 없게 되거나, 돼지나 양을 때려 죽이면, 그 가축이 살았을 때의 가격에서 죽은 후 줄어든 액수를 계산하여 도적의 예에 준하여 논한다. 줄어든 액수를 계산하여 추징하되 살았을 때의 가격에서 줄지 않았으면 태 30이다.

-값이 줄었다는 것은 다음과 같다. 말이나 소 등 가축의 값이 돈 30관(貫)인데, 죽어서 값이 돈 10관에 그치면 이것은 20관의 값이 줄어든 것이다. 다쳤으나 죽지는 않아 값이 돈 20관에 그치면 이것은 10관의 값이 줄어든 것이다. 곧 줄어든 값의 돈을 장(贓)으로 계산하여 또한 절도에 준하여 단죄한다. 관의 가축이면 또한 일반인이 관물을 훔친 죄에 준하여 단죄하는 따위이다. 이어 범인에게 줄어든 값만큼의 돈을 추징하여 배상하게 한다. 값이 줄지 않았다는 것은 가축의 값이 돈 10관인데 비록 다쳤더라도 값을 매겨 보니 줄지 않아서 그대로 값이 돈 10관인 것으로, 태 30의 죄에 그치고 배상하는 것이 없다.-

직해 값이 줄었다는 것은, 30관짜리 말이나 소를 때려 죽임으로써 죽은 후에 가격이 줄어 값이 10관인 경우에 20관이 감소하고, 죽지 않았더라도 때려 상해함으로써 값이 20관으로 매겨지는 경우에 10관이 감소한 것이기 때문에, 감소한 값을 계산하여 절도의 예에 준하여 논죄한다. 관사의 말이나 소이면 일반인이 관의 물건을 훔친 예로 논하고, 범인에게서 감소한 값을 추징하여 본래의 주인에게 돌려준다. 값이 줄지 않았다는 것은, 10관짜리 말이나 소에 상처를 입혔어도 가격이 본래의 값에서 줄지 않은 것이므로 그렇다면 오직 태 30이고 추징하지는 않는다.

착오로 살상하면 처벌하지 않고 단지 줄어든 값을 추징하여 배상하게 한다. 종범은 각각 1등급을 줄인다.[10]

254-3 시마(緦麻) 이상 친속의 말·소·낙타·노새·나귀를 고의로 죽

다.〔此皆自故殺傷者言之也 其誤殺傷者 不分官私 俱不坐罪 但追陪減價而已〕《집설 권5 83장》

10 종범은……줄인다 : 타인의 말이나 소를 고의로 살상한 경우의 종범이다.〔爲從者各減一等 承故殺他人馬牛以下而言 蓋爲故殺傷者之從也〕《집설 권5 83장》 ③ 313 鬪毆及故殺人

이면 본 주인이 자기 가축을 사사로이 도살한 것과 죄가 같다. 돼지나 양 등의 가축을 죽이면 줄어든 값을 계산하여 좌장(坐贓)으로 논하되, 죄는 장 80에 그친다. 착오로 죽이거나 고의로 다치게 하면 모두 처벌하지 않고 다만 각각 줄어든 값을 추징하여 배상하게 한다.

254-4 관이나 개인의 가축이 관물(官物)이나 사물(私物)을 훼손하거나 먹어서 이로 인하여 죽거나 다치면 각각 고의로 살상한 죄에서 3등급을 줄이되[11] 그 줄어든 값을 추징하여 배상하게 한다. 가축의 주인은 훼손하거나 먹은 물건의 값을 배상한다.[12]

254-5 관이나 개인의 가축을 풀어놓아 그 가축이 관물이나 사물을 손상하거나 먹으면 태 30이다.[13] 장(贓)이 무거우면[14] 좌장(坐贓)[15]으로 논한다. 과실이면[16] 2등급을 줄인다. 각각 손상된 물건의 값을 배상하게 한다.

254-6 관의 가축이 관물을 훼손하거나 먹으면 그 해당하는 죄만 처벌하는 데 그치고, 배상하는 규정은 적용하지 않는다.[17]

11 각각……줄이되 : 타인의 말, 소, 낙타, 노새, 나귀를 고의로 살상하여 본죄로 처벌하거나 도죄(盜罪)에 준하여 논하는 것에서, 3등급을 줄이는 것이다. 가령 타인의 말이나 소를 고의로 죽이면 장 70 도 1년 반인데 3등급을 줄여 장 90인 따위이다.〔各減故殺傷三等 謂減故殺傷他人馬牛駝騾驢 及準盜論罪三等 如故殺馬牛者 該杖七十徒一年半 減三等杖九十之類〕《강해 293쪽》

12 관물(官物)이나……배상한다 : 피해를 입은 물건의 주인에게는 가축을 죽이거나 다치게 해서 줄어든 값을 추징해서 배상하게 하여 가축의 주인에게 주고, 가축의 주인에게는 가축이 훼손하거나 먹은 물건의 값을 추징해서 배상하게 하여 물건의 주인에게 준다. 이는 가축의 주인을 죄주지 않는 것으로, 가축이 이미 죽었거나 다쳤기 때문에 특별히 용서하고 배상하는 책임만 지우는 것이다.〔於物主名下 追陪所減價 給畜主 於畜主名下 追陪所毁食之物 給物主 此不罪主者 蓋其畜産已爲人所殺傷 故特原之 止責其陪償而已〕《집설 권5 84장》

13 관이나……30이다 : 물건의 주인이 그 가축을 죽이거나 다치게 하는 죄를 저지르지 않았을 때이다.〔言故失放官私畜産 損食官私物 而物主不曾殺傷之罪〕《집설 권5 84장》

14 장(贓)이 무거우면 : 가축이 손상하거나 먹은 물건의 값이 태 30보다 많은 경우이다.

15 좌장(坐贓) : ④ 368 坐贓致罪

16 과실이면 : 풀어놓을 뜻이 없이 단지 제대로 제어하지 못해 가축이 달아나 관이나 개인의 물건을 손상하거나 먹은 것이다.〔若無縱放之情 止是失於防制 以致畜産走出損食官私物者〕《전석 권16 10장》

254-7 가축이 사람을 들이받거나 차거나 물려고 해서, 그 자리에서 바로 살상하면 처벌하지 않고 배상도 하지 않는다.

직해 착오로 살상한 자는 죄주지 않고 단지 값이 줄어든 액수만큼 추징하고, 같은 패거리에서 따라 한 자는 각각 1등급을 줄인다.

○ 고의로 시마 이상 친족의 말·소·낙타·노새·나귀를 때려 죽이면 본래의 주인이 자기 가축을 사사로이 죽인 죄와 같다. 돼지나 양 등의 가축을 때려 죽이면 줄어든 값을 계산하여 장죄(贓罪)로 논하되 장 80을 한도로 한다. 착오로 죽이거나 고의로 상해하면 모두 죄주지 않고 다만 줄어든 값만큼만 추징한다.

○ 관이나 개인의 소나 말이 관이나 개인의 물건을 훼손하거나 먹었기에 이로 인하여 살상하면 고의로 살상한 죄에서 3등급을 줄이고, 줄어든 값을 추징하여 본래의 주인에게 돌려준다. 훼손하거나 먹은 물건의 값은 가축 주인에게서 추징하여 물건 주인에게 돌려준다.

○ 관이나 개인의 말이나 소를 풀어놓아 관이나 개인의 물건을 먹거나 망가뜨리거나 훼손하게 하면 태 30이고, 그 값이 장물의 수보다 무거우면 좌장(坐贓)의 수로 죄준다. 소나 말이 나갔을 때 알아차리지 못한 사람은 2등급을 줄이고 손상된 물건을 추징하여 주인에게 준다.

(○) 관사의 말이나 소가 관사의 물건을 먹거나 망가뜨리면 그 죄만 논하고 물건은 추징하지 않는다.

○ 말이나 소 등의 가축이 사람을 발로 차거나 입으로 물려고 하기에 부득이하여 즉시 살상하면 죄주지 않으며 값을 추징하지도 않는다.

17 관의……않는다 : 관의 가축을 실수로 풀어놓아 관의 물건을 훼손하거나 먹으면 목양인(牧養人)은 단지 2등급을 줄인 죄로 처벌하고 장을 계산하여 배상하게 하지는 않는다. 이에 대해 여러 사람이 고의와 실수를 겸하여 말한 것이라고 하나 고의로 풀어놓는 것은 의도가 있는 것이니 반드시 배상해야 한다. 여기서는 실수만을 말한다.〔若失放官畜産 毁食係官之物者 其牧養人 止坐減二等之罪 不計贓陪償 諸家俱兼故失言 故放出於有意 豈容不陪 此單承失者言無疑〕《전석 권16 10장》

해설

말은 이동 수단이고 소는 경작하는 데 이바지하며, 낙타·노새·나귀는 무거운 짐을 운송하므로 모두 사람에게 유용하다. 이미 힘을 다하였는데 죽이는 것은 인(仁)이 아니며, 비록 자기가 기르던 것이라도 사사로이 죽일 수 없다. 말이나 소가 중요하고 낙타·노새·나귀는 그다음이기 때문에 죄에 경중이 있고, 타인이나 관(官) 소유의 가축은 자기 소유의 가축에 비해 2등급 더 무겁게 처벌한다. 오살(誤殺)은 의도한 것이 아니며 병사(病死)는 사람이 관여할 수 있는 일이 아니므로 처벌하지 않는다.

255
가축이 사람을 물거나 참
畜産咬踢人

말, 소 및 개가 사람을 들이받거나 차거나 무는데도 표지(標識)하고 묶어 두는 것을 법대로 하지 않거나,[1] 미친개가 있는데도 죽이지 않으면 태 40이다.[2] 이로 인하여 사람을 살상(殺傷)하면 과실(過失)로 논한다.[3] 고의로 풀어놓아서 사람을 살상하게 하면 투살상(鬪殺傷)[4]에서 1등급을 줄인다.[5] 삯을 받고 가축을 치료하거나, 이유 없이 가축을 건드리다가 죽거나 다치면 처벌하지 않는다.[6] 고의로 개를 풀어놓아 타인의 가축을 살상하면 각각 태

1 표지(標識)하고……않거나 : 표지는 귀를 일부 자르거나 뿔을 일부 톱으로 자른 것이고, 법대로 하지 않음은 표지가 분명하지 않거나 묶어 두는 것이 견고하지 않은 것이다.〔記號謂截耳鋸角 不如法 記號不明 拴繫不牢也〕《집해 1238쪽》

2 말……40이다 : 사람을 살상할 수 있으므로 말, 소 및 개가 사람을 들이받거나 차거나 물면 반드시 방비하고 제어해야 하며, 미친개는 반드시 죽여야 한다. 만약 표지가 분명하지 않거나 묶어 둔 것이 견고하지 않거나 미친개가 있는데도 죽이지 않으면 비록 사람을 살상하지 않았더라도 태 40이다.〔此見馬牛及犬觸紙踢咬人者 必加防制 狂犬必須殺除 恐其殺傷人故也 若有記號不明 拴繫不牢 及有狂犬而不殺者 雖未殺傷人 即笞四十〕《집설 권5 85장》

3 과실(過失)로 논한다 : 투구급고살인(③ 313 鬪毆及故殺人)으로 과죄하고, 속전(贖錢)을 받아 피해자에게 지급한다.〔以過失論者 即與鬪毆條科罪 收贖給付也〕《부례(하) 90쪽》

4 투살상(鬪殺傷) : ③ 313 鬪毆及故殺人 ③ 325 鬪毆

5 고의로……줄인다 : 가령 싸우다 다른 사람의 손가락 1개를 부러뜨리면 장 100인데, 만약 일부러 말이나 소, 개를 풀어놓아서 사람의 손가락 1개를 부러뜨리면 1등급을 줄여 장 90이 되는 따위이다. 죽음에 이르면 장 100 유 3000리로 처벌한다.〔減鬪毆殺傷人罪一等者 謂如鬪毆折人一指杖一百 若故放馬牛及犬 傷人一指 減一等 杖九十之類 至死者 杖一百流三千里〕《강해 294쪽》

6 삯을……않는다 : 수의가 삯을 받고 주인을 위하여 가축을 치료하는데 수의에게 가축을 제어하는 기술이 없거나, 그 가축이 본래 사람을 들이받거나 차거나 물지 않았는데 사람이 아무 이유 없이 가축을 건드리다가 죽거나 다치게 되면 이는 가축의 주인과는 관계가 없는 것이다. 그러므로 처벌하지 않는다.〔若醫獸受雇爲人醫療畜産 而無控制之術 及畜産本無觸紙踢咬人之狀 而人無故觸之 致被殺傷者 則與畜主無與 故不坐罪〕《전석 권16 11장》

40이고, 줄어든 값의 돈을 추징하여 배상하게 한다.

직해 본래 사람을 들이받거나 무는 말이나 소 및 개 등에 대해 그것의 사나운 습성을 표시하지 않거나 결박을 견고하게 하지 않거나, 또는 미친개를 죽이지 않으면 태 40이다. 이로 인하여 사람을 살상하면 잘못하여 사람을 죽인 것으로 논한다. 고의로 풀어놓아 사람을 살상하면 싸우다 사람을 살상한 죄에서 1등급을 줄여 논한다. 이마인(理馬人)[7]이 공전(工錢)을 받고 가축을 치료하다가 죽거나 상해를 입거나, 누군가 까닭 없이 스스로 가축을 건드리다가 죽거나 상해를 입으면, 가축 주인은 처벌하지 않는다. 고의로 사나운 개를 풀어놓아 남의 말, 소 등의 가축을 살상하면 태 40이고, 그 줄어든 값의 돈을 추징하여 주인에게 준다.

해설

가축 사육을 잘못하여 타인에게 피해를 주는 경우에 처벌하는 규정이다. 당률에는 가축이 사람을 살상한 것은 보고 기한(保辜期限)을 20일로 규정한 점이 명률과 다르다.

7 이마인(理馬人) : 사복시에는 정6품 이마(理馬)와 정7품 마의(馬醫)가 있다.《經國大典 吏典 司僕寺》

256
번식한 관의 가축을 숨김
隱匿孳生官畜産

관의 말·노새·나귀 등의 가축을 기르다 새끼를 낳으면 10일 이내에 관에 보고한다. 기한이 지나도록 숨겨 두고 보고하지 않으면 장(贓)을 계산하여 절도[1]에 준하여 논한다. 이로 인하여 몰래 팔거나 바꾸면[2] 모두 감수자도(監守自盜)[3]로 논죄한다. 해당 도군소(都群所)나 태복시의 관원이 실정을 알고도 적발하지 않으면 범인과 더불어 같은 죄이고, 실정을 몰랐으면 모두 처벌하지 않는다.

직해 관사에서 기르는 말·노새·나귀 등 가축이 낳은 새끼를 얻고 10일 내에 관사에 보고해야 한다. 기한이 지나도록 숨겨 두고 보고하지 않거나, 훔쳐서 내다 팔거나, 사사로이 바꾸면 모두 감림자도(監臨自盜)의 예로 논한다. 목감(牧監) 및 사복시의 관원이 실정을 알고도 추고(推考)하지 않은 자는 범인의 죄와 같다. 실정을 알지 못하여 추고하지 않은 경우는 모두 죄주지 않는다.

해설
관에서 기르는 가축이 낳은 새끼는 모두 관의 물건으로 국가의 이권이므로 이를 숨기지 말고 보고해야 한다. 따라서 관의 가축이 낳은 새끼를 일정한 기한 내에 보고하지 않은 경우와 이로 인해 몰래 팔거나 바꾼 경우는 각각 절도죄나 감수자도죄(監守自盜罪)로 처벌한다는 내용이다.

1 절도 : ③ 292 竊盜

2 몰래 팔거나 바꾸면 : 팔거나 바꾸어 숨긴 가축은 모두 추징해 관에 들인다.〔賣換引匿之畜俱追入官〕《부례(하) 92쪽》

3 감수자도(監守自盜) : ③ 287 監守自盜倉庫錢糧

257
사사로이 관의 가축을 빌림
私借官畜産

감림(監臨)이나 주수(主守)가 관(官)의 말・소・낙타・노새・나귀를 사사로이 자신이 빌려 쓰거나, 다른 사람에게 빌려주거나, 다른 사람이 그것을 빌리면[1] 각각 태 50이다.[2] 날수를 따져서 고임전(雇賃錢)[3]을 추징하여[4] 관에 들인다. 고임전을 계산하여 죄가 무거우면 각각 좌장(坐贓)[5]으로 논하되 1등급을 더한다.[6]

1 감림(監臨)이나……빌리면 : 여기서 첫째, 감림・주수가 관의 말・소 등을 자신이 빌려 쓰는 행위, 둘째, 감림・주수가 관의 말・소 등을 외부인에게 빌려주는 행위, 셋째, 외부인이 감림・주수로부터 관의 말・소 등을 빌리는 행위를 처벌 대상으로 규정하고 있는데, 첫째는 행위자인 감림・주수만 처벌받는 데 비해, 둘째와 셋째는 동일한 행위의 쌍방에 대한 규정이므로 항상 짝을 이루어 함께 처벌받는다. 관리가 담당 지역의 말・소를 빌리는 경우는 구색조(求索條)(④ 371 在官求索借貸人財物)에 규정되어 있다.〔借所部馬牛 見求索條〕《전석 권16 12장》 관의 가축을 빌렸다가 그 가축이 죽으면 관의 기물(器物)을 기훼(棄毁)한 죄(② 104 棄毁器物稼穡等)로 논하고, 초장(草場)에서 공공연히 관의 가축을 끌고 가면 상인도(③ 288 常人盜倉庫錢糧)에 따라 논한다.〔借官畜産而死者 依棄毁器物係官者論 若在場公然牽去者 依常人盜論〕《집해 1245쪽》 관의 가축을 빌렸다가 도둑맞으면 관물을 다른 사람에게 빌려주어 잃어버린 경우에 의거하여 유실관물(遺失官物)(② 104)에 따라 관물을 기훼한 경우에서 3등급을 줄여 처벌하고 추징하여 배상하게 한다.〔會解云 因借而被盜 依將官物借人有失者 依遺失官物 減棄毁官物三等坐罪 追倍〕《언해 권18 85장》

2 태 50이다 : 〈호율〉 사차관물(② 134 私借官物)과 죄가 같다.〔此笞五十 與戶律私借官物罪同〕《집주(상) 515쪽》

3 고임전(雇賃錢) : 〈명례율〉에서는 고공 한 사람당 하루에 동전 60문이고, 소・말・낙타・노새・나귀 따위는 죄를 범한 때의 빌리는 값에 따른다고 하였다. 가축 한 마리당 역시 하루에 동전 60문을 추징한다는 의견도 있으나 《전석》은 이를 잘못이라고 보았다.〔名例云 雇工一人一日爲銅錢六十文 牛馬駝驘驢之類 照依犯時雇工賃直 或以每畜亦一日追錢六十文 非也〕《전석 권16 12장》

4 고임전(雇賃錢)을 추징하여 : 다른 사람에게 빌려주면 빌린 사람에게 고임전을 추징한다.〔轉借與人者 于借之者名下追雇賃錢〕《집주(상) 515쪽》

5 좌장(坐贓) : ④ 368 坐贓致罪

직해 감림관(監臨官)이나 주수관(主守官)으로서 관사의 말·소·낙타·노새·나귀 등을 사사로이 빌려 쓴 사람과, 전하여 다른 사람에게 빌려준 사람과, 청하여 빌린 사람 등은 각각 태 50이고, 빌린 날을 계산하여 역전(役錢)을 추징하여 관에 몰수한다. 역전이 무거운 경우는 각각 좌장으로 논죄하되 1등급을 더한다.

해설

관의 가축을 사적으로 사용하는 것에 대한 처벌 규정이다. 관의 가축은 관용으로만 쓰는 것이 마땅하므로, 감림이나 주수가 관의 가축을 사적으로 빌리거나 빌려주면 처벌하며, 빌린 기간에 따라 고임전을 추징한다.

6 고임전을……더한다 : 예컨대 말 한 마리를 빌려 쓴 날이 30일이면 하루당 고임전이 5관이므로 모두 150관이다. 좌장으로 논하면 장 60 도 1년에 해당하는데 이는 태 50보다 무거우므로 좌장에 1등급을 더하여 장 70 도 1년 반이다. 나머지는 이런 식으로 유추할 수 있다. 고임전은 아무리 많아도 가축 본래의 가격을 넘을 수 없다.〔如借馬一匹 計三十日 每日該雇錢價五貫 共該一百五十貫 坐贓論 該杖六十徒一年 是重於笞五十矣 則加坐贓一等 杖七十徒一年半 餘可類推 其雇賃驗數雖多 不得過畜産本價〕《집해 1244~1245쪽》① 23 給沒贓物

258
공사인 등이 말을 빌려 달라고 요구함
公使人等索借馬匹

공사인(公使人)[1] 등이 차견(差遣)되어 지나가는 지역에서 유사(有司)의 관마(官馬)를 빌려 달라고 요구하여[2] 타면 장 60이다.[3] 나귀나 노새이면 태 50이다.[4] 관리가 이에 응하여 내주면 각각 1등급을 줄이되[5] 소유(所由)를 처벌한다.[6]

1 공사인(公使人) : 공사(公使)는 중앙에서 공적인 임무로 차견된 사람이다. 기릉장관(欺陵長官)(② 193 公差人員欺陵長官), 구타유사관(毆打有司官)(③ 329 毆制使及本管長官), 점숙역사상방(③ 270 占宿驛舍上房)에서 말하는 재외(在外), 출외(出外)가 이들이다.〔公使是在京公差人役 律稱欺陵長官 毆打有司官 占宿驛舍上房 或云在外 或云出外者 是也〕《전석 권16 13장》

2 빌려 달라고 요구하여 : 말을 빌려 탈 수 있는 명문(明文)이 없는데 빌려 달라고 요구하는 것을 색차(索借)라고 한다.〔無本明文而需索者曰索借〕《부례(하) 95쪽》

3 공사인(公使人)……60이다 : 차견되어 지나가는 공사인 중 마땅히 말을 지급받아야 할 자에게는 역(驛)에서 말을 지급한다. 장 60의 처벌에 대해《집설》에서는 본 용도 외에 관의 유사(有司)에게 빌려 달라고 요구하여 말을 타면 이는 정액(定額) 외로 과다하게 취하는 것이므로 장 60이라고 보았다.〔蓋公使人等承差遣經過去處 其應給驛者 自有本衙門脚力 而又索借係官有司騎坐馬匹者 是額外多取 杖六十〕《집설 권5 87장》〔奉差公使人等 應合給役者 當由驛應付 若于經過處 索借有司官馬騎坐者 杖六十〕《집주(상) 516쪽》

그러나 유사의 관마·노새·나귀는 원래 수자리의 방비와 전량이나 물화 등의 운송을 대비하는 것이지 역마로 제공하기 위한 것이 아니므로 빌려 달라고 요구하는 것을 엄격히 금하는 것이라고 하여《전석》에서는 정액 외로 많이 취함을 금하는 것이라는《집설》의 해석이 잘못되었다고 하였다.〔有司官馬騾驢 原以備戍事及馱載錢糧物貨等用 非爲給驛而設 故嚴索借之禁 或以額外多取爲言 誤矣〕《전석 권16 13장》

4 나귀나……50이다 : 노새나 나귀를 빌려 달라고 요구하는 것은 말을 요구하는 것에 비할 바가 못 되므로 태 50이다. 소유(所由)만 처벌하여 동료 관리에게는 그 죄가 미치지 않도록 한다.〔索借騾驢者 非馬匹之比 笞五十 罪坐所由 不泛及同僚官吏〕《집설 권5 87장》

5 관리가……줄이되 : 해당 관사에서 빌려 달라는 요구에 응하여 내주면 각각 1등급을 줄인다. 말을 내주면 태 50이고 노새나 나귀를 내주면 태 40이다.〔當該官司聽行應付者 各減一等 與馬匹 笞五十 騾驢 笞四十〕《집설 권5 87장》

직해 명을 받들어 파견된 사람이, 지나가는 곳에서 관사 색장(色掌) 등의 말을 청하여 빌려 타면 장 60이다. 노새나 나귀는 태 50이고, 내준 관리는 각각 1등급을 줄인다.

해설

중앙에서 지방으로 차견되는 공사인 등에게 마필(馬匹)이 필요할 때 지급되는 것이 역마(驛馬)이다. 역마가 필요한 공사인 등은 중앙 정부에서 발급한 감합인신(勘合印信)을 지니고 역에서 규정대로 역마를 지급받을 수 있다. 유사의 관마 등은 원래 수자리의 방비와 전량 물화 등의 운송을 대비하는 것이므로 이를 다른 용도로 빌려 달라고 요구하는 것을 금지하는 것이 이 조문의 입법 취지이다. 이 조문은 공사인이 공사(公事)를 핑계로 관마 등을 빌리는 것이라는 점에서 사적인 동기로 관마 등을 빌리는 257조 사차관축산(私借官畜産)과 구별되므로 고임전(雇賃錢)을 추징하지 않는다.

6 소유(所由)를 처벌한다 : 동료 관리 가운데 빌려 달라는 요구에 주도적으로 응하여 말을 내준 사람을 처벌한다.〔罪坐所由者 謂同僚官吏內 係以主意應付之人爲坐〕《집설 권5 87장》

대명률직해

제17권 병률兵律 우역郵驛

우역 郵驛

위(魏)의 《신율(新律)》 서략(序略)에 따르면, 옛날 진(秦)에는 역참과 수레가 있었고, 전한(前漢) 초기에 진(秦)을 계승하여 고치지 않았으나 뒤에 비용이 많이 들어 다소 줄였다. 후한(後漢)은 역마(驛馬)만 두고 수레가 없었는데 율에 여전히 그 문구를 두었으나 유명무실해졌으므로 구율(廏律)을 삭감하고 합당한 것을 취하여 〈우역(郵驛)〉이라 하였다. 따라서 명대(明代)의 〈우역〉은 위가 연원이라 할 수 있다. 진(晉)·양(梁)·북제(北齊)에는 대체로 구율의 부류에 속하였고 수(隋)·당(唐)에는 편목이 없었다.

당대(唐代)에는 혼재되어 계통이 없었는데, 예컨대 당률 409조 불응입역이입(不應入驛而入)은 〈잡률(雜律)〉에, 당률 124조 역사이서기인(驛使以書寄人), 125조 문서응견역(文書應遣驛), 126조 역사불의제서(驛使不依題署), 127조 증승역마(增乘驛馬), 128조 승역마왕도(乘驛馬枉道), 129조 승역마재사물(乘驛馬齎私物) 등은 〈직제(職制)〉에, 당률 199조 승관축사태물(乘官畜私馱物)은 〈구고(廏庫)〉에 보인다.

명대에 비로소 흩어져 있는 조문을 가려 뽑아 편목을 세웠다. 〈잡률〉 중 당률 407조 종정종행신사불송환향(從征從行身死不送還鄉)은 273조 병고관가속환향(病故官家屬還鄉)으로, 〈직제〉 중 당률 125조 문서응견역은 268조 문서응급역이불급(文書應給驛而不給)으로, 당률 123조 역사계정(驛使稽程)은 265조 역사계정으로, 〈구고〉 중 당률 199조 승관축사태물은 275조 승관축산거선부사물(乘官畜產車船附私物)로 고쳤다. 당률 127조 증승역마, 128조 승역마왕도, 129조 승역마재사물 등은 266조 다승역마(多乘驛馬)로 합쳤다. 아울러 당률 409조 불응입역이입, 124조 역사이서기인, 126조 역사불의제서 등은 삭제하였다. 또 미비한 점을 살펴서 259~261조 체송공문(遞送公文), 262조 요취실봉공문(邀取實封公文), 263조 포사손괴(鋪舍損壞), 267조 다지늠급(多支廩給) 등을 추가하였고, 이들을 묶어 〈우역〉이라 명명하였다. 모두 18조이다.

259
공문을 체송함 3조이다. 1조
遞送公文 三條

포병(鋪兵)[1]이 공문을 체송(遞送)할 때는 밤낮으로 반드시 300리를 가야 한다.[2] 3각(刻)[3]을 지체하면 태 20이고 3각마다 1등급을 더하되, 죄는 태 50에 그친다. 그 공문이 포(鋪)에 도착하면 문서의 통수를 따지지 않고 반드시 즉시 체송하며, 뒤에 올 문서를 기다리지 말아야 한다. 어기면 포사(鋪司)[4]는 태 20이다.

직해 각 도의 각 역리(驛吏)가 모든 공문서를 전달하여 보낼 때 하루 낮밤 동안에 반드시 300리를 어김없이 전달해야 한다. 3각을 지체하면 태 20이고, 3각마다 1등급을 더하되 죄는 태 50에 그친다. 공문서가 도착하면 접수된 문서가 많든 적든 관계없이 다음에 올 문서를 기다리지 말고 즉시 전달하여 보낸다. 이를 어기면 번장(番長)에게 태 20이다.

1 포병(鋪兵) : 공문 전달을 전적으로 관리하는 사람이다.〔專管遞送公文者 曰鋪兵〕《집주(상) 519쪽》

2 포병(鋪兵)이……한다 : 10리마다 포(鋪)를 두어 공문을 전달하여 보내는 것을 급체포(急遞鋪)라고 한다. 포병을 두어 달려가 공문을 전달하도록 하고, 포사(鋪司)를 두어 포의 전달 사무를 총관(總管)하게 한다. 부·주·현에서는 사리(司吏) 1명을 정원으로 두어 경내의 여러 포를 왕래하며 순시하게 하는데 이를 포장(鋪長)이라 이른다.〔十里有鋪遞送公文謂之急遞鋪 設鋪兵以走遞 設鋪司以總管 府州縣 額設司吏一名 往來巡視境內諸鋪 謂之鋪長〕《집해 1251쪽》

3 각(刻) : ① 44 稱日者以百刻

4 포사(鋪司) : 포의 전달 사무를 총관하는 사람이다.〔總管鋪遞事務者曰鋪司〕《집주(상) 519쪽》

260

공문을 체송함 2조

遞送公文

포병(鋪兵)이 공문을 체송할 때, 만약 겉봉이 마모되거나[1] 찢어지고 훼손되었지만 원봉(原封)[2]에 변동이 없으면 1통은 태 20이고 3통마다 1등급을 더하되 죄는 장 60에 그친다. 공문을 훼손하면 1통은 태 40이고 2통마다 1등급을 더하되 죄는 장 80에 그친다. 공문을 숨기거나[3] 원봉을 뜯으면[4] 1통은 장 60이고 1통마다 1등급을 더하되 죄는 장 100에 그친다. 사안이 군정(軍情)의 기밀에 관련된 문서이면 문서의 통수에 상관없이 바로 장 100이다. 규피(規避)하는 바가 있으면 각각 무거운 쪽으로 논한다.[5] 포사(鋪司)가 적발하여 고발하지 않으면[6] 범인과 더불어 같은 죄이다. 포사가 이미 적

1 겉봉이 마모되거나 : 원문의 봉피(封皮)는 봉한 봉투이며, 표면에 서제(署題), 관인(官印), 봉인(封印)이 있다.〔封皮ハ封ジタル袋也封皮ノ面ニ署題アリ官印アリ封印アリ常ノ書翰ノ袋ノ類ニ非ス〕《언해 권19 5장》 원문의 마찰(摩擦)은 문서가 마모된 것이다. 곧 공문을 봉한 지면(紙面)이 마모되어 문자가 분명하지 않은 것이다.〔摩ハ研也減也擦ハ摩之急也公文ヲ封タル紙面ヲスリ滅シテ文子分明ナラザラシムルヲ云〕《언해 권19 5장》

2 원봉(原封) : 원공문(原公文)을 반출할 때 아문에서 봉하여 단단하게 하고 인(印)을 찍어서 봉한 것이다.〔原公文ヲ出シ行フ衙門ヨリ封シ固メタル印ヲヲシタル封シ目ヲ指テ言〕《언해 권19 5장》

3 공문을 숨기거나 : 원문의 침닉(沈匿)은 매몰하여 은닉하는 것이다.〔沈匿 謂沈沒藏匿也〕《집해 1252쪽》

4 원봉을 뜯으면 : 원문의 탁동(拆動)은 봉한 것을 열어서 봉인(封印)이 이동한 것이다.〔封ヲ拆キテ封印ノ處移動シタル也〕《언해 권19 5장》

5 규피(規避)하는……논한다 : 규피하는 바가 있어서 공문서를 숨기거나 원봉을 뜯어보면 공문서의 내용이 일반적인 일인지 군정의 기밀인지를 논하지 않고 각각 그 일의 무거운 쪽으로 과단한다.〔若有所規避而沈匿拆動者 則不論常事及軍情機密 各從其事之重者 科斷〕《집해 1254쪽》

6 포사(鋪司)가……않으면 : 이 이하의 문장은 마찰 등의 항목을 모두 이어받아 말한 것이다.〔鋪司不告擧以下 通承磨擦項言〕《집설 권5 88장》

발하여 고발하였으나 소재 관사에서 즉시 수리(受理)하여 시행하지 않으면 각각 범인의 죄에서 2등급을 줄인다.

직해 각 역리(驛吏)가 문서를 전달하여 보낼 때 만일 닳아 갈라지거나 훼손된 겉봉이 원봉을 건드리지 않으면, 1통이면 태 20이고 3통마다 1등급을 더하되 죄는 장 60에 그친다. 또한 공문서를 훼손하면, 1통이면 태 40이고 2통마다 1등급을 더하되 죄는 장 80에 그친다. 공문서를 중간에 감추거나 본봉(本封)을 열어서 훼손하면, 1통이면 장 60이고 1통마다 1등급을 더하되 죄는 장 100을 한도로 한다. 일이 군정(軍情)에 관련된 은밀한 공문서는 통수에 상관없이 즉시 장 100이다. 회피하려고 늑장을 부리면 죄가 무거운 쪽으로 논한다. 역관이 추고하지 않으면 범인과 죄가 같다. 고발하였는데 소재 관사에서 고발장을 접수하고도 추고하지 않으면 범인의 죄에서 각각 2등급을 줄인다.

261

공문을 체송함 3조

遞送公文

각 현의 포장(鋪長)은 해당 관할하는 포(鋪)들을 왕래하며 순시하는 데 전념해야 한다. 제조(提調) 관원과 이전(吏典)은 매달 한 차례씩 직접 각 포에 가서 조쇄(照刷)하고 마감한다.[1] 적발을 제대로 하지 못하면, 공문이 늦어졌거나, 겉봉이 닳거나 훼손되었지만 원봉은 변동이 없는 것들을 통틀어 계산하여, 10건 이상이면 포장은 태 40, 제조 이전은 태 30, 제조 관원은 태 20이다. 공문을 훼손하거나 숨기거나, 또는 원봉을 뜯으면 포병(鋪兵)과 같은 죄이다. 제조 이전은 1등급을 줄이고, 제조 관원은 또 1등급을 줄인다. 부·주·현의 제조 관원과 이전이 적발을 제대로 하지 못하면 각각 차례로 1등급씩 줄인다.[2]

직해 각 역승(驛丞)은 오로지 길을 관장하여 각 역에 왕래하며 순찰·점검하는데, 매월 한 번씩 추쇄(推刷)하는 곳에 직접 간다. 알지 못하여 추쇄를 제대로 하지 못하면, 공문서를 늦추어 머물러 두거나 겉봉투를 찢은 죄의 예에 대해 통틀어 계산하여 10통 이상은 추쇄를 담당한 사람에게 태 40, 서자(書者)는 태 30, 역승은 태 20이다. 훼손하거나 은닉하거나 본 봉투를 열어서 파손하면 역리(驛吏)가 공문서의 전송을 제대로 하지 못한 죄와 똑같이 논한다. 담당 서자는 1등급을 줄이고 역승은 또 1등급을 줄인다. 부·주·현의 담당 관리가 각찰을 제대로 하지 못한 것은 차례로 1등급씩 줄인다.

1 조쇄(照刷)하고 마감한다 : ① 72 照刷文卷 ① 73 磨勘卷宗

2 부……줄인다 : 주의 제조 관리는 현의 관리의 죄에서 줄이고, 부의 관리는 주의 관리의 죄에서 줄이되, 각각 1등급씩이라는 것이다. 만약 현이 주에 예속되어 있지 않으면, 부의 관리는 현만을 설치한 것에 준하여 현의 관리의 죄에서 1등급을 줄이는 데 그친다.〔府州縣提調官吏遞減一等 謂州官吏 減縣官吏 府官吏 減州官吏 各一等也 若縣不隸州 則府官吏止準縣設 減縣一等也〕《집설 권5 89장》

해설

국가에서 포(鋪)를 설치한 목적은 명령을 신속히 전달하고 문서를 완전하게 전달하는 데 있다. 259조에서는 문서의 지체와 관련하여 문서를 체송 체계에 넣은 이후 길에서 지체되면 포병에게 책임이 있고, 포에 도착한 후 다음 포로 즉시 전달하지 않고 지체하면 포사(鋪司)에게 책임이 있음을 밝혔다. 260조에서는 문서를 완전하게 전달하기 위해 피봉(皮封)과 원봉(原封)의 상태, 고의인지 실수인지, 문서의 내용이 일반적인 사안인지 군정의 기밀인지, 규피(規避)의 의도가 있었는지 등에 따라 포병에게 책임을 묻는다고 하였고, 261조에서는 공문의 운송 체계를 정기적으로 점검하도록 규정하였다. 259조와 260조가 포병의 과실을 주로 다루었다면 261조는 포장을 필두로, 담당 관원과 이전 등 관리자층의 책임을 강제한 규정이다.

•••

체송 절차

명대(明代)의 역체(驛遞) 체계는 원대(元代)의 역체 체계를 발전시켜 정립하였다. 인물과 문서 등을 전달한다는 의미에서 문서의 전체(傳遞), 사객(使客)의 체송(遞送), 군수(軍需)나 공물(貢物)의 전운(轉運)이라 부르기도 한다. 명대에 서울에는 회동관(會同館), 지방에는 수마역(水馬驛)·체운소(遞運所)·급체포(急遞鋪) 등을 설치하여 역체 체계를 갖추었다. 역체 체계는 황제 중심의 일원적인 국가 통치의 핵심 기반 조직으로서 명대 사회 발전에 크게 기여하였다.

수역(水驛)은 주요 정로(正路)에 배 20척, 15척, 10척 등을 두고, 편로(偏路)에 배 7척, 5척 등을 두었다. 수역의 배는 수부(水夫) 10명이 운행하였는데, 민량(民糧)이 5석에서 10석까지인 호에 역을 부과하였다.

체운소는 육로와 수로의 체운소로 구분되는데, 주로 물품 운송을 담당하였다. 수로 체운소는 물품이 600료(料)이면 수부 13명이, 500료이면 12명이, 400료이면 11명 등이 운행하였는데, 이때 수부는 민량이 5석 이하인 호에 역을 부과하였다. 육로 체운소는 대거(大車) 1량(輛)이 쌀 10석을 싣고 인부 3명과 소 3마리가 동원되었다. 소거(小車) 1량은 쌀 3석을 싣고 인부 1명에 소 1마리가 동원되었다. 이때 인부 1명에 소 1마리를 민량 15석인 호에서 충당하였다.

급체포는 10리마다 설치하고 각각 포사(鋪司) 1명, 요로(要路)이면 포병(鋪兵) 10명을 두고, 벽로(僻路)이면 포병 4~5명을 두었다. 이들 포병은 급체포 근처의 백성 가운데 전량(田糧)이 1석 5두에서 2석까지인 호에 역을 부과하였다. 매 포에 일구(日晷)를 설치하여 시각을 점검할 수 있도록 하고, 포문(鋪門)에는 작설(綽楔 정문(旌門)) 1좌(座)를 두고, 항상 밝혀 두는 등촉(燈燭) 1부(副), 부력(簿曆) 2본(本) 등을 비치하였다. 공문의 체송은 하루를 100각으로 하여 3각마다 1포를 옮겨 가야 하였다. 즉 하루에 300리를 체송해야 하였다. 일단 공문이 포에 도착하면 밤낮을 가리지 않고 체송해야 하는데, 봉투의 겉면에 도착한 시각, 해당 포병의 성명 등을 기재하였다.

262
밀봉한 공문서를 중도에서 탈취함
邀取實封公文

지방의 높고 낮은 각 아문이 밀봉한 공문서를 체송(遞送) 체계에 넣어서[1] 황제 앞에 이르도록 하였는데 상급 관사의 관원이 사람을 시켜 중도의 급체포(急遞鋪)[2]에서 기다렸다가 가로채도록 하면,[3] 멀고 가까운 것을 따지지 않고[4] 본포(本鋪)의 포사(鋪司)나 포병(鋪兵)은 소재 관사로 나아가 고발하고, 소재 관사는 즉시 상급 관사에 보고하며, 상급 관사는 해당 부(部)에 전하여 아뢰고, 해당 부는 사건을 끝까지 조사하여 사실을 밝혀 범인을 참형에 처한다. 그 포사나 포병이 용은(容隱)하고 고발하지 않으면 장 100이다. 이미 고발하였는데 소재 관사에서 즉시 수리(受理)하여 시행하지 않으면 죄가 또한 같다. 기다렸다가 가로챈 밀봉 공문서가 오군도독부(五軍都督府)나 육부(六部)나 도찰원(都察院)으로 가는 공문서이면 각각 2등급을 줄인다.

1 체송(遞送) 체계에 넣어서 : 원문의 입체(入遞)는 전달하여 차례로 보내는 것이다.〔鋪司ニワタシテ遞送セシムルヲ云〕《언해 권19 11장》 인신(印信)이 없는 문서는 체송 체계에 들이는 것을 허락하지 않는다.〔無印信文書 不許入遞〕《휘집 권7 1장》 ③ 259~261 遞送公文

2 급체포(急遞鋪) : 급체포는 15리마다 1곳을 설치한다. 포(鋪)마다 포병(鋪兵) 4명, 포사(鋪司) 1명을 둔다. 부근에서 호(戶) 안에 장정이 있고 세량(稅糧)이 1석 이상 2석 이하에 가까운 자를 지명하여 임무를 맡기되, 반드시 젊고 건장한 자여야 한다. 잡범(雜泛) 차역(差役)을 면제해 준다.〔急遞鋪 每一十五里設置一所 每鋪設鋪兵四名 鋪司一名 於附近有丁力糧近一石之上二石之下者點充 須要少壯正身 與免雜泛差役〕《집주(상) 524쪽》

3 중도의……하면 : 원문의 요(邀)는 가로막는 것으로 도중에서 기다리다가 막고 탈취하는 것을 요취(邀取)라 한다.《언해 권19 11장》 아랫사람의 사정을 위로 알리는 것은 전적으로 공문에 의존하는데 중간에서 이를 가로채는 것은 실로 그것을 가로막기 위해서이다.〔下情上達 全賴公文 邀截取回 實爲壅蔽〕《전석 권17 4장》

4 멀고……않고 : 멀리는 경외를 벗어나고 가까이는 경내에 있는 것을 따지지 않음을 이른다.〔不拘遠近 謂不拘遠出境外近在境內〕《집주(상) 524쪽》

직해 지방의 높고 낮은 각 관원이 어전에 바칠 밀봉한 문서를 상급 관원이 사람을 차정하여 중도에서 기다렸다 탈취해 가져오도록 한 경우, 멀고 가까움을 따지지 않고 역승(驛丞) 및 역리(驛吏) 등이 소재 관사에 나아가 고하면, 즉시 상급 관사에 보고장을 전달하여 보고한다. 도평의사사는 조목조목 추고하고 사실을 확인하여 밀봉한 문서를 가져간 것이 분명하면 범인을 참한다. 역관이나 역리 등이 사실을 감추고 고발하지 않으면 각각 장 100이다. 이미 고발하였는데 소재 관사에서 즉시 추고하지 않으면 죄가 같다. 도평의사사·사헌부·육조로 가는 밀봉 문서를 중간에 기다렸다 탈취하면 각각 2등급을 줄여 논죄한다.

263
포의 건물이 파손됨
鋪舍損壞

급체포(急遞鋪)의 건물이 파손되었는데도 수리하지 않거나, 비품[1]을 갖추지 않거나 포병(鋪兵)의 수가 정원보다 적은데도 보충하지 않거나, 노약자에게 역을 맡기면, 포장(鋪長)은 태 50이고, 유사(有司)의 제조(提調) 관원과 이전(吏典)[2]은 각각 태 40이다.

직해 각 역의 건물을 수리하지 않거나, 기물을 완비하지 않거나, 역리(驛

1 비품 : 포(鋪)에 비치하는 비품은 다음과 같다. 시각 점검에 쓰이는 십이시일구(十二時日晷) 1개, 포의 문수(門首)에 설치하는 패문(牌門) 1좌(座), 패액전(牌額全) 1부(副), 초저녁부터 새벽까지 켜는 상명등촉(常明燈燭) 1부(副), 부력(簿曆) 2본(本)이다.

각각의 포병(鋪兵)이 소지하는 비품은 다음과 같다. 공문(公文)을 끼우는 데 쓰는 협판(夾板) 1부, 방울이 달려 있는 어깨끈인 영반(鈴攀) 1부, 술을 단 창인 영쟁(纓鎗) 1파(把), 얇고 매끄러운 비단인 유견(油絹), 비단 보자기인 연견포기(輭絹包袛), 홍민곤(紅悶棍) 1근(根), 우구(雨具)인 약모(箬帽)·사의(蓑衣), 문서를 가지고 갈 행선지에 도착할 기한을 부기(付記)한 일지(日誌)인 회력(回歷) 1본이다.〔每鋪設十二時日晷一箇 以驗時刻 鋪門首置立牌門一座 幷牌額全常明燈燭一副簿曆二本 鋪兵每名合置夾板一副 鈴攀一副 纓鎗一把 棍一根 回曆一本〕《회전 권149 急遞鋪》〔什物とは十二時日晷一箇常明燈燭一副簿曆二本なり常明燈燭とはよひより暁までともすあかりなり鋪兵の面々にもつものは夾板とて公文をはさむ板なり鈴攀とて鈴のつきたるたすきなり纓鎗とてふさを付たるやりなり油絹とてあぶらぎぬなり輭絹包袛とてきぬのふろしきなり箬帽簑衣と云は雨具なり紅悶棍はぼうなり回曆は持ゆきたる先にて到着刻限を付る日記なり〕《국자해 351쪽》

2 유사(有司)의……이전(吏典) : 포(鋪)의 파손된 건물 수리, 비품 완비, 부족한 인원 보충 등의 책임은 1차적으로 포장(鋪長)에게 있지만, 그 포를 관할하는 지방관과 그 밑의 담당 이전도 이에 대해 책임이 있기 때문에 처벌한다. 261조 체송공문(遞送公文)의 '부주현제조관리(府州縣提調官吏)'가 이 '유사제조관리(有司提調官吏)'와 동일한 대상을 가리키는 것으로 보인다. 즉 해당 포를 관할하는 행정 단위가 현일 수도 있고 부나 주일 수도 있는데, 각각의 경우 지현(知縣)·지주(知州)·지부(知府)가 유사 제조 관원이 되고 그 밑의 담당 이전이 유사 제조 이전이 된다.

《언해》에서는 그중에서도 해당 포를 관할하는 행정 단위가 현인 경우를 예로 들어서, 유사 제조 관원과 이전이 지현과 그 부하인 병방(兵房)의 이인(吏人)을 가리킨 것이라고 하였다.〔有司提調官吏ハ知縣タル人幷ニ屬下ノ兵房ノ吏人ヲ指テ言フ也〕《언해 권19 15장》

吏)의 수가 적은데도 보충하지 않거나, 늙고 쇠약하여 쓸모없는 사람으로 역을 서게 하면, 색장(色掌)은 태 50이고 역승(驛丞)과 서자(書者)는 태 40이다.

264
포병을 사사로이 부림
私役鋪兵

각 아문의 공무로 차정된 모든 인원(人員)[1]은 포병(鋪兵)을 차출하여 관의 물건이나 개인의 짐을 나르게[2] 하지 못한다.[3] 어기면 태 40이다. 1명당 1일마다 고공전(雇工錢) 60문(文)을 추징하여 관에 들인다.

직해 각 관사의 관원·아전이나 사신 등 차정(差定)된 사람이 사사로이 역리(驛吏)들을 부려 관의 물건이나 자신이 지닌 물건을 싣거나 지고 운반하도록 하면 태 40이고, 1명당 품삯을 하루 60문씩으로 추징하여 관에 납부한다.

해설
포병은 오로지 공문 체송(遞送)을 신속하고 온전하게 하기 위하여 설치한 인력인데 공차(公差) 인원이 본래의 목적 외에 사적인 용도로 포병을 부리면 공문 체송에 지장을 초래할 수 있으므로 이를 막기 위한 취지에서 제정된 조문이다. 관련 조문으로 92조 사역부민부장(私役部民夫匠), 247조 사역궁병(私役弓兵), 272조 사역민부대교(私役民夫擡轎)가 있다.

1 각……인원(人員) : 중앙에서 지방에 공무로 파견하는 임시 관리이다. ② 193 公差人員欺陵長官

2 나르게 : 원문의 도송(挑送)은 짐을 어깨에 짊어지고 나르는 것이다.〔挑送ハ俗謂肩荷曰挑肩カタケテ送ヲ挑送ト云〕《언해 권19 16장》

3 포병(鋪兵)을……못한다 : 포병은 전적으로 공문 체송의 임무를 맡고 있는데(③ 259~261 遞送公文) 이들을 차출하여 사역(使役)에 동원하면 반드시 포병의 일을 방해하고 그르치게 된다.〔鋪兵之設 專以遞送公文 而差使供役 必致妨悞〕《집설 권5 91장》

265
역사가 기한을 어김
驛使稽程

파견된 역사(驛使)[1]가 역마를 타고 갈 때 기한을 어긴 경우, 통상적인 일이면 1일은 태 20이고 3일마다 1등급을 더하되 죄는 장 60에 그친다. 군정(軍情)의 중대한 일이면 3등급을 더하고, 이로 인하여 군기(軍機)를 그르치면 참형이다. 각 역관(驛官)이 고의로 좋은 말을 숨겨 두고 핑계를 대면서 즉시 지급하지 않아 기한을 어길 경우, 대질 신문을 하여 명백하면 역관을 처벌한다.[2] 물이 도로에 넘쳐 통행하지 못하였으면 처벌하지 않는다. 역사가 관사의 문서를 받았는데 잘못하여 문서에 적힌 행선지를 따르지 않고 착오로 다른 곳으로 가서 기한을 어겼으면 2등급을 줄인다.[3] 일이 군무(軍務)에 관계되면 줄이지 않는다.[4] 공문에 잘못 적혔기 때문이면 적은 사람을 처벌하고 역사는 처벌하지 않는다.

직해 포마(鋪馬)를 타고 파견되어 나간 사람이 기한을 어긴 것은, 통상적인 일이면 1일은 태 20이고 3일마다 1등급을 더하되 죄는 장 60을 한도로

1 역사(驛使) : 역전(驛傳) 제도를 이용하는 사자(使者)로,〔驛傳制度を利用する使者〕《율연6 164쪽》 역참에서 공문이나 서신을 전달하는 사람이다.

2 각 역관(驛官)이……처벌한다 : 역관이 고의로 좋은 말을 숨겨 두고 핑계를 대면서 즉시 말을 지급하지 않아 역사(驛使)가 기한을 어기게 되었으면 이는 역사의 죄가 아니다. 역관과 대질 신문을 하여 실정이 명백하면 앞 조항의 응당 받아야 할 태죄, 장죄, 참죄 등으로 역관을 처벌한다.〔若各驛官 故將好馬藏匿 推他故 不卽應付 以致違限者 則非驛使之罪也 對問明白 前項應得笞杖斬罪竝坐驛官〕《집설 권5 92장》

3 역사가……줄인다 : 태만하고 게을러서 고의로 기한을 어긴 것이 아니라 착오로 인한 것이므로 2등급을 줄인다.〔事出於誤 與怠緩故違者不同 故減二等〕《집설 권5 92장》

4 일이……않는다 : 일반적인 일이면 이전 그대로 3등급을 더해 과죄(科罪)하되 죄는 장 90에 그치며, 이로 인하여 군기를 그르치면 역시 참형이다.〔其事干軍務者不減 仍前加三等科之 罪止杖九十 失誤軍機者 亦斬〕《집설 권5 92장》

한다. 군정(軍情)의 중대한 일이면 3등급을 더한다. 이로 인하여 군사상의 일을 그르치면 참형이다. 각 역관이 고의로 좋은 말은 숨겨 두고 핑계를 대며 내주지 않아 기한을 어기게 한 경우에는 대질하여 사실이 명백하면 역관에게 죄준다. 빗물로 도로가 막혀 지나갈 수가 없으면 처벌하지 않는다. 역관이 관사의 문서를 받고 갈 곳을 잘못 적어 다른 곳으로 잘못 간 까닭으로 기한을 어겼으면 2등급을 줄이고, 군정의 일이면 줄이지 않는다. 공문서에 잘못 쓴 곳이 있으면, 쓴 사람을 처벌하고 역관은 처벌하지 않는다.

해설

일에는 정해진 기한이 있으며 역(驛)에는 일정한 노정(路程)이 있다. 황제의 명을 받들고 출장 나간 사신은 반드시 역마를 타고 내달리는 것으로 노정을 헤아려 왕래하는 기한을 정하는데, 만약 게을리하여 기한을 넘기면 시기를 놓쳐 일을 그르치게 되므로 처벌한다.

266
역마를 규정보다 많이 탐
多乘驛馬

266-1 사신으로 나가는 인원(人員)이, 타야 할 역선(驛船)이나 역마(驛馬)를 규정된 수 외에 많이 탄 것이 배 1척이나 말 1마리[1]이면 장 80이며, 배 1척 또는 말 1마리마다 1등급을 더한다. 나귀를 타야 하는데 말을 타거나, 중등마나 하등마를 타야 하는데 상등마를 억지로 요구하면 장 70이다. 이로 인하여 역관(驛官)을 때려서 상해하면[2] 각각 1등급을 더한다.[3] 역관이 사사로운 정에 이끌려 요구에 응해 말이나 배를 내주면 각각 범인의 죄에서 1등급을 줄인다. 상등마를 타야 하는데 역관이 도리어 중등마나 하등마를 내주면 역관을 처벌한다. 본역에 상등마가 없으면 논하지 않는다. 역로(驛路)를 벗어나서[4] 역마를 타고 가거나, 역을 지나면서 배나 말을 바꿔 타지 않으면 장 60이다. 이로 인하여 역마가 달리다가 죽으면 1등급을 더하고, 말은 추징해 배상하게 하여 관에 돌려보낸다.

1 배……1마리 : 규정된 수를 초과하여 많이 타면 처벌한다는 것이며, 예비 말인 겸승(兼乘)은 이에 해당되지 않는다.〔一船一馬 謂但有多乘者卽坐 非兼乘也〕《집해 1271쪽》

2 역관(驛官)을 때려서 상해하면 : 역참의 관원을 때려 이가 부러지는 것 이상의 중상을 입히면 투구법(③ 325 鬪毆)에 따라 논한다.〔按 毆驛官傷重至折齒以上 依鬪毆法論〕《집해 1274쪽》

3 각각 1등급을 더한다 : 가령 더 많이 탄 것이 배 1척이나 말 1마리이면 장 80인데 이로 인하여 역참의 관원을 때려 상해하면 각각 1등급을 더하여 장 90인 경우, 나귀를 타야 하는데도 말을 타는 따위는 장 70인데 이로 인하여 역참의 관원을 때려서 상해하면 각각 1등급을 더하여 장 80인 경우이다.〔各加一等 謂如多乘 一船一馬 杖八十 因而毆傷驛官 加一等杖九十 如應乘驢而乘馬之類 杖七十 因而毆傷驛官 加一等杖八十 謂之各加一等也〕《강해 303쪽》

4 역로(驛路)를 벗어나서 : 역마를 탈 때에는 모두 역로를 따라 다음 역으로 향해야 한다. 만약 역로를 따르지 않고 다른 길로 가면 이것은 왕도(枉道)로, 정해진 길을 벗어나는 것이다.〔乘驛馬者 皆依驛路而向前驛 若不依驛路別行 是爲枉道〕《당률 128조 乘驛馬枉道》〔不由當行之路曰枉道〕《집해 1271쪽》

266-2 일이 긴급하지 않고, 정해진 역로를 벗어나지 않았는데도 역마가 달리다가 죽으면 말은 배상하게 하되 처벌은 하지 않는다.[5] 군정(軍情)이 긴급하거나 이전 역에 바꿔 탈 배나 말이 없으면 처벌하지 않으며 배상하게 하지 않는다.

직해 사신으로 나간 인원이 정해진 수 이외의 역마나 역선을 타면, 말 1마리 배 1척이면 장 80이고, 말 1마리 배 1척마다 1등급을 더한다. 중등마나 하등마를 타야 할 사람이 상등마를 규정을 어기고 타면 장 70이고, 이로 인하여 역관을 때려 상해하면 각각 1등급을 더한다. 역관이 사사로운 정으로 허락하여 내주면 각각 범인의 죄에서 1등급을 줄인다. 상등마를 타야 할 차관(差官)에게 역관이 중등마나 하등마를 내주면 역관에게 죄준다. 본역에 상등마가 없으면 논죄하지 않는다. ○ 규정에 어긋난 길로 달리거나, 다음 역에서 말을 갈아타지 않으면 장 60이다. 이로 인하여 역마가 달리다 죽으면 1등급을 더하고, 말값을 추징하여 관에 납부한다.
(○) 시급한 일이 아니면서 규정에 어긋난 길로 달려 죽게 한 경우가 아니면 말값만 추징하고 처벌하지 않는다. 군정의 긴급한 일과 앞 역에 말이 없었기 때문에 달리다 죽게 한 경우는 처벌하지 않고 말값도 추징하지 않는다.

해설

관원이 지방에 사신으로 나갈 때 이용하는 역마나 역선에 관한 규정이다. 먼저 사신의 격에 따라 이용할 수 있는 역마나 역선의 수가 정해져 있고, 말인지 나귀인지, 상등마·중등마·하등마 중에 어떤 말을 탈 수 있는지 정해져 있는데 이를 어기는 사신이나, 사신들의 부당한 요구를 용납하는

5 일이……않는다 : 일이 긴급하지 않고 역로를 벗어나지 않았는데도 역마가 죽었다면 이는 말을 너무 심하게 달렸기 때문이지 역로를 벗어나서 그런 것은 아니다. 그러므로 말은 배상하게 하되 처벌은 하지 않는다.〔若事非警急 不曾枉道 致馬倒死者 是馳驟太過而非枉道致之也 故止令償馬而不坐罪〕《집설 권5 94장》

역관에 대한 처벌을 규정하였다. 역마나 역선이 정해진 길을 따라 가지 않거나, 역을 지날 때 바꿔 타지 않아도 처벌하였다.

267
역참에서 물품을 더 받음
多支廩給

사신으로 나가는 인원(人員)이 역참에서 지급하는 물품을 더 받으면 장(贓)을 계산하여 불왕법(不枉法)[1]으로 논한다. 지급한 해당 관리는 1등급을 줄인다.[2] 강제로 빼앗으면 왕법(枉法)[3]으로 논하고, 해당 관리는 처벌하지 않는다.[4]

직해 사신으로 나가는 인원이 물품 지급을 더 받으면 장물의 수를 계산하여 불왕법으로 논한다. 지급을 허락한 담당 관리는 1등급을 줄인다. 강제로 빼앗으면 왕법으로 논하고 관리는 처벌하지 않는다.

해설
사신으로 나가는 관원의 공무 비용에 관한 규정이다. 여비를 지급할 때 횡령을 방지하기 위해 마련된 법이다.

1 불왕법(不枉法) : ④ 367 官吏受財

2 지급한……줄인다 : 해당 관리가 청을 들어주어 많이 지급하면 범인의 죄에서 1등급을 줄여 처벌하는 것은 사사로운 정에 이끌린 것을 미워하기 때문이다.〔當該官吏聽行多與者 減犯人罪一等 惡其容情也〕《집설 권5 94~95장》

3 왕법(枉法) : ④ 367 官吏受財

4 강제로……않는다 : 강제로 빼앗으면 장(贓)을 계산하여 왕법으로 논한다. 유록인(有祿人)은 80관에 이르면 교형이고, 무록인(無祿人)은 유록인보다 1등급을 줄이며 120관에 이르면 교형이다. 각 강제로 빼앗은 장물을 통산(通算)하여 전과(全科)한다. 해당 관리를 처벌하지 않는 것은 물품을 지급한 정황이 부득이하였기 때문이다.〔强取者 則計贓以枉法論 有祿人八十貫 無祿人減一等 一百二十貫 各絞 各主通算全科 當該官吏與者不坐 以其不得已也〕《집설 권5 95장》

268
급역해야 하는 문서인데 내주지 않음
文書應給驛而不給

268-1 조정에서 변장(邊將)에게 군마(軍馬)를 동원하여 보내거나 긴급한 군무(軍務)를 알릴 때, 변장이나 각 아문에서 군정(軍情)을 비보(飛報)하여 조정에 문서를 보낼 때, 사신을 보내 급역(給驛)[1]하는 일을 고의로 하지 않으면[2] 장 100이다. 이로 인하여 군기(軍機)를 그르치면 참형이다.

268-2 표전(表箋)[3]을 올려 진하(進賀)[4]하거나, 흉년에 진휼하여 구제하거나, 재이(災異)[5]를 보고하거나, 군수품(軍需品)[6]을 징발하는 따위의 중대한 일에, 사신을 보내어 급역하는 일을 고의로 하지 않으면 장 80이다. 통상적인 일이어서 급역하지 않아야 하는데도 고의로 급역하면 태 40이다.

직해 국가에서 군마를 뽑아 보내는 일과, 긴급한 군사(軍事)로서 진변(鎮

1 급역(給驛) : 부험(符驗)을 주어서 출사(出使)가 체송(遞送) 체계를 이용하지 않고 역마를 타고 직접 가져가게 하는 것이다.〔給驛者謂給符驗 馳驛親齎者也〕《집해 1278쪽》 중요한 일은 급역하고 일상적인 일은 체송 체계에 넣어 전달한다.〔重事給驛 常事入遞也〕《집해 1278쪽》

2 고의로 하지 않으면 : 해당 아문에서 고의로 체송 체계에 넣고, 사신을 보내어 급역하지 않는 것이다.〔當該衙門 故意入遞 不遣使給驛者 杖一百〕《집주(상) 532쪽》

3 표전(表箋) : 천자에게 올리는 것을 표(表), 태자에게 올리는 것을 전(箋)이라 하는데 사륙체(四六體)로 짓는 문장이다. 법식은 《대명회전(大明會典)》에 상세히 보인다.〔天子ニ上ルヲ表ト云太子ニ上ルヲ箋ト云大抵四六ノ體ニ作ル文章也法式大明會典ニ詳ニ見ヘタリ〕《언해 권19 38장》

4 진하(進賀) : 신정(新正)·동지(冬至)·성절(聖節)과 그 외 경사스러운 일에 밖에 있는 오위(五位) 이상의 아문에서 표전을 올려 진하한다.〔新正冬至聖節其他瑞慶等ノ事アレハ外ニ在ル五位以上ノ衙門表箋ヲ上テ進賀スル也〕《언해 권19 38장》

5 재이(災異) : 홍수나 가뭄을 재(災)라 하고, 요사스러운 사물이나 자연계의 괴이한 현상을 이(異)라 한다.〔水旱爲災 妖怪爲異〕《집해 488쪽》

6 군수품(軍需品) : 기계(器械)나 미량(米糧) 따위로 군중의 용도로 갖추는 물건을 통틀어 군수(軍需)라고 한다. 《언해 권19 38장》 ③ 224 邊境申索軍需

邊)의 방어소에 보고할 일과, 진변의 군관 및 각 주·부의 관원이 국가에 시급히 보고해야 할 문서에 대해, 말을 내주어 보내는 일을 고의로 하지 않으면 장 100이고, 이로 인하여 군사를 그르치면 참형이다.
(○) 대궐에 나아가 올리는 표전이나 진휼의 일과, 재이의 일을 보고하는 문서와, 군량을 전하거나 청하는 등의 중요한 일에 대해, 말을 내주어 보내는 일을 고의로 하지 않으면 장 80이다. 통상적인 일에 마땅히 내주지 말아야 할 역마를 고의로 허락하여 내주면 태 40이다.

해설

조정에서 군마를 동원하거나 급한 군무를 변장(邊將)에게 알리거나, 또는 변장 및 각 아문의 군정을 조정에 급히 알리는 따위의 긴급하고 중대한 문서가 차질 없이 시급히 전달될 수 있도록 마련한 조문이다.

269
공무를 행해야 하는데 지체함
公事應行稽程

269-1 공무로 관물(官物)·죄수·가축을 보내야 하는 일이 있어서, 사람을 차정하여 호송하게 하였는데 멋대로 지체하거나,[1] 일에 기한이 있는데 어기면, 1일은 태 20이고 3일마다 1등급을 더하되 죄는 태 50에 그친다.
269-2 군수품을 보내거나 군의 출정에 맞추어 군수품을 공급할 때,[2] 호송하는 기한을 어기면 각각[3] 2등급을 더하되 죄는 장 100에 그친다. 그로써 적과 대치 중에 군수품이 부족하여 군기(軍機)를 그르치게 하면 참형이다. 차정된 사람이 잘못하여 공문에 적힌 행선지를 따르지 않고 착오로 다른 곳에 가서 기한을 어기게 되었으면 2등급을 줄인다.[4] 일이 군무(軍務)에 관

1 멋대로 지체하거나 : 이유 없이 지체하여 즉시 길을 떠나지 않는 것으로 계류(稽留)는 지시를 받고도 미적거리며 시작·출발을 하지 않는 것이고, 위한(違限)은 일을 시작하여 하기는 하였는데 기한 내에 끝내지 않은 것이다.〔無故稽留不卽起程〕《전석 권17 14장》《집주(상) 533쪽》

2 군수품을 보내거나……때 : 원문의 기해군수(起解軍需)와 수정공급(隨征供給)이 연결된 행위인지 별개의 행위인지 불분명하나 두 행위를 《전석》에서 '급(及)'으로 연결하고 《GMC》에서 'or'로 연결한 것을 참고하여 별개의 행위로 보았다.〔若起解成造軍需 及隨征錢糧供給〕《전석 권17 15장》〔in transporting military supplies or in delivering military provisions during military operations〕《GMC 150쪽》

3 각각 : 여기서 위한(違限)만 언급하였으나 앞에서 계류(稽留)를 병칭하였으므로 여기서도 계류가 생략된 것으로 보아야 하며, 따라서 각(各) 자는 계류와 위한 두 항목을 가리킨다는 설이 있다. 그러나 앞 주석에서 말하였듯이 기해군수와 수정공급을 2개의 행위로 보면 각(各)이 이 두 행위를 가리키는 것으로 볼 수도 있다.〔各加二等各字 指稽留及違限二項〕《집설 권6 96장》《집해 1280쪽》〔此不言稽留 上文稽留與違限同罪 此亦當如之〕《전석 권17 15장》〔若起解軍需物件 隨征供給糧餉 則非尋常官物之比 而管送之人稽留違限者 各加二等〕《집주(상) 533쪽》

4 2등급을 줄인다 : 1항의 경우에 비해 2등급을 줄인다는 것인데, 이때 형량의 상한선은 그대로라고 보는 설도 있으나, 《소의(하) 166쪽》 대부분의 주석서는 2등급을 줄이면 형량의 상한선도 2등급을 줄이는 것으로 본다. 또한 2등급을 줄이는 구체적인 방법에 대해, 각각

련되면 줄이지 않는다. 공문에 잘못 적힌 것 때문이면 적은 사람을 처벌하고, 차정된 사람은 처벌하지 않는다.

직해 공무로 보내는 관의 물건・죄수・소나 말 같은 것에 대해 사람을 차정하여 맡겨 차례로 보내는 데 게을리하거나, 기한이 정해진 시급한 일에 대해 기한을 어기면, 1일이면 태 20이고 3일마다 1등급을 더하되 태 50을 한도로 한다.

(○) 군의 출행에 공급할 군수품을 보내는 데 기한을 어기면 2등급을 더하되 장 100을 한도로 한다. 이로 인하여 적과 대치 중에 군량이 부족하여 군기를 그르치면 참형이다. 사명을 받은 인원이 공문서에 기록된 행선지를 따르지 않고 다른 곳으로 잘못 가서 기한을 어기면 2등급을 줄이고, 군정(軍情)의 일이면 줄이지 않는다. 공문서 안에 잘못 적은 곳이 있으면, 잘못 적은 사람을 처벌하고 사명을 받은 사람은 처벌하지 않는다.

해설

관물・죄수・가축 등을 보내는 일을 맡은 사람이 이를 지체시키는 것에 대한 처벌 규정이다. 265조 역사계정(驛使稽程)과 서로 참조해서 볼 필요가 있는데, 두 조문은 문의(文意)가 비슷하나 265조는 사신(使臣)으로 나가는 사람에 대해 말하였고, 이 조문은 관(官)에서 차출한 사람에 대해 말하였다. 후자는 전자보다 신분이 낮으므로 처벌의 상한선이나 가중 정도가 다소 가볍다.

의 행위 즉, 여기서는 지체 기간에 대해 형량을 2등급 줄인다고 보는 것이 일반적이다.〔或以 錯去他所違限減二等 謂一日至四日 皆不坐罪 入七日乃笞二十 非也 蓋管送稽留者 一日笞二十 每三日加一等 至四日則笞三十矣 其錯去他所之人 違限一日者 謂減盡無科 是也 至於四日而不笞一十 何說乎 豈謂前之稽留者 一日起於笞二十 則此之誤違者 雖減二等而不可起於笞一十耶〕《전석 권17 15～16장》

270
역사의 상방을 차지하여 묵음
占宿驛舍上房

공무로 차정된 인원(人員)[1]이 지방으로 나가[2] 공무를 처리할 때 역사(驛舍)의 정청(正廳) 상방(上房)을 차지하여 묵으면 태 50이다.[3]

직해 영사(令史)나 색원(色員)이 명을 받들어 차정되어 지방으로 나가 공무를 집행할 때, 각 역의 정청 상방에 들어가 묵으면 태 50이다.

해설

역사의 정청 상방은 품관(品官)인 상객(上客)을 접대하는 곳이다. 비록 공무로 파견된 인원이라 하더라도 지체가 낮은 사람이 역사의 정청 상방을 차지하여 묵으면 의리에 반하고 분수에 어긋나지만 황제의 칙지(勅旨)나 제(制)가 있으면 정청 상방에 묵을 수 있다. 지방관을 모욕하거나 업신여기는 것과 같은 공차 인원(公差人員)의 분수를 넘어서는 행위는 193조 공차인원기릉장관(公差人員欺陵長官)으로 처벌한다.

1 공무로 차정된 인원(人員) : 이를테면 판사관(判事官)·지인(知印)·승차(承差)·이전(吏典)·교위(校尉)·인재(人才)·지후(祗候) 따위로 직품이 있는 사람이 아니다.〔公差人員如判事官知印承差吏典校尉人才祗候之類 非有職品者〕《부례(하) 115쪽》
《집주》에서는 직품이 없는 공차 인원(公差人員)을 직품이 있는 상객(上客)인 봉명 출사관원(奉命出使官員)과 대비시켰다.〔公差人員出外幹辦公事 則不過在京各衙門之所差遣 如承差等類 非奉命出使官員之比〕《집주(상) 534~535쪽》

2 지방으로 나가 : 승차 인원(承差人員)은 중앙에 있다가 특정한 임무를 부여받아 지방으로 파견된 원역(員役)을 지칭하므로 출외(出外)라고 한 것이다.〔承差人員 指在京員役 故曰出外〕《전석 권16 13장》《집해 1283쪽》② 193 公差人員欺陵長官

3 역사(驛舍)의……50이다 : 역사의 정청(正廳) 상방(上房)은 상빈(上賓)을 대접하는 곳이어서 공차 인원이 참람되게 묵을 수 없으므로 태 50이다.〔驛舍正廳上房 所以待上賓也 豈公差人員 所得僭居哉 故笞五十〕《석의 권17 9장》《집해 1283~1284쪽》

271
역마를 탈 때 사적인 물건을 휴대함
乘驛馬齎私物

사신(使臣)으로 나가는 인원(人員)이 역마(驛馬)를 탈 때,[1] 입고 있는 의복과 휴대하는 병장기[2]를 제외하고 사물(私物)을 휴대하면 10근은 장 60이고[3] 10근마다 1등급을 더하되 죄는 장 100에 그친다.[4] 역참의 나귀이면 1등급을 줄인다. 사물은 관에 들인다.

직해 포마(鋪馬)를 타고 사신으로 나간 인원이 그의 의장(衣裝) 이외에 다른 개인 물건을 가지고 가면, 10근이면 장 60이고 10근마다 1등급을 더하되 장 100을 한도로 한다. 타고 간 것이 역우(驛牛)이면 1등급을 줄인다. 개인 물건은 관에 몰수한다.

해설

나라에서 역참에 말이나 나귀를 두는 것은 오로지 공무로 파견하는 관리들이 걷는 것을 대신하기 위해서이므로, 역참에 비치된 말이나 나귀에 사람이 탈 수는 있지만 옷가지와 호신용 무기가 아닌 개인 물건을 실어서는 안 된다. 사람이 타고 거기에 더하여 무거운 물건까지 실으면 말이나 나귀가

1 역마(驛馬)를 탈 때 : 사신으로 나가는 관리가 말을 조발(調發)하는 부험(符驗)을 역참에 주고 역마를 수령하여 타고 가는 것이다.〔應乘驛馬 謂出使給領符驗 馳驛者也〕《집설 권5 96장》

2 병장기 : 활이나 화살 같은 무기 따위를 이른다.〔仗 謂弓矢器仗之類〕《집설 권5 96장》

3 10근은 장 60이고 : 10근의 수에 차지 않으면 죄를 묻지 않는다.〔不滿十斤之數 勿論〕《집주(상) 535쪽》

4 10근은……그친다 : 역참의 말이나 나귀는 사람이 타는 데 차출될 뿐이며, 무거운 짐을 실을 수 없다.〔驛中馬驢 止供騎坐之差 不任負重之役〕《집주(상) 535쪽》

힘에 부칠 뿐 아니라 손상될 염려가 있기 때문이다. 이를 어기면 개인 물건의 무게에 따라 죄주고 그 물건은 관에 들인다.

272
사사로이 백성을 부려 교자를 메게 함
私役民夫擡轎

272-1 각 아문의 관리 및 사신(使臣)으로 나가는 인원(人員)이 인민(人民)[1]을 부려 교자(轎子)를 메게 하면 장 60이다.[2] 이에 응하여 내준 유사(有司)는 1등급을 줄인다. 세력 있고 부유한 집에서 전객(佃客)[3]을 부려[4] 교자를 메게 하면 죄가 또한 같다.[5] 1명마다 1일씩 계산하여 고공전(雇工錢) 60문(文)을 추징하여 지급한다.

272-2 민간의 부녀자 및 늙은 사람, 병든 사람 그리고 돈을 주고 고공(雇工)을 부린 사람은 이 금지 규정을 적용하지 않는다.[6]

1 인민(人民) : 관직에 있지 않은 사람이다.〔人民 非在官之人〕《집해 1286쪽》

2 각 아문의……60이다 : 각 아문의 관리가 출입할 때 탈것에는 본래 상례(常例)가 있으며, 사신으로 나간 인원도 마땅히 타야 할 역마가 있다. 만약 인민을 부려 교자를 메게 하면, 이것은 본분을 벗어나고 백성을 수고롭게 하는 것이므로 장 60이다.〔蓋各衙門官吏出入 其脚力自有常例 而出使人員亦有應乘驛馬 若役使人民檯轎者 是爲越分勞民 故杖六十〕《집해 1286쪽》

3 전객(佃客) : 논이나 밭을 빌려 경작하는 사람이다.〔佃客 佃種田地之人也〕《집해 1286쪽》

4 부려 : 삯을 주지 않고 권세로 부리는 것이다.〔役使 謂不給雇錢 而勢使之也〕《집주(상) 535쪽》

5 세력……같다 : 부유하고 세력 있는 집에서 전객을 부려 교자를 메게 하는 것은, 비록 형세상으로는 그럴 수 있다 하더라도 본분에 마땅한 바가 아니므로, 죄는 역시 민인(民人)을 부린 것과 같이 장 60이다.〔若富豪之家 役使佃客檯轎 雖勢有相關 而分非所宜 故罪 亦如役民人者 杖六十〕《집해 1286쪽》

6 민간의……않는다 : 부녀, 노인, 병자 역시 돈을 주고 고공을 고용할 수 있지만 급(及) 자를 더하여 평인(平人)이 돈을 주고 고공을 고용하는 것 역시 금하지 않음을 보여 준다.〔婦女老者病者出錢者 是四項 婦女老病 亦是出錢雇工 而又加及字 以見平人出錢雇工 亦所不禁也〕《집주(상) 536쪽》 한편 《전석》에서는 민간의 부녀나 늙거나 병든 사람으로서 제힘으로 다닐 수 없거나, 혹은 비록 이들이 아니더라도 스스로 돈을 주고 고공을 고용하여 교자를 메게 하는 것은 일반 민인이든 전객이든 따지지 않고 모두 금하지 않는다고 보았다. 이

직해 각 관사의 관원 및 사신으로 나간 인원이 백성으로 하여금 교자를 어깨에 메도록 시키면 장 60이다. 색장(色掌)이 허락하여 내주면 1등급을 줄인다. 세력 있고 부유한 집이 처간(處干)[7]으로 하여금 교자를 어깨에 메도록 시키면 죄가 같다. 부린 사람마다 1일에 공역전(功役錢) 60문씩 추징하여 지급한다.

○ 민간의 부녀자와 늙거나 병든 사람 등이 공전(功錢)을 지급하고 백성을 부린 것은 이 금지 규정을 적용하지 않는다.

해설

각 아문의 관리가 출입할 때에는 그 탈것에 상례(常例)가 있다. 출사(出使)하는 인원은 역마(驛馬)를 타야 하는데, 인민을 부려 교자를 메게 하는 것은 본분에 어긋나고 백성을 수고롭게 하는 것이며, 호부(豪富)들이 전객(佃客)을 부려 교자를 메게 하는 것도 본분에 어긋난다. 그러므로 이러한 사람과 이들의 요구를 들어주는 관원을 처벌하는 것이다. 다만 예외적으로 민간의 부녀, 노인, 병자가 돈을 내고 고용하여 교자를 이용하거나, 평인(平人)이라도 돈을 내고 사람을 고용하여 교자를 메게 하는 것은 허용하였다.

들이 돈을 주고 고공을 고용하면 빈민들에게 이익이 되므로 금하지 않는 것이라고 해석하였고, 부녀 및 늙은이나 병든 사람만 말하였으므로 세력 있고 부유한 집의 건장한 사람들은 스스로 걸어 다녀야 한다고 말하기도 하는데 이는 율문의 본뜻이 아니라고 하였다.〔其民間婦女 若老病之人 不能自行 或雖非婦女老病之人 自出錢雇人擡轎者 不問民人佃客 俱不在禁限之內……婦女也 老也 病也 出錢雇工也 自是四項 出錢雇工 乃貧民所利 故雖不應擡轎者亦不禁 或謂獨言婦女及老病之人 則豪富之家 其壯者 自當徒行 恐非律意〕《전석 권17 16장》

7 처간(處干) : 남의 토지를 경작하여 조(租)를 지주에게 바치고 관에 공물과 부역을 내는 전호(佃戶)이다. 이때 권문귀가에서 백성들을 많이 모아서 '처간'이라 하여 삼세(三稅)를 축나게 하였는데 그 폐단이 더욱 심하였다.〔處干 耕人之田 歸租其主 庸調於官 卽佃戶也 時權貴多聚民 謂之處干 以逋三稅 其弊尤重〕《高麗史節要 卷20 忠烈王2 4年》

273
병으로 죽은 관원의 가속을 고향에 돌려보냄
病故官家屬還鄕

군관(軍官)이나 민관(民官)이 재임 중에 질병 등의 자연적인 사유로 죽었는데[1] 그 가속(家屬)이 능력이 없어 고향으로 돌아갈 수 없으면 소재 관사에서 사람을 차정(差定)하여 데리고 가도록 하고 탈것[2]을 내준다. 노정에 따라 사람 수를 헤아려 관에서 식량을 지급하고 체송(遞送)하여 고향으로 돌아가게 한다.[3] 어기고 보내지 않으면 장 60이다.

직해 군관이나 민관이 부임하였다가 특별한 일이 없이 병들어 죽고, 그 아내와 자식이 능력이 없어 고향으로 돌아가지 못하면, 소재 관사에서 사람을 차정하여 호송한다. 갈 길의 거리와 사람의 숫자를 계산하여 타고 갈 말과 가면서 먹을 식량을 내주어 고향으로 돌아가게 한다. 지체시키고 보내지 않으면 장 60이다.

1 질병……죽었는데 : 원문의 이리병고(以理病故)는 〈명례율〉의 정당한 이유로 관직을 떠난 것(① 12 以理去官)과 같은 유로 형죄(刑罪)를 범하고 임소에서 죽은 것이 아니다.〔則名例以理去官之義〕《집주(상) 536쪽》〔以理病故如以理去官之云 非犯刑罪而卒於任所者也〕《집설 권5 97장》

2 탈것 : 원문의 각력(脚力)은 탈것을 끄는 인부와 말을 이른다.〔脚力 謂人夫馬匹〕《집해 1288쪽》

3 노정에……한다 : 각 아문에서는 현임으로 있다가 병에 걸려 죽은 관원의 가족에게 식량을 지급하되 많아도 10명분을 넘지 못한다. 역에서는 나귀, 수로에서는 홍선(紅船)을 제공하고 영구(靈柩)는 수레 1량(輛)을 치장하여 실어 보낸다. 만약 현임 3품 이상 대신이 병으로 죽으면 영구를 수레로 옮기고 인부가 잡고 호송하게 하며, 부인에게는 역참에서 물품을 지급하고 가속에게는 식량을 지급하되 많아도 20명분을 넘지 못한다. 역에서는 나귀, 수로에서는 홍선을 제공한다.〔各衙門見任病故官遺下家口 俱支口糧 多不過十名口 應付驛驢紅船 靈柩 撥車一輛裝送 若係見任三品以上大臣病故 靈柩撥車輛 人夫扛抬護送 遺下夫人支廪給 家口支口糧 多不過二十名口 應付驛驢紅船〕《회전 권148 驛遞事例》

274
차정된 관원이 타인을 고용하거나 임무를 타인에게 맡김
承差轉雇寄人

차정(差定)된 관원이 관물(官物)이나 죄수 또는 가축을 보내는데 직접 호송하지 않고 타인을 고용하거나 타인에게 맡겨서 대신 보내도록 하면 장 60이다. 이로 인하여 관물이나 가축에 손실을 입히거나[1] 죄수를 놓치면[2] 율에 따라 각각 무거운 쪽으로 논한다. 그 일을 대신 맡았거나 고용된 사람은 각각 1등급을 줄인다. 함께 차정된 사람들[3]이 자기들끼리 서로 대신 하고 놓아주면[4] 각각[5] 태 40이다.[6] 재물을 취하면 장(贓)을 계산하여 불왕법(不枉法)으로 논한다. 일에 손실이 생기면 또한 관물에 손실을 입히거나 죄수를 놓칠 때[7] 처벌하는 율에 따라 손실된 물품을 추징하고 죄를 결단하며[8]

1 관물이나……입히거나 : ② 145 轉解官物

2 죄수를 놓치면 : ④ 414 徒流人逃 ④ 416 主守不覺失囚

3 함께 차정된 사람들 : 원문의 동차인(同差人)은 관물(官物) 등을 보내는 일에 함께 차견(差遣)된 사람들로, 예컨대 3인이 함께 차견되어 관마(官馬) 30필을 보낸다면 각각 10필을 거느려 보내는 따위이다.〔同差人ハ同ジ差遣ヲ受テ官物ヲ起解スルノ人ナリタトヘハ三人同ジク差遣ヲ承ケテ官馬三十匹ヲ起解ス各各十匹ヲ領シテ解送スルノ類ヲ云〕《언해 권19 49장》

4 자기들끼리……놓아주면 : 원문의 체방(替放)은 만일 갑과 을이 같이 차견되어 관물 등을 보낼 때, 갑만 가고 을이 가지 않거나, 을이 맡고 갑이 교체되거나, 갑은 시행하고 을은 하지 않는 따위를 이른다.〔替放者 謂如甲乙二人 同承差遣起解 甲去乙不去 乙浼甲替 甲將乙放也〕《집주(상) 538쪽》

5 각각 : 대신 한 사람과 면제받은 사람이다.〔其替者及放者〕《집해 1291쪽》

6 태 40이다 : 타인을 고용하거나 타인에게 맡겨서 대신 보낼 때 장 60인 것과 달리 함께 차정된 사람들이 서로 대신 하였을 때 태 40을 치는 데 지나지 않는 것은, 이들은 차견되는 책임을 지고 있어서 차견의 책임이 없는 일반 사람들의 경우와는 다르기 때문이다.〔若同承差遣起解官物囚徒畜産之人 自相替放 其替者及放者 各笞四十 如承替之人 私取放者 貼解之財 則計贓以不枉法論 若事有損失者 亦依損失官物及失囚律 與放者一體追斷 不在受寄雇減等之限 以其均有承受差遣之責 與雇寄常人不同故也〕《전석 권17 18장》

7 관물에……때 : 축산은 관물에 속하기 때문에 언급되지 않았다.〔不言畜産者 統在官物中也〕

죄의 등급을 줄이는 규정을 적용하지 않는다.

직해 차정된 인원이 관의 물품, 죄수, 소나 말 등을 보낼 때, 직접 이끌고 가서 체송(遞送)하지 않고 다른 사람에게 부탁하거나 품삯을 지불하고 체송하면 장 60이다. 이로 인하여 관의 물품 및 소나 말에 손실을 입히거나 죄수가 도망하면 율에 따라 무거운 죄로 논한다. 다른 사람의 소임을 넘겨받은 사람과 돈을 받고 대신 이끌고 간 사람 등은 각각 1등급을 줄인다. 함께 차정된 사람들이 서로 소임을 넘겨받으면 태 40이다. 재물을 받으면 장물의 수를 계산하여 불왕법으로 논한다. 이로 인하여 일에 손실이 생기면, 관의 물품을 손실한 죄의 예나 죄수가 도망한 죄의 예로써 결단하고, 죄의 등급을 낮추어 주는 규정은 적용하지 않는다.

해설

물품이나 죄수를 호송하는 관원이 직접 임무를 수행하지 않고 다른 사람을 고용하거나 다른 사람에게 부탁하여 대신 하게 하거나 임무를 맡은 사람끼리 서로 바꾸어 하는 경우에 대한 처벌 규정이다. 이 과정에서 재물을 받았을 경우와 이로 인해 일을 수행하는 데 지장을 초래하였을 경우에 대한 처벌도 아울러 규정하였다.

《집해 1292쪽》

8 추징하고 죄를 결단하며 : 원문의 추단(追斷)은 손실된 물품을 추징하여 관에 돌려보내고, 응당 받아야 할 죄로 결단(決斷)하는 것이다.〔追斷 謂追其損失等物還官 而斷以應得罪名也〕《집해 1289~1290쪽》 ② 145 轉解官物 ④ 414 徒流人逃 ④ 416 主守不覺失囚

275
관의 가축·수레·배에 탈 때 사적인 물건을 실음
乘官畜產車船附私物

공무로 차정되어 관의 말·소·낙타·노새·나귀를 탈 때,[1] 입고 있는 의복과 휴대하는 병장기를 제외하고 사적으로 싣는 물건은 10근을 넘을 수 없다. 어기면 5근은 태 10이고, 10근마다 1등급을 더하되, 죄는 장 60에 그친다.[2] 배나 수레를 탈 경우, 사적으로 싣는 물건은 30근을 넘을 수 없다. 어기면 10근은 태 10이고, 20근마다 1등급을 더하되, 죄는 장 70에 그친다.[3] 가인(家人)이 수종(隨從)하면 모두 처벌하지 않는다.[4] 부탁을 받아 사적으로 타인의 물건을 실으면[5] 물건을 맡긴 사람도 같은 죄이다.[6] 그 물건

1 공무로……때 : 원문의 공차(公差)는 각 아문으로부터 공무로 인하여 차견(差遣)되는 사람인데, 역마를 타고 갈 수는 없으나 출발하는 곳의 각 아문에서 관의 말과 소를 급부(給付)하여 타게 하고 행리(行李)를 싣고 가게 한다.〔公差ハ各衙門ヨリ公務ノ事ニ因テ差遣スルノ人ニテ驛ヲ馳テ行クコトヲ得ザル者ナリ只其發スル所ノ各衙門ヨリ官ノ馬牛ヲ給付シテ騎ラシメ并ニ其行李ヲ載テ行シムルヲ指テ云〕《언해 권19 51장》

2 공무로……그친다 : 사적으로 실은 물건이 10근이면 처벌하지 않고, 그보다 5근이 더 많아야 비로소 태 10이다. 그러므로 14근은 논죄하지 않는다.〔不得過十斤 謂附帶私物十斤 不坐 至十斤外多五斤 乃笞一十也〕《집설 권5 99장》〔官畜限十斤 多五斤 方笞一十 則十四斤猶勿論也〕《집주(상) 539쪽》 말·소 등의 가축에 실은 사물(私物)의 근수(斤數)에 따른 형량은 다음 표와 같다.

근수	1~14	15~24	25~34	35~44	45~54	55~64	65~
형량	-	태 10	태 20	태 30	태 40	태 50	장 60

3 배나……그친다 : 수레·배에 실은 사물의 근수에 따른 형량은 다음 표와 같다. ① 39 加減罪例

근수	1~39	40~59	60~79	80~99	100~119	120~139	140~159	160~
형량	-	태 10	태 20	태 30	태 40	태 50	장 60	장 70

4 가인(家人)이……않는다 : 가인이 수종하여 배·수레를 타고 간 경우는 개인 물건에 비할 바가 아니므로, 모두 추가로 태웠다고 해서 처벌하지는 않는다. 여기서 가인만 말하였으므로 가인 외 다른 사람을 추가로 태우면 역시 처벌한다.〔其家人隨從船車而行者 非私物比 皆不以附載坐罪 此但言家人 則附搭他人者 亦當坐矣〕《전석 권17 19장》

은 모두 관에 들인다.[7] 해당 관사에서 알고서도 고의로 묵인하면 더불어 같은 죄이고, 몰랐으면 처벌하지 않는다. 가속(家屬)[8]을 체송(遞送)해야 하면[9]

5 부탁을……실으면 : 부탁을 받아 사적으로 다른 사람의 물건을 실은 경우에 대해 태(馱)라고 하지 않고 재(載)라고 한 것은 수레나 배에 실은 것을 말한 것이지만 《집주》에서는 말·소 등에도 물건을 사적으로 실을 수 있으므로 똑같이 논해야 한다고 보았다.〔受寄私載他人物 曰載不曰馱 是止承車船言也 然馬牛等亦可私寄 犯者似應同論〕《집주(상) 540쪽》

6 물건을……죄이다 : 역시 30근을 넘어 10근이 더 많아야 비로소 논죄한다. 30근 이하는 처벌하지도 않고 물건을 관에 들이지도 않는다. 배·수레의 경우 이미 공무로 차견될 때 물건 30근을 가지고 가는 것을 허용하였으므로, 부탁을 받아 맡은 물건은 공무로 차견될 때 가지고 가는 물건과 마찬가지이다. 부탁을 받고 물건을 맡아 실은 사람이 죄가 없으면, 물건을 맡긴 사람에게도 똑같이 적용할 만한 죄가 없다.〔而寄物之人同罪 亦過三十斤外 多十斤始論罪 三十斤內不坐罪不入官矣 蓋船車既許公差帶物三十斤 則受寄之物 猶公差之物 公差無罪 寄物之人 卽無可同之罪矣〕《집주(상) 540쪽》

7 그 물건은……들인다 : 그 물건이 부탁을 받아 사적으로 실은 타인의 물건만 가리키는지, 아니면 맨 앞의 규정된 분량을 초과하여 실은 자기 물건까지 가리키는지 논란의 여지가 있다. 후자로 볼 경우, 입관(入官)의 대상이 규정된 분량을 초과한 부분만인지, 아니면 실은 물건 전체인지 논란의 여지가 있다. 《집주》는 규정된 분량을 초과하여 실은 자기 물건의 경우 초과분만 입관하고 부탁을 받아 사적으로 실은 타인의 물건의 경우 실은 물건 전체를 입관한다고 보았다. 다만 부탁을 받아 사적으로 실은 타인의 물건의 경우도 규정된 분량을 초과하지 않으면 처벌도 받지 않고 입관도 하지 않는다.〔其官畜車船駝載額外自己之物 與私寄他人之物 幷追入官〕《집주(상) 539쪽》〔公差之私物 馬牛等所馱十斤之外 車船所載三十斤之外者 方入官 受寄私載者 則全入官也 公差受寄私載他人之物 卽與己物同科 滿數乃坐〕《집주(상) 540쪽》

8 가속(家屬) : 율문에서 가구(家口)는 부·조·처·첩·자·손을, 가소(家小)는 처·첩만을, 처소(妻小)는 처만을, 인구(人口)는 처·첩·자·손만을 말한다.〔律稱家口 父祖妻妾子孫也 家小 止妻妾也 妻小 止妻也 人口 止妻妾子孫也〕《집주(상) 44쪽》

9 가속(家屬)을 체송(遞送)해야 하면 : 전사하거나 병사한 군관·군인 및 임소(任所)에서 그럴 만한 사유로 병들어 죽은 군관·민관(民官)의 가속을 체운(遞運)하여 고향으로 돌려보내야 하면(③ 273 病故官家屬還鄕) 비록 관의 배나 수레라 할지라도, 그 가속이 지참한 사적인 물건에 대해 그 근수로 논죄할 수 없다.〔若陣亡病故官軍及軍民官在任以理病故 家屬應合遞運還鄕者 雖係官船官車 所帶私物 不得論其斤數〕《소의(하) 176쪽》 체운해야 할 처·첩·자·손에게는 필시 가재도구가 있는데 수를 한정하여 짐을 꾸리면 가재도구가 산실될까 염려스러우므로 10근, 30근의 한도를 적용하지 않는다.〔合遞人口 必有家財 限數以裝 恐致散失 故不在十斤三十斤之限〕《전석 권17 19장》 이처럼 죽거나 병든 군관·군인 등의 가속은 제한 없이 물건을 가지고 고향에 돌아갈 수 있는 것으로 보기도 하나 《집주》는 휴대하는 행리(行李)·기용(器用) 등의 간단한 짐만 가져갈 수 있다고 보았다.〔應合遞運家小 謂隨身所帶行李器用之物也 若有貨物及受寄私載 豈得亦爲之遞運〕《집주(상) 540쪽》

이 규정을 적용하지 않는다.

직해 공무로 차출되어 포마(鋪馬)를 타고 가는 사람들이 몸에 걸치는 의장(衣裝) 외에 개인 물품을 실을 때 10근을 넘지 말아야 한다. 이를 어기면, 5근이면 태 10이고 10근마다 1등급을 더하되 장 60을 한도로 한다. 배나 수레를 타는 사람이 개인 물품을 30근이 넘지 않게 실어야 한다. 이를 어기면, 10근이면 태 10이고 20근마다 1등급을 더하되 죄는 장 70을 한도로 한다. 한집안 사람이 따라간 것은 모두 처벌하지 않는다. 사사로이 남의 물품을 받아서 실으면 맡긴 사람도 아울러 같은 죄로 논하고, 그 물품은 관에 몰수한다. 담당 관사에서 실정을 알았으면 같은 죄로 논하고, 몰랐으면 논죄하지 않는다. 체송해야 할 가속을 실어 보낸 경우는 이 규정을 적용하지 않는다.

해설

공무로 출장 갈 때 관의 말·소 등의 가축이나 수레·배를 타는 경우가 있는데, 이때 실을 수 있는 개인 물품의 분량을 규정한 조문이다. 271조 승역마재사물(乘驛馬齎私物)과 서로 참조해서 볼 필요가 있다.

276
사사로이 역마를 빌림
私借驛馬

역관(驛官)이 역마를 사사로이 자신이 빌려 쓰거나, 혹은 그것을 타인에게 다시 빌려주거나, 타인이 그것을 빌리면 각각 장 80이다.[1] 역참의 나귀이면 1등급을 줄인다. 빌려 쓴 날짜를 계산하여 고임전(雇賃錢)을 추징하여 관에 들인다.[2] 고임전을 계산하여 죄가 무거우면 각각 좌장(坐贓)으로 논하되 2등급을 더한다.[3]

직해 역관으로 역마를 사사로이 빌려 쓴 사람과, 혹은 전용하여 다른 사람에게 빌려준 사람과 청하여 빌린 사람은 각각 장 80이다. 소이면 1등급을 줄여 논죄한다. 역의 소나 말을 빌려 쓴 값은 날수를 계산해서 추징하여 관에 납부한다. 빌려 쓴 날수를 셈하여 그 값이 무거우면 좌장죄로 보되 무거운 쪽으로 논한다.

1 역관(驛官)이……80이다 : 역에 있는 말이나 나귀는 오로지 사신(使臣)을 위하여 설치한 것이므로 역관이 사사로이 사용하거나 빌릴 수 있는 것이 아니다.〔驛中馬驢 專爲使臣而設 非驛官所得私用私借也〕《석의 권17 13장》 만약 역관이 사사로이 자신이 빌려 타거나 혹은 타인에게 다시 빌려주거나, 이를 타인이 빌리면 역관과 그 빌린 타인은 각각 장 80이다.〔驛馬本爲使臣而設 若驛官私自借用乘騎 或轉借與人及借之者 各杖八十〕《소의(하) 177쪽》

2 고임전(雇賃錢)을……들인다 : 범행한 때 고임가전(雇賃價錢)으로 계산하여 추징하여 관에 들이되, 그 역마의 본가(本價)를 넘을 수 없다.〔犯時雇賃價錢追徵入官 但不得過其本價〕《전석 권17 21장》

3 좌장(坐贓)으로……더한다 : 좌장가등(坐贓加等)은, 좌장으로 논하여 고임전이 70냥에 달하면 장 90인데 이 조문의 장 80보다 무거우므로 2등급을 더하여 장 60 도 1년이 되는 것이다. 좌장 본법(本法)(④ 368 坐贓致罪)은 액수를 통산한 뒤 절반으로 나누어 과죄한다. 말·나귀의 고임전은 또 법례상 말·나귀의 본가를 넘을 수 없다.〔坐贓加等者 如坐贓論 雇賃錢至七十兩 合杖九十 較本借馬之杖八十者重矣 即加二等 應杖六十徒一年……坐贓本法 通算折半科罪 馬驢雇賃錢 又例不得過本價〕《집주(상) 542쪽》

해설

역관이 역마를 오로지 사적인 용도로 사용하는 것을 막으려는 목적에서 제정된 조문이다. 사적인 용도란 역마를 공무 수행 이외의 일로 사용하고 그 대가로 고임전(雇賃錢) 등을 받아 사복을 채우는 따위이다. 이 조문은 257조 사차관축산(私借官畜産), 271조 승역마재사물(乘驛馬齎私物), 275조 승관축산거선부사물(乘官畜産車船附私物)과 상호 대조해 볼 필요가 있다.

대명률직해

제18권 형률刑律 도적盜賊

도적 盜賊

전국 시대 이회(李悝, 기원전 455~기원전 395)가 처음으로 《법경(法經)》 6편을 제정할 때 도법(盜法), 적법(賊法)이 있었다. 진·한(漢)에서 북위(北魏)까지 모두 〈적률(賊律)〉, 〈도율(盜律)〉로 명명하였는데, 북제(北齊)에서는 합쳐서 〈적도(賊盜)〉로 하였으며, 북주(北周)에서는 〈겁도(刦盜)〉라 고쳤다가 다시 〈적반(賊叛)〉이라 하였다. 수(隋) 개황(開皇) 연간(581~600)에 합쳐서 〈적도〉라 하였고 당(唐)도 이를 계승하였다.

명대(明代)에는 당률 256조 모살인(謀殺人), 253조 모살기친존장(謀殺期親尊長) 등은 〈인명(人命)〉의 305조 모살인, 307조 모살조부모부모(謀殺祖父母父母)로 넣었고, 당률 261조 이물치인이비(以物置人耳鼻)는 〈인명〉의 314조 병거인복식(屛去人服食)과 〈투구(鬪毆)〉의 325조 투구에 편입시켰으며, 당률 284조 고소인방옥(故燒人房屋)은 〈잡범(雜犯)〉의 407조 방화고소인방옥(放火故燒人房屋)으로 하였다. 아울러 당률 292조 약인약매인(略人略賣人), 293조 약화유노비(略和誘奴婢), 294조 약매기친비유(略賣期親卑幼), 295조 지략화유화동상매(知略和誘和同相賣) 등을 298조 약인약매인으로 합치고, 당률 277조 발총(發塚), 266조 잔해사시(殘害死屍), 267조 천지득사시(穿地得死屍) 등을 299조 발총으로 합쳤다. 당시 제도에 합당하지 않은 당률 265조 살인이향(殺人移鄕), 276조 도훼천존불상(盜毁天尊佛像) 등은 삭제하였다. 또 미비한 점을 살펴 291조 백주창탈(白晝搶奪), 304조 기제자자(起除刺字) 등을 추가하였고, 이를 묶어서 〈도적〉이라 하였다. 모두 28조이다.

277
모반이나 모대역
謀反大逆

모반(謀反)-사직(社稷)을 위태롭게 할 것을 모의하는 것을 이른다.-이나 모대역(謀大逆)[1]-종묘(宗廟)나 산릉(山陵) 및 궁궐을 훼손할 것을 모의하는 것을 이른다.-은 단지 공모(共謀)만 하여도[2] 수범과 종범을 구분하지 않고 모두 능지처사(陵遲處死)[3]이다. 아버지나 16세 이상의 아들은 모두 교형이다. 15세 이하나 어머니, 딸, 처, 첩, 할아버지, 손자, 형, 동생, 누나, 여동생 및 아들의 처나 첩은 공신가(功臣家)에 주어 노비로 삼고, 재산[4]은 모두 관에 들인다.[5] 남자는 나이 80세 이상이거나 독질(篤疾)이면, 여자는 나이 60세 이상

1 모반(謀反)이나 모대역(謀大逆) : 모반은 나라를 이롭지 못하게 하는 것으로 사직(社稷)을 위태롭게 할 것을 모의하는 것을 이른다고 하였으며, 모대역은 황제를 이롭지 못하게 하는 것으로 종묘나 산릉 및 궁궐을 훼손할 것을 모의하는 것을 이른다고 하였으니, 모두 감히 나라나 황제를 바로 지적하여 말할 수 없어서 우회적으로 표현한 것이다. 그 악이 십악(十惡) 가운데 으뜸이므로 형벌이 오형(五刑) 가운데 극형이다〔謀反者 將以不利于國也 而謂謀危社稷 謀大逆者 將以不利于上也 而謂謀毁宗廟山陵及宮闕 皆造律者不敢斥言之詞也 此其惡在十惡中爲首惡 故其刑在五刑中爲極刑〕《집설 권6 2장》

2 단지 공모(共謀)만 하여도 : 278조 모반(謀叛)의 모반자(謀叛者)에 대한 규정에는 '아직 행하지 않았으면'이라는 구절이 있으나 이 조문에는 '단지 공모만 하여도'라고 한 것은 신하는 반역하려는 마음이 없어야 하며, 반역하려는 마음을 먹기만 해도 반드시 죽인다는 뜻이다.〔觀止云但共謀者 而不同謀叛者有未行之文 是人臣無將 將則必誅之法也〕《집설 권6 2장》

3 능지처사(陵遲處死) : 오형 이외의 형벌로, 능(凌)은 얇게 저민다는 뜻이며 지(遲)는 느리게 하는 것이다. 능지(凌遲)는 고통이 극에 달하여 죽게 하는 것으로 형벌 중 가장 극형이다.〔凌 細割之意 遲 緩也 凌遲者 使之痛極而死 刑之極也 此又五刑之外者也〕《집설 권18 2장》 능지에 이르면 다시 더할 형벌이 없으나 법에는 여전히 미진하므로 친속을 연좌한다.〔刑至凌遲 無可再加 而法猶未盡 乃緣坐其親屬〕《집주(하) 546쪽》

4 재산 : 공모한 사람의 재산이다. 따로 사는 형제의 재산은 적몰(籍沒)하지 않는다.〔乃共謀人自家者 其分居兄弟 俱不籍沒〕《집해 1303쪽》

5 아버지나……들인다 : 홍무30년율에서는 이 부분이 "할아버지, 아버지, 아들, 손자, 형, 동생, 동거인은 이성(異姓)을 가리지 않고, 백숙 부모와 형제의 아들은 호적이 같은지 다른

이거나 폐질(廢疾)이면 모두 연좌(緣坐)의 죄를 면한다. 백부나 숙부, 형이나 동생의 아들은 호적의 같고 다름에 구애받지 않고[6] 모두 유 3000리에 안치(安置)[7]한다. 연좌되는 사람이 동거(同居)[8]하지 않으면 재산은 관에 들이는 규정을 적용하지 않는다.[9] 딸이 혼인하기로 이미 정해졌으면 그 남편에게 보낸다. 아들이나 손자를 타인에게 과방(過房)[10]으로 보냈거나, 아내로 맞이하기로 하였으나 성혼(成婚)하지 않았으면 모두[11] 처벌하지 않는다.[12]-아래 조문도 이에 준한다.-[13] 실정을 알고 고의로 묵인하거나[14] 용은(容隱)하여 숨겨 주면 참형이다.[15] 범인을 체포하면,[16] 민간인은 민관(民官)[17]

지에 상관없이 나이가 16세 이상이면 독질과 폐질을 가리지 않고, 모두 참형이다.〔祖父父子孫兄弟及同居之人 不分異姓 及伯叔父兄弟之子 不限籍之同異 年十六以上 不論篤疾癈疾 皆斬〕"로 바뀌었다.

6 호적의……않고 : 비록 각각 따로 사는 기친(期親)인 백숙이라도 모두 처벌한다.〔謂不分同籍異籍 雖各居期親之伯叔 皆坐〕《집해 1303쪽》

7 안치(安置) : ① 15 流囚家屬 주2

8 동거(同居) : 재산을 공유하고 같이 거주하는 친속을 이르며, 호적의 같고 다름에 구애받지 않는다. 비록 무복친(無服親)일지라도 이에 해당한다.〔同居謂同財共居親屬 不限籍之同異 雖無服者 亦是〕 ① 31 親屬相爲容隱

9 남자는……않는다 : 홍무30년율에는 이 부분이 빠져 있다.

10 과방(過房) : ② 107 男女婚姻 주3

11 모두 : 딸이 혼인하기로 이미 정해졌거나, 아들이나 손자를 다른 사람에게 과방으로 보냈거나, 아내로 맞이하기로 하였으나 성혼하지 않은 위의 세 가지 경우를 말한다.〔俱字 總收上文三項〕《집설 권6 3장》

12 처벌하지 않는다 : 교형이나 관에 들여 노비로 삼는 율로 처벌하지 않는다.

13 아래……준한다 : 아래 조문은 다음 모반조(③ 278 謀叛)를 가리키고, 이에 준한다는 것은 '정범의 딸이 혼인하기로 이미 정해졌으면' 이하를 가리킨다.〔下條準此 下條指謀叛條 準此指女許嫁以下而言〕《전석 권18 2장》 모반조 내 연좌되는 사람도 이것을 법례(法例)로 삼는다는 것이다.〔註曰 下條準此者 謂謀叛條內緣坐之人 以此爲例也〕《집주(하) 544쪽》

14 실정을……묵인하거나 : 모반, 모대역의 실정을 이웃이 알고도 고발하지 않거나 관부에서 알고도 체포하지 않은 것 따위이다.〔如隣里知而不擧 官府知而不捕之類〕《소의(하) 182쪽》

15 실정을……참형이다 : 비록 범인과 관계없는 타인이며 역당(逆黨)이 아닐지라도 반역을 공모한 실정을 알고도 고의로 묵인하거나 용은(容隱)하여 몰래 숨겨 주면 이 또한 역당이므로 역시 참형이다. 묵인하거나 용은한 죄를 이처럼 엄하게 처벌하면 역당을 도와주는 일이

을 주고, 군(軍)은 군직(軍職)을 주며, 더하여 범인의 재산을 전부 상으로 준다. 실정을 알게 되어 고발해서 관이 체포하면 범인의 재산을 주는 데 그치고,[18] 고발하지 않으면[19] 장 100 유 3000리이다.

직해 사직을 위태롭게 할 것을 모의하거나, 종묘·산릉 및 궁궐을 훼손할 것을 모의하면, 함께 모의한 사람들을 수범과 종범을 논하지 않고 모두 거열처사(車裂處死)한다. 그 아버지나 아들이 16세 이상이면 모두 교형으로 죽인다. 15세 이하이거나 어머니·딸·처·첩·조·손·형·제·자·매 및 아들의 처·첩은 모두 공신의 집에 주어 노비로 삼는다. 가산은 모두 관에 몰수한다. 남자로서 나이가 80세이거나 독질인 사람과 여자로서 나이가 60세이거나 폐질인 사람들은 모두 연좌의 죄를 면해 준다. 백부·숙부와 형제의 아들은 같은 호적인지 아닌지를 논하지 않고 모두 유 3000리에 안치한다. 연좌될 사람이 동거인이 아니면 재산을 관에 몰수하지 않는다. 딸이 이미 혼인하기로 정해졌으면 지아비의 집에 보내 주며, 아들이나 손자가 다른 사람 집에서 수양으로 자랐거나, 혼약을 하고 아직 처로 취하지 않

줌어듣게 될 것이다〔其雖他人而非係逆黨 但知其共謀反逆之情 而故行縱放容隱潛藏者 是亦黨逆之人 故亦以斬坐之 縱隱之罪嚴 而黨逆之助 寡矣〕《집설 권6 2장》

16 범인을 체포하면 : 자신이 사로잡는 것이다.〔捕獲 自行捕獲也〕《전석 권19 8장》

17 민관(民官) : 지부(知府) 이하 지현(知縣)까지 민정(民政)을 주관하는 관리이다.

18 범인의……그치고 : 혹 역모를 품었을까 염려되므로 상은 주되 관직은 주지 않는다.〔恐彼或有逆謀 故賞而不官〕《소의(하) 183쪽》

19 고발하지 않으면 : 실정을 알고도 고발하지 않은 것과 알게 되었으나 고발하지 않은 것은 같지 않다. 실정을 알고도 고발하지 않는 것은 그가 비록 반역의 정을 함께하지는 않으나 그 또한 함께 알고 있는 것을 이른다. 반역하는 사람과 본래 서로 통하였기 때문에 고의로 묵인하거나 용은(容隱)하여 숨겨 준 것이므로 그 죄가 참형으로 무겁다. 알게 되었으나 고발하지 않은 것은 단지 몰래 엿들었을 뿐으로, 그 사람이 반역에 관계된다는 사실을 알게 되었지만 반역하는 사람을 기피하여 굳이 정을 통하지 않은 것이다. 다만 좌시하고 고발하지 않았을 뿐이므로 그 죄가 장 100 유 3000리로 참형보다 가볍다.〔知情與知而不首不同 知情者 謂彼雖不同反逆之情 彼亦共知 緣與反逆之人本相通 而故縱隱藏 故其罪重 若知而不首 止竊聞 或知其人係反逆 而反逆之人實有所避忌 而不敢通其情 此但坐視而不首耳 故其罪輕〕《집설 권6 3장》

았으면 모두 논죄하지 않는다. 실정을 알고 고의로 놓아주거나 용은하여 숨겨 주면 모두 참형이다. 범인을 능히 붙잡으면, 민간인은 민관, 군인은 군직 등에 녹용(錄用)하며, 범인의 가산을 모두 상으로 준다. 사정을 알고 관에 고발하여 붙잡으면 가산만 상으로 주고, 고발하지 않으면 장 100 유 3000리이다.

해설

반역대죄(反逆大罪)를 밝히기 위해 마련된 조문이다. 사직과 종묘는 황제가 존중하는 것으로 만약 역심(逆心)을 품으면 황제를 황제로 여기지 않고 장차 찬탈하려는 것이므로 그 죄가 지극히 크다. 그러므로 이 조문을 〈도적〉 첫머리에 배열하였다. 모반(謀反)과 모대역(謀大逆)의 죄명은 2조 십악(十惡)에서 정하였으며, 이 조문은 그에 대한 형벌을 상세히 밝힌 것이다. 당률에도 248조 모반대역(謀反大逆)이 있으나, 그에 대한 처벌은 명률에 이르러 강화되었다.

•••

홍무22년율과 홍무30년율의 모반·모대역 처벌 비교

모반·모대역에 대한 처벌은 당에 비해 명에 이르러 강화되었고 홍무30년율은 홍무22년율보다 더 가혹하게 처벌하였다.

첫째, 교형 대상자를 참형으로 처벌하였다. 22년율은 정범(正犯)의 아버지나 아들이 16세 이상이면 교형인 반면 30년율은 참형이다. 둘째, 참형의 연좌 범위를 확대하였다. 22년율은 정범의 할아버지, 손자, 형, 동생을 공신가에 주어 종으로 삼도록 한 반면 30년율은 16세 이상이면 참형이다. 22년율은 정범의 백부나 숙부, 정범의 형제의 아들을 유 3000리에 안치하였으나 30년율은 16세 이상이면 참형이다. 22년율은 정범으로 남자가 80세 이상이거나 독질이면 연좌를 면해 주었으나 30년율은 16세 이상이면 독질, 폐질을 가리지 않고 참형이다. 22년율은 정범으로 여자가 60세 이상이거나 폐질이면 연좌를 면해 주었는데, 30년율은 연좌를 면해 주는 규정이 없으며, 공신가에 주어 종으로 삼도록 하고 재산은 관에 들이도록 하였다. 30년율은 정범의 동거인도 남자 16세 이상이면 참형이다.

278조 모반(謀叛)에서는 정범을 이행(已行)과 미행(未行)으로 나누고, 고의로 묵인하는 고종(故縱)과 용은하고 숨겨 주는 은장(隱藏) 또한 이행과 미행으로 나누었다. 그러나 모반·모대역은 가장 중한 범죄이므로 단지 모의만 하여도 처벌하며, 이행과 미행을 나누지 않았다. 일이 현재의 황제에 대한 모반과 선대 황제에 대한 모대역에 관계되기 때문에 역심만 품어도 능지처사하며, 이행과 미행을 구분하지 않는다. 다만 24조 범죄자수(犯罪自首)에서 규정한 것처럼, 친속이 자수·고발한 경우에는 이행과 미행을 나누어 달리 처벌하였다.

278

모반

謀叛

278-1 모반(謀叛)[1]-본국을 배반하고 몰래 다른 나라를 따르고자 모의하는 것을 말한다.-은 단지 공모(共謀)만 해도[2] 수범과 종범을 구분하지 않고 모두 참형이다. 처, 첩, 아들, 딸[3]은 공신(功臣)의 집에 주어 노비로 삼고,[4] 재산은 모두 관에 들인다. 아버지, 어머니, 할아버지, 손자, 형, 동생은 호적의 같고 다름에 구애받지 않고 모두 유 2000리에 안치(安置)한다. 실정을 알고도 고의로 놓아주거나 용은(容隱)하여 숨겨 주면 교형이다. 고발하여 체포하도록 하면 범인의 재산을 전부 상으로 준다. 알면서도 고발하지 않으면 장 100 유 3000리이다. 모의만 하고 아직 실행하지 않았으면 수범은 교형이고, 종범은 모두 장 100 유 3000리이다.[5] 알면서도 고발하지 않으면 장

1 모반(謀叛) : 모반(謀反)·모대역(謀大逆)이 가장 죄가 무겁고 모반(謀叛)은 그다음이므로 처벌에도 차이가 있다. 정범과 연좌되는 가속(家屬), 실정을 알고도 고의로 묵인하거나 용은(容隱)하여 숨겨 주는 사람, 알게 되었으나 고발하지 않는 사람들은 모반·모대역에 비해 모두 1등급을 내린다.〔罪莫重於反逆 而謀叛次之 故罪亦差異 已行者 其本犯與緣坐之家屬及知情故縱隱藏知而不首者 俱降一等〕《전석 권18 3장》

2 단지 공모(共謀)만 해도 : 공모하여 이미 실행한 경우이다. 만약 공모한 정범이 이미 모반(謀叛)을 행하였으면 수범과 종범을 구분하지 않고 모두 참형이다.〔但共謀之正犯 已行者不分爲首爲從 皆斬〕《집주(하) 548쪽》 모반·모대역은 이미 실행하면 제어하기 어렵기 때문에 모의하기만 해도 처벌하지만 모반(謀叛)은 실행하였는지 실행하지 않았는지를 논한다.〔反逆已行則難制 故但謀卽坐 而謀叛者 又論已行未行也〕《석의 권18 4장》

3 아들, 딸 : 과방(過房)된 아들이나 출가가 허락된 딸은 모두 추적하여 연좌하지 않는다.〔子過房女許嫁者 皆不追坐〕《석의 권18 4장》

4 처……삼고 : 모(母)·자(姊)·매(妹)와 자(子)의 처·첩은 노비로 삼지 않는다.〔妻妾子女爲奴 而母與姊妹子之妻妾不及〕《전석 권18 3장》

5 종범은……3000리이다 : 종범은 많든 적든 관계없이 모두 장 100 유 3000리이며, 가구(家口)는 처·첩·할아버지·아버지·아들·손자 등은 연좌하지 않고 재산도 관에 들이지 않는다.〔爲從者 不論衆寡 皆杖一百流三千里 家口不緣坐 財產不入官〕《전석 권18 3장》

100 도 3년이다.[6]

278-2 산이나 늪지로 도피하여 소환에 복종하지 않으면 모반을 아직 실행하지 않은 것으로 논한다. 관병(官兵)에 저항하면 모반을 이미 실행한 것으로 논한다.[7]

직해 본국을 배반하고 다른 나라를 몰래 좇으면, 함께 모의한 사람들을 수범과 종범을 논하지 않고 모두 참한다. 처첩과 자녀는 공신의 집에 나누어 주어 노비로 삼는다. 가산은 모두 관에 몰수한다. 부모, 조손, 형제는 같은 호적인지 아닌지를 논하지 않고 모두 유 2000리이다. 실정을 알고도 고의로 놓아주거나 용은하여 숨겨 주면 교형으로 죽인다. 능히 고발하여 붙잡으면 범죄인의 가산을 모두 상으로 준다. 알고도 고발하지 않으면 장 100 유 3000리이다. 모의는 하였으나 아직 실행하지 않았으면, 수범은 교형으로 죽이고 종범은 모두 장 100 유 3000리이다. 알고도 고발하지 않으면 장 100 도 3년이다.

○ 산골짜기로 숨어 피하면서 항복하여 순순히 따르지 않으면 모반(謀叛)을 아직 실행하지 않은 예로 논하고, 본국의 병사를 거역하면 모반을 이미 실행한 예로 논한다.

6 알면서도……3년이다 : 모반이 아직 실행되지 않았을 때 이 실정을 알고도 고의로 묵인하거나 용은하여 숨겨 주면 범인의 죄에서 1등급을 줄여 장 100 도 3년으로, 알면서도 고발하지 않은 죄와 같다. 그러나 모반이 아직 실행되지 않았으면 일이 은밀하고 비밀스러워서 고의로 묵인하거나 용은하여 숨겨 줄 일이 없을 것이므로 이에 대해 말하지 않았다.〔舊云 謀叛未行 不言知情故縱隱匿 犯者以知情隱匿罪人科罪 非也 蓋知情藏匿律 減犯人罪一等 若依此斷 則當杖一百徒三年 與知而不首者等矣 竊詳謀叛未行 事尙隱秘 又何故縱隱藏之有 此律所以略 而不言也歟〕《전석 권18 3장》

7 관병(官兵)에……논한다 : 관부(官府)에서 병사를 보내 수포(收捕)할 때 감히 항거하고 대적하면 다만 추환(追喚)에 불복하는 것일 뿐만이 아니다. 그러므로 모반(謀叛)을 이미 행한 것으로 논하여 수범과 종범을 나누지 않고 모두 참하고, 연좌하는 사람과 재산도 모두 모반(謀叛)의 율과 같게 한다.〔爲避而官府差兵收捕 而敢於拒敵者 則不特不服追喚而已 故以謀叛已行論 不分首從皆斬 緣坐之人與財產 俱如謀叛之律〕《석의 권18 4장》

해설

모반(謀叛)과 도반(逃叛)에 대한 규정이다. 모반은 나라를 버리고 적을 따르는 것으로 그 죄가 무겁기 때문에 본인은 죽이고, 처자는 노비로 삼으며 나머지 지친(至親)은 유배한다. 사정을 알고도 묵인하거나 숨기고 감추는 것은 악을 돕는 행위이므로 교형이고, 고발하여 그 자취를 드러내게 하고 사로잡을 수 있게 하는 것은 악을 없애는 행위이므로 상을 주며, 알고도 고발하지 않으면 유형이다. 도반의 경우 산택(山澤)으로 도망하면 모반을 아직 실행하지 않은 것으로, 관병에 항거하여 대적하면 모반을 이미 실행한 것으로 논한다.

279
요서나 요언을 지음
造妖書妖言

참위(讖緯)·요서(妖書)·요언(妖言)[1]을 지어내거나, 전하거나 이용해서 군중을 현혹하면 모두 참형이다.[2]-'모두'라고 한 것은 수범과 종범을 구분하지 않고 똑같이 과죄하는 것을 말한다. 나머지 조문에서 '모두'라고 한 것도 이에 준한다.- 사사로이 요서를 가지고 있거나 숨기고 감추어 두어 관에 보내지 않으면 장 100 도 3년이다.[3]

직해 참서(讖書)·요서·요언을 만들어서 전하여 퍼뜨려 여러 사람을 현혹시키면 수범과 종범을 논하지 않고 모두 참한다. 사가(私家)에서 요서를 숨겨 두고 관에 바치지 않으면 장 100 도 3년이다.

1 참위(讖緯)·요서(妖書)·요언(妖言) : 참위는 길흉에 대한 말을 망녕되게 만들어 내거나 미래의 일을 지어내는 것이고, 요서는 괴이하고 상서롭지 못한 책이며, 요언은 속이는 말이나 간사한 말이다. 질(帙)을 이룬 것은 서(書)라 하고, 구(句)를 이룬 것은 언(言)이라 한다.〔讖緯 是妄誕休咎之言 組織未來之事 妖書 是怪異不祥之書 妖言 是欺妄姦邪之言 成帙曰書 成句曰言〕《부례(하) 132쪽》

2 모두 참형이다 : 이 모두가 국가의 화복과 세도의 성쇠를 망녕되게 논한 것이니, 인심을 부추기고 미혹시켜 반역을 도모하는 데 뜻이 있으므로 만들거나 전파하여 이용하면 수범과 종범을 구분하지 않고 모두 참한다.〔此皆妄談國家禍福世道盛衰 意在煽惑人心 圖謀不軌 故創造及傳用者 皆斬〕《집주(하) 551쪽》

3 장……3년이다 : 사가(私家)에서 천문 관측 기구와 천문, 도참 등 금지 서적 및 역대 제왕의 도상, 금이나 옥으로 만든 부신(符信)과 옥새 등의 물건을 수장(收藏)하면 장 100인데, (② 184 收藏禁書及私習天文) 이러한 금서(禁書)나 물건은 단지 사가에서 수장할 수 없을 뿐, 요서에 비할 바가 아니므로 그 죄가 가볍다.〔又按 私藏禁書私習天文條內 言凡私家收藏元象器物天文圖讖應禁之書及歷代帝王圖像金玉符璽等物者 杖一百 蓋元象器物天文等項 謂之禁書 但謂私家不得收藏耳 非妖書之比也 故其罪輕〕《집주(하) 551쪽》

해설

백성을 미혹시키는 것이 난역(亂逆)에 이르는 단서로 보고 이를 근절하고자 만든 규정이다. 277조 모반대역(謀反大逆)과 278조 모반(謀叛) 두 조문의 뒤에 자리한 것은 모반(謀反) 및 모반(謀叛)의 무리가 참위서(讖緯書)·요서·요언을 근거로 사람들을 부추기고 미혹시키기 때문에 특별히 엄하게 금지하여 난의 빌미를 근절하고자 해서이다.

280
대사에서 신이 사용하는 물건을 훔침
盜大祀神御物

대사(大祀)[1]에서 천지 신령이 사용하는[2] 제기(祭器)나 유장(帷帳) 등의 물건[3]을 훔치거나, 제사에 올리는 옥이나 비단,[4] 희생 제물로 바치는 짐승,[5] 제물로 바치는 음식물[6] 따위를 훔치면 모두 참형이다.-신전(神殿) 안에 있거나, 제사 지내는 곳에 이미 이르렀는데 훔치는 것을 이른다.- 아직 올리지 않은 신이 사용하는 물건, 아직 완성되지 않은 물건, 이미 바쳐서 제사를 마친 뒤의 물건 및 기타 관물(官物)이면 모두 장 100 도 3년이다. 장(贓)을 계산하여 본죄(本罪)보다 무거우면 각각 도죄(盜罪)[7]에 1등급을 더한다.-감림(監臨)·주수(主守)나 일반인이 훔치면 각각 감수자도(監守自盜)와 상인도(常人盜)의 죄에서 1등급을 더함을 이른다.[8]- 모두 자자(刺字)한다.

1 대사(大祀) : 천자가 직접 지내는 규모가 가장 큰 제사이다. 천지, 종묘, 능침 등에 대한 제사가 모두 대사에 해당한다.〔天地宗廟陵寢 皆爲大祀〕《부례(하) 133쪽》 ② 176 祭享 ② 177 毁大祀丘壇 ② 178 致祭祀典神祇 ② 179 歷代帝王陵寢

2 천지 신령이 사용하는 : 하늘의 신령을 신(神), 땅의 신령을 기(祇)라고 한다. 어용(御用)은 신기(神祇)가 임어하여 쓰는 것이다.〔天曰神 地曰祇 御用者 神祇所御用也〕《집해 1315쪽》

3 제기(祭器)나……물건 : 제기는 변두(籩豆)와 보궤(簠簋) 따위이고, 유장(帷帳)은 신좌(神座)에 설치하는 것이다.〔祭器如籩豆簠簋之類 帷帳 施於神座者〕《집해 1315쪽》

4 제사에……비단 : ② 176 祭享 주12

5 희생……짐승 : 생(牲)은 얼룩이 아닌 순색의 소·양·돼지이고, 뇌(牢)는 희생을 통째로 바치는 것이다.〔牲 是牛羊豕純色者 牢 是牲體以獻者〕《부례(상) 501쪽》

6 제물로 바치는 음식물 : 원문의 찬구(饌具)는 대추·밤·말린 고기 따위를 이른다.〔饌具謂棗栗脯脩之類〕《강해 316쪽》

7 도죄(盜罪) : ③ 292 竊盜

8 감수자도(監守自盜)와……이른다 : 감림·주수이면 감수자도(③ 287 監守自盜倉庫錢糧)에 1등급을 더하고, 일반인이면 상인도(③ 288 常人盜倉庫錢糧)에 1등급을 더한다.〔如係監守則加監守盜罪一等 如係常人 則加常人盜罪一等〕《전석 권18 5장》

직해 국가의 대사에서 신령에게 올려 배설한 제기 및 유장 등의 물건을 훔치거나, 신전 안이나 제사 지내는 곳에 이미 올린 옥이나 비단, 희생, 음식물 등의 물건을 훔치면 모두 참형이다. 제사 지내는 곳에 아직 올리지 않았거나, 영조(營造)가 아직 완성되지 않았거나, 이미 행한 제사에 바쳤던 제물이나 그 나머지 관의 물건 등을 훔치면 장 100 도 3년이다. 장물의 수를 계산하여 본죄보다 무거우면 다른 나머지의 감림·주수·일반인이 물건을 훔친 죄에서 1등급을 더하고, 모두 자자한다.

해설

십악 중 대불경(大不敬)에 속하기 때문에 특히 엄금하였다. 제사는 나라의 큰일이고, 대사(大祀)는 더욱 중대하므로 수범과 종범을 가리지 않고, 도적질한 것의 경중을 따지지 않고 엄하게 처벌하였다. 신전 안에 있거나 제사 지내는 장소에 이른 것과 아직 올리지 않았거나 이미 제사를 지낸 뒤의 남은 물건 등에는 형량에 차별을 두었다. 당률 270조 도대사신어물(盜大祀神御物)에서는 대사에 바친 물품을 훔치면 유 2500리로 처벌하였는데 명대에 이르러 처벌이 조금 더 강화되었다.

281
제서를 훔침
盜制書

281-1 제서(制書),[1] 기마어보성지(起馬御寶聖旨), 기선부험(起船符驗)[2]을 훔치면 모두 참형이다.

281-2 각 아문의 관문서를 훔치면 모두 장 100에 자자(刺字)한다.[3] 규피(規避)한 바가 있으면 무거운 쪽으로 논한다.[4] 일이 군기(軍機)나 군대의 전량(錢糧)에 관계되면 모두[5] 교형이다.[6]

1 제서(制書) : ① 64 制書有違 주1

2 기마어보성지(起馬御寶聖旨), 기선부험(起船符驗) : ① 65~66 棄毁制書印信 주1, 2 1725년(옹정3)에 '급기마어보성지기선부험(及起馬御寶聖旨起船符驗)' 11자를 삭제하였다.〔謹案 原文 制書下 有及起馬御寶聖旨起船符驗十一字 雍正三年刪〕《大淸會典事例 盜制書》

3 각……자자(刺字)한다 : 제서는 최초 작성된 원본으로서 어보(御寶)가 있어야만 참죄(斬罪)로 처벌한다.〔制書 是初出原本 有御寶者 方坐斬罪 若抄行者 只以官文書論〕《집설 권6 9장》 만약 옮겨 적은 것이면 문서 안에 제서나 성지(聖旨)라고 하였어도 관문서를 훔친 것으로만 논한다.〔文書中有備云制書及聖旨者 亦止以盜官文書論〕《석의 권18 7장》 제서·성지·부험(符驗)·관문서는 모두 실물을 배상할 수 없으며, 만약 훔친 일로 말미암아 훼손·유실되면 자수하더라도 자수로 인정하지 않는다〔制書聖旨符驗官文書 皆於物不可賠償 若因盜而有所毁失者 不準首限〕《전석 권18 6장》 문서도 관물이므로 '도관물(盜官物)'이라고 자자한다.〔文書亦官物也 刺盜官物字〕《집주(하) 555쪽》

4 규피(規避)한……논한다 : 예컨대 남에게 이익이 되는 문서를 훔쳐서 뇌물을 요구하거나, 자기에게 누가 되는 문서를 훔쳐서 죄범(罪犯)을 회피하는 것이다. 만약 노리는 재물이나 피하는 죄가 장 100보다 무거우면, 당연히 규피한 죄에 따라 의단(擬斷)한다.〔有所規避者 如盜有益於人文書 以規求其賄賂 或盜有累於己之文書 以迴避罪犯 若所規之財所避之罪 重於杖一百者 自依規避之罪擬斷〕《소의(하) 192쪽》 규피한 죄에 따라 의단하는 경우에도 여전히 자자의 본법대로 적용한다.〔仍盡刺字本法〕《집설 권6 9장》

5 모두 : 죄에 수범과 종범의 구별 없이 똑같이 교형으로 과단(科斷)한다는 것이다.〔此各言皆者 其罪無首從 一體科斷〕《전석 권18 6장》

6 일이……교형이다 : 군기(軍機)는 예컨대 군무(軍務)를 보고하는 따위이고(③ 223 飛報軍情) 전량(錢糧)은 군중(軍中)의 전량으로서 예컨대 군수를 징발하는 따위이지(③ 224 邊境

직해 왕지(王旨) 및 포마(鋪馬)를 징발하는 증명서[7]를 훔치면 참형이다. (○) 각 관사의 문서를 훔치면 장 100에 자자한다. 다른 죄를 회피하려고 훔치면 무거운 쪽으로 논한다. 일이 군정(軍情)이나 전량 등의 일에 관련되면 모두 교형이다.

해설

제서・관문서 등을 훔치는 행위에 대한 처벌 규정이다. 65~66조 기훼제서인신(棄毁制書印信)과 서로 참조해서 볼 필요가 있다. 기훼제서인신에는 제서를 기훼(棄毁)한 행위와 인신(印信)을 기훼한 행위가 함께 실려 있는데 비해, 여기서는 제서를 훔치는 행위와 인신을 훔치는 행위(③ 282 盜印信)를 똑같이 참죄(斬罪)로 처벌하는데도 두 조에 나누어 실었다. 제서를 훔쳤을 때의 참형은 결부대시(決不待時)이고, 인신을 훔쳤을 때의 참형은 대시(待時)이므로 나누어 말하였고, 기훼는 제서나 인신 모두 대시로 처결하므로 함께 실었다.

申索軍需) 세금으로 징수하는 전량이 아니다.〔軍機 如申報軍務之類 錢糧 卽軍中之錢糧 如申索軍需之類 非徵收之錢糧也〕《집설 권6 9장》 만약 훔친 것이 전량을 징수하는 문서이고 군량과 관련된 것이 아니면 관문서를 훔친 것으로 논하는 데 그친다.〔若徵糧文書 非干軍糧者 亦止以盜官文書論〕《소의(하) 193쪽》

7 포마(鋪馬)를 징발하는 증명서 : 관리가 출장을 가거나 긴급한 공문을 전달할 때, 포마, 즉 역마(驛馬)를 징발하여 타도록 허가하는 증명서를 포마문(鋪馬文) 또는 포마차자(鋪馬箚子)라고 한다. 원문의 포마차부(鋪馬箚符)는 곧 포마차자를 가리키는 것으로 보인다.

282
인신을 훔침
盜印信

각 아문의 인신(印信)[1]이나 야순동패(夜巡銅牌)[2]를 훔치면 모두 참형이다.[3] 관방인기(關防印記)[4]를 훔치면 모두[5] 장 100에 자자(刺字)한다.

직해 각 관사의 인신 및 야간 순찰용 패면(牌面) 등을 훔치면 참형이다. 단속하는 인신이 찍힌 문기(文記)를 훔치면 장 100에 자자한다.

해설

인신, 야순동패, 관방인기는 모두 신분 위조 등 간사한 일을 막는 수단이다. 인신은 조정의 믿음을 보이는 수단이고 야순동패는 조정의 위엄을 상

1 인신(印信) : 1품부터 9품까지 문무 아문의 정사각형 인장인 방인(方印)으로서 사방에 공적으로 인증하였음을 전하는 수단이다.〔印信 謂一品至九品文武衙門方印 所以傳信于四方 故曰印信〕《집주(하) 555쪽》 ① 76 封掌印信

2 야순동패(夜巡銅牌) : 숙위(宿衛)가 휴대하여 증표로 삼는 것이다.〔夜巡銅牌 乃宿衛佩帶以爲徵驗者〕《집주(하) 555쪽》 ① 65~66 棄毁制書印信 주4

3 각……참형이다 : 각 아문의 인신과 야순동패는 모두 조정에서 나누어 준 것이고 기밀에 관계되는 것이므로 이를 훔치면 모두 참형이다.〔二項 皆頒自朝廷 關係機要 故盜之者 皆斬〕《집주(하) 555쪽》

4 관방인기(關防印記) : 유외관(流外官)이 지니고 있거나 홍려시(鴻臚寺)가 조회에 들어올 때나 통정사(通政司)가 출입할 때 증표로 삼는 공문 관방(公文關防)과 내외 잡직아문(雜職衙門)의 조기(條記)나 각 아문의 공무로 차정된 관원의 사기 관방(私記關防) 등이다.〔關防印記 流外官所掌者 及鴻臚寺入朝 通政司出入公文關防 並內外雜職衙門條記 與各衙門公差等項官員私記關防 皆是〕《집해 1319~1320쪽》

《GMC 156쪽》, 《GQC 241쪽》은 관방(guanfang seals)과 인기(yinji seals)를 구별한다. 모두 장방형(oblong)인데 관방이 인기보다 크다고 하였다.

5 모두 : 수범과 종범을 구분하지 않는다.〔蓋印信及銅牌與各衙門關防印記不同 故盜之者 一則處斬 一則杖一百刺字 皆不分首從〕《집해 1320쪽》

징하는 것이므로 이를 훔치면 조정의 신망과 위엄을 훔치는 것이어서 참형으로 처벌한다. 관방인기는 인신, 야순동패보다는 격이 낮으므로 장 100과 자자로 처벌하였다.

283
내부의 재물을 훔침
盜內府財物

내부(內府)[1]의 재물[2]을 훔치면 모두[3] 참형이다.[4]-어보(御寶) 및 황제[5]가 입고 쓰는 물건[6]을 훔치는 것[7]이 모두 이에 해당한다.-

직해 임금의 인신 및 왕부(王府) 안으로 진상한 입고 쓰는 재물 등을 훔치면 참형이다.

해설

황제의 창고인 내부의 재물을 훔치는 것을 방지하기 위한 조문이다. 황제

1 내부(內府) : 내부는 두 가지 의미가 있다. 첫째는 황성 안을 가리킨다. 내(內)는 궁궐의 안이며 부(府)는 간직하는 곳으로 황성의 안은 모두 내부이다.〔內者 宮禁之內 府 藏也 凡皇城之內 皆爲內府〕《소의(하) 195쪽》 둘째는 황제의 창고를 가리키는데 황성의 금지(禁地)에 있다.〔天子之庫曰內府 在皇城禁地之中〕《집주(하) 556쪽》 여기서는 창고의 의미로 쓰였다. 황제의 씀씀이에 필요한 물품을 수납하는 궐 안의 창고인 내부고(內府庫)는 1369년(홍무2)에 설치되어, 1373년에 승운고(承運庫)라 하였으며, 1384년에 다시 내승운고(內承運庫)라 하였다.

2 재물 : 금, 비단, 그릇, 의복 및 9고(庫) 24감국(監局)의 돈과 곡식, 광록시(光祿寺)의 물품 따위이다.〔如金帛器服 及九庫二十四監局錢糧 光祿寺品物之類〕《전석 권18 7장》

3 모두 : 훔친 물건을 모두 장(贓)으로 계산하지 않는 것은 함부로 드나들지 못하는 지역에서 훔친 것이기 때문으로 훔치기만 하여도 바로 처벌한다. 그러므로 장의 많고 적음을 논하지 않고, 수범과 종범도 나누지 않는다.〔此皆不計贓者 事關禁地 但盜卽坐 故不論多寡 亦不分首從也〕《집해 1321쪽》

4 내부(內府)의……참형이다 : 황제가 입고 쓰는 물건을 훔치면 진범 사죄(眞犯死罪)가 된다.〔盜乘輿服御物者 仍作眞犯死罪〕《집해 1321쪽》

5 황제 : ① 2 十惡 주18 ① 40 稱乘輿車駕 주1

6 입고 쓰는 물건 : 휘장, 침상, 요 따위이다.〔如帷幔床褥之類〕《소의(하) 195쪽》

7 어보(御寶)……것 : 십악 중 6악에 해당하는 대불경(大不敬)이다. ① 2 十惡

가 입고 쓰는 물건은 모두 지존을 받드는 것으로, 이를 훔치면 십악(十惡) 가운데 하나인 대불경(大不敬)이 된다. 그러므로 장물 액수를 따지지 않고, 수범과 종범의 구분 없이 모두 참형이다. 183조 승여복어물(乘輿服御物)에 황제가 평소 사용하는 수레, 가마, 복식 등 의례용 물품에 대한 관리 규정이 있으니 비교해 볼 필요가 있다.

284
성문의 자물쇠를 훔침
盜城門鑰

경성 문의 자물쇠를 훔치면 모두[1] 장 100 유 3000리이다. 부(府)・주(州)・현(縣)・진(鎭)의 성문(城門)이나 관문(關門)의 자물쇠를 훔치면 모두 장 100 도 3년이다. 창고 문 등[2]의 자물쇠를 훔치면 모두 장 100이다. 모두 자자(刺字)한다.[3]

직해 경성의 문에서 자물쇠를 훔치면 장 100 유 3000리이다. 각 주・부・현・진의 성에서 문의 자물쇠를 훔치면 장 100 도 3년이다. 창고 문의 자물쇠를 훔치면 장 100이다. 모두 자자한다.

해설
문에 자물쇠를 설치하는 것은 도적을 막기 위해서이다. 경성, 부・주・현・진의 성문과 관문, 창고의 문에 차등을 두어 각각 유형, 도형, 장형으로 처벌한다. 황성 문의 자물쇠는 율문이 없으나 내부(內府)의 물건을 훔친 것으로 논한다.

1 모두 : 비록 아직 문을 열지 않고 단지 훔치기만 해도 바로 처벌하고 수범과 종범을 나누지 않고 모두 자자한다.〔門雖未開 但盜卽坐 皆不分首從竝刺〕《전석 권18 8장》

2 창고 문 등 : 전량이나 재물이 한곳에 있지 않기 때문에 '등'이라고 한 것이다.〔倉庫言等鑰者 錢糧財物非一處所 故曰等〕《집해 1323쪽》

3 모두 자자(刺字)한다 : 경성 및 부・주・현・진의 성문이나 관문, 창고 문의 자물쇠를 훔치면 모두 자자하는 것을 이른다.〔竝刺字 謂盜京城及府州縣鎭城關門倉庫鑰者 皆刺字〕《석의 권18 8장》

285
군기를 훔침
盜軍器

군기(軍器)[1]를 훔치면 장(贓)을 계산하여 범도(凡盜)로 논한다.[2] 민간의 소유를 금하는 군기를 훔치면 사사로이 소유한 죄와 같다.[3] 행군하는 곳에서나 숙위(宿衛)에서 군인들 간에 훔쳐 자기 것으로 삼으면 범도에 준하여 논한다. 도로 관용(官用)에 충당하면 각각[4] 2등급을 줄인다.

직해 군의 기물을 훔치면 장물의 수를 계산하여 일반적인 도죄(盜罪)의 예로 논한다. 나라에서 금하는 군의 기물을 훔치면 사사로이 감추어 둔 죄로 논한다. 행군하는 곳이나 시위(侍衛)하는 곳의 군인들이 서로 훔쳐 사용하면 일반적인 도죄의 예로 논죄하고, 훔쳐서 관용에 충당하여 쓰면 2등급을 줄인다.

1 군기(軍器) : 군인이 관에서 관급(關給), 즉 관문(關文)으로 지급받아 행군이나 숙위에 쓰는 도구로 예컨대 의복, 휘장, 창, 칼에서부터 사람이나 말의 갑옷, 방패, 화통(火筒), 화포(火砲), 의식용 깃발인 기둑(旗纛), 깃대에 매달아 군졸을 부르는 띠인 호대(號帶) 따위이다.〔軍所關給於官 以爲行軍宿衛具者 有軍器焉 如衣幟鎗刀以 至人馬甲傍牌火筒火砲旗纛號帶之類是已〕《집설 권6 12장》

2 범도(凡盜)로 논한다 : 훔친 것이 활, 화살, 쇠뇌, 창, 칼 따위로 사유(私有)를 금하는 군기와 관련되지 않는 것을 이른다.〔以凡盜論者 謂如弓箭弩鎗刀之類 非干應禁軍器〕《강해 318쪽》 ③ 292 竊盜

3 민간의……같다 : 본법인 235조 사장응금군기(私藏應禁軍器)에 따라서 처분하고 자자(刺字)한다. 만약 장(贓)을 계산하여 사사로이 소유한 죄보다 무거우면 범도로 논한다.〔應禁軍器者 與私有罪同 仍盡本法 刺字 若計贓 重於私有之罪者 仍以凡盜論〕《강해 318쪽》

4 각각 : 행군과 숙위 두 가지를 받아서 말한 것이다.〔各者 承行軍宿衛二項而言〕《집주(하) 560쪽》

해설

군기의 절도를 금지하는 규정으로 군인이 관할하는 군기를 훔치거나, 민간에서 금하는 군기를 훔치거나, 행군이나 숙위하는 곳에서 군인이 서로 훔치는 것을 금하였다. 형량은 235조 사장응금군기(私藏應禁軍器), 287조 감수자도창고전량(監守自盜倉庫錢糧), 288조 상인도창고전량(常人盜倉庫錢糧), 292조 절도(竊盜) 등과 연동되어 있다.

286
원릉의 수목을 훔침
盜園陵樹木

원릉(園陵)[1] 안의 수목(樹木)을 훔치면 모두[2] 장 100 도 3년이다.[3] 타인의 묘역 안의 수목을 훔치면 장 80이다.[4] 장(贓)을 계산하여 본죄(本罪)보다 무거우면 각각 도죄(盜罪)에서 1등급을 더한다.[5]

직해 원릉 안의 수목을 베어 가면 장 100 도 3년이다. 남의 묘역 안의 수

1 원릉(園陵) : ② 187 失儀 주2

2 모두 : 수범과 종범을 나누지는 않으나 감수도(監守盜)와 상인도(常人盜)는 구분한다.〔不分首從而分監守常人〕《집주(하) 561쪽》

3 원릉(園陵)……3년이다 : 원릉의 수목을 훔치는 것은 관물과 비교하여 죄가 무겁기 때문에 다과를 묻지 않고 수범과 종범을 나누지 않으며 바로 장 100 도 3년으로 처벌한다.〔盜園陵樹木 較諸官物爲重 不問多寡 不分首從 卽坐杖一百徒三年〕《집해 1328쪽》

4 타인의……80이다 : 타인의 묘역 안의 수목을 훔치는 것은 일반적인 절도(③ 292 竊盜)에 비교하여 죄가 무겁기 때문에 수범은 장 80이고,〔盜他人墳內樹木 較諸竊盜爲重 故爲首者卽坐杖八十〕《집해 1328쪽》 종범은 1등급을 줄인다.〔從 減一等〕《집주(하) 561쪽》

5 각각……더한다 : 각각 더한다는 것은 감수도(③ 287 監守自盜倉庫錢糧), 상인도(③ 288 常人盜倉庫錢糧), 절도(③ 292 竊盜)에 비추어 분별하여 더한다는 뜻이다.〔各加者 各照監守常人竊盜而分別加之也〕《집주(하) 561쪽》 예를 들면 다음과 같다. 감수도의 경우, 순산 관군(巡山官軍)이 원릉의 수목을 훔친 것이 20관이면 감수도에 따라 논하여 장 100 유 2000리인데, 이는 장(贓)이 본죄인 장 100 도 3년보다 무거우므로 감수도죄(③ 287)에 1등급을 더하여 장 100 유 2500리가 된다. 상인도의 경우, 원릉의 수목을 훔친 것이 50관이면 상인이 관물을 훔친 데 대한 율이 장 100 유 2500리인데, 이는 장이 본죄인 장 100 도 3년보다 무거우므로 상인도죄(③ 288)에 1등급을 더하여 장 100 유 3000리가 된다. 절도의 경우, 타인의 묘역 안의 수목을 훔친 것이 50관이면 절도율(③ 292)에 따라 장 60 도 1년인데, 이는 장이 본죄인 장 80보다 무거우므로 절도죄(③ 292)에 1등급을 더하여 장 70 도 1년 반이 되는 것 등이다.〔如巡山官軍 盜園陵樹木値二十貫 依監守盜論 該杖一百流二千里 是係贓重於杖一百徒三年矣 則加監守盜罪一等 杖一百流二千五百里 如盜園陵樹木値五十貫 依常人盜官物律 杖一百流二千五百里 是係贓重於杖一百徒三年矣 則加常人盜官物罪一等 杖一百流三千里 如盜他人墳塋樹木値五十貫 依竊盜律 該杖六十徒一年 是係贓重於杖八十矣 則加竊盜罪一等 杖七十徒一年半〕《전석 권18 9장》

목을 베어 가면 장 80이고, 장물의 수를 계산하여 본죄보다 무거우면 도적죄에서 1등급을 더한다.

해설

원(園)이나 능(陵)에는 조종(祖宗)의 현궁(玄宮)이 있으므로 수목을 배양하고 보호해야 한다. 따라서 이곳의 수목을 훔치게 되면 수범과 종범을 따지지 않고 모두 처벌하였다. 타인의 묘역에서 수목을 훔쳤을 때는 원릉의 경우보다 감등하여 처벌하였으나 장(贓)이 본죄보다 무거우면 모두 도죄보다 1등급을 더하였다.

287
감림이나 주수 자신이 창고의 전량을 훔침
監守自盜倉庫錢糧

감림(監臨)이나 주수(主守)[1] 자신이 창고의 전량이나 그 밖의 물건을 훔치면, 수범과 종범을 구분하지 않고 병장(併贓)으로 논죄한다.[2]

직해 감림하는 관원이 창고의 돈이나 물건을 훔치면 수범과 종범을 논하지 않고 훔친 물건의 수를 합계하여 논죄한다.

-병장은 이를테면 다음과 같다. 10인이 여러 차례에 걸쳐 함께 관전(官錢) 40관(貫)을 훔치면, 비록 각각 4관씩 나누어 자신의 것으로 삼더라도 통틀어 계산하여 1건으로 삼아 그 10인은 각각 40관을 훔친 죄로 보아 모두 참형이고, 10인이 함께 5관을 훔치면 모두 장 100인 따위이다.-

직해 10인이 여러 차례 훔친 관의 물건을 합계하면 40관인데 각각 4관씩 나누어 썼으면, 4관을 합계하여 10인이 각각 40관을 훔친 것으로, 하나의 죄로 합쳐 만들어 10인을 모두 참한다. 10인이 뜻을 같이하여 5관을 훔치면 모두 장 100이다.

1 감림(監臨)이나 주수(主守) : ① 43 稱監臨主守

2 수범과……논죄한다 : 수범과 종범을 나누지 않고 병장(併贓)으로 논죄한다는 것은 다음을 뜻한다. 첫째, 단지 잃은 장(贓)에 의거하여 죄를 정한다. 장은 차수(次數)를 나누지 않고 사람은 수범과 종범을 나누지 않고 아울러서 논하여 똑같이 처벌한다. 둘째, 두 사람 이상이 함께 훔치면, 전문(全文)을 인용하여 과단한다. 셋째, 한 사람이 혼자서 훔치면, 감림이나 주수 본인이 창고의 물건 얼마를 훔쳐 아무 죄에 해당한다고 한다. 세 가지 유형은 모두 도 4년에 준하고, 참죄(斬罪)는 도 5년에 준하는 것으로 처리한다. 모두 자자하고 경적인(警迹人) 즉 특수 호적에 넣어 감독 대상으로 삼는 범죄자에 충당한다.〔不分首從 併贓論罪者 但據所失之贓 以定所犯之罪 贓則不分次數 人則不分首從 幷而論之 一體坐罪也 如二人以上共盜 則引全文科斷 如一人自盜 則止引監守自盜倉庫等物若干 該某罪 至三流 皆準徒四年 斬罪準徒五年 幷刺字 充警迹〕《집주(하) 564쪽》

모두[3] 오른 팔뚝의 안쪽[4]에 '도관전(盜官錢)'이나 '도관량(盜官糧)' 또는 '도관물(盜官物)' 세 글자를 자자(刺字)한다.[5]-모든 글자는 각각 사방 1촌 5분이고, 모든 획은 각각 너비가 1분 5리이다. 자자의 범위는 위로 팔꿈치를 넘지 않고, 아래로 손목을 넘지 않는다. 나머지 조문도 이에 준한다.-

1관 이하는 장 80, 1관을 넘어 2관 500문에 이르면 장 90, 5관이면 장 100, 7관 500문이면 장 60 도 1년, 10관이면 장 70 도 1년 반, 12관 500문이면

3 모두 : 감림·주수로서 수범과 종범으로 함께 훔친 사람이다.〔幷字 指監守首從共盜之人而言〕《집주(하) 566쪽》

4 오른 팔뚝의 안쪽 : 팔꿈치부터 팔목까지를 소비(小臂), 팔 안쪽의 살 있는 부위를 박(膊)이라고 한다.〔肘ヨリ以下腕ヨリ以上ノ間ヲ臂ト云臂ノ內ノ肉アル處ヲ膊ト云〕《언해 권20 38장》 조선에서는 명률의 소비와 박상(膊上)을 정확히 파악하지 못하여 《원사 형법지》를 전거로 팔꿈치 뒤, 목 뒤로 풀이하여 수교를 입안하고 《속육전》에까지 등재하였다.〔今竊盜三犯者 須據赦後刺字爲坐 然律文內只有竊盜初犯右小臂膊上 再犯左小臂膊上 而不載赦後仍更爲盜者刺處 按元史刑法志 諸竊盜初犯刺左臂 再犯刺右臂 三犯刺項 强盜初犯刺項 諸累犯竊盜左右項臂刺徧 而再犯者 於項上空處刺之 乞依元史 左右臂肘後項後刺字 以考赦後更犯〕《世宗實錄 5年 1月 9日》〔續刑典云 竊盜赦後更犯者 依古制左臂肘後項上刺字〕《世宗實錄 25年 6月 8日》

5 모두……자자(刺字)한다 : 절도율(③ 292 竊盜)에서는 "초범이면 오른 팔뚝에 자자하고 재범이면 왼 팔뚝에 자자하고 3범이면 교형인데, 이전에 자자한 것을 근거로 처벌한다."라고 하였다. 그런데 감수도(③ 287 監守自盜倉庫錢糧)·상인도(③ 288 常人盜倉庫錢糧)·창탈(③ 291 白晝搶奪) 등 세 조문은 오른 팔뚝에 자자한다고만 말하고, 초범, 재범, 3범에 대한 언급이 없다. 감림·주수는 한 번 감수도를 범하여 처벌받으면 바로 직역(職役)을 떠나 다시 감림·주수가 될 수 없으므로 재범·3범이 있을 수 없기 때문이다. 상인도를 과죄하는 법은 절도보다 무겁고, 또 수범과 종범을 나누지 않으며, 창탈은 범하기만 하면 도형이고 장(贓)을 계산하여 절도죄에 2등급을 더하므로 그 법이 갑절로 엄하다. 그러므로 모두 재범·3범을 말하지 않은 것이다.〔按 竊盜律 初犯刺右臂 再犯刺左臂 三犯者絞 以曾經刺字爲坐 而監守常人搶奪三條 止云幷于右臂刺字 上無初犯字 下無再犯三犯之文 則此三項 再犯不刺 三犯不絞矣……蓋監臨主守 一犯坐罪 卽離職役 不得再爲監守矣 何再犯三犯之有 常人盜科罪之法 重于竊盜 又不分首從 搶奪但犯卽徒 又計贓加等 其法倍嚴 故皆不言再犯三犯也〕《집주(하) 566~567쪽》 만약 어떤 사람이 앞서 절도를 범하여 이미 오른 팔뚝에 자자하였는데 또 감수도나 상인도를 범하여 자자해야 할 경우는 율문에 오른 팔뚝에 자자한다고 하였으므로 왼 팔뚝에 자자할 수 없고, 오른 팔뚝에 거듭 자자할 수도 없으니 기록해 두기만 한다.〔如人先犯竊盜 已刺右臂 又犯監守常人盜 應刺字者 旣不得刺于左臂 亦不得重刺于右臂 應但紀錄存案耳〕《집주(하) 567쪽》

장 80 도 2년, 15관이면 장 90 도 2년 반, 17관 500문이면 장 100 도 3년, 20관이면 장 100 유 2000리, 22관 500문이면 장 100 유 2500리, 25관이면 장 100 유 3000리, 40관이면 참형이다.[6]

해설

감림이나 주수가 자신이 관할하는 관물(官物)을 훔치는 행위에 대한 처벌 규정이다. 288조 상인도창고전량(常人盜倉庫錢糧)과 서로 참조해서 볼 필요가 있다. 288조와 292조 절도(竊盜)에는 재물을 얻지 못하였을 때의 죄가 있는 데 비해 이 조문에는 그에 대한 규정이 없다. 일반인이 절도를 하는 경우, 절도 대상 물건이 다른 사람에게 있으므로, 얻을 수도 있고 얻지

6 1관……참형이다 : 감수도에 대한 형이 가장 무겁다. 상인도율(③ 288 常人盜倉庫錢糧)보다 1등급이 더 무겁고, 절도율(③ 292 竊盜)보다 2등급이 더 무겁다.〔監守律最重 比常人律加一等 比竊盜律加二等〕《집주(하) 567쪽》 율문의 장(贓)에 따른 형량을 그림으로 나타내면 다음과 같다. 첫째 구간은 1관 이하이고, 둘째 구간은 1관 초과 5관 미만이고, 셋째 구간부터는 X 이상 Y 미만이다. 명대의 관은 청대의 냥이다.

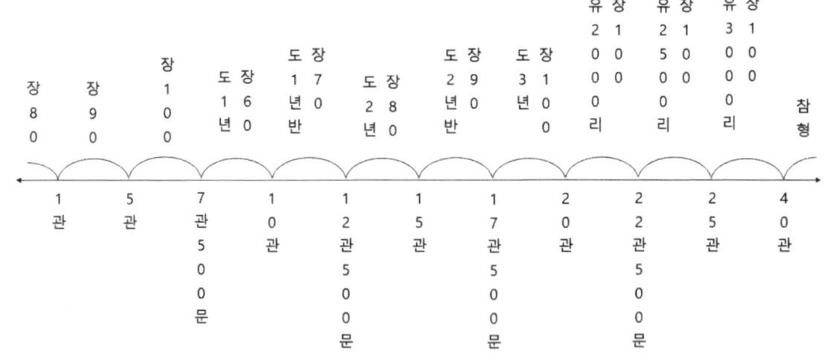

감수자도죄의 장에 따른 형량

셋째 구간부터 열한째 구간까지는 1등급당 2관 500문이다. 둘째 구간에 대해 율문에서 비록 '2관 500문에 이르면'이라고 하였지만 실은 4관 999문도 똑같이 장 90이다. 셋째 구간부터 1등급당 2관 500문씩으로 하였기 때문에 둘째 구간도 중앙값 2관 500문을 내세운 것일 뿐이다.〔自一兩以後 計二兩五錢加一等 而一兩之上 雖云至二兩五錢 實則至四兩九錢九分 亦同杖九十 蓋以一兩分兩等 而又以二兩五錢爲一等之率 故曰至二兩五錢也〕《집주(하) 567쪽》

못할 수도 있으나 감림·주수는 창고에 있는 물건을 관장하므로 마음만 먹으면 곧 손에 넣을 수 있어서 상인도(常人盜)나 절도와는 상황이 다르기 때문이다.

288
일반인이 창고의 전량을 훔침
常人盜倉庫錢糧

일반인[1]이 창고의 전량이나 그 밖의 물건을 훔치려다가 재물을 얻지 못하면[2] 장 60이고 자자(刺字)는 면해 준다. 단 재물을 얻으면 수범과 종범을 구분하지 않고 병장(併贓)으로 논죄한다.[3]

직해 일반인이 창고의 전량을 훔치되 재물을 얻지 못하면 장 60이고 자자는 하지 않는다. 재물을 얻으면 수범과 종범을 논하지 않고 장물을 합계하여 논죄한다.

-병장은 이를테면 다음과 같다. 10인이 여러 차례에 걸쳐 함께 관전(官錢) 80관(貫)을 훔치면, 비록 각각 장(贓)을 나누어 8관씩을 자기 것으로 삼더라도 통틀어 계산하여 1건으로 삼아 그 10인이 각각 80관을 훔친 죄로 보아 모두 교형이고, 10인이 함께 10관을 훔치면 모두 장 90인 따위이다.-

직해 10인이 여러 차례 훔친 관의 물건을 합계하면 80관인데 각각 8관씩 나누어 썼으면, 8관을 합계하여 10인이 각각 80관을 훔친 죄로 모두 교형으로 죽인다. 10인이 뜻

1 일반인 : 여기에서는 전(錢)・양(糧) 등이 보관되어 있는 특정한 창고를 감수(監守)하는 관원・이전이 아닌 사람을 말한다. 군(軍)・민인(民人) 등이 일반인이 될 수 있지만 신분상 관원이라 하더라도 특정 창고를 감수하는 자가 아니면 이 조문의 일반인이다.〔常人非但軍民人等 雖在官不係監守 皆是〕《집해 1342쪽》

2 재물을 얻지 못하면 : 실행에 착수하였지만 주수(主守)에게 발각되거나 혹은 추적되어 잡혀서 재물을 취득하는 데 이르지 못하거나, 혹은 자물쇠가 단단하여 끝내 손에 넣지 못한 것을 이른다.〔不得財者 謂已行而爲主守之人所覺 或被驅逐拘執尙不及携取 或因扃鎖固密猝不得入手也〕《집주(하) 571쪽》

3 재물을 얻으면……논죄한다 : 재물을 얻으면 함께 훔친 자는 수범과 종범을 구분하지 않고 인원수・횟수를 따지지 않고 병장(併贓)으로 논죄하여 일체 같이 처벌하고 아울러 자자하여 경적인(警迹人)에 충당한다.〔但得財者 同盜之人 不分首從 不論人數次數 併贓論罪 一切同坐 幷刺字 充警〕《집주(하) 571쪽》

을 같이하여 10관을 훔치면 모두 장 90이다.

모두 오른 팔뚝의 안쪽에 '도관전(盜官錢)'이나 '도관량(盜官糧)' 또는 '도관물(盜官物)' 세 글자를 자자한다.

직해 모두 오른팔에 '도관물' 세 글자를 자자한다.

1관 이하이면 장 70, 1관을 넘어 5관에 이르면 장 80, 10관이면 장 90, 15관이면 장 100, 20관이면 장 60 도 1년, 25관이면 장 70 도 1년 반, 30관이면 장 80 도 2년, 35관이면 장 90 도 2년 반, 40관이면 장 100 도 3년, 45관이면 장 100 유 2000리, 50관이면 장 100 유 2500리, 55관이면 장 100 유 3000리, 80관이면 교형이다.[4]

해설

당률은 282조 절도(竊盜)와 283조 감림주수자도(監臨主守自盜)를 구분하고 감림주수자도의 형량은 절도보다 2등급을 가중한다. 명률은 292조 절도(竊盜)와 287조 감수자도창고전량(監守自盜倉庫錢糧) 사이에 288조 상인도창고전량(常人盜倉庫錢糧)이라는 범주를 하나 더 설정하였다. 당률의 감림주수자도와 명률의 감수자도창고전량이 정확히 일치하는 것은 아니지만 상당한 정도로 유사성이 엿보인다. 예를 들어 당률의 감림주수자도의 대상은 창고에 보관되어 있는 물건에 한정되지 않지만 명률의 감수자도창고전량의 대상은 관(官)이 관리하는 창고에 보관된 물건에 한정된다. 이 점은 양자의 차이점이다. 그러나 감수자도창고전량의 형량이 절도보다 2등급 가중되는 점은 양자의 유사성이다. 그런데 당률에는 없지만 명률에서 추가한 상인도창고전량의 형량은 절도보다 1등급 가중되었다.

4 1관……교형이다 : 이 부분은 직해하지 않았다.

●●●

절도, 감수자도창고전량, 상인도창고전량의 구별

명률의 절도, 감수자도창고전량(監守自盜倉庫錢糧), 상인도창고전량(常人盜倉庫錢糧)을 어떻게 구분하여 파악할 것인가? 우선 감수자도창고전량의 주체는 창고를 감수하는 관원에 한정된다. 다음에 감수자도창고전량은 창고의 재물이 축나지 않도록 철저히 감시해야 할 관원이 오히려 재물을 절취하는 주체적 특성에 착안한 구성 요건이다. 상인도창고전량은 관이 관리하는 창고에 보관된 재물을 그 창고를 감수하는 관원・이전(吏典)이 아닌 사람이 절취하는 것이다. 따라서 이때의 일반인은 엄격히 말하여 특정한 신분, 예를 들어 관원 혹은 군인 등이 아닌 사람이거나 역량이 특출하지 않은 보통 사람이 아니다. 신분상 관원이라 하더라도 특정 창고를 감수하는 관원이 아니면 이 조문의 상인이 될 수 있고, 역량이 특출한 사람이라 하더라도 권한 없이 관이 관리하는 창고에 보관되어 있는 재물을 훔치면 상인도창고전량의 상인에 해당한다. 상인도창고전량의 형량이 절도보다 1등급 가중되는 근거는 절취의 대상이 사물(私物)이 아니라 관이 관리하는 창고에 보관되어 있는 재물이라는 점에서 찾을 수 있다.

상인은 대상이 되는 재물의 간수를 업으로 삼지 않으므로 감수자도창고전량보다는 1등급 가볍게 처벌되지만 재물을 탐하는 간사함이 있으므로 장물을 계산하여 367조 관리수재(官吏受財)의 왕법장(枉法贓)과 동일한 형량으로 논죄한다. 재물을 훔쳤지만 그 재물이 창고 안에 있는 관물이 아니거나 창고 밖에 있는 관물을 훔쳤지만 절취자가 그 물건이 관물임을 몰랐으면 통상의 절도로 논해야 한다. 상인이 창고의 돈이나 곡식 따위의 물건을 훔치는 것을 사전에 막지 못한 감수인(監守人)과 직숙인(直宿人)은 각찰(覺察)하지 못한 죄로 139조 창고불각피도(倉庫不覺被盜)에 따라 처벌한다.

289
강도
强盜

289-1 강도(强盜)[1]를 행하였으나[2] 재물을 얻지 못하면 모두[3] 장 100 유 3000리이다. 단 재물을 얻으면[4] 수범과 종범을 구분하지 않고 모두 참형이다.

289-2 약(藥)[5]으로 타인의 정신을 혼미하게 하여 재물을 얻기를 도모하

1 강도(强盜) : 위협이나 폭력으로 재물을 탈취하는 것이다. 가령 사람을 위협하였지만 폭력을 쓰지 않았거나, 혹은 폭력을 사용하였지만 위협하지 않고서 약탈하여 재물을 취하는 것이다.〔謂以威若力而取其財 假有以威脅人 不加凶力 或有直用凶力 不作威脅 而劫掠取財者〕《당률 281조 强盜》 횃불을 들거나 무기를 손에 들고 주민을 공격하여 재물을 약탈하는 것, 패거리를 불러 모으거나 무기를 지니고 상인(商人)을 약탈하는 것 등은 그 죄상이 같지 않으나 모두 강도이다.〔或明火持杖 功劫居民 或嘯衆擁兵 掠奪商賈 其狀不一 皆强盜也〕《석의 권18 13장》

2 행하였으나 : 강도가 횃불을 밝히고 몽둥이를 들고 피해자의 집에 이르면 강도를 이미 행한 것이 된다. 피해자가 저항하거나 이웃집의 도움으로 재물을 얻지 못하여 비록 피해자 집에 손실이 없어도 강도가 이미 행해진 것이므로 수범과 종범을 나누지 않고 모두 장 100 유 3000리이다.〔强盜 已明火執杖 至於主家 是謂已行 若爲事主所拒 隣保所援 不能得財 雖其家之無損 而其强已行矣 不分首從 皆杖一百流三千里〕《전석 권18 18장》

3 모두 : 수범과 종범이다.

4 재물을 얻으면 : 《집해》나 《전석》에서는 재물을 얻는 것이 피해자의 재물을 얻는 것이며, 장물을 나누어 자기 몫으로 챙기는 것을 이르는 말이 아니라고 보고, 장물을 나누지 않았으면 재물을 얻지 않은 것으로 여기는 견해는 잘못이라고 하였다. 강도가 범한 죄는 본래 강포(强暴)로 논하는 것이지 장물(贓物)로 논하는 것이 아니므로 비록 장물을 나누어 갖지 않았더라도 참형이며, 이는 301조 도적와주(盜賊窩主)의 "강도와 와주가 공모하면 장물을 나누지 않았더라도 모두 참형이다."라고 한 데서 확인할 수 있다고 하였다.〔得財謂得事主之財 非分贓入己之謂 蓋强盜所犯之罪 本以强論 不以贓論 故雖未分受 亦斬 觀下條 共謀者行而不分贓皆斬 可見 近來皆以不分贓爲不得財 誤矣〕《집해 1345쪽》《전석 권18 18장》

5 약(藥) : 일시적으로 지각을 잃게 하는 마취약이나 사람을 몽롱하게 만드는 일종의 마취향 따위이다. 독약처럼 사람을 죽이는 물건은 아니지만 사람을 살상하기에 충분하다.〔以藥迷人 如蒙汗悶香之類 但以迷人圖財 非毒藥殺人之物 然亦足以殺傷人〕《집주(하) 577쪽》

면[6] 죄가 같다.[7]

289-3 절도[8]할 당시에 체포에 저항하거나[9] 타인을 살상(殺傷)하면 모두[10] 참형이다. 절도로 인하여 간음하면 죄가 또한 같다.[11] 함께 훔친 사람이 일

6 재물을 얻기를 도모하면 : 도재(圖財)라고 말하고 득재(得財)라고 말하지 않은 것은 남의 재물을 얻기를 도모하였으나 얻었는지 얻지 못하였는지는 정해지지 않았음을 이른다. 도재는 재물을 얻음과 얻지 못함을 모두 포함한다.〔律言圖財 而不言得財者 謂圖謀人財 得不得未定也 圖財二字 卽兼得財不得財在內〕《집주(하) 574쪽》

7 약(藥)으로……같다 : 약을 먹여 본성을 잃고 사리를 분간하지 못하도록 만든 후 재물을 얻기를 도모하는 것은 실정이 강도와 다르지 않으므로 죄가 같다.〔食之 能令人迷眩 不能曉事 以此迷人而圖其財者 其情與强盜何以異 故罪同〕《석의 권18 13장》 약이 사람의 정신을 혼미하게 만들면 반드시 독이 들어 있는 물질로 보아야 한다. 재물을 취하려고만 하고 사람의 목숨을 해치는 것은 돌아보지 않는 마음이 실로 강포(强暴)하므로 강도와 죄가 같다. 만약 재물을 얻었으면 수범과 종범을 구분하지 않고 모두 참형이며 재물을 얻지 못하였으면 모두 장 100 유 3000리이다.〔藥能迷人 必皆毒物 但欲取人之財 不顧傷人之命 其事雖秘 其心實强 故與强盜罪同 但得財者 皆斬 不得財者 皆杖一百流三千里〕《집주(하) 574~575쪽》

8 절도 : 꾀하고 행하는 것을 모두 몰래 하며, 체포에 항거하거나 살상하려는 뜻이 없는 것이다.〔曰竊盜 則其所謀所行皆係爲竊 未有拒捕殺傷之意也〕《집주(하) 574쪽》

9 절도할……저항하거나 : 절도할 당시에 체포에 저항하는 것은 전혀 두려움과 거리낌이 없는 것이므로 강도로 논한다.〔臨時 行盜之時也 二字直貫下 以拒捕於臨時 全無畏忌 故以强論〕《집해 1345~1346쪽》 비록 사람을 살상하지 않았어도 참형이다.〔蓋臨時不逃而敢拒捕 卽强盜矣 雖不殺傷人 亦斬 觀及字 可見〕《집해 1347쪽》 체포에 저항하는 것은 절도하다가 현장에서 발각되었는데 재물을 버리고 도망치지 않고 장물을 지키려고 격투하는 것이다. 도둑질한 장소를 떠난 뒤 뒤쫓아 오자 체포에 저항하는 것은 '절도할 당시〔臨時〕'가 아니다.〔若已離盜所 因追趕而拒捕 則非臨時矣 惟正行竊之時 爲事主所覺 乃不棄財逃走而護贓格鬪 非强而何〕《전석 권18 19장》 4항에서 재물을 버리고 도주한다고 말한 것을 보면 임시거포(臨時拒捕)는 이미 재물을 얻은 경우이다. 재물을 얻지 못하고 거포하였으면 이 율을 인용할 수 없으나, 재물을 얻지 못하였을지라도 사람을 살상하였으면 사죄(死罪)를 용서할 수 없다.〔然臨時拒捕 蓋爲已得財者言之 觀下文云棄財逃走 則此爲已得財者可知 若未得財而拒捕者 似未引得此律 觀强盜已行而不得財 亦得減死則可見矣 惟殺傷人 則不可宥〕《전석 권18 19장》

10 모두 : 거포(拒捕)하거나 살인(殺人)하거나 상인(傷人)하면 모두 참형으로 처벌한다는 것으로, 수범과 종범을 구분하지 않고 모두 참형에 처한다는 것이 아니다.〔皆曰斬者 或拒捕或殺人 或傷人 皆坐斬罪 非不分首從之謂也〕《집주(하) 578쪽》 재물을 얻었는지 얻지 못하였는지를 따지지 않고 모두 참형이다.〔不問其得財與不得財 皆斬〕《전석 권18 19장》

11 절도로……같다 : 이는 곧 강도이므로 수범과 종범을 구분하지 않고 모두 참형이다.〔是卽强盜矣 故不分首從 皆斬〕《석의 권18 14장》 만약 도둑질하다가 다른 사람의 부인이나 딸을

찍이 힘을 보태지[12] 않았거나, 체포에 저항하거나 타인을 살상하거나 간음한 실정을 몰랐으면 절도로 논하는 데 그친다.[13]

289-4 절도하다가 피해자가 알아채서 재물을 버리고 도주하는데 피해자가 뒤쫓아 오자 그로 인해[14] 체포에 저항하면[15] 당연히 죄인거포율(罪人拒

욕보이면 임시(臨時)에 거포(拒捕)하거나 살상한 것과 다르지 않으므로 간음이 이루어졌는지 이루어지지 않았는지 논하지 않고 모두 참형이다. 이는 절도에 대한 일이지만 강도에 가까우므로 이 조문에서 다루었다.〔若因盜而姦污人妻女 則與臨時拒捕殺傷人者 無異 故罪亦如拒捕者 不論成姦與否 皆斬 此皆竊盜之事而附於强盜條者 以其近於强也〕《집해 1347쪽》

12 힘을 보태지 : 반드시 공력(功力)을 보태는 것만이 아니다. 가령 밖에서 망을 보거나 소리를 지르거나 위세를 떠는 것 등이 모두 이에 해당한다.〔助力不必加功 如在外瞭望把風 讖叫張威 皆是〕《집해 1346쪽》

13 함께……그친다 : 함께 도둑질한 사람이 힘을 보태어 격투하지 않았거나, 밖에 있으면서 들어가지 않았거나, 재물을 얻고 먼저 가 버려서 체포에 저항하거나 사람을 살상한 일 및 간음한 실정을 몰랐을 경우는 동료와 피해자의 증언이 명백하면 292조 절도에 따라 재물을 얻거나 얻지 못하였을 경우와 수범과 종범으로 나누는 것으로 논하는 데 그친다. 그러나 도둑질을 공모할 때 일찍이 약속을 정하였으면 실행 전에 이미 그 실정을 알고 악행을 함께 한 것이므로 마땅히 참형으로 처벌해야 한다. 임시(臨時)에 실정을 알지 못하였다고 해서 일괄적으로 절도로 논할 수 없다.〔其共盜之人 不曾助力格鬪 或在外未入 或得財先去 而不知拒捕殺傷人及姦情者 同伴事主證佐明白 止依竊盜 得財不得財分首從論 如謀盜之時 曾有定約 則未行之時 已知其情 乃同惡之人 亦當坐斬 不得以臨時不知而概以竊盜論也〕《집해 1347～1348쪽》

14 뒤쫓아……인해 : 원문의 인이(因而)는 3항의 임시(臨時)와 대조가 된다. 재물을 버리고 도망갔으나 계속 뒤쫓아 오자 저항하였으므로 인이라고 한 것이고, 재물을 버리지 않고, 도주하지도 않고, 체포에 즉시 저항하고 다시 도모할 것을 기다리지 않기에 임시라고 한 것이다.〔此條因而兩字 正與前條臨時兩字對照 已棄財 已逃去 而追逐不已 然後拒之 故曰因而也 不棄財 不逃走 而見捕卽拒 不俟再計 故曰臨時也〕《집주(하) 576쪽》

15 절도하다가……저항하면 : 이는 잠시 위기를 모면하려는 계책에 불과하며 임시거포(臨時拒捕)와는 같지 않으므로 죄인거포율(④ 412 罪人拒捕)에 따라 과단하는 데 그친다.〔是不過一時規脫之計 與臨時拒捕者不同 則亦罪人而已 故止依罪人拒捕律科斷〕《집해 1348쪽》 대개 임시거포는 재물을 얻은 곳에서 체포에 저항하며 싸우는 것이고, 추축거포(追逐拒捕)는 재물을 버린 후에 위기에서 벗어나려는 것이다. 실정이 다르므로 죄 또한 그에 따른다.〔蓋臨時拒捕 是捍鬪於取財之處 追逐拒捕 是求脫於棄財之後 情異而罪亦因之〕《집해 1349쪽》 재물을 버리지 않은 채 도주하면, 비록 체포에 항거하지 않았더라도 피해자가 쫓아가 그를 죽인 경우 피해자의 죄를 논하지 않는다. 그러나 재물을 버리고 체포에 항거하지 않았는데 살해되었다면 마땅히 별도로 논해야 한다. 《집주》는 죄인이 체포에 항거하지 않았는데 살상한 것으로 과죄하는 것은 지나치다고 보았다.〔若竊盜不棄財逃走 雖不拒捕而事主逐而殺

捕律)[16]에 따라 과죄(科罪)한다.[17]

직해 이미 강도짓을 하였으나 재물을 얻지 못한 자는 모두 장 100 유 3000리이고, 재물을 얻었으면 수범과 종범을 논하지 않고 모두 참형이다.

(○) 사람에게 약을 먹여 혼미하게 하고 재물을 취하려 꾀하면 죄가 같다. ○ 도둑이 훔칠 때 물건 주인이 잡으려 하는데 저항하거나 인명을 살상하면 모두 참형이다. 이로 인하여 강간을 하면 죄가 같다. 같은 패거리가 조력하지 않았으며, 체포에 저항하거나 사람을 살상하거나 강간한 일을 모두 알지 못하였으면 다만 절도의 예로 논죄한다.

(○) 도둑이, 물건 주인이 먼저 알아차렸기 때문에 재물을 버리고 도주하였는데, 물건 주인이 뒤쫓아 오자 이로 인하여 저항하면, 죄인이 체포에 저항한 예로 논죄한다.

해설

위협이나 폭력으로 남의 재물을 탈취하는 것을 강도(强盜)라고 한다. 남의 것을 위협이나 폭력으로 빼앗으면 반역의 조짐이 되므로 이러한 풍조가 만연하지 못하도록 〈도적(盜賊)〉에 이 조문을 마련한 것이다. 이 조문은 위협이나 폭력의 사용에 중점을 두고 있으며, 재물을 취하였는지 여부가 논죄하는 데 중요한 기준이 된다. 강도와 유사한 행위, 즉 약을 써서 사람을 미혹시켜 재물을 취하려 도모하면 사람을 살상할 수 있기에 강도와 마찬가지로 처벌한다. 절도에서 강도로 변하거나, 절도로 인해 간음하면 기수(旣遂), 미수(未遂)를 불문하고 모두 참형이다. 이러한 범죄는 절도로 말미암

之 勿論 若棄財不拒捕而被殺 則應別論 或曰以罪人不拒捕而殺傷科之 似太過 俟考〕《집주(하) 579쪽》

16 죄인거포율(罪人拒捕律) : ④ 412 罪人拒捕

17 피해자가 뒤쫓아……과죄(科罪)한다 : 본죄에서 2등급을 더하되, 절상(折傷) 이상이면 교형, 살인이면 참형이다.〔事主追逐 因而抗拒及或傷或殺者 皆依罪人拒捕律 加本罪二等 折傷以上 絞 殺人者 斬〕《소의(하) 208~209쪽》

은 것이지만 그 일이 강도와 가깝기 때문에 이 조문에 있다. 이 조문은 301조 도적와주(盜賊窩主), 302조 공모위도(共謀爲盜), 412조 죄인거포(罪人拒捕)와 함께 검토해 보아야 한다.

290
수인을 강제로 빼냄
劫囚

290-1 수인(囚人)[1]을 강제로 빼내면[2] 모두 참형이다.[3]-강제로 빼내려고 시도하기만 해도 처벌한다. 반드시 수인을 얻어야 처벌하는 것은 아니다.- 사사로이 몰래 수인을 풀어 주어 도주하게 하면[4] 수인과 더불어 같은 죄이며, 죄가 사형에 이르면 1등급을 줄인다. 비록 유복 친속(有服親屬)이라도 일반인과 같다. 몰래 풀어 주려 하였으나 수인을 얻지 못하였으면 2등급을 줄인다. 이로 인하여 타인을 상해하면 교형이고, 타인을 죽이면 참형이다.[5] 종범은

1 수인(囚人) : 1항에서는 이미 죄를 자복(自服)하여 옥에 감금되어 있는 옥수(獄囚), 이미 공초(供招)를 받았으나 아직 죄를 자복하지 않아 형구를 안 채운 채 옥에 감금되어 있는 죄수(罪囚), 범죄 사건이 발생하여 체포하였으나 아직 심록(審錄)은 하지 않은 구금(拘禁) 죄인은 수인에 포함되나, 범죄 사건이 발생하였으나 아직 체포하지 못한 미구금(未拘禁) 죄인은 수인에 포함되지 않는다. 미구금 죄인을 겁탈(劫奪)하는 행위는 2항의 적용을 받는다. 또한 옥수, 죄수, 구금 죄인이 옥에 있을 때 겁탈하는 행위와 호송 중일 때 겁탈하는 행위 모두 1항의 적용 대상이다.〔囚者 拘禁罪犯之名 已招服罪 而鎖杻拘禁者 謂之獄囚 已審供取詞 未招服罪 而散行拘禁者 謂之罪囚 犯罪事發 已拘在官 尙未審錄者 謂之罪人 此等囚犯或監禁在獄 或解審在途 而囚之同類 若打開監門 及在途邀截 用强劫奪 不論曾否將囚劫去 但行劫者 不分首從 皆斬〕《집주(하) 582쪽》〔凡ソ牢獄ニ在リ中途ニ在ル囚人ヲ强ヲ用テ劫奪スル者ハ已ニ奪ヒ得タルト未タ奪ヒ得サルトヲ不問首從ヲ不分皆斬ス〕《언해 권20 57장》

2 강제로 빼내면 : 원문의 겁(劫)은 강제로 취하는 것이다. 겁이나 절(竊)은 모두 수인이 옥에 있는데 수인의 동류나 친속이 밖에서 그를 취하는 것을 이른다.〔劫 强取也 曰劫曰竊 皆囚在獄 而囚之同類親屬 自外而取之之謂也〕《석의 권18 14장》

3 모두 참형이다 : 수범과 종범을 나누지 않고 모두 참형이다.〔不分首從皆斬〕《집주(하) 582쪽》

4 사사로이……하면 : 가령 벽을 뚫거나 담장을 넘어서, 혹은 족쇄를 풀고 자물쇠를 열어 타인을 속여 보지 못하게 하고 사사로이 놓아주어 도주하게 하는 것을 이른다.〔私竊放囚 謂如穿壁踰墻 或鬆鐐解鎖 欺人不見 而私放逃走者〕《집설 권6 24장》 여기서 사사로이 몰래 수인을 풀어 주는 사람은 수인의 친속이나 동류이다. 만약 주수라면 고의로 묵인하는 것이 된다.〔私竊放囚 乃是囚之親屬同類 若是主守之人 卽故縱矣〕《집주(하) 585쪽》

5 이로……참형이다 : 몰래 놓아준 일로 인해 사람을 상해하면 교형이고 사람을 죽이면 참형

각각[6] 1등급을 줄인다.[7]

290-2 관사에서 사람을 차정하여 전량(錢糧)을 추징하거나, 공무를 집행하거나, 죄인을 체포할 때 무리[8]를 모아 중도에서 때리고 빼앗으면 장 100 유 3000리이다. 이로 인하여 타인[9]을 상해하면 교형이다. 타인을 죽이거나, 무리를 모은 것이 10인에 이르면 수범은 참형이고, 직접 실행해서 죽게 한 자는 교형이다. 종범은 각각[10] 1등급을 줄인다.[11] 거느리는 가인(家人)[12]이

이다. 수인을 얻었는지 여부를 논하지 않고, 어떤 사람을 살상하였는지를 논하지 않고 단지 살상하기만 하면 바로 처벌한다.〔因竊放 而至有傷人者絞 殺人者斬 不論得囚與否 不論殺傷何人 但有殺傷卽坐〕《집주(하) 583쪽》

6 각각 : 수인을 몰래 풀어 준 것, 몰래 풀어 주려 하였으나 미수에 그친 것, 사람을 살상한 것 세 가지를 말한다.〔各字 通承竊囚 與竊而未得 及殺傷人 三項而言〕《집주(하) 583쪽》

7 종범은……줄인다 : 예컨대 수인을 몰래 풀어 주면 수범은 수인과 더불어 같은 죄이며 종범은 수인의 죄에서 1등급을 줄인다. 만약 수인의 죄가 사형에 이르면 수범은 1등급을 줄여 장 100 유 3000리이고, 종범은 수범의 죄에서 1등급을 줄여 장 100 도 3년이다. 수인을 몰래 풀어 준 일로 인해 사람을 살상하면 종범은 두 경우 모두 사죄(死罪)에서 1등급을 줄여 장 100 유 3000리이다.〔爲從各減一等者 謂如竊放囚人 爲首者與囚同罪 爲從者 減囚罪一等 若囚罪至死 爲首者減一等杖一百流三千里 爲從者 減爲首者一等 杖一百徒三年 因而殺傷人 爲從者 竝合杖一百流三千里〕《강해 324쪽》

8 무리 : 3인 이상이어야 무리라고 칭한다.〔三人以上 方稱衆〕《부례(하) 161쪽》

9 타인 : 청률에서는 '인(人)'이 '차인(差人)'으로 바뀌었다. 따라서 《집주》에서는 중도에서 때리고 빼앗거나 살상하는 대상은 모두 차인이라고 하였다.〔打奪者 打差人而奪之 故殺傷皆指差人也〕《집주(하) 585쪽》

10 각각 : 무리를 모아 때리고 빼앗는 것, 사람을 살상하는 것, 10인을 모은 것이다.〔各字 通承聚衆打奪 及殺傷人 聚十人而言〕《집주(하) 583쪽》

11 종범은……줄인다 : 무리를 모아 중도에서 차인을 때리고 수인을 빼앗으면 종범은 각각 장 100 도 3년이고, 이로 인하여 사람을 살상하거나 무리를 10인이나 모았지만 직접 손을 써서 죽이지 않았으면 종범은 각각 장 100 유 3000리이다.〔爲從各減一等 謂聚衆中途打奪 爲從者 各杖一百徒三年 因而殺傷人 及聚至十人 非下手致命 爲從者 各杖一百流三千里〕《강해 325쪽》

12 가인(家人) : 한집안 사람으로, 예를 들어 형이나 아우, 아들이나 손자, 노비 따위가 모두 이에 해당한다.〔家人是一家之人 如兄弟子孫奴僕之類皆是〕《집해 1777쪽》 성(姓)이 다른지 복(服)이 있는지 없는지를 구분하지 않고 동거하기만 하면 가인이다.〔家人 不分異姓有無服 但同居卽是〕《부례(하) 161쪽》

수종(隨從)하여 때리고 빼앗으면 존장(尊長)만 처벌한다.[13] 가인이 타인을 상해하면 그대로 일반인 수범과 종범으로 논한다.[14]

직해 수인을 빼앗으면 참형이다. 수인을 빼내지 못하였어도 위협하였으면 처벌한다. 사사로이 수인을 은밀히 놓아주어 도망하면 수인의 죄와 같다. 수인이 사형에 해당하면 몰래 놓아준 사람은 1등급을 줄여 과죄한다. 수인이 비록 유복 친속이라도 일반인의 예로 논한다. 수인을 은밀히 놓아주다가 미수에 그치면 2등급을 줄인다. 이로 인하여 사람을 다치게 하면 교형으로 죽이고, 사람을 죽이면 참한다. 같은 무리의 사람들은 각각 1등급을 줄인다.

(○) 관사에서 사람을 차정하여 전량을 추징하게 하거나, 공무를 집행하거나, 죄인을 체포하여 가는데, 중도에서 무리를 이루어 협박하고 때려 빼앗으면 장 100 유 3000리다. 이로 인하여 사람을 다치게 하면 교형으로 죽인다. 사람을 죽이거나 10인에 이르도록 무리를 모으면, 수범은 참하고 직접 행동하여 목숨을 해친 자는 교형으로 죽이며, 종범은 각각 1등급을 줄인다. 단, 한집안 사람을 거느리고 협박하고 때려서 빼앗으면 가장을 처벌한다. 한집안 사람이 조력하여 사람을 다치게 하면 일반인 수범과 종범의 예로 논죄한다.

13 존장(尊長)만 처벌한다 : 가인이 공동으로 죄를 범하면 존장만 처벌하고 과죄를 면한다는 규정(① 27 共犯罪分首從)에 따라 모두 처벌하지 않는다. 수종(隨從)한 것은 비유(卑幼)로서 주사인(主使人)을 청종(聽從)한 것이기 때문에 다른 무리를 모은 것과는 같지 않다.〔其家人 依共犯免科 竝不坐 爲從 以卑幼聽從主使 非若聚他衆也〕《집설 권6 24장》

14 가인이……논한다 : 가인을 거느리고 중도에서 때려서 빼앗았는데 사람을 상해하지 않았으면 존장은 장 100 유 3000리이고 가인은 처벌하지 않는다. 만약 그로 인해 사람을 상해하면 존장은 교형이고, 가인의 경우 수종하여 직접 손을 대서 사람을 상해하면 1등급을 줄여 장 100 유 3000리이며, 사람을 상해하지 않으면 역시 처벌하지 않는 따위를 이른다.〔謂率領家人 中途打奪 不傷人者 尊長杖一百流三千里 家人不坐 若因而傷人者 尊長絞 家人隨從下手 傷人者 杖一百流三千里 不傷人者 亦不坐之類〕《강해 325쪽》

해설

죄인을 가두는 것은 법을 두려워하게 하기 위해서인데, 죄인을 강제로 빼내려 하는 겁수(劫囚)는 법에 항거하는 것이므로 모두 참형으로 처벌한다. 수인을 사사로이 몰래 풀어 주어 도망하게 하는 절수(竊囚)이면 죄인과 같은 죄로 처벌한다.

291
대낮에 창탈함
白晝搶奪

291-1　대낮에 타인의 재물을 창탈(搶奪)[1]하면 장 100 도 3년이다.[2] 장(贓)을 계산하여 무거우면 절도죄(竊盜罪)에 2등급을 더한다.[3] 타인을 상해하면 참형이다. 종범은 각각 1등급을 줄인다. 모두 오른 팔뚝의 안쪽에 '창탈' 두 글자를 자자(刺字)한다.

291-2　실화(失火)[4]나 배가 운항하다가 바람을 만나 좌초된 것으로 인해 이 틈을 타서 타인의 재물을 창탈하거나, 배를 훼손하면 죄가 또한 같다. 본디 타인과 싸웠거나 혹은 죄인을 체포하다가 이로 인하여 재물을 몰래 훔치면 장을 계산하여 절도(竊盜)[5]에 준하여 논하고, 이로 인하여 재물을 빼앗아 가면 2등급을 더하되 죄는 장 100 유 3000리에 그친다. 모두 자자는 면해 준다. 타인을 살상(殺傷)하면 각각 고투(故鬪)[6]에 따라 논한다.

1 창탈(搶奪) : 사람이 적고 흉기가 없으면 창탈이며, 사람이 많고 흉기가 있으면 강겁(强劫)이다.〔人少而無兇器 搶奪 人衆而有兇器 强劫〕《집해 1365쪽》

2 대낮에……3년이다 : 원문의 백주창탈(白晝搶奪)을 《집해》와 《전석》은 강도에 가깝다고 보았고, 《집주》는 강도보다는 가볍고 절도보다는 무겁다고 이해하였다.〔白晝搶奪財物迹近於强 故但犯者 不論贓之多寡 則杖一百徒三年〕《집해 1362쪽》《전석 권18 25장》〔人旣不多 又無兇器 尙近乎竊 故白晝搶奪人財者 不計贓數 則杖一百徒三年 輕于强而重于竊〕《집주(하) 588쪽》

3 절도죄(竊盜罪)에 2등급을 더한다 : 절도한 장물이 90관이면 역시 장 100 도 3년이므로 재물을 많이 창탈해도 도리어 절도보다 가볍게 된다. 그러므로 장을 계산하여 무거우면 절도에 2등급을 더하여 과단한다.〔然竊盜贓九十兩 亦是杖一百徒三年 倘搶奪贓多 反輕于竊矣 故計贓重者 加竊盜二等科之〕《집주(하) 588쪽》 80관을 절도하면 장 90 도 2년 반이므로 창탈한 것이 80관이면 2등급을 더한 장 100 유 2000리이다.〔竊盜八十貫 應杖九十徒二年半 搶奪八十貫 則應杖一百流二千里〕《전석 권18 25장》

4 실화(失火) : 인가에 과실로 불이 난 경우이다.〔人家失火〕《집해 1362쪽》《집주(하) 589쪽》

5 절도(竊盜) : ③ 292 竊盜

직해 대낮에 남의 재물을 빼앗으면 장 100 도 3년이다. 장물의 수를 계산하여 무거우면 절도죄에 2등급을 더하여 논한다. 사람을 다치게 한 자는 참하고 종범은 각각 1등급을 줄이며, 모두 오른팔 위에 '창탈' 두 글자를 새긴다.

(○) 불이 나거나 배가 가다가 바람을 만나 얕은 곳에 좌초되었는데 그 틈을 타서 다른 사람의 재물을 빼앗거나 남의 배를 부수어 훼손하면 죄가 같다. 처음부터 다른 사람과 더불어 싸우거나 차사(差使)로 나가 죄인을 잡다가, 이로 인하여 남의 재물을 훔치면 장물의 수를 계산하여 절도의 예로 논하고, 이로 인하여 드러내 놓고 재물을 빼앗아 가면 2등급을 더하되 장 100을 한도로 하고 먼 곳으로 유배 보낸다. 모두 자자는 하지 않는다. 다른 사람을 살상하면 고투의 예로 논죄한다.

해설

남의 재물을 빼앗는 경우를 처벌하는 규정이다. 대낮에 남의 재물을 창탈하거나, 창탈로 인해 사람을 다치게 하거나, 실화나 배가 바람을 만났을 때 창탈하거나, 싸우거나 체포하다가 재물을 빼앗거나, 재물을 빼앗다가 살상에 이르면 처벌한다. 당률의 강도죄나 절도죄 사이에 존재하는 범죄 유형을 처벌하기 위해 명률에서 새로 보완한 조문이다.

6 고투(故鬪) : 고(故)는 고살(故殺)이고, 투(鬪)는 투구살(鬪毆殺)이나 투구상(鬪毆傷)이다. 고살은 참죄이고 투구살은 교죄이다.〔故謂故殺 鬪謂鬪毆殺及毆傷也 故殺斬罪 鬪殺絞罪〕《집주(하) 589쪽》 ③ 313 鬪毆及故殺人

292
절도
竊盜

292-1 절도(竊盜)[1]를 행하였으나 재물을 얻지 못하면 태 50이고 자자(刺字)는 면해 준다. 단, 재물을 얻으면 일주위중(一主爲重)과 병장(併贓)으로 논죄한다. 종범은 각각[2] 1등급을 줄인다.

직해 절도가 이미 행해졌으나 재물을 얻지 못하면 태 50이고 자자는 하지 않는다. 모두 재물을 얻으면 일주위중과 병장으로 논죄하고 종범은 각각 1등급을 줄인다.

-일주위중으로 한다는 것은 가령 두 집의 재물을 훔쳐서 가졌을 때 장(贓)이 많은 한쪽 집을 따라 과죄하는 것을 이른다. 병장으로 논한다는 것은 가령 열 사람이 함께 한 집의 재물을 훔쳐 가졌는데 장을 계산하여 40관(貫)이면 비록 각각 4관을 나누어 가졌더라도 통틀어 계산하여 1건으로 삼고 그 열 사람이 각각 40관을 훔친 죄로 보아, 조의자(造意者)[3]는 수범으로 삼아 장 100이고, 나머지 사람은 종범으로 삼아 각각 1등급을 줄여 장 90에 그치는 따위를 이른다. 나머지 조문도 이에 준한다.-

직해 일주위중으로 하는 것은, 두 집에서 재물을 훔쳤는데 한 집의 물건이 많으면 이에 따라 계산하여 과죄하는 것을 이른다. 병장으로 논하는 것은, 열 사람이 뜻을 같이하여 한 집의 재물 40관을 훔쳐 4관씩 나누어 썼으면 40관을 합계하여 각각 40관을 훔친 예로 논죄하되 주창한 사람은 수범으로 하여 장 100이고 나머지 사람은 각각 1등급을 줄이되 장 90에 그치는 것을 이른다.

1 절도(竊盜) : 절(竊)은 몰래 취하는 것으로, 남을 속여서 깨닫지 못하게 하고 취하는 것이다.〔竊 潛取也 謂欺人不覺而取之也〕《집해 1369쪽》

2 각각 : 재물을 얻은 경우와 얻지 못한 경우를 가리킨다.〔指上得財不得財言〕《집주(하) 593쪽》

3 조의자(造意者) : ① 11 犯罪得累減 주2

초범은 모두[4] 오른 팔뚝의 안쪽에 '절도' 2자를 자자하고, 재범은 왼 팔뚝의 안쪽에 자자하며, 3범은 교형이다. 일찍이 자자한 것을 근거로 삼아 처벌한다.[5]

292-2 소매치기[6]도 죄가 같다.

292-3 군인이 도둑질을 하면 비록 자자를 면해 주더라도 3범이면 일반인과 똑같이 교형에 처한다.

직해 남의 물건을 은밀히 찾아 빼앗으면 절도의 예로 논죄한다.
(◯) 군인이 도둑질을 하면 비록 자자를 면해 주더라도 3범이면 똑같이 교형으로 죽인다.

1관 이하이면 장 60, 1관을 넘어 10관에 이르면 장 70, 20관이면 장 80, 30관이면 장 90, 40관이면 장 100, 50관이면 장 60 도 1년, 60관이면 장 70 도 1년 반, 70관이면 장 80 도 2년, 80관이면 장 90 도 2년 반, 90관이면 장 100 도 3년, 100관이면 장 100 유 2000리, 110관이면 장 100 유 2500리, 120관이면 죄가 장 100 유 3000리에 그친다.[7]

해설

세상의 물건은 가가 주인이 있어 자기의 소유가 아니면 취해서는 안 된다. 이 조문은 전적으로 남몰래 물건을 훔쳐 취한 것에 대한 처벌 규정이다. 이

4 모두 : 수범과 종범이다.〔初犯於右小臂膊 再犯於左小臂膊 不分首從 竝刺〕《전석 권18 28장》〔初犯刺右臂 再犯刺左臂 并者 首從俱刺也〕《집주(하) 594쪽》《언해 권20 70장》

5 초범은……처벌한다 : 이 부분은 직해하지 않았다.

6 소매치기 : 원문의 도(掏)는 적당한 기회를 택하여 물건을 취하는 것이고, 모(摸)는 손으로 물건을 취하는 것이다. 대낮에 타인의 집에 들어가 적당한 기회를 타서 그 재물을 취하거나 타인의 주머니를 잘라 내는 따위이다.〔擇便取物曰掏 以手取物曰摸 如今白晝闖入人家 因便取其財物及割人荷包之類〕《집해 1370쪽》

7 1관……그친다 : 이 부분은 직해하지 않았다.

미 절도를 행하였지만 재물을 얻지 못하였을 때는 태 50에 불과하지만, 절도를 행하여 재물을 얻으면 일주위중(一主爲重), 병장(併贓)으로 논죄하였다. 또한 초범일 때는 오른팔, 재범일 때는 왼팔에 자자를 하고, 3범이면 교형으로 처벌하였으며, 소매치기의 경우도 마찬가지로 적용하였다. 군인이 절도를 하였을 때는 자자를 면해 주지만 3범일 때는 역시 교형에 처하였다. 당률 282조 절도(竊盜)에는 최고형이 유형에 그쳐 명률에서 최고형이 교형인 것과는 다소 차이가 있다.

293
말이나 소 등의 가축을 훔침
盜馬牛畜産

293-1 말・소・나귀・노새・돼지・양・닭・개・거위・오리를 훔치면[1] 모두 장(贓)을 계산하여 절도(竊盜)[2]로 논한다. 관의 가축을 훔치면 일반인이 관물(官物)을 훔친 것[3]으로 논한다.[4]

293-2 말・소를 훔쳐서 죽이면 장 100 도 3년이고, 나귀・노새를 훔쳐서 죽이면 장 70 도 1년 반이다.[5] 장을 계산하여 본죄(本罪)보다 무거우면 각

1 말……훔치면 : 인가에서 기르는 고양이・사슴・물고기・새 등을 훔친 경우도 모두 이 율에 따른다.〔人家ニ養フ猫鹿魚鳥等ヲ盜タルモ竝ニ此律ニ依ルベシ〕《언해 권21 1~2장》

2 절도(竊盜) : ③ 292 竊盜

3 일반인이……것 : 288조 상인도창고전량(常人盜倉庫錢糧)에 따라 과죄한다는 것이다. 어마감(御馬監)에서 관리하는 어마(御馬)를 훔치는 것, 항상 타서 조련시킨 관마(官馬)를 훔쳐 파는 것, 명의를 도용하여 태복시의 관마를 수령하는 것, 말을 기르는 인호(人戶)가 관마를 훔쳐 파는 것은 모두 조례가 있다. 그것이 관물인 줄을 모르고 훔치면, 비록 관물이라도 단지 절도율(③ 292 竊盜)에 따른다.〔常人盜官物 只是常人盜倉庫錢糧內科 盜御馬 盜賣騎操官馬 冒領太僕寺官馬 養馬人戶盜賣官馬 俱有例……不知其爲官物而盜者 雖係官物 只依竊盜〕《전석 권18 30장》

4 말……논한다 : 절도의 형량 상한선은 장 100 유 3000리이고, 종범은 1등급을 줄인다. 상인도창고전량의 형량 상한선은 교형이고, 수범과 종범을 구분하지 않는다. 두 경우 모두 자자(刺字)한다. ③ 288 常人盜倉庫錢糧 ③ 292 竊盜

5 말……반이다 : 말・소・나귀・노새는 인력을 대신하여 공을 이루는 바가 크고, 개・양 등과 비교하면 재산 가치가 가장 크다. 훔쳐서 죽이면 그 정상(情狀)이 훔친 것보다 매우 무거우므로 장(贓)의 다소를 헤아리지 않고 말・소는 장 100 도 3년, 나귀・노새는 장 70 도 1년 반으로 처벌한다.〔馬牛驢贏四者人力ニ代テ功ヲ致スコト大也犬羊等ニ比スレバ其物タルコト最重シ盜而殺ス者ハ其情盜ヨリ甚重シ故ニ馬牛ヲ盜テ殺ス者ハ贓ノ多少ヲ不計徑ニ杖一百徒三年ヲ坐ス驢贏ハ杖七十徒一年半ヲ坐ス〕《언해 권21 2~3장》〈구목(廐牧)〉의 여러 율에서는 말・소・낙타・노새・나귀를 함께 말하였는데 여기에는 낙타에 대한 언급이 없으나 만약 낙타를 훔치거나 죽이면, 관물・사물(私物) 모두 노새・나귀의 경우에 따라 과단한다.〔廐牧諸律 馬牛駝騾驢弁言 此獨無駝 設有盜與殺者 官與民 弁依騾驢科斷〕《집주(하) 600쪽》

각 도죄(盜罪)[6]에 1등급을 더한다.[7]

직해 말・소・나귀・노새・돼지・양・닭・개・거위・오리 등의 물건을 훔치면 절도로 논한다. 관사의 말이나 소 등의 물건이면 일반인이 관의 물건을 훔친 예로 논한다.

(○) 소나 말을 훔쳐 가져가서 도살하면 장 100 도 3년이다. 나귀나 노새이면 장 70 도 1년 반이고, 장물의 수를 계산하여 본죄보다 무거우면 각각 훔친 죄에서 1등급을 더한다.

해설

말・소 등의 가축을 훔친 행위에 대한 처벌 규정이다. 사물(私物)인 경우와 관물(官物)인 경우를 구분하고, 훔쳐서 죽이면 가중 처벌한다. 254조 재살우마(宰殺牛馬)와 서로 참조해서 볼 필요가 있다.

6 도죄(盜罪) : 292조 절도(竊盜)나 288조 상인도창고전량(常人盜倉庫錢糧)에서 그만큼의 장(贓)에 해당하는 형량이다.

7 장을……더한다 : 자기의 말・소를 죽여도 장 100이고, 자기의 낙타・노새・나귀를 죽여도 장 80인데 타인의 말・소를 훔치고 죽였다면 일반적인 도죄로 처리할 수 없으므로 각각 훔친 죄에 1등급을 더하고 자자한다.〔各加盜罪一等 亦刺字 夫宰殺自己馬牛 且杖一百 駝驘驢 且杖八十 況盜諸他人 而又殺之者 其可但以常盜之罪待之哉〕《전석 권18 31장》 국초에는 보초(寶鈔)의 가치가 높아서, 매 1관(貫)이 은 1냥에 해당하였으므로 이 율을 그래도 쓸 수 있었으나 《전석》이 편찬된 1612년 즈음에는 보초의 가치가 떨어져서 말 1마리는 800관, 소는 300관, 노새는 500관, 나귀는 250관이었고 이를 훔쳤을 때의 형량은 모두 본죄(本罪), 즉 훔쳐 죽였을 때의 형량인 장 100 도 3년, 장 70 도 1년 반보다 무겁게 되었다. 따라서 《전석》에서는 이른바 말・소를 훔쳐 죽이면 장 100 도 3년, 나귀・노새를 훔쳐 죽이면 장 70 도 1년 반이라는 이 조문은 모두 헛되게 만든 셈이 되었다고 평가하였다.〔國初鈔重 每貫値銀一兩 此律猶得用之 今鈔輕 每馬一疋定八百貫 牛三百貫 驘五百貫 驢二百五十貫 是皆重於本罪者也 則所謂盜馬牛而殺 徒三年徒一年半之律 皆爲虛設耳〕《전석 권18 31장》

294
논밭의 곡식을 훔침
盜田野穀麥

294-1 논밭의 곡식·채소·과일이나 지키는 사람이 없는 기물(器物)[1]을 훔치면 모두 장(贓)을 계산하여 절도(竊盜)에 준하여 논하고, 자자(刺字)는 면제한다.[2]

294-2 산이나 들의 땔나무·풀·나무·돌 따위를 타인이 이미 힘들여 채취하여 쌓아 놓았는데 함부로 가져가면[3] 죄가 또한 같다.[4]

직해 논밭에 있는 곡식·채소·과일 및 지키는 사람이 없는 기물 등을 훔치면 모두 장물의 수를 계산하여 절도의 예에 준하여 논하고 자자는 하지

1 지키는……기물(器物) : 원래 지키는 사람을 두지 않은 물건이나 지킬 필요가 없는 물건을 이른다. 만약 우연하게 지키는 사람이 없어서 이로 인하여 훔치면 곧 절도이다.〔無人看守謂原不設守及不待守之物 若偶因無人而盜之 卽是竊盜矣〕《전석 권18 32장》

2 논밭의……면제한다 : 곡식·채소·과일과 기물은 모두 주인이 있다. 다만 그것이 논밭에 있거나 지키는 사람이 없어서 훔쳤으면 절도에 준하고 자자는 면제한다.〔穀麥菜菓與器物皆係有主者 惟其在于田野及無人看守 故盜者但準竊而免刺耳〕《집설 권7 32장》

3 함부로 가져가면 : '훔치면'이라고 하지 않고 '함부로 가져가면'이라고 한 것은 엄중하게 지키지 않는 곳에서는 행적을 감추고 얼굴을 숨긴 채 훔칠 필요가 없기 때문이다.〔不曰盜而擅取者 以其非看守嚴密之地 不必藏形隱面而盜之也〕《집해 1381쪽》 전량(錢糧)을 훔치면 손에 넣어야 증거가 되지만 산이나 들의 땔감·풀·나무·돌 따위는 반드시 다른 곳으로 반출하여야 처벌할 수 있다. 타인 논밭의 곡식·채소·과일이나 지키는 사람이 없는 기물을 훔치는 경우와 집에 쌓아 둔 것을 훔치는 경우는 동일하지 않음을 알 수 있으며, 모두 시장 가격을 계산하여 장(贓)으로 삼아 절도에 준하고 자자는 면해 준다.〔山野柴草木石之類……必搬移他處方坐 非如錢糧之據入手爲證也 此見凡盜人田野穀麥菜果及無人看守器物者與在家積貯者不同 竝計所值之價爲贓 準竊盜免刺〕《집해 1381쪽》

4 산이나……같다 : 산이나 들의 땔나무·풀·나무·돌 따위는 본래 주인이 없으나 다만 타인이 힘들여 작벌(斫伐)하여 쌓아 두었는데 이를 함부로 가져가면 이 또한 자신의 소유가 아닌 것을 취하는 것이므로 그 죄도 논밭의 곡식을 훔친 것과 같이 과단한다.〔若山野柴草木石之類本無物主 但他人已用工力斫伐積聚 而擅取之 是亦取非其有者 故其罪亦如盜田野穀麥科斷〕《전석 권18 32장》

않는다.

○ 산이나 들의 땔감 · 풀 · 나무 · 돌 등, 이와 같은 물건을 다른 사람이 힘을 써 베거나 취하여 쌓아 두었는데 함부로 빼앗으면 죄가 같다.

해설

산과 들의 땔나무 · 풀 · 나무 · 돌 따위는 본래 주인이 없는 물건이므로 사람들이 함께 채집할 수 있는데, 만약 타인이 힘을 들여 잘라서 쌓아 놓으면 그 사람의 소유물이 되므로 이를 함부로 가져가면 절도로 처벌한다.

295
친속 간에 도둑질함
親屬相盜

295-1 따로 사는 친속[1] 간에 재물을 훔치면,[2] 기친(期親)은 일반인에서 5등급을 줄이고, 대공(大功)은 4등급을 줄이고, 소공(小功)은 3등급을 줄이고, 시마(緦麻)는 2등급을 줄이고, 무복친(無服親)은 1등급을 줄인다.[3] 모두 자자(刺字)를 면해 준다. 강도를 행할 경우, 존장(尊長)이 비유(卑幼)를 범하면 또한 각각 위에 의거하여 죄를 줄이며,[4] 비유가 존장을 범하면

1 따로 사는 친속 : 따로 산다는 것은 문호(門戶)가 같지 않고 재산을 공유하지 않는 것이다. 외할아버지나 장인과 같은 이성(異姓)도 따로 사는 친속에 포함된다.〔各居謂不同門戶不共財産者 止曰親屬 異姓亦在其中 如外祖妻父之類〕《전석 권18 35장》

2 재물을 훔치면 : 존장이 비유의 재물을 훔치거나 비유가 존장의 재물을 훔치는 것이다. 도(盜)가 단지 절도만을 가리키는지는 이견이 있다. 《집주》에서는 오로지 절도를 가리켜 말한 것이라고 보았다.〔相盜者 或尊長盜卑幼 或卑幼盜尊長也 此盜者 專指竊盜言〕《집주(하) 604쪽》 그러나 《전석》에서는 "절도만이 아니라 소매치기나 강제로 빼앗는 창탈(搶奪)도 해당된다. 따라서 율문에서 공공연하게 취하는 공취(公取)나 몰래 취하는 절취(竊取) 모두 도(盜)가 된다.(③ 303 公取竊取皆爲盜) 모두 장을 헤아려 논죄한다."라고 하였다.〔相盜財物 不止謂竊盜 雖掏摸搶奪亦是 故曰公取竊取皆爲盜 竝計贓論罪〕《전석 권18 35장》

3 기친(期親)은……줄인다 : 친소 관계에 따라 죄를 체감(遞減)한다.〔因其分之親疎 而爲之遞減也〕《석의 권18 21장》 이를테면 훔친 자가 일반인이면 장을 계산하여 120관일 경우 장 100 유 3000리인데, 기친이면 5등급을 줄여 장 60 도 1년, 대공친은 4등급을 줄여 장 70 도 1년 반, 소공친은 3등급을 줄여 장 80 도 2년, 시마친도 2등급을 줄여 장 90 도 2년 반, 무복친도 1등급을 줄여 장 100 도 3년이다.〔凡人計贓 直一百二十貫 該杖一百流三千里 期親則坐杖六十徒一年 大功之親減四等 則杖七十徒一年半 小功之親 減三等 杖八十徒二年 緦麻之親 亦減二等 杖九十徒二年半 無服之親 亦減一等 杖一百徒三年〕《소의(하) 230쪽》

4 존장(尊長)이……줄이며 : 위에서 논한 복제 등급의 순서에 따라 체감하여 과죄하는 것이다.〔依上論服等第 遞減科罪〕《집설 권6 33장》 이를테면 존장이 비유를 침범하여 재물을 얻지 못하였으면, 기친은 일반인이 강도를 하여 재물을 얻지 못하였을 경우의 죄인 장 100 유 3000리(③ 289 强盜)에서 5등급을 줄여 장 60 도 1년이고, 대공 이하도 이에 따라 체감한다. 만약 재물을 얻었으면 모두 사죄(死罪)를 면하고, 기친은 일반인이 강도를 하여 재물을 얻었을 경우의 죄인 참형에서 5등급을 줄여 장 70 도 1년 반이며, 대공 이하도 체감한

일반인으로 논한다.[5] 살상(殺傷)하면[6] 각각 존장이나 비유를 살상한 경우에 관한 본율(本律)을 따르되,[7] 무거운 쪽으로 논한다.[8]

295-2 동거(同居)[9]하는 비유가 타인을 끌어들여 자기 집의 재물을 훔치

다.〔若尊長侵犯卑幼 如未得財 期親得減凡人未得財五等 杖六十徒一年 大功以下 依上遞減 已得財者 俱免死罪 期親減五等 杖七十徒一年半 大功以下遞減〕《소의(하) 231쪽》 죄는 비록 줄이지만, 수범과 종범은 구분하지 않는다.〔然罪雖得減 仍不分首從〕《집주(하) 605쪽》

5 비유가……논한다 : 죄를 감등하는 규정을 적용하지 않는다.〔不在減等之限〕《집주(하) 603쪽》 강도를 하여 재물을 얻지 못하였으면 장 100 유 3000리이고, 재물을 얻었으면 수범과 종범 구분 없이 모두 참형이다.〔不得財者 杖一百流三千里 但得財者 皆斬〕《집설 권6 33장》

6 살상(殺傷)하면 : 위의 절도, 강도 모두에 해당한다.〔總承上竊强二項〕《집주(하) 603쪽》

7 살상(殺傷)하면……따르되 : 340조 구대공이하존장(毆大功以下尊長), 341조 구기친존장(毆期親尊長), 307조 모살조부모부모(謀殺祖父母父母)의 규정에 따른다.〔見後毆大功以下尊長及毆期親尊長 謀殺祖父母條〕《집해 1386쪽》 가령 비유(卑幼)가 강·절도를 하거나 또는 강도하다가 재물을 얻지 못하고 기친 존장(期親尊長)을 살상할 경우, 상해하면 수범과 종범 구분 없이 모두 참형이며, 살해하면 모두 능지처사이다. 시마(緦麻) 이상의 존장을 상해하면 교형이며, 살해하면 모두 참형이다.(③ 307 謀殺祖父母父母) 존장이 강·절도를 하다 비유를 살상할 경우, 대공(大功) 이하는 절상(折傷)이 아니면 논하지 않고 절상 이상이면 시마친은 일반인의 죄에서 1등급을 줄이고, 소공친은 2등급을 줄이고, 대공친은 3등급을 줄이며, 사망에 이르면 교형이다.(③ 340 毆大功以下尊長) 기친이 비유를 구타하여 상해하면 논하지 않고, 살해하려고 모의하여 살해하면 고살법(③ 313 鬪毆及故殺人)에 따라 장 100 유 3000리이다.(③ 307)〔如卑幼强竊盜及强盜未得財 而殺傷期親尊長 已傷者 依謀殺期親尊長律 皆斬 已殺者 皆凌遲處死 緦麻以上尊長 已傷者 絞 已殺者 斬 尊長强竊盜 而殺傷卑幼者 大功以下 非折傷勿論 折傷以上 緦麻減凡人一等 小功減二等 大功減三等 至死者 絞 期親毆傷勿論 已殺者 依故殺法 杖一百流三千里 故曰各依殺傷尊長卑幼本律〕《소의(하) 232쪽》

8 무거운 쪽으로 논한다 : 살상죄가 도죄보다 무거우면 살상죄를 따라 논하고, 도죄가 살상죄보다 무거우면 도죄를 따라 논한다.〔謂殺傷之罪 重于盜 則從殺傷論 如盜罪重于殺傷 則從盜論〕《집설 권6 34장》 가령 비유가 기친 존장의 재물을 강·절도할 경우, 일반인이 강도하여 재물을 얻으면 참형인데(③ 289 强盜), 강·절도로 인해 존장을 구타하여 죽이면 능지처사에 해당하므로(③ 341 毆期親尊長) 무거운 죄에 따라 능지처사로 과단한다. 또 가령 기친이 비유의 재물을 강도하여 재물을 얻을 경우, 일반인이 강도하여 재물을 얻으면 참형인 죄에서 5등급을 감한 장 70 도 1년 반인데, 강도로 인하여 비유를 구타하여 죽이면 교형에 해당하므로(③ 313 鬪毆及故殺人) 무거운 죄에 따라 교형으로 과단한다.〔謂如卑幼强竊盜期親尊長 以凡人論 該斬 若因盜毆尊長至死 則該凌遲處死 則從毆死重罪科斷 又如期親强盜卑幼財物 得減凡人五等 杖七十徒一年半 若因盜毆殺卑幼 該絞 則亦從毆死重罪科斷 故曰從重論〕《소의(하) 232쪽》

9 동거(同居) : ① 31 親屬相爲容隱

면, 비유는 사사로이 함부로 재물을 사용한 데 대한 율[10]에 따라 논하여 2등급을 더하되[11] 죄는 장 100에 그치고, 타인[12]은 범도죄(凡盜罪)[13]에서 1등급을 줄이며[14] 자자는 면해 준다. 살상하는 일이 있으면[15] 비유는 당연히 존장이나 비유를 살상한 경우에 관한 본율[16]에 따라 과죄하고, 타인은 비록 살상의 실정을 알지 못하였더라도 강도로 논한다.[17] 타인이 살상하면[18] 비유

10 동거(同居)하는……율 : 비유가 사사로이 함부로 재물을 사용한 데 대한 율은 94조 비유사천용재(卑幼私擅用財)이다. 동거는 재물을 공유하므로 훔치는 것을 도기가(盜已家)라 하였고, 쓰는 것을 사천용(私擅用)이라 하였다.〔同居共財也 故盜曰盜已家 用曰私擅用《전석 권18 36장》

11 2등급을 더하되 : 동거하는 사람은 가장에 대해 비록 재물을 공유하는 의리가 있으나 다만 타인을 끌어들여 도둑질하였으므로 94조 비유사천용재율(卑幼私擅用財律)에서 다시 2등급을 더한다.〔同居之人於家長 雖有共財之義 但以其將引他人爲盜 故又加私擅用財律二等〕《석의 권18 22장》 타인을 끌어들여 훔친 물건이 20관이면, 태 20(② 94 卑幼私擅用財)에 2등급을 더하여 태 40이며, 20관마다 1등급을 더하여 80{140}관 이상에 이르면 죄는 장 100에서 그친다.〔二十貫笞四十 每二十貫加一等 至八十{一百四十}之上 罪止杖一百〕《전석 권18 36장》 훔친 재물에는 비유의 몫이 있으므로 재물을 사천(私擅)한 죄에서 2등급을 더하여 과죄하는 데 그치며, 타인을 끌어들이지 않고 자신이 훔치면 사천으로 논하는 데 그칠 뿐 가죄(加罪)할 필요는 없다.〔其所盜財物 在卑幼亦應有分者 故止加私擅罪科之 若不將引他人而自盜 則止論私擅 而不必加矣〕《집설 권6 35~36장》

12 타인 : 수범과 종범을 겸하여 말하였다.〔兼首從言〕《집수(하) 604쪽》

13 범도죄(凡盜罪) : ③ 292 竊盜

14 타인은……줄이며 : 타인이 비유에게 끌려들어서 시키는 대로 좇은 것은 용서하지만, 실은 그 재물을 함께 나누려는 데 뜻이 있는 것이므로 병장(倂贓)으로 논하여 절도죄에서 1등급을 줄인다. 가령 1관 이하이면 절도죄는 장 60인데 1등급을 줄여 태 50이고, 120관 이상이면 절도죄는 장 100 유 3000리인데 1등급을 줄여 장 100 도 3년에 그치고 자자는 면해 주는데 이는 훔친 물건이 끌어들인 사람의 집안 재물이기 때문이다.〔在他人雖爲其卑幼所將引 而原其聽從 實有共分其財之意 故倂贓論 減凡竊盜罪一等 如一貫以下 笞五十 至一百二十貫之上 罪止杖一百徒三年 免刺 以其爲將引者家財耳〕《집설 권6 34장》 만약 따로 사는 친속을 끌어들여 함께 훔치면 그 친속 역시 본래 복제의 강등에 따라 죄를 체감한다.〔若將引各居親屬同盜者 其人亦依本服降減〕《집해 1387쪽》

15 살상하는 일이 있으면 : 비유가 자신의 존장 또는 자신의 비유를 살상하는 일을 말한다.〔若有殺傷者 此有者 兼尊長卑幼在內〕《집주(하) 606쪽》

16 존장이나……본율 : ③ 307 謀殺祖父母父母 ③ 340 毆大功以下尊長 ③ 341 毆期親尊長

17 타인은……논한다 : 강도(③ 289 强盜)로 논하여 재물을 얻었는지에 따라 달리 처벌한다.

는 비록 살상의 실정을 알지 못하였더라도 존장이나 비유를 살상한 경우에 관한 본율에 따르되,[19] 무거운 쪽으로 논한다.[20]

295-3 동거하는 노비나 고공인이 가장(家長)의 재물을 훔치거나, 서로 간에 재물을 훔치면 범도죄에서 1등급을 줄이고 자자는 면해 준다.[21]

직해 따로 사는 친속이 재물을 서로 훔치면, 기친은 일반적인 도죄에서 5등급을 줄이고, 대공친은 4등급을 줄이고, 소공친은 3등급을 줄이고, 시마친은 2등급을 줄이고, 무복친은 1등급을 줄이고, 모두 자자는 하지 않는다. 윗사람이 아랫사람의 거처에서 강도짓을 하면 각각 위의 규정에 따라 죄를 줄여 준다. 아랫사람이 윗사람의 거처에서 강도짓을 하면 일반인의 예로 논한다. 만일 사람을 죽거나 다치게 하면 각각 존장이나 비유를 살상한 경우의 본율에 의거하되 무거운 쪽으로 논한다.

(○) 동거하는 아랫사람이 다른 사람을 데리고 자기 집 재물을 훔치면, 사사로이 제멋대로 재물을 사용한 예에서 2등급을 더하여 논하되 장 100을 한도로 한다. 함께 범한 다른 사람은 일반적인 도죄에서 1등급을 줄이고 자자는 하지 않는다. 사람을 죽거나 다치게 하면, 존장이나 비유를 살상한

18 타인이 살상하면 : 끌어들인 사람의 존장이나 비유를 살상하는 것이다.〔若他人殺傷人者 此人字 卽將引者之尊長卑幼也〕《집주(하) 606쪽》 타인은 절도할 당시에 사람을 살상한 데 대한 율(③ 289 强盜)에 따라 참형이다.〔他人 固依竊盜臨時殺傷人律 斬矣〕《전석 권18 36장》

19 타인이……따르되 : 존장이 비유가 끌어들인 사람에게 살상되었기 때문이다.〔以尊長因其所引 而被人殺傷也〕《소의(하) 234쪽》 소유(所由), 즉 원인 유발자를 처벌하는 것이다.〔罪坐所由也〕《집해 1387쪽》

20 무거운 쪽으로 논한다 : 사천용재(私擅用財)에서 2등급을 더한 죄와 존장이나 비유를 살상한 죄를 견주어 무거운 쪽을 따른다.〔仍以私擅用加罪 及殺傷罪 權之〕《집주(하) 604쪽》

21 동거하는……준다 : 노비나 고공인은 가장이나 그에 비견되는 사람에 대해 비록 재산을 공유하는 의리는 없으나 동거(同居)라고 하였으니 서로 관계없는 외부인에 비할 바가 아니다. 그러므로 주인 가장의 재물을 훔치거나 노비나 고공인 간에 재물을 훔치면 모두 절도의 병장(倂贓)으로 논하는 데서 1등급을 줄이고 종범은 또 1등급을 줄이며, 모두 자자는 면해 준다.〔奴婢雇工人 於家長及其比肩之人 雖無共財之義 然旣曰同居 則非泛然外人之比也 故盜家長財 及自相盜者 俱得減凡盜倂贓論一等 爲從者 又減一等 竝免刺字〕《전석 권18 36장》 무복 친속(無服親屬)과 똑같이 과단한다.〔蓋與無服之親屬同其斷〕《집설 권6 34장》

경우의 본율에 따라 그에 준하여 과죄한다. 함께 범한 다른 사람이 비록 실정을 알지 못하였더라도 강도의 예로 논한다. 함께 범한 다른 사람이 사람을 죽거나 다치게 하면, 아랫사람이 비록 실정을 알지 못하였더라도 존장이나 비유를 살상한 경우의 본율에 의거하되 무거운 쪽으로 논한다.
(○) 동거하는 노비나 용역인(傭役人)이 가장의 재물을 훔치거나 자기들끼리 서로 훔치면, 일반적인 도죄에서 1등급을 줄이고 자자는 하지 않는다.

해설

율문은 함께 살지 않고 재산을 공유하지 않는 각거 친속(各居親屬)과, 함께 살면서 재산을 공유하는 동거 친속(同居親屬)에 관한 내용으로 이루어져 있다. 동거 친속은 재산을 구성원이 공동으로 보유하므로 친속 상호 간에 도죄는 성립하지 않는다. 따라서 친속상도(親屬相盜)란 각거 친속 간에서만 성립되는 개념이다. 각거 친속이 서로 재물을 훔치는 경우, 동거 친속이 재물을 훔치는 경우, 함께 사는 노비나 고공인이 주인 또는 서로의 재물을 훔치는 경우 등으로 나누어 범죄 유형을 규정하였다. 친속은 은혜로 서로 지켜 주고 의리로 맺어져 있기에 재물을 훔치더라도 일반인과는 다르므로 자자를 면해 준다.

296
공갈 협박하여 재물을 취함
恐嚇取財

296-1 공갈 협박하여[1] 타인의 재물을 취하면, 장(贓)을 계산하여[2] 절도에 준하여 논하되 1등급을 더하고 자자(刺字)는 면해 준다.[3]

296-2 기친(期親)[4] 이하[5]의 친속 간에[6] 공갈 협박하여 재물을 취하는 경

1 공갈 협박하여 : 명성과 위세로 공갈하여 다른 사람으로 하여금 두려워하게 해서 그 재물을 취하는 것이다.〔恐嚇 謂以聲勢恐喝 使人畏懼 而取其財也〕《집해 1393쪽》 남의 비밀을 드러내고자 하거나, 혹 있지도 않은 일에 의거하여 일의 단서를 만들어 내어 멀쩡한 사람을 해치거나, 혹 남에게 일이 있는 것을 틈타 고발하겠다고 큰 소리로 떠벌려 그를 속여 취하는 것으로, 협박받은 자에게 죄가 있고 없고를 논하지 않고 단지 협박을 받기만 해도 이에 해당한다.〔恐嚇 是欲發人陰私 或憑空駕生事端 凌害平人 或乘人有事 聲言告擧 而騙索之 不分有罪無罪 但受其恐嚇者 皆是〕《부례(하) 184쪽》

2 장(贓)을 계산하여 : 얻어서 자기 것으로 삼은 경우를 계산하지 않고 내놓으라며 협박한 재물을 계산하여 병장(倂贓)으로 논한다.〔計贓 非計所得入己者 乃計其所恐嚇 贓而倂論之也〕《부례(하) 184쪽》 각각 일주위중(一主爲重)으로 논하며,(③ 292 竊盜) 2인 이상이 협박하면 역시 병장으로 논한다. 율에서 일반적으로 장을 계산하여 절도에 준해 논한다는 것은 이에 준하는 것이다.〔計贓者 各主以一爲重 二人恐嚇 亦倂贓論 律 凡言計贓準竊盜論者 準此〕《집해 1393쪽》

3 1등급을……준다 : 협박하여 재물을 취하는 것은 그 정상이 절도보다 심하기 때문에 절도(③ 292 竊盜)에서 1등급을 더하고, 실제 훔친 것과는 다르기 때문에 자자는 면해 준다.〔蓋恐嚇取財 其情甚於竊盜 故加盜一等 以其異于眞盜 故得免刺〕《집해 1393쪽》 수범과 종범을 나누되 죄는 만류(滿流)인 장 100 유 3000리에 그치고,〔分首從 罪止滿流〕《부례(하) 184쪽》 1관 이하이면 장 70이고, 120관이면 죄는 장 100 유 3000리에 그친다.〔一貫以下 杖七十 一百二十貫 罪止杖一百流三千里〕《부례(하) 36쪽》

4 기친(期親) : 따로 사는 기친이다.〔各居〕《부례(하) 184쪽》

5 이하 : 무복친까지이다.〔至無服親〕《부례(하) 184쪽》

6 친속 간에 : 각 조문의 범장(犯贓)에 대해 절도(③ 292 竊盜)로 논한다는 말만 있으면 존장과 비유를 나누지 않고 모두 복제에 비추어 과죄하는데, 오직 강도와 공혁(恐嚇)의 경우에만 존장과 비유 간에 범한 것으로 논한다.〔各條犯贓 但有以竊盜論者 不分尊卑 俱照服制科罪 惟强盜恐嚇 論尊卑相犯〕《부례(하) 185쪽》

우, 비유(卑幼)가 존장(尊長)을 범하면 일반인으로 논하고, 존장이 비유를 범하면 친속상도율(親屬相盜律)[7]에 따라 차례로 줄여서 과죄한다.[8]

직해 다른 사람의 재물을 공갈 협박하여 빼앗으면 장물의 수를 계산하여 절도의 예에 준하되 1등급을 더하여 논죄하고 자자는 하지 않는다.

(○) 기친 이하가 서로 공갈 협박하여 재물을 빼앗은 경우, 아랫사람이 윗사람을 범하면 일반인의 예로 논하고 윗사람이 아랫사람을 협박해 빼앗으면 친속 간에 도둑질한 데 대한 율에 따라 그에 준하여 차례로 줄여서 과죄한다.

해설

타인을 공갈 협박하여 재물을 취하는 행위의 경우, 행적은 도적이 아니지만 그 마음은 진짜 도적보다 심하므로 1등급을 더하며, 진짜 도적은 아니므로 자자는 면해 준다. 여기서는 일반적인 관계에 있는 사람들 사이에서 공갈 협박하여 재물을 취하는 행위와 따로 사는 기친 이하의 친속 사이에서 일어나는 행위에 대해 규정하였다.

7 친속상도율(親屬相盜律) : ③ 295 親屬相盜

8 차례로 줄여서 과죄한다 : 기친은 일반인이 공갈 협박한 죄에서 5등급을 줄여 1관 이하이면 태 20이고, 90관 이상에 이르면 죄는 장 60 도 1년에 그친다.〔期親減凡人恐嚇之罪五等 一貫以下 笞二十 至九十貫之上 罪止杖六十徒一年〕《전석 권18 38장》 모두 죄를 1등급 더한 뒤에 줄이는데 이는 공갈 협박한 실정이 있기 때문이다. 만약 공갈 협박받은 사람이 고발하면 혹 서로 용은(容隱)할 수 있는 사람이 공갈 협박한 사람 대신 자수하여 고발해도 과죄를 면하거나 등급을 줄이는 규정을 적용하지 않는다.〔皆於加罪上減之 以其有恐嚇之情故也 如被嚇之人告發 或得相容隱之人 代首告言者 亦不在免科減等之限〕《집해 1394쪽》

297
관이나 개인을 속여 재물을 취함
詐欺官私取財

297-1 계략을 써서 관이나 개인을 속여 재물을 취하면, 모두 장(贓)을 계산하여 절도(竊盜)[1]에 준하여 논하고, 자자(刺字)는 면해 준다.[2] 기친(期親) 이하의 친속 간에 속이면 역시 친속상도율(親屬相盜律)[3]에 따라 차례로 줄여서 과죄한다.[4]

297-2 감림(監臨)이나 주수(主守)가 감수(監守)하는 재물을 속여서 취하면 감수자도(監守自盜)[5]로 논한다. 재물을 얻지 못하면 2등급을 줄인다.[6]

1 절도(竊盜) : ③ 292 竊盜

2 절도(竊盜)에……준다 : 절도하였으나 재물을 얻지 못하였으면 태 50에 그친다. ③ 292 竊盜

3 친속상도율(親屬相盜律) : ③ 295 親屬相盜

4 차례로 줄여서 과죄한다 : 예컨대 기친은 일반인의 사기죄에서 5등급을 줄여 1관 이하는 태 10이고 100관 이상이라도 죄는 장 60 도 1년에 그친다. 대공은 4등급, 소공은 3등급, 시마는 2등급, 무복친(無服親)은 1등급을 줄인다.〔如期親減凡人詐欺之罪五等 一貫以下笞一十 至一百貫之上罪止杖六十徒一年 大功減四等 小功減三等 緦麻減二等 無服之親減一等〕《전석 권18 39장》

5 감수자도(監守自盜) : ③ 287 監守自盜倉庫錢糧

6 재물을……줄인다 : 감림・주수가 자신이 관장하는 관의 재물을 사취(詐取)하려다 미득재(未得財)이면 2등급을 줄인다고 하였는데, 미득재이므로 장의 액수를 알 수 없는데 무엇을 기준으로 하여 2등급을 줄일 것인가 하는 의문이 제기될 수 있다. 여기서 절도(③ 292 竊盜)와 감수자도(③ 287 監守自盜倉庫錢糧)의 차이에 주목할 필요가 있다. 절도는 훔치려는 대상 장의 액수를 미리 알지 못하는 경우가 보통인 데 비해, 감수자도는 범행 대상 장의 액수가 범죄자의 머릿속에 분명히 있는 것이 보통이다. 따라서 절도의 경우 미득재이면 장의 액수를 정할 수 없으므로 매우 가볍게 태 50에 그치지만, 감수자도의 경우 미득재라도 장의 액수를 알 수 있으므로 그에 해당하는 형량에서 2등급만 줄인다. 예컨대 감림・주수가 사취한 재물이 25관이면 장 100 유 3000리이고, 미득재이면 2등급을 줄인 장 90 도 2년 반이다. 만약 장의 액수가 구체적으로 정해지지 않은 상태에서 사취에 대한 막연한 모의만 있었다면 410조 불응위(不應爲)의 무거운 경우인 장 80을 적용한다. 한편, 287조 감수자도창고전량에는 미득재에 대한 언급이 없는데 이 조문에만 미득재에 대한 언급이 있는

297-3 타인의 재물을 모인(冒認),[7] 광잠(誆賺),[8] 국편(局騙),[9] 괴대(拐帶)[10]하면 역시 장을 계산하여 절도에 준하여 논하고,[11] 자자는 면해 준다.

직해 모략을 써서 관사에 농간을 부려 재물을 취하면 모두 장물의 수를 계

것에 대해 의아하게 생각할 수 있다. 일반적인 감수자도는 범행 대상 재물이 이미 감림·주수의 손아귀에 있으므로 미득재가 있을 수 없는 데 비해, 이 조문에서는 외부인이나 함께 근무하는 감림·주수 중의 일부가 다른 감림·주수를 속여서 창고 안의 물건을 빼내는 행위를 다루고 있다. 물건을 아직 창고에서 꺼내지 않았거나 창고에서 꺼냈어도 사기임을 알고 금세 고발하면 미득재로 간주한다.〔或曰 監守詐取所監守之物 旣曰未得財 則是未有數目也 今曰減二等 將據何數而減之乎……今曰詐取 必設計欺罔同監守之人 而曰某處用某物若干 同守之人 被其所詐而與之 則詐者計其所取之物 以監守自盜論 若同守之人 或未曾與 或已與未出倉庫 知其係是詐取而告發者 則據其原詐設之數 依監守自盜律減二等科罪 若不曾設數目 止用詐計求取 未得財者 宜依不應從重〕《전석 권18 39장》〔然此獨言未得財何也 蓋監守之人 財自己掌 旣曰盜 無不得財者 今曰詐欺 則庸或有未取者 或已取未出倉庫〕《집설 권6 39~40장》

7 모인(冒認) : 타인의 물건을 자기의 물건이라고 거짓으로 주장하는 것으로, 이를테면 도망가서 잃어버린 관의 말을 자기의 말이라고 하는 것도 이에 해당한다. 그러나 만약 도망가서 잃어버린 사신의 밀과 털색이 비슷하다고 해서 남의 말을 곧바로 끌고 가면 이것은 410조 불응위(不應爲)의 장죄(杖罪)를 적용시키는 데 그쳐야 하며 모인이라고 할 수는 없다.〔冒妄也〕《집해 1398쪽》〔冒認 是妄認他人物爲己物也 如認走失官馬爲己馬 亦是 若見他人馬 毛色似己走失之馬 徑自牽去 止依不應杖 不可作冒認〕《부례(하) 189쪽》

8 광잠(誆賺) : 광(誆)은 떠들썩한 것이고, 잠(賺)은 남의 재물을 얻어서 돌려주지 않는 것이다.〔誆 哄也 賺者 得人財物而不還之謂〕《집해 1398쪽》 교묘한 말로 남을 속여 꾀어서 이로 인하여 재물을 속여 취해서 돌려주지 않는 것이 광잠이다.〔以巧言 誆誘乎人 因賺取其財物而不還 曰誆賺〕《집설 권6 38장》

9 국편(局騙) : 광잠은 말로 속이는 것이고, 국편은 술책으로 속이는 것으로 서로 비슷한 듯하지만 실제는 같지 않다.〔誆賺局騙二者 大略相似而實不同 誆賺者 誘之以言 局騙者 誘之以術也〕《집해 1398쪽》 이를테면 떠들썩하게 도박을 하거나, 혹은 승려나 도사가 수리를 빙자하여 보시를 구하여 재물을 착복하는 것 등이 모두 국편이다.〔用術騙人爲局 如扛哄賭博或僧道藉修理 求布施 而入己 皆爲局騙〕《부례(하) 189쪽》

10 괴대(拐帶) : 남의 재물을 빼앗아 가지고 가는 것, 손으로 물건을 잡는 것이다.〔拔取人財物而順帶以去 曰拐帶〕《집설 권6 38장》〔以手夾物曰拐帶者〕《집해 1398쪽》 예컨대 거짓말로 남에게 물건을 대신 부친다고 하고서 보내지 않거나, 거짓으로 속여서 남을 대신해서 물건을 빌리고서 돌려주지 않는 따위이다.〔如詐說與人寄物而不送到 詐冒替人借物而不還之類〕《집해 1398쪽》

11 타인의……논하고 : 모인, 광잠, 국편, 괴대의 내용은 같지 않지만 마음 씀씀이와 행위는 모두 훔치는 것이다.〔四者 其事不同 其心迹 皆盜也〕《전석 권18 40장》

산하여 절도의 예로 논하고 자자는 하지 않는다. 기친 이하가 서로 농간을 부려 재물을 취하면 친속 간에 서로 도둑질한 데 대한 율에 따라 그에 준하여 등급을 줄여 과죄한다.

○ 감림관(監臨官)이 감수하는 재물을 농간을 부려 취하면 감수자도의 예로 논하고, 재물을 얻지 못한 자는 2등급을 줄인다.

(○) 남의 물건을 나의 물건이라 하거나, 다른 사람의 돈이나 물건을 모략을 써서 취하려 하거나, 다른 사람의 돈이나 물건을 받아서 제멋대로 쓰면, 장물의 수를 계산하여 절도의 예에 준하여 논하고 자자는 하지 않는다.

해설

재물을 속여서 빼앗는 것을 금지하는 규정이다. 내용은 관이나 개인의 재물을 사기로 취한 경우, 감림이나 주수가 지키던 재물을 취한 경우, 특수한 사기 유형으로 남의 물건을 자기 것으로 주장하는 모인(冒認), 교묘한 말로 속여서 취하는 광잠(誆賺), 술책을 써서 취하는 국편(局騙), 기만해서 빼앗는 괴대(拐帶)에 대해 규정하였다. 이 조문의 실제 처벌은 287조 감수자도창고전량, 292조 절도, 295조 친속상도 등과 연동되어 운영되었다.

298
타인을 유취하거나 약매함
略人略賣人

298-1 방략(方略)[1]을 써서, 양인(良人)을 유취(誘取)하거나 양인을 약매(略賣)[2]하여 노비가 되게 하면[3] 모두 장 100 유 3000리이고, 처·첩이나 자·손이 되게 하면 장 100 도 3년이다. 이로 인하여 타인을 상해하면 교형이고, 타인을 죽이면 참형이다.[4] 약유(略誘)[5]되거나 약매된 사람은 처벌하지 않고 부모에게 보내 주어 모두 모여 살게 한다.

298-2 거짓으로 걸양(乞養)[6]이나 과방(過房)[7]을 명목으로 하여 양인 집의 자녀를 사서 전매(轉賣)하면 죄가 또한 같다.

1 방략(方略) : 방(方)은 방법이고, 약(略)은 올바르지 않은 방도로 얻는 것이며, 유(誘)는 이(利)로써 남을 꾀는 것이다. 방략은 꾀인 사람이 본래 동의하지 않았는데 방책을 써서 꾀어 모략으로 그를 파는 것이다. 그 사람이 동의하여 따랐으면 화유(和誘)·화매(和賣)이다.〔方者 法也 得非其道 謂之略 以利啗人 謂之誘 方略 是被誘之人 本不和從 而設方術 以誘之 謀略以賣之 其人相和從者 爲和誘和賣〕《부례(하) 193쪽》

2 약매(略賣) : 약매의 약(略)은 방략(方略)의 약과 다르다. 약은 겁략(劫略)이나 노략(擄略)으로도 쓰이는데 으르고 협박하는 뜻도 겸한다.〔略賣之略 與上方略之略不同 字書不以道取曰略 又劫略擄略 則兼有威劫之意〕《집주(하) 616쪽》

3 노비가 되게 하면 : 자신의 노비로 삼은 경우 및 팔아서 남에게 주어 노비로 삼게 한 경우를 겸하여 말한 것이다.〔爲字 兼自己及賣與人說〕《부례(하) 191쪽》

4 이로……참형이다 : 이로 인하여 사람을 살상한다는 것은 반드시 자기로 말미암은 것뿐 아니라 재앙이 그로 말미암아 일어나기만 해도 이에 해당된다. 이를테면 부모가 자식에 대해 애통해하다가 자진하거나, 감언이설로 꾐이나 납치를 당하여 팔린 사람이 말을 듣지 않다가 상해를 입거나, 괴로워하고 원망하다가 죽거나, 이로 인하여 싸우다가 곁의 사람을 상해하는 것 등이 모두 이에 해당한다.〔因而殺傷人者 不必自己 但禍由所起 便是 如父母痛子自盡 或被誘略賣者 不從而傷之 或苦怨而死 或因而鬪傷旁人 皆是〕《부례(하) 193쪽》

5 약유(略誘) : '방략을 써서 유취하는 것〔方略而誘取〕'을 줄인 말이다.

6 걸양(乞養) : ② 84 立嫡子違法 주8

7 과방(過房) : ② 107 男女婚姻 주3

298-3 동의하에 양인을 유취하거나 팔아서 노비가 되게 하면[8] 장 100 도 3년이고, 처・첩이나 자・손이 되게 하면[9] 장 90 도 2년 반이다. 화유(和誘)[10]된 사람은 1등급을 줄인다. 아직 팔지 않았으면 각각 1등급을 줄인다. 10세 이하이면 비록 화유일지라도 약유에 대한 법과 같다.

298-4 타인의 노비를 약매하거나 화유하면[11] 각각 양인을 약매하거나 화유한 죄에서 1등급을 줄인다.

298-5 아들・손자를 약매하여 노비가 되게 하면 장 80이고, 아우・누이동생, 질손(姪孫), 외손, 자신의 첩, 아들・손자의 부인이면 장 80 도 2년이고, 아들・손자의 첩이면 2등급을 줄이고, 동당(同堂)의 아우나 누이동생, 당질, 질손이면 장 90 도 2년 반이다. 화매하면 1등급을 줄이고, 아직 팔지 않았으면 또 1등급을 줄인다. 약매되거나 화매된 비유[12]는 처벌하지 않고 부모에게 보내 주어 모두 모여 살게 한다.

298-6 처를 팔아 비(婢)가 되게 하거나 대공(大功) 이하의 친속을 팔아 노비가 되게 하면, 각각 일반인을 화매하거나 약매한 법에 따른다.

298-7 와주(窩主)나 산 사람이 실정을 알았으면 모두 범인과 더불어 같은 죄이다. 중개인은 각각 1등급을 줄인다. 모두 값을 추징하여 관에 들인다. 실정을 몰랐으면 모두 처벌하지 않고 값을 추징하여 주인에게 돌려준다.

직해 모략으로 양인을 꾀어 취하거나 양인을 농간으로 꾀어 팔아서 노비

8 노비가 되게 하면 : 동의하에 양인을 유인하여 자신의 노비로 삼은 경우 및 동의하에 양인을 남에게 팔아서 노비가 되게 한 경우를 겸하여 말한 것이다.〔爲字 兼句引爲自己 及和賣與人〕《부례(하) 191쪽》

9 처……하면 : 자신의 처・첩이나 자・손으로 삼은 경우 및 남에게 주어 처・첩이나 자・손으로 삼게 한 경우를 아울러 말한다.〔自己及與人〕《부례(하) 192쪽》

10 화유(和誘) : '동의하에 유취하는 것〔和同相誘〕'을 줄인 말이다.

11 타인의……화유하면 : 여기에서 약매와 화유만을 언급하였지만 사실상 약유와 화매를 포함하여 말하고 있다.〔略賣包誘取言之 和誘包相賣言之 互文而見意也〕《집주(하) 617쪽》

12 약매되거나 화매된 비유 : 약매되었거나 화매된 것을 따지지 않는다.〔不問略和〕《부례(하) 192쪽》

가 되게 하면 장 100에 먼 곳으로 유배한다. 농간으로 꾀어 처·첩이나 자·손으로 삼으면 장 100 도 3년이다. 이로 인하여 사람을 다치게 하면 교형으로 죽인다. 사람을 죽이면 참형이다. 꾀인 사람은 처벌하지 않고 본래의 부모에게 돌려보낸다.

(◯) 만약 거짓 일로써 수양을 청하거나 수양을 명목으로 양가의 자녀를 사서 다른 사람에게 넘겨 팔아 버리면 죄가 같다.

◯ 양인을 상호 동의하에 꾀어 팔아서 노비가 되게 한 자는 장 100 도 3년이다. 처·첩이나 자·손으로 삼은 자는 장 90 도 2년 반이다. 꾀인 사람은 1등급을 줄이고, 아직 팔지 않았으면 각각 1등급을 줄인다. 10세 이하는 비록 상호 동의하에 하였더라도 약유법(略誘法)과 똑같이 논한다.

(◯) 남의 노비를 모략으로 팔거나 동의하에 꾀면, 각각 양인을 약매하거나 화유한 죄에서 1등급을 줄인다.

(◯) 자·손을 모략으로 팔아 노비가 되게 한 자는 장 80이고, 아우나 누이동생, 조카 손주, 외손, 자신의 첩, 자·손의 처를 모략으로 팔면 장 80 도 2년이다. 자·손의 첩은 2등급을 줄인다. 동성인 사촌 아우나 누이동생, 동성인 삼촌 조카, 질손 등이면 장 90 도 2년 반이다. 동의하에 팔면 1등급을 줄이고, 아직 팔지 않았으면 또 1등급을 줄인다. 팔린 아랫사람은 처벌하지 않고 본래의 부모에게 돌려준다.

(◯) 처를 팔아 노비가 되게 하거나 대공 이하의 친족을 팔아 노비가 되게 하면, 일반인을 화매(和賣)하거나 약매한 데 대한 법으로 논한다.

(◯) 중개한 와주 및 산 사람 등이 실정을 알았으면 모두 범인의 죄와 같다. 보증인은 각각 1등급을 줄이고, 팔린 사람의 값은 추징하여 관에 몰수한다. 실정을 몰랐으면 처벌하지 않고 값은 추징하여 주인에게 준다.

해설

사람을 약취(略取)하거나 유인(誘引)하여 팔아넘기는 행위를 다스리기 위해 만든 조문이다. 방략을 써서 양인을 꾀어 노비로 삼거나 약매하여 노비로 삼게 하거나, 처첩이나 자손으로 삼으면 처벌하고, 거짓으로 걸양(乞養)하거나 과방(過房)이라 하여 양가(良家)의 자녀를 사서 전매하면 처벌한다. 자손을 납치하여 팔아 노비가 되게 해도 처벌하는데 이는 십악(十惡) 중 8악인 불목(不睦)에 해당된다.

•••

유엔 규범의 인신매매 정의와 약인약매인의 비교

현재 세계 곳곳에서 자행되고 있는 인신매매(human trafficking, trafficking in persons)를 억제하기 위하여 유엔에서 여러 가지 권고안을 마련하여 각 회원국에게 이행하도록 촉구하고 있다. 유엔 규범(protocol to prevent, suppress and punish trafficking in persons)이 정의하는 인신매매에 비추어 명률의 약인약매인(略人略賣人) 조문을 비교해 보자.

유엔 규범이 정의하는 인신매매 개념은 다음과 같은 세 가지 요소 중 하나 혹은 복수의 조합이다. 첫째, 행위는 납치된 사람 혹은 유인된 사람을 이송(transportation, transfer), 유치(harbouring or receipt of persons), 중개하는 것이다. 둘째, 수단은 물리적 강제(use of force, coercion), 위협(threat), 납치(abduction), 기만(fraud, deception), 권한 남용(abuse of power), 취약점(vulnerability)의 이용, 피해자를 지배하고 있는 사람에 대한 대가 지급(giving payments or benefits to a person in control of the victim) 등이다. 셋째, 목적은 각종의 착취(exploitation)에 있다. 착취의 종류는 성 착취(exploiting the prostitution of others, sexual exploitation), 노예적 노동 착취(forced labour, slavery or similar practices), 장기 적출(the removal of organs) 등이다. 현행 한국 형법은 '약취, 유인 및 인신매매의 죄'라는 제목으로 제287조부터 296조의 2까지 11개 조문을 두고 있으며 유엔 규범이 정의하는 인신매매 행위를 모두 포섭하려고 노력하고 있다. 문제는 그 이행 실적이 저조하다는 점이다. 전문가들의 추산에 의하면 세계적으로 연간 약 수천만 명이 인신매매 범죄의 희생자가 되고 있으며 희생자들은 대체로 아동과 여성, 정신 장애자이다.

유엔 규범이 정의하는 인신매매에 비추어 명률 298조 약인약매인의 내용을 살펴보면 다음과 같다. 첫째, 약인약매인이 포괄하는 인신매매의 기본적 행위는 유취(誘取)·화유(和誘), 약매(略賣)·전매(轉賣) 등이다.

둘째, 약인약매인조가 포섭하는 인신매매의 기본적 수단은 겁략(劫略), 노략(擄略), 위협〔威劫〕, 유취(誘取), 화유(和誘) 등의 물리적·심리적 강제, 가장(家長)·존장(尊長)의 가인(家人)·비유(卑幼)의 약매(略賣) 등의 권한 남용, 피해자를 지배하고 있는 사람에 대한 대가 지급 등 현재 유엔 규범이 예정하는 인신매매 수단을 거의 모두 포함하고 있다.

셋째, 약인약매인은 인신매매 행위의 목적이 각종의 착취에 있음을 명시하지 않았지만 그것을 전제하고 있다. 예를 들어 약인약매인은 대상자를 노비로 만드는 행위와 대상자를 처첩으로 만드는 행위에 대한 율문을 마련하여 약인약매인이 금지하려는 행위가 성이나 노동력 등에 대한 각종 착취 행위에 있음을 간접적으로 시사하고 있다.

299
무덤을 파헤침
發塚

299-1 무덤[1]을 파헤쳐 관곽(棺槨)[2]을 드러내면 장 100 유 3000리이고, 관곽을 연 뒤 시신을 드러내면[3] 교형이다. 파헤치되 관곽에 이르지 않으면[4] 장 100 도 3년이다.[5]-초혼(招魂)하여 장사 지낸 것[6]도 같다.-

1 무덤 : 평평한 것은 묘(墓), 흙을 쌓아 올린 것은 총(塚), 높은 것은 분(墳)이라 한다. 모두 관곽을 묻은 곳이다.〔平曰墓 封曰塚 高曰墳 皆葬棺槨之處〕《소의(하) 252쪽》

2 관곽(棺槨) : 안의 것을 관(棺), 밖의 것을 곽(槨)이라 한다.〔內曰棺 外曰槨〕《소의(하) 252쪽》

3 관곽(棺槨)을……드러내면 : 원문의 현관곽(見棺槨)과 현시(見屍)의 현(見) 자는 '나타내다', '드러내다'의 의미로, 일반적으로 무덤을 파헤쳐 관곽을 드러내는 것, 관곽을 열어 시신을 드러낸다는 의미로 해석한다. 견(見) 자를 '보다'로 풀이한 일부 주석서도 있으나《집주》에서는 이를 비판하였다. 가령 파헤쳤으되 관곽에 이르지 못하고 겨우 벽돌 하나를 제거하여 그 틈새로 관곽을 엿볼 수 있게 되었다면 관곽을 드러낸 죄로 처벌할 수 없다는 것이다. 반드시 무덤을 파헤치고, 반드시 관을 열어야 비로소 본죄(本罪)로 처벌할 수 있다는 주장이다.〔見棺槨見屍兩見字 音胡甸切 顯也 露也 謂發掘墳塚 至于顯露棺槨 已開棺槨至于顯露其屍也……箋釋諸書 皆解見爲視 意義俱謬 且以未至爲未見 曰發掘墳塚未見棺已見屍云云 殊可笑也 夫所重于見棺見屍者 謂暴露其棺與屍也 故塚必發掘 棺必開 方坐本罪 假如發而未至棺槨 僅于穴旁去指大一磚 便可窺見棺槨 卽坐見棺槨之罪乎〕《집주(하) 628~629쪽》

4 무덤을……않으면 : 열기 시작하는 것을 발(發), 땅을 파는 것을 굴(掘)이라고 하는데, 판 것이 굴은 깊고, 발은 얕다는 차이가 있다. 관곽에 이르지 않은 경우에 발굴(發掘)을 쓴다면 굴 자의 뜻에 맞지 않게 되므로, 발 자를 따로 쓴 것이다. 굴이라고 하지 않고 발이라고 하여 비록 열기 시작하였으나 아직 관곽에까지는 미치지 않았음을 나타낸 것으로 율문의 정밀함을 볼 수 있다.〔開動曰發 穿地曰掘 二字亦有淺深之別 下未至棺槨者 若蒙上文發掘而言 則于掘字義不合 故復用發字另起 止曰發 不曰掘 謂雖開動 尙未掘穿至棺槨也 律文精密如此〕《집주(하) 628쪽》

5 파헤치되……3년이다 : 반드시 실제로 무덤을 파헤쳐 열어야 처벌한다. 만약 농경지로 만들기 위해 무덤을 평평하게 정리하는 데 그쳤으면 이 조문 5항에 따라 장 100을 적용해야 하고 섣불리 장 100 도 3년으로 의단(擬斷)해서는 안 된다.〔須實有發開之事 乃坐 若止平治墳墓 則有本罪 不得輕擬也〕《집주(하) 629쪽》

299-2 무덤이 이미 파헤쳐져 무너져 있거나 아직 출빈(出殯)하거나 매장하지 않았는데,[7] 시신이 든 관을 훔치면[8] 장 90 도 2년 반이고,[9] 관곽을 열어 시신을 드러내면 역시 교형이다.[10] 무덤의 기물이나 벽돌을 훔치면,[11] 장

6 초혼(招魂)하여……것 : 초혼장(招魂葬)은 예컨대 먼 지방에서 사망하여 시신이 돌아올 수 없으면, 의관이나 포백(布帛), 또는 깎은 목석을 갑(匣)에 넣어 묻는 것이다. 만약 파서 갑이 드러나면 이것이 곧 관(棺)이고, 의관·포백·목석이 드러나면 곧 시신인 셈이다.〔招魂葬 如亡故遠方 屍不能歸 無骨可葬 乃用衣冠或布帛或刻木石 匣而葬之者 皆是也 若發見匣 卽是棺 見衣布木石 卽屍〕《부례(하) 201쪽》

7 출빈(出殯)하거나 매장하지 않았는데 : 시신을 염하여 관에 두고 아직 빈소(殯所)에 내놓지 않았거나 혹은 이미 빈소에는 있으나 아직 매장하지 않은 것이다.〔屍已殮在柩 而尙未出殯 或已在殯 而尙未葬埋〕《집주(하) 625쪽》〔屍在柩未殯 或在殯未埋〕《전석 권18 45장》

8 시신이……훔치면 : 원문의 시구(屍柩)에 대해 《집해》, 《전석》, 《집주》에서는 시신이 관 속에 있는 것을 말한다고 하여 시신이 들어 있는 관을 훔치는 것으로 보았다.〔屍柩 謂屍在柩也 不可分 或以屍柩二字 承上殯埋二字言 未殯而盜屍 未埋而盜柩 不知殯者賓也 禮曰以棺入於肂中而塗之 謂殯 說文曰死在棺 將遷葬柩 賓遇之 謂死者將殯 故以賓禮處之 安得謂未殯而盜其屍耶〕《집해 1426～1427쪽》〔及屍在柩未殯 或在殯未埋 有因而盜取其屍柩者 則與發塚有間 故杖九十徒二年半〕《전석 권18 45장》〔屍柩二字連講 盜有屍之柩 故曰屍柩 或以未殯爲未殮而盜其屍 未埋爲未葬而盜其柩 則于註在柩未殯在殯未埋之義不合〕《집주(하) 629쪽》 그런데 《집주》에서는 관을 훔치면 팔아 돈으로 바꿀 수 있으나 시신은 쓸 곳이 없다는 점을 지적하였다. 만약 훔쳐서 훼손하거나 버리는 경우는 이 조문 3항의 율문이 있으므로 '시구'를 이어서 읽는 것이 옳다는 입장이나.〔盜柩可以賣錢 盜屍何爲 若盜而毁棄 則後有正文以屍柩連講爲是〕《집주(하) 629쪽》 반면 《부례》와 《휘집》에서는 시신이 상(牀)에 있으면 시(屍), 관(棺)에 있으면 구(柩)라고 하여 시신과 관의 둘로 보았으며, 《전석》에도 소개되어 있다.〔在牀曰屍 自未殯言 在棺曰柩〕《부례(하) 201쪽》《전석 권18 46장》《휘집 권20 2장》

9 무덤이……반이고 : 비록 관을 훔친 자취는 있으나 무덤을 파헤칠 마음은 없었으므로, 장 90 도 2년 반으로 처벌하는 데 그친다.〔二者之人 雖有盜棺之迹 終無發塚之心 故止坐杖九十徒二年半〕《소의(하) 253쪽》 시신이 든 관을 훔친 죄는 빈 관을 훔친 것보다 무거우나 역시 관을 열지 않았으므로 장 90 도 2년 반이다.〔盜柩 可以賣錢 盜屍 何爲哉 盜有屍之柩 故曰屍柩 而其罪重於盜空柩 然亦以未開故杖九十徒二年半〕《전석 권18 46장》

10 교형이다 : 십악으로 인한 사죄, 고의 살인으로 인한 진범 사죄(眞犯死罪)가 아닌 잡범 사죄(雜犯死罪), 예를 들어 방화죄로 인한 사죄 등에 해당하여 도 5년에 준한다.〔係雜犯 準徒五年〕《전석 권18 45장》

11 무덤의……훔치면 : 타인의 무덤이 파헤쳐져 무너진 것으로 말미암아 그 무덤 안에 함께 묻힌 명기(明器) 등의 여러 물건 및 원래 무덤을 만드는 데 사용된 벽돌을 훔치는 것이다.〔若因他人墳塚穿陷 而盜其塚內之從葬明器諸物及原造塚之磚石者〕《소의(하) 253쪽》

(贓)을 계산하여 범도(凡盜)에 준하여 논하고[12] 자자(刺字)는 면제한다. 비유(卑幼)가 존장(尊長)의 무덤을 파헤치면 일반인과 같이 논하고,[13] 관곽을 열어 시신을 드러내면 참형이다. 시신을 버리고 무덤이 있는 땅을 팔면 죄가 역시 같다.[14] 그 땅을 산 사람이나 중개인이 실정을 알았으면 각각 장 80이고, 값[15]을 추징하여 관에 들이며,[16] 땅은 동종(同宗)의 친속에게 돌려준다.[17] 실정을 몰랐으면 처벌하지 않는다.[18] 존장[19]이 비유의 무덤을 파

12 장(贓)을……논하고 : 장을 계산하여 논죄하는 것은 절도(竊盜)이지만 범도(凡盜)라고 한 이유는 묘역의 수목(③ 286 盜園陵樹木) 및 지키는 사람이 없는 기물(③ 294 盜田野穀麥)을 훔치는 경우에 적용하는 율에 따라 과단하기 때문이다. 이는 무덤 위에 있는 것을 훔친 경우 혹은 무덤이 사전에 파헤쳐져 무너져 있었던 경우만을 가리켜 말한 것이다.〔計贓論罪 自是竊盜 不曰竊盜而曰凡盜者 依盜墳塋樹木及無人看守器物等律 隨事引斷也 然此但指墳塚上所有或先穿陷者言之 非發掘而盜也〕《집주(하) 625쪽》 기물・벽돌이 관의 소유이면 상인도(③ 288 常人盜倉庫錢糧)에 따르고, 민간의 소유이면 절도(③ 292 竊盜)에 따른다.〔器物磚石 係官者 依常人盜 係民者 依竊盜〕《부례(하) 201쪽》

13 비유(卑幼)가……논하고 : 율문에서 존(尊)이라고 칭하면 모두 존속(尊屬)이고, 장(長)이라고 하면 모두 형・누나이다. 형수는 존장(尊長)의 범위에 들지 않으므로, 형수의 무덤을 파헤치거나 형수의 시신을 훼손하거나 버리면 일반인의 경우로 논하고, 형수가 시동생의 무덤을 파헤치거나 시신을 훼손하거나 버리면 역시 시동생을 비유로 논하지 않는다.〔凡律稱尊者 皆尊屬 長者 皆兄姊也 嫂不在尊長之列 有發掘嫂塚 毀棄嫂屍者 當以凡論……發掘毀棄夫之弟者 亦不作卑幼論〕《집주(하) 632쪽》

14 시신을……같다 : 무덤이 있는 땅을 팔았으되 시신을 버리거나 드러나게 하지 않았으면 무덤을 파헤쳐 관곽을 드러나게 한 경우에 적용하는 율에 따라 장 100 유 3000리에 그치며,〔賣墳地而未棄屍 止依發塚見棺槨律〕《집해 1427쪽》〔發掘棄棺 或改葬他處 而賣地 不曾暴露尸者 依發塚見棺〕《부례(하) 201쪽》 시신을 드러나게 하면 참형이다. 그러므로 죄가 역시 이와 같다고 한 것이다.〔未見屍 同凡人論 見屍者斬 故曰罪亦如之〕《소의(하) 254쪽》〔罪亦如開棺見屍 坐斬〕《전석 권18 46장》 만약 시신이 들어 있는 관을 버렸다면 시신을 버렸다고 할 수 없으므로 무덤을 파헤쳐 관곽을 드러나게 한 죄와 같이 장 100 유 3000리로 처벌하는 데 그친다. 또 무덤까지 팔았으면 무덤을 파헤쳤다고 할 수는 없으나 친속 존장의 유골이 있는 곳인데도 차마 남에게 팔았으므로 버린 것과 같이 보고 무덤을 파헤치되 관곽에는 이르지 않은 경우에 적용하는 율에 따라 장 100 도 3년으로 처벌한다.〔若連棺而棄 不得謂之棄屍 止如發塚見棺槨之罪 連塚而賣 不得謂之發塚 然親長骸骨所存 忍賣與人 則亦與棄同矣 姑比依發而未至棺槨之律〕《전석 권18 46장》

15 값 : 비유가 받은 값과 중개인이 받은 돈이다.〔卑幼所得之價 牙保所得之錢〕《전석 권18 46장》

16 값을……들이며 : 양측 모두에게 죄가 되는 장(贓)이므로 관에 들인다.〔彼此俱坐之贓 故入官〕《집주(하) 630쪽》

헤쳐 관곽을 열어 시신을 드러내면 시마(緦麻)는 장 100 도 3년이고, 소공(小功) 이상은 각각 차례로 1등급을 줄인다.[20] 아들이나 손자의 무덤을 파헤쳐 관곽을 열어 시신을 드러내면 장 80이다.[21] 단 합당한 이유가 있어서[22]

17 땅은……돌려준다 : 땅은 비유인 범인의 동종(同宗) 친속에게 주어 주관하게 한다. 비유인 범인에게 돌려주지 않는 것은 시신을 이미 버려서 다시 장사 지낼 수 없으며, 다시 장사 지낼 수 있더라도 또한 비유인 범인이 가질 수 있는 바가 아니기 때문이다.〔地歸犯人同宗親屬主管 不歸原主者 屍已棄置 無可復葬 卽可復葬 而亦非原主所得有矣〕《전석 권18 46장》

18 실정을……않는다 : 값은 그대로 추징하여 사들인 사람에게 돌려준다.〔其價仍追還買主〕《집주(하) 630쪽》

19 존장 : 조부모·부모를 포함한다.〔尊長發卑幼 提出子孫另言 卑幼發尊長 不言祖父母父母 則亦同在尊長中矣〕《집주(하) 626쪽》

20 존장이……줄인다 : 복제(服制)에 따라 죄를 정하여 시마친은 장 100 도 3년, 소공친은 장 90 도 2년 반, 대공친은 장 80 도 2년, 기친은 장 70 도 1년 반이다. 그러므로 각각 차례로 1등급을 줄인다고 한 것이다.〔依服制定罪 緦麻杖一百徒三年 小功杖九十徒二年半 大功杖八十徒二年 期親杖七十徒一年半 故曰各遞減一等〕《집주(하) 626쪽》 이 조문에서 시신을 드러나게 한 죄만 말하고 관곽을 드러나게 한 경우와 파헤치되 관곽에는 이르지 않은 경우는 논하지 않았다. 이에 대해 《전석》은 이 경우 논죄하지 않는다고 하였다.〔此止有見屍之罪 則見棺槨 與發而未至棺槨者 俱勿論 可知矣〕《전석 권18 46장》 그리고 《부례》에서는 존장이 비유의 무덤을 파헤쳐 관을 드러나게 하되 시신은 드러내지 않았으면 410조 불응위(不應爲)의 장죄(杖罪)에 따르고, 파헤치되 관을 드러내지 않았으면 불응위의 태죄(笞罪)에 따라야 한다고 하였다.〔尊長 發卑幼 見棺 依不應杖 未見棺 量依不應笞〕《부례(하) 201쪽》

21 존장이……80이다 : 비유가 존장의 무덤을 파헤치면 일반인과 같이 논하여 장죄(杖罪)와 유죄(流罪)를 받으나 존장이 비유의 무덤을 파헤치면 관을 열어 시신을 드러내야 비로소 장죄로 처벌할 뿐 무덤을 파헤친 것에 대한 처벌이 없다. 이 점에 대해 《소의》는 존장이 비록 무덤을 파헤치더라도 시신을 드러나게 하지 않으면 죄가 없고, 만약 시신을 드러나게 하면 이는 자애롭지 않은 것이기 때문에 아들이나 손자의 경우 장 80으로 처벌한다고 해석하였다.〔問曰 卑幼發尊長 同凡人論 猶得杖流 尊長發卑幼 至開棺見屍 方坐杖 無發塚之罪 何也 答曰 卑幼於尊長 理宜受制 雖有發掘而不見屍 又何罪也 若見屍者 止是不慈 故坐杖八十〕《소의(하) 255~256쪽》 일반인의 경우 무덤이 사전에 파헤쳐져 무너져 있거나 아직 출빈(出殯)하거나 묻지 않았을 때 시신이 든 관을 훔치는 죄는 장 90 도 2년 반, 관곽을 열어 시신을 드러나게 한 죄는 교형이라고 명시되어 있으나, 친속 내에서는 이 두 죄에 대해 모두 말하지 않았다. 이에 대해 《집주》는 만약 비유가 존장에 대해서 이런 죄를 범하면 일반인과 같이 논하며, 존장인 조부모·부모가 비유인 아들·손자에 대해서 범하면 논하지 않는다고 보았다.〔按 凡人有塚先穿陷及未殯埋而盜屍柩 與開棺槨見屍之罪 而親屬內皆不言 設有犯者 卑幼于尊長 自同凡論 祖父于子孫 自可弗論〕《집주(하) 630~631쪽》

22 합당한 이유가 있어서 : 예컨대 땅이 길하지 않거나, 시신이 물에 휩쓸려 버린 따위이다.

예(禮)에 따라 이장하면 모두[23] 처벌하지 않는다.

299-3 타인의 시신을 훼손하거나[24] 시신을 물속에 버리면[25] 각각 장 100 유 3000리이다.[26]-시신이 집에 있거나 들에 있어 아직 출빈하거나 장사 지내지 않았는데 시신을 태우거나 사지를 해체하는 따위를 이른다. 이미 출빈하거나 장사 지냈으면 무덤을 파헤쳐 관곽을 열어 시신을 드러낸 경우에 적용하는 율에 따르되, 무거운 쪽으로 논한다.- 시마 이상 존장의 시신을 훼손하거나 버리면 참형이다. 시신을 버렸지만 잃어버리지 않았거나, 머리털을 모두 없애 버렸거나,[27] 손상만 입혔으면 각각 1등급을 줄인다.[28] 시마 이상 비유이면 각각 일반인의

〔有故 如地不吉 或被水衝之類〕《부례(하) 201쪽》

23 모두 : 존장인지 비유인지, 시신을 드러냈는지 드러내지 않았는지를 따지지 않는다.〔不問尊與卑及見屍不見屍〕《전석 권18 46~47장》

24 훼손하거나 : 지체가 온전하지 않게 되어야 잔훼(殘毁)라 이른다.〔肢體不全 方謂之殘毁〕《집주(하) 631쪽》 시신이 온전하지 않게 되는 것으로 예컨대 손이나 발을 제거하는 따위이다.〔或毁是不成屍 如去其手足之類 方是〕《부례(하) 201쪽》 만약 귀나 눈을 베어 내거나 지체를 부러뜨리는 데 그쳤다면 이는 여전히 시신을 온전하게 한 것으로 보고 시신에 손상을 입힌 것으로 논하는 데 그친다.〔如止割破耳目 折其肢體 猶成屍也 止以傷論〕《집주(하) 631쪽》

25 시신을 물속에 버리면 : 시신이 떠내려가서 없어야 기(棄)라고 한다.〔漂去不存 方謂之棄〕《집주(하) 631쪽》

26 타인의……3000리이다 : 비록 두 경우 모두 시신을 드러나게 하였으나 무덤을 파헤쳐 시신을 드러나게 한 것과는 다르므로 장 100 유 3000리로 처벌하는 데 그친다.〔雖皆見屍 亦與掘墳而見屍者異 止坐杖一百流三千里〕《소의(하) 256쪽》 단, 이미 형을 집행한 시신을 잔훼하면 단죄부당율(④ 446 斷罪不當)에 따라 태 50이다.〔其殘毁已處決訖死屍 則依斷罪不當律笞五十〕《전석 권18 47장》《집주(하) 631쪽》 아들·손자가 아버지·할아버지의 원수를 죽이려고 하였는데 원수를 갚지 못한 상태에서 원수가 죽었음을 듣고서 그 시신을 잔훼하면 원수를 갚은 예(③ 346 父祖被毆)에 견주어 참작하여 처리할 것을 요청한다.〔子孫于殺父祖之仇人 未報 及聞仇死 因殘毁其屍 當比照復仇例酌請〕《집주(하) 632쪽》

27 머리털을……버렸거나 : 머리털을 다 없애는 것이 곤(髡)이다.〔盡去其髮 爲髡〕《부례(하) 201~202쪽》

28 시신을 버렸지만……줄인다 : 만약 타인이 타인의 시신을 버리거나 비유가 존장의 시신을 버렸을 때 두 경우 모두 시신을 잃어버리지는 않았으면, 그리고 비록 시신을 훼손하기는 하였으나 다만 머리털을 없애거나 손상을 입혔을 뿐 사지를 해체하거나 태우지 않았으면 다행히 시신이 아직 온전한 것이다. 시신을 잔훼하여 온전하지 못하게 된 경우나 물에 버

경우에 따르되 차례로 1등급을 줄인다.[29] 아들이나 손자의 시신을 버리거나 훼손하면 장 80이다. 아들이나 손자가 조부모나 부모의 시신을 훼손하거나 버리거나, 노비나 고공인(雇工人)이 가장(家長)의 시신을 버리거나 훼손하면 참형이다.[30]

려 시신을 찾을 수 없게 된 경우와는 차이가 있으므로 1등급을 줄인다.〔若他人棄他人屍 卑幼棄尊長屍 俱不曾失 雖毁而不壞 但至髡髮及止傷 而未折解焚燒者 各減殘毁不全棄水不見者一等〕《소의(하) 257쪽》〔若棄而不失 髡而不殘 視失毁有間 遞減科斷 責其不義也〕《소의(하) 263쪽》〔棄而不失 猶幸其存也 髡髮若傷 猶幸其全也 故各減一等〕《집주(하) 631쪽》 시신이 일반인이면 장 100 유 3000리에서 1등급을 줄인 장 100 도 3년이고, 시신이 존장이면 참형에서 1등급을 줄인 장 100 유 3000리이다.〔係凡人 則減流一等 杖一百徒三年 係尊長 則減斬一等 杖一百流三千里〕《집주(하) 626쪽》《전석 권18 47장》

29 시마 이상 비유이면……줄인다 : 존장이 시마친 비유의 시신을 기훼하면 장 100 유 3000리에서 1등급을 줄인 장 100 도 3년, 소공친 비유이면 2등급을 줄인 장 90 도 2년 반, 대공친 비유이면 3등급을 줄인 장 80 도 2년, 기친 비유이면 4등급을 줄인 장 70 도 1년 반이다.〔尊長將緦麻卑幼屍棄毁者 杖一百徒三年 小功 杖九十徒二年半 大功 杖八十徒二年 期親 杖七十徒一年半〕《소의(하) 257쪽》 비유의 시신을 버렸으나 잃어버리지는 않은 경우 및 머리털을 없애 버리거나 손상만 입힌 경우는 언급하지 않았는데, 《전석》은 복제(服制)에 비추어 훼기(毁棄)한 죄에서 차례로 1등급씩 줄여야 한다고 보았다.〔不言棄而不失 及髡髮若傷 似當勿論 或謂當照服制遞減毁棄一等 姑兩存之 無服之親 與凡人同 律雖不言 可以意會〕《전석 권18 47장》

일반인은 발총(發塚)의 죄가 훼기보다 무겁고, 친속은 훼기의 죄가 발총보다 무겁다. 그러므로 시마친 존장이 비유의 무덤을 파헤쳐 관을 열어 시신을 드러내면, 일반인에 적용하는 교형에서 2등급을 줄여 장 100 도 3년이나, 비유의 시신을 훼기하면 일반인에 적용하는 장 100 유 3000리에서 1등급을 줄인 장 100 도 3년에 그친다.〔凡人發塚之罪 重于毁棄 親屬毁棄之罪 重于發塚 故緦麻尊長發卑幼塚開棺見屍 減凡人二等 毁棄卑幼死屍 止減凡人一等也〕《집주(하) 632쪽》

30 아들이나 손자가……참형이다 : 버렸지만 잃어버리지 않은 경우 및 잔훼하지는 않고 그저 머리털을 없애 버리거나 손상을 입힌 경우는 말하지 않았으나 아들·손자·노비·고공이 이를 범하면 역시 참형이다.〔子孫奴雇 犯此 雖棄而不失髡髮若傷 亦不減也〕《부례(하) 199쪽》〔子孫與雇工人 雖不言棄而不失等項 有犯卽坐斬 不論其失與不失也〕《집해 1427쪽》 그러나 일반인·존장·비유·부조(父祖)·자손이 죽음에 임박하여 유언을 남겨, 자기 시신을 태우거나 물속에 버리게 하였다면 상장율(② 200 喪葬)에 따라 장 100이다.〔然此亦指凡人及尊長卑幼父祖 生前有讎嫌 及子孫不孝 將屍棄毁者而言 若凡人尊長卑幼父祖子孫 臨死有遺言 令將其屍燒化 或棄水中者 自依喪葬律 杖一百〕《소의(하) 258쪽》 처나 첩이 남편의 시신을 훼손하면, 시마친 이상 존장의 시신을 훼손한 경우에 적용하는 율을 따르고 주청(奏請)한다.〔妻妾毁夫屍 比依緦麻以上尊長律 上請〕《전석 권18 49장》 남편이 처의 시신을 훼

299-4 땅을 파다가 시신을 발견하였는데 즉시 묻지 않으면 장 80이다. 타인의 무덤에서 여우나 너구리를 잡으려고 연기를 피우다가 이로 인하여 관곽을 태우면 장 80 도 2년이고, 시신을 태우면 장 100 도 3년이다. 시마 이상의 존장이면 각각 차례로 1등급을 더하고,[31] 비유이면 각각 일반인의 경우에 따르되 차례로 1등급을 줄인다.[32] 아들이나 손자가 조부모나 부모의 분묘에서, 또는 노비나 고공인이 가장의 분묘에서 여우나 너구리를 잡으려고 연기를 피우면 장 100이다.[33] 관곽을 태우면 장 100 도 3년이고, 시신을 태우면 교형이다. 타인의 무덤을 평평하게 하여 농경지로 만들면 장 100이

기한 경우와 처·첩이 남편의 시신을 훼기한 경우에 대한 규정이 없으나 이에 대해《집주》는 기친 비유(期親卑幼)의 경우에 견주어 처리하고, 첩의 시신을 훼기하면 410조 불응위(不應爲) 죄만을 묻는다고 하였다.〔律無夫毁棄妻屍及妻妾毁棄夫屍之文 註添毁棄夫屍 依緦麻以上尊長律上請 則夫毁棄妻屍者 當比照期親卑幼 妾則止問不應耳〕《집주(하) 632쪽》

31 시마……더하고 : 비유가 여우나 너구리를 잡으려고 연기를 피우다가 존장의 관곽이나 시신을 태우면 시마친부터 기친까지 등급을 나누지 않고 똑같이 논죄해 각각 차례로 1등급을 더해서, 관곽을 태우면 장 90 도 2년 반, 시신을 태우면 장 100 유 2000리이다. 각각 차례로 더한다는 것은 복제에 따라 차례로 더하지 않고 일반인의 죄에 1등급을 더한다는 뜻이다.〔卑幼于尊長 自緦麻以至期親 不分等次 一同論罪 各遞加一等 燒及棺槨 應杖九十徒二年半 燒及其屍 應杖一百流二千里 此各遞加云者 謂于燒棺燒屍 凡人兩項罪上加一等 非依服屬層遞而加也〕《집주(하) 627쪽》

32 비유이면……줄인다 : 존장이 여우나 너구리를 잡으려고 연기를 피우다가 비유의 관곽이나 시신을 태우면, 시마친에서 시작하여 일반인을 기준으로 하여 차례로 1등급을 줄인다. 관곽을 태우면 시마친은 장 80 도 2년에서 1등급을 줄인 장 70 도 1년 반, 소공친은 2등급을 줄인 장 60 도 1년, 대공친은 3등급을 줄인 장 100, 기친은 4등급을 줄인 장 90이고, 시신을 태우면 시마친은 장 100 도 3년에서 1등급을 줄인 장 90 도 2년 반, 소공친은 2등급을 줄인 장 80 도 2년, 대공친은 3등급을 줄인 장 70 도 1년 반, 기친은 4등급을 줄인 장 60 도 1년이다.〔若尊長于卑幼 自緦麻起 各依凡人遞減一等 燒及棺槨 則緦麻杖七十徒一年半 小功杖六十徒一年 大功杖一百 期親杖九十 燒及其屍 則緦麻杖九十徒二年半 小功杖八十徒二年 大功杖七十徒一年半 期親杖六十徒一年也〕《집주(하) 627쪽》

33 아들이나……100이다 : 비록 관과 시신을 태우지 않았어도 모두 장 100이다.〔雖未燒棺與屍竝杖一百〕《소의(하) 260쪽》율에는 타인이나 존장의 무덤에서 여우나 너구리를 잡으려고 연기를 피운 경우에 대한 명문(明文)이 없으나, 만약 이를 범하면 모두 410조 불응위(不應爲)의 율에서 사안이 무거운 경우인 장 80의 죄로 논한다.〔律於他人及尊長墳塚 熏狐狸 無明文 設有犯者 竝以不應事重論罪〕《전석 권18 48장》〔于他人墳內熏狐狸者 雖未延燒 亦難免不應之罪 若于尊長墳內 則不應從重〕《집주(하) 633쪽》

다.[34] 주인 있는 묘역에 몰래 묻으면 장 80이고,[35] 기한을 정해 강제로 이장시킨다.

299-5 구역 안에 죽은 사람이 있는데 이장(里長)이나 이웃 사람이 관사에 보고하여 검험(檢驗)하게 하지 않고[36] 멋대로 다른 곳으로 옮기거나 매장하면 장 80이다. 이 때문에[37] 시신을 잃게 되면 장 100이고, 시신이 훼손

34 타인의……100이다 : 타인의 무덤에서 높은 곳을 평평하게 하고 풀이 무성한 것을 정리하여 농경지로 만들어 오곡을 심거나, 밭으로 만들어 채소를 심으면 장 100이다.〔若將他人墳墓 平其高阜 治其荒穢 或爲田以種五穀 或爲園以種蔬菜者 杖一百〕《소의(하) 260쪽》 땅을 파다가 발견한 시신을 즉시 묻지 않으면 장 80에 그치는데 이는 안에 시신이 있는 줄 몰랐으므로 즉시 묻지 않은 죄만 물은 것이다. 그러나 무덤을 평평히 정리한 것은 그곳이 무덤인 줄을 분명히 알고서도 이를 정리하여 농경지로 만들 마음이 있었던 것이므로 장 100이다.〔穿地得屍 止杖八十 平治墳墓 則杖一百 蓋穿地者 原不知有屍在內 但罪其不卽掩埋耳 若平治 則明知其爲墳墓 而有心平治爲田園也〕《집주(하) 633쪽》

만약 존장의 무덤을 정리하여 땅으로 만들고 재물을 얻으려 남에게 팔면, 속여서 남의 재물을 취한 죄(③ 297 詐欺官私取財)를 묻는 데 그치며, 이 조문 2항의 시신을 버리고 무덤 있는 땅을 판 죄로 과단(科斷)할 수 없다. 사들인 사람이 사정을 알았으면 410조 불응위(不應爲)의 사안이 무거운 경우로 보아 장 80으로 처벌하고 값을 추징하여 관에 들이며, 사정을 몰랐으면 처벌하지 않고 값을 추징하여 사들인 사람에게 돌려준다. 장(贓)을 계산하여 가벼우면 판 사람은 역시 장 100이다.〔若將尊長墳塚 平治作地 得財賣人 止問誆騙人財 亦不可作棄屍賣墳地斷 買主知情 則坐不應事重 追價入官 不知情 追價還主 計贓輕者 亦杖一百〕《집주(하) 624쪽》《진석 권18 46장》

35 타인의……80이고 : 이 두 경우는 모두 무덤에 손상을 입혔으나, 평평하게 정리하여 농경지를 만든 것은 무덤의 지표면 위로 올라온 면을 훼손하였을 뿐이고, 주인 있는 묘역에 몰래 묻은 것은 본래 있던 무덤 옆에 묻었을 뿐이어서 원래 묻은 관곽에는 지장이 없으므로 장죄로 과단하는 데 그친다.〔此二者 皆有傷于墳墓之事 故附著于發掘之內 然平治而曰爲田園 則但毁其浮面 盜葬而曰墳地內 則止在其旁邊 于原葬之棺槨無礙也 故止科杖罪〕《집주(하) 627쪽》

36 관사에……않고 : 즉시 관부에 보고하여 관부에서 사람을 차정해서 이것이 어떤 원인에 의한 것인지, 어떤 상처가 있는지 살펴보아 죽음에 이르게 한 근본 원인을 명백히 규명한 뒤에야 비로소 시신을 옮길 수 있다.〔卽須申報官府 差人檢看驗察是何等故有何傷所 挨究致死根因明白 纔可移徙〕《소의(하) 261쪽》

37 이 때문에 : 원문의 이치(以致)는 아래 문장까지 이어진다. 즉 이장·이웃이 시신을 다른 곳으로 옮기거나 묻은 것이 견고하지 않아서 이 때문에 시신을 잃어버리면 장 100이다. 이 때문에 타인이 이 시신을 잔훼하거나 물속에 버리면 이장·이웃은 장 60 도 1년이며, 타인이 시신을 버렸으되 잃어버리지 않았거나 머리털을 없애거나 손상을 입히면 이장·이웃은 각각 장 60 도 1년에서 1등급을 줄인 장 100이다. 만약 이장·이웃 자신이 직접 잔훼하면

되거나 물속에 버려지면 장 60 도 1년이다. 버렸지만 잃어버리지 않았거나, 머리털이 없어지거나 손상만 입었으면 각각 1등급을 줄인다.[38] 이로 인하여 의복을 훔치면, 장(贓)을 계산하여 절도에 준하여 논하고, 자자는 면제한다.[39]

직해 남의 분묘를 파헤치고 관곽을 드러나게 한 자는 장 100에 먼 곳으로 유배 보낸다. 관곽을 열어 시체를 직접 보이게 하면 교형으로 죽인다. 분묘를 파헤치고 관곽을 드러내는 데에 미치지 못하였으면 장 100 도 3년이다. (○) 분묘가 먼저 무너져 있었거나, 아직 빈소를 만들거나 매장하기 전에 관곽을 훔치면 장 90 도 2년 반이고, 관곽을 열어 시체를 보이게 하면 교형으로 죽인다. 분묘 안의 기물이나 벽돌 등을 훔친 자는 장물의 수를 계산하여 일반적인 도죄의 예로 논하고 자자는 하지 않는다. 아랫사람이 윗사람

타인의 시신을 버리거나 훼손한 데 대한 율을 적용한다.〔以致二字 直貫至下 謂因其移屍他處 及葬埋不固 以致失去屍骸 無下落者 里隣杖一百 以致人將此屍骸 殘毁及棄置水中者 里隣杖六十徒一年 棄而不失 髡髮若傷者 里隣各減一等 杖一百也 若里隣自行殘毁 則已在棄毁他人死屍之律矣〕《전석 권18 49장》 잃어버린 것, 훼손하거나 버린 것이 모두 이장·이웃이 함부로 옮겨 묻음으로써 초래하였다고 밝힌 것으로 이른바 소유(所由), 즉 원인 유발자를 처벌하는 것이다.〔以上皆言里長地隣之罪 謂失去毁棄 悉因里隣擅自移埋所致 以致兩字 直貫下文 所謂罪坐所由也〕《집주(하) 628쪽》

38 버렸지만……줄인다 : 타인이 시신을 옮겼으나 잃어버리지 않았으면, 이장·이웃은 시신을 잃어버린 죄에서 1등급을 줄인 장 90이고, 타인이 시신을 잔훼하였어도 심하지 않아 머리털이 다 없어지거나 손상을 입는 데 그치면 이장·이웃은 잔훼죄에서 1등급을 줄인 장 100이다.〔若雖移棄而不失者 減失去罪一等 杖九十 雖殘毁而未甚 止髡盡其髮 及損傷者 減殘毁罪一等 杖一百〕《소의(하) 262쪽》

39 이로……면제한다 : 타인과 이장·이웃을 가리지 않고 훔치면 모두 이와 같이 처벌한다. 의복만 말하고 기타 재물을 훔치는 경우는 말하지 않았다. 의복과 재물은 죽은 사람에게는 똑같이 쓸모없는 물건이고, 훔치는 자에게는 똑같이 지키는 사람이 없는 물건을 훔치는 것이지만 의복은 죽은 사람에게는 몸을 덮는 도구와 같고, 재물을 훔치는 것은 유실물을 줍는 것과 같다. 그러므로 재물을 취할 경우, 시신의 주인이 있으면 410조 불응위(不應爲)의 죄를 묻고, 주인이 없으면 논하지 않는다. 지키는 사람이 없는 물건을 훔친 데 대한 조문(③ 294 盜田野穀麥)에 따라야 한다는 견해도 있으나 《전석》에서는 이를 옳지 않다고 보았다.〔此則不分他人與里隣 但盜者 卽如此坐也 止言衣服 不言盜取財物者 衣服財物 在死者均爲無用之物 在盜者 均爲盜無人看守之物 然衣服貼身 在死者 猶藉以蔽體 財物則同拾遺耳 屍訪有主者 問不應 無主者勿論 可也 或云 當依盜無人看守物者 非是〕《전석 권18 49장》

의 분묘를 파헤치면 일반인의 예로 논한다. 관곽을 열어 시체를 보이게 한 자는 참형이다. 시체를 꺼내 버려두고 분묘가 있는 땅을 판 자는 죄가 같다. 분묘가 있는 땅을 산 사람이나 보증인이 실정을 알았으면 각각 장 80이고, 산 값을 추징하여 관에 몰수한다. 분묘가 있는 땅은 동종(同宗) 친속에게 지급한다. 사정을 알지 못하였으면 처벌하지 않는다. 윗사람이 아랫사람의 분묘를 파헤쳐 시체를 보이게 한 경우, 시마친이면 장 100 도 3년이고, 소공친이면 각각 1등급씩 차례로 줄인다. 아들이나 손자의 분총을 파헤쳐 관곽을 열어 시체를 보이게 하면 장 80이다. 정당한 이유가 있어 관례에 따라 개장한 자는 처벌하지 않는다.

(○) 남의 시체를 잔인하게 훼손하거나 물속에 버린 자는 각각 장 100에 먼 곳으로 유배 보낸다. 시마친 이상 윗사람의 시체를 훼손하거나 버리면 참형이다. 시체를 내버렸어도, 잃어버리지 않거나 머리털을 잘라 가지 않거나 시체에 손상이 있지 않으면[40] 각각 1등급을 줄인다. 시마친 이상의 아랫사람이면 일반인의 예로 1등급씩 차례로 줄인다. 아들이나 손자의 시체를 훼손하거나 버리면 장 80이다. 아들·손자가 조부모·부모의 시체를 훼손하거나 버리거나, 노비·고용인 등이 가장의 시체를 훼손하거나 버린 경우는 참형이다.

(○) 땅을 파다가 시체를 발견하였는데 묻어서 가리지 않으면 장 80이다. 남의 분묘에서 여우나 너구리를 잡는 일로 연기를 피우다가 이로 인하여 관곽을 태워 없애면 장 80 도 2년이다. 시체를 태워 없애면 장 100 도 3년이다. 시마친 이상의 윗사람이면 각각 1등급씩 차례로 더하여 논죄한다. 아랫사람이면 일반인의 예에 따르되 1등급씩 차례로 줄인다. 아들·손자가 조부모·부모의 분묘에서, 노비·고용인 등이 가장의 분묘에서 여우·너구리를 잡는 일로 연기를 피운 자는 장 100이다. 관곽을 태운 자는 장 100 도 3년이다. 시체를 태운 자는 교형으로 죽인다. 남의 분묘를 갈아엎어서

40 잃어버리지……않으면 : 율문의 불실급곤발약상자(不失及髡髮若傷者)에 대해 직해는 해석을 달리하였다.

밭으로 만든 자는 장 100이다. 주인이 있는 무덤의 토지 안에 몰래 묻으면 장 80이고, 기한을 정해 이장한다.
(○) 거주지의 경계 안에 죽은 사람이 있는데, 이장 및 이웃 사람 등이 관사에 직접 보고하여 검시하게 하지 않고 다른 곳에 옮겨 두거나 매장하면 장 80이다. 시체를 잃어버리면 장 100이다. 시체를 잔인하게 훼손하거나 물속에 버린 경우는 장 60 도 1년이다. 시체를 버렸으나 잃어버리지 않거나 머리털이 잘리지 않거나 시체가 손상되지 않은 경우는 각각 1등급을 줄인다. 이로 인하여 의복을 훔친 자는 장물을 계산하여 절도의 예로 논하고 자자는 하지 않는다.

해설

무덤을 파헤치거나 시신을 훼손하는 행위에 대한 처벌 규정이다. 일반인 사이의 발총(發塚)이나 친속끼리의 발총과 시신 기훼(棄毁)에 대한 규정, 땅을 파다가 시신을 발견한 경우나 묘역에서 짐승을 잡으려고 연기를 피우다가 관곽이나 시신을 태운 경우, 남의 묘역에 도장(盜葬)한 행위에 대한 규정이다. 이 조문에서 논죄할 때 '개(皆)' 자가 전혀 없으므로, 모두 수범과 종범을 구분한다. 무덤을 파헤치고 관을 여는 것이 강도와 같을 수는 없고, 시신을 기훼하는 것이 모살(謀殺)과 같을 수는 없기 때문에 강도·모살과는 달리 수범과 종범을 구분하는 것이다. 이 조문의 범죄는 자수에 따른 감경을 인정하지 않는데, 사람이나 사물, 즉 시신이나 무덤을 침해하여 원상복구가 불가하기 때문이다.

300
밤에 정당한 이유 없이 타인의 집에 들어감
夜無故入人家

밤[1]에 정당한 이유 없이 타인의 집[2]에 들어가면 장 80이다. 집주인이 그 자리에서 바로 죽이면 논하지 않는다. 체포한 후에 함부로 살상하면 투살상죄(鬪殺傷罪)[3]에서 2등급을 줄이고, 죽음에 이르면 장 100 도 3년이다.[4]

직해 밤중에 정당한 이유 없이 다른 사람의 집 안에 들어가면 장 80이다. 집주인이 즉시 그를 죽이면 논죄하지 않는다. 사로잡아 제멋대로 때려 죽거나 다치게 하면 싸우다 사람을 죽이거나 상해한 죄에서 2등급을 줄인다. 고의로 죽이면[5] 장 100 도 3년이다.

1 밤 : 낮과 밤의 기준은 각루법(刻漏法)에 따른다. 물시계에서 주간의 물이 다 흘러내리면 밤, 야간의 물이 다 흘러내리면 낮이다.〔依刻漏法 晝漏盡爲夜 夜漏盡爲晝〕《당률 269조 夜無故入人家》《소의(하) 264쪽》

2 집 : 해당 집과 정원의 안을 이른다.〔家者 謂當家宅院之內〕《당률 269조 夜無故入人家》

3 투살상죄(鬪殺傷罪) : 투구살상(鬪毆殺傷)은 투구살(鬪毆殺)과 투구상(鬪毆傷)을 합쳐 말한 것이다. 투살(鬪殺)의 형량은 수족(手足), 타물(他物), 금인(金刃) 등 어느 것을 사용하든지 교형이다.(③ 313 鬪毆及故殺人) 투상(鬪傷)의 형량은, 수족으로 때렸으나 상해가 생기지 않으면 태 20, 상해가 생기면 태 30이고, 타물로 사람을 때렸으나 상해가 생기지 않으면 태 30, 상해가 생기면 태 40이다.〔以手足毆人不成傷者笞二十 成傷及以他物毆人不成傷者笞三十 成傷者笞四十〕 ③ 325 鬪毆

4 체포한……3년이다 : 침입자를 붙잡아 결박하면 관에 보내야 하며 함부로 죽일 수 없다. 침입자를 살상하면 투살률의 싸우다가 타인을 살상한 죄(③ 313 鬪毆及故殺人)에서 2등급을 줄인다. 이를테면 타물로 사람을 때려 상해하면 태 40이지만, 침입자를 잡았는데 타물로 상해하면 2등급을 줄인 태 20이다. 사람을 때려 독질에 이르게 하면 장 100 유 3000리이지만, 침입자를 잡았는데 때려 독질에 이르게 하면 2등급을 줄인 장 90 도 2년 반이다. 침입자를 잡았는데 때려 죽이면 2등급을 줄인 장 100 도 3년이고, 죽음에 이르게 하면 교형인 율(③ 313)을 적용하지 않는다.〔若其人已就拘住執縛卽當送官 豈得擅殺 而有自殺傷者 減鬪殺律 鬪而殺傷罪二等 如以他物毆人成傷者笞四十 已執而他物傷之者笞二十 如毆至篤疾者 杖一百流三千里 已執而毆至篤疾者 杖九十徒二年半之類 若已執而毆至死者 止杖一百徒三年 而不用至死者絞之律矣〕《집해 1440~1441쪽》

해설

정당한 이유 없이 남의 집에 침입하는 행위는 도죄에 가까우므로 〈도적(盜賊)〉에 삽입하였다. 절도에 착수하였지만 재물을 얻지 못하면 태 50에 그치는데 정당한 이유 없이 남의 집에 침입하기만 하면 장 80이므로 이 구성요건의 법정형은 높은 편이다. 그런데 침입자를 주인이 즉시 죽이면 논하지 않는 까닭은 주인이 침입자가 자객(刺客)인지 간사한 일을 도모하려고 하는지 의중을 헤아릴 수 없고, 정세가 급박하고 창졸간에 방어의 목적으로 죽이는 것이므로 용서할 만하기 때문이다. 범인이 이미 관사에 붙잡혀 저항하지 않는데 살상하면 412조 죄인거포(罪人拒捕)에 의거하여 투살상죄(鬪殺傷罪)로 논한다. 한편, 이 조문에서는 침입자가 주인에게 붙잡힌 이후에 주인이 침입자를 죽이면 투살죄(鬪殺罪)에서 2등급을 감경하도록 하였는데, 412조 죄인거포의 범인은 이미 관(官)에 신병이 확보되어 있는 상황인 데 반하여 이 조문의 침입자는 주인이 아직 안심할 수 있는 상황이 아니기 때문이다.

5 고의로 죽이면 : 율문의 지사자(至死者)를 직해에서 '고살사ᄒᆞ견으란(故殺死爲在乙良)'으로 하였다. 율문의 내용은 앞 구절에서 감투살상죄이등(減鬪殺傷罪二等)이라 하였기 때문에 다시 지사자의 경우를 규정할 필요가 없는데, 직해자는 율문의 이 부분을 불필요한 중복으로 파악하고 고살사로 수정한 것으로 보인다.

301
도적 와주
盜賊窩主

301-1 강도 와주(窩主)[1]가 조의(造意)[2]하면, 자신이 비록 실행하지 않더라도 단지 장(贓)을 나누기만 하면 참형이고,[3] 실행하지 않고 또 장도 나누지 않으면 장 100 유 3000리이다.[4] 공모(共謀)[5]하면, 실행하되 장을 나누지 않거나 장은 나누되 실행하지 않아도 모두 참형이고,[6] 실행하지 않고 또 장

1 와주(窩主) : 도적이 의탁하여 숨는 자로,〔盜之所依隱藏者 曰窩主〕《집설 권6 54장》 강도나 절도를 숨겨 주는 주인이다.〔窩主 窩藏强竊盜之主〕《집해 1443쪽》

2 조의(造意) : 모의를 시작하는 것으로 여러 사람이 아직 모의하지 않았는데 홀로 먼저 이 생각을 꾸며 냈기에 조의라고 이른다.〔意是謀之主 造意在共謀之先 衆人尙未有謀 獨先造出此意 故謂之造意〕《집주(하) 639쪽》〔造意 起謀也 謂謀起於窩主也〕《석의 권18 31장》 처음 발의하여 앞장서서 강도짓을 하는 것이다.〔造意 謂起意主謀爲强盜者〕《강해 346쪽》

3 자신이……참형이고 : 강도 와주가 조의하여 앞장서서 악을 저지르고 사람을 겁탈한 경우, 강도를 이끌어 강도짓을 한 것은 바로 이 와주이므로 자신이 비록 실행하지 않아도 장(贓)을 나누어 갖기만 하면 참형이다. 강도를 실행하고 장을 나누어 가지면 당연히 참형이다.〔凡强盜窩主 其造意倡惡 而行劫乎人 則率强而行强者 斯其人矣 故身雖不行 但分贓者斬 此不言 行不分贓 是亦强盜行而但得財者也 不待言也〕《집설 권6 54장》 장을 나누어 가지지 않아도 역시 참형이다. 이미 실행하고 그 뒤에 장을 나누어 갖지 않은 것은 죄가 두려워 사양한 것이 아니라 우연히 장을 나누지 않았을 뿐이기 때문이다.

4 실행하지 않고……3000리이다 : 비록 강도를 하지 않았을지라도 와주가 되어 조의한 것을 미워하기에 1등급을 줄인 장 100 유 3000리이다.〔雖未肆其强 尙惡其造意行强也 杖一百流三千里〕《집설 권6 54장》〔惡其爲窩主而造意也〕《집주(하) 637쪽》

5 공모(共謀) : 와주가 조의하지 않았으나, 타인이 강도를 주모(主謀)하자 그와 함께 모의한 것을 이른다.〔共謀 謂窩主不曾造意 他人主謀强盜 而與其共謀者〕《강해 346쪽》

6 공모(共謀)하면……참형이고 : 강도를 행하는 것과 장을 나누어 가지는 것은 동일하지 않으나, 강도를 하여 재물을 얻었다는 점에서 한가지이다. 강도를 행하였으나 장을 나누어 갖지 않은 경우, 장을 나누어 갖지 않은 것이 강도를 행한 죄를 경감하기에 부족하며, 장을 나누어 가졌으나 강도를 행하지 않은 경우, 강도를 행하지 않은 것이 장을 나누어 가진 죄를 경감하기에 부족하다.〔行與分贓不同 其爲强盜得財一也 故行而不分贓者 其不分贓 不足以減殺其行之罪 分贓而不行者 其不行 不足以減殺其分贓之罪也〕《전석 권18 51장》 그러므로

도 나누지 않으면 장 100이다.[7]

301-2 절도 와주가 조의하면, 자신이 비록 실행하지 않더라도 단지 장을 나누기만 하면 수범(首犯)으로 논하고,[8] 실행하지 않고 또 장도 나누지 않으면 종범(從犯)으로 논한다.[9] 현장에서 주창하여 도둑질한 자를 수범으로

공모하여 실행하였으나 장을 나누어 갖지 않은 것과 장을 나누어 가졌으나 실행하지 않은 것은 똑같이 강도하여 재물을 얻은 죄로 논해야 하므로, 조의하고 강도를 한 것과 더불어 수범과 종범을 나누지 않고 모두 참형이다.〔行而不分贓 及分贓而不行 均當論强盜得財之罪也 故與造意上盜者 不分首從 皆斬〕《집설 권6 56장》

강도조(③ 289 强盜)에서 강도를 하였으나 재물을 얻지 못하면 장 100 유 3000리에 그치는데, 이 조문에서는 와주가 공모하여 실행하고 장을 나누어 갖지 않으면 참형이다. 여기서 재물을 얻지 못한 것과 장을 나누어 갖지 않는 것은 다른데, 재(財)는 주인에게 있는 것이고, 장(贓)은 도적의 손에 들어간 것이다. 강도가 득재하지 못한 것은, 피해자가 재물이 없거나 혹은 피해자가 놀라 도망가서 그들의 재물을 얻지 못한 것이고, 와주가 장을 나누어 갖지 않은 것은 강도를 하여 이미 재물을 얻었으나 와주가 다만 겁탈한 장을 나누지 않은 것이다. 획득한 장은 일단 와주의 소유이므로 이를 나누지 않았다고 하여 재물을 얻지 못한 것과 같이 비교할 수는 없다. 그러므로 강도조에서 재물을 얻었는지만 논하고 강도를 행하였는지나 장을 나누어 가졌는지 여부에 대한 율문은 없으며 다만 재물을 얻었기만 하면 수범과 종범 모두 참형이고, 이 조문에서도 와주가 공모하여 실행하면 장을 나누어 갖지 않아도 수범과 종범 모두 참형이다.〔或問强盜不得財 止於滿流 窩主共謀者 行而不分贓 與不得財何異 而坐斬何歟 曰不分贓 與不得財 語相似而不同 不得財謂不得被盜者之財也 不分贓謂不分已劫出之贓也 在主家謂之財 入盜手謂之贓 强盜不得財 是劫而無物 或遇驚散 若窩主不分贓 卽是强盜已得財 窩主特不分耳 雖不分 而先旣窩藏 又與共謀 又同上盜 明火持仗 身預其事矣 衆人之贓 窩主之有也 豈容以其不分 而比同於不得財乎 前條强盜 止言得財 而無行不行分贓不分贓之文 可見但得財 卽不問其行而不分贓 皆斬也〕《전석 권18 51장》〔强盜本法 行而得財者 皆斬 原不論分贓不分贓〕《집주(하) 637쪽》

7 실행하지 않고……100이다 : 실행하지 않았고 장을 나누어 갖지 않았더라도 와주가 되어 공모한 것을 미워하므로 장 100이다.〔若不行 又不分贓者 猶惡其爲窩主而與謀也 故杖一百〕《전석 권18 51장》 조의하지도 않았고 강도를 실행하지도 않았으므로 장 100으로 가볍게 처벌한다.〔罪杖一百者 以旣非始謀 亦未行强 故輕之也〕《집설 권6 56장》

8 절도……논하고 : 맨 먼저 모의한 데 대해 죄주는 것이다.〔罪其始謀也〕《석의 권18 31장》 실행하고 장을 나누어 갖지 않은 경우를 말하지 않았으나 절도를 행하여 재물을 얻으면 수범이 되므로 따로 말할 필요가 없다.〔此亦不言 行不分贓 是亦竊盜行而得財爲首者也 不待言也〕《전석 권18 51장》 절도를 실행하고 장을 나누어 가지면 당연히 수범이다.

9 실행하지 않고……논한다 : 맨 먼저 모의하지 않은 것을 용서한다.〔原其非始謀也〕《석의 권18 31장》 비록 절도를 실행하지 않았을지라도 절도 실행을 조의한 것을 미워하므로 절도의 종범으로 논한다.〔雖未肆其竊 尙惡其造意行竊也 故依竊盜爲從論〕《집설 권6 55장》

삼는다. 따라 하였을 경우[10] 실행하였으되 장을 나누지 않거나 또는 장은 나누었으되 실행하지 않으면 그대로 종범으로 논하고,[11] 실행하지 않고 또 장도 나누지 않으면 태 40이다.[12] 본래 함께 모의하지 않고 서로 우연히 만나 함께 도둑질하면,[13] 현장에서 주창하여 절도한 자를 수범으로 삼고, 나머지는 종범으로 논한다.[14]

301-3 어떤 사람이 타인을 약매(略賣)하거나 화유(和誘)[15]한 것 및 강도나 절도한 사실을 안 뒤에 장을 나누면, 나눈 장을 계산하여 절도에 준하여 종범으로 논하고, 자자(刺字)는 면제한다.

301-4 강도나 절도한 장인 줄을 알고도 고의로 사면 산 물건의 값을 계산하여 좌장(坐贓)으로 논한다.[16] 알고도 장을 맡으면 1등급을 줄인다.[17] 각

10 따라 하였을 경우 : 원문의 위종자(爲從者)는 와주를 가리킨다. 와주가 조의한 것이 아니라 타인이 절도를 주모하자 와주가 그 사람과 공모한 것으로, 먼저 조의자가 있고 뒤에 와주가 따른 것이다.〔爲從者 亦指窩主 謂先有造意者 而後窩主從之也〕《집해 1444쪽》〔爲從者 謂窩主不曾造意 他人主謀竊盜 而與其人共謀者〕《강해 347쪽》 공모라고 하지 않고 위종자라고 한 것은 '조의를 수범으로 한다'를 이어 말한 것이다.〔不曰共謀 而曰爲從者 承造意爲首而言也〕《전석 권18 51장》

11 실행하였으되……논하고 : 실행하였으나 장을 나누어 갖지 않거나 장을 나누어 가졌으나 실행하지 않으면 똑같이 절도하여 재물을 얻은 죄로 논해야 한다. 위종자이므로 조의자에서 1등급을 감하여 종범으로 논하며 모두 자자를 면한다.〔行而不分贓 及分贓而不行 均當論竊盜得財之罪也 故仍減造意者一等 依爲從論 竝免刺字〕《집설 권6 55장》

12 실행하지 않고……40이다 : 수범이 아니고 또한 절도를 행하지 않았으므로 태 40으로 가볍게 처벌한다.〔罪笞四十者 以既非爲首 亦未行竊 故輕之也〕《집설 권6 56장》 와주가 되어 모의에 참여한 것을 미워하므로 태 40이다.〔猶惡爲窩主而豫謀也 故笞四十〕《전석 권18 52장》

13 본래……도둑질하면 : 적용 대상의 범위를 넓히어 말한 것으로 꼭 와주일 필요는 없다.〔相遇共盜 泛言 不必專爲窩主〕《집해 1444쪽》

14 현장에서……논한다 : 원문의 임시(臨時) 이하는 절도에 대해서만 말한 것이다. 강도는 수범과 종범을 나누지 않고 289조 강도(强盜)로 논하며, 절도는 수범과 종범을 나누어 도둑질한 사람이 수범이고 나머지는 각각 종범이 되는 율에 따라 논하기 때문이다.〔其强盜固不分首從 依强盜律論矣 若行竊盜 則以臨時主意上盜者爲首 餘人各依爲從律論〕《집설 권6 55장》〔臨時以下 止就竊盜一邊說 以竊盜方分首從故也〕《집설 권6 57장》

15 약매(略賣)하거나 화유(和誘) : ③ 298 略人略賣人

16 산 물건의……논한다 : 장(贓)을 나누어 가진 경우에 비할 것은 아니나 매입한 물건이 훔

각 죄는 장 100에 그친다.[18] 실정을 알지 못하고 착오로 사거나 맡으면 모두 처벌하지 않는다.

직해 강도의 주인(主人)이 모의를 일으켜 주도하면, 자신이 함께 도둑질을 하지 않아도 장물을 나누어 쓰면 참형이다. 함께 모의하지 않고 장물도 나누어 쓰지 않으면 장 100에 먼 곳으로 유배 보낸다. 함께 모의하여 함께 도둑질을 하고 장물을 나누어 쓰지 않거나, 장물은 나누어 쓰고 함께 도둑질은 하지 않은 경우는 모두 참형이다. 함께 도둑질을 하지 않고 장물도 나누어 쓰지 않으면 장 100이다.

(○) 절도의 주인이 주도하고 함께 도둑질을 하지 않아도 장물을 나누어 쓴 경우는 절도를 모의한 수범으로 논한다. 도둑질을 하지 않고 장물도 나누어 쓰지 않으면 종범으로 논한다. 현장에서 주도하여 도둑질한 사람은 수범으로 논하고, 함께 도둑질을 하고 장물을 나누어 쓰지 않거나, 장물은 나누어 쓰고 도둑질을 하지 않은 경우는, 종범의 예로 논한다. 도둑질을 하지 않고 또한 장물을 나누어 쓰지도 않으면 태 40이다. 처음에 함께 모의하지 않았다가 서로 만나서 함께 도둑질을 하면, 현장에서 주도하여 도둑질한

친 장이므로 그 가격을 계산하여 좌장(坐贓)으로 논죄한다.〔雖非分贓者比 然所買之物 實其所盜之贓 故計其所買本物應値之價 坐贓論罪〕《집설 권6 55~56장》 고의로 매입한 물건의 원가라고 하는 견해도 있으나 《전석》은 이를 잘못이라 하였다.〔或謂卽原故買物之價 非也〕《전석 권18 52장》

17 알고도……줄인다 : 원문의 고매(故買)는 소유를 이롭게 여기고, 수기(受寄)는 다만 수장(收藏)할 뿐이므로 고매에서 1등급을 줄인다.〔故買者 有利其所有之心 受寄則但爲收藏而已 故減一等〕《집주(하) 640쪽》 비록 고매에 비할 것은 아니나 맡아 둔 물건이 실은 훔친 장이므로 그 맡아 둔 물건의 가격을 계산하여 좌장으로 죄를 논하되 고매에서 1등급을 줄인다.〔雖非故買者比 然所寄之物 實其所盜之贓 故亦計其所寄本物應値之價 坐贓論 減一等〕《집설 권6 56장》 가령 고매한 장이 100냥이면 좌장은 재물의 전체 액수를 합하여 그 반으로써 과죄하므로 50냥인데 이는 장 70에 해당하며, 수기하면 여기서 1등급을 줄인 장 60이다.〔如故買者贓一百兩 折半作五十兩 應杖七十 受寄者減一等 則杖六十也〕《집주(하) 638쪽》

18 각각……그친다 : 고매(故買)나 수기(受寄)는 모두 도둑질한 뒤의 행위로, 먼저 모의하고 강도하거나 절도하여 장을 나누어 가진 경우와 같지 않다. 그러므로 그 죄가 각각 장 100에 그칠 뿐이다.〔故買受寄者 以其係盜後所行 與先謀而分贓者不同 故其罪各止杖一百耳〕《집설 권6 57장》

자를 수범으로 논하고, 그 나머지 함께 행한 자는 종범으로 논한다.
(○) 어떤 사람이 타인을 약매(略賣)하거나 화유(和誘)한 일, 강도나 절도의 일을 이미 행한 뒤에야 알고 장물을 나누어 쓴 경우는, 나누어 쓴 장물을 계산하여 절도의 종범의 예에 준하여 논하고 자자는 하지 않는다.
(○) 강도나 절도범이 훔친 물건임을 알고 고의로 사면, 산 물건의 수를 계산하여 좌장으로 논한다. 장물임을 알고도 받아 숨겨 둔 자는 1등급을 줄이되 장 100을 한도로 한다. 실정을 알지 못하고 착오로 사거나 받은 경우는 모두 처벌하지 않는다.

해설

도적의 와주를 처벌하기 위해 마련한 조문이다. 와주는 강・절도한 장물을 숨겨 주는 주인으로 도적 무리가 재물을 얻는 바탕이 된다. 도적은 와주가 없으면 도둑질을 할 수가 없기에 도적의 근원을 차단하기 위해 와주를 엄하게 처벌하였다. 율문은 와주의 조의와 공모, 함께 도둑질하였으나 예모(預謀)가 없는 경우, 장물인 줄을 알면서 나누어 가진 경우, 장물을 고의로 사들이거나 보관하는 경우 등으로 나누어 처벌을 규정하였다.

302
도적을 하기로 공모함
共謀爲盜

302-1 강도를 하기로 공모하였지만 현장에서 실행하지 않았는데, 실행한 사람들이 도리어 절도하자 공모한 사람들이 장(贓)을 나누어 가지면,[1] 조의자(造意者)는 절도의 수범으로 삼고, 나머지 사람들[2]은 모두 절도의 종범으로 삼는다. 장을 나누어 갖지 않으면, 조의자는 절도의 종범으로 삼고, 나머지 사람들은 모두 태 50이다.[3] 현장에서 주도하여 훔친 자를 절도의 수범으로 삼는다.

302-2 절도를 하기로 공모하였지만 현장에서 실행하지 않았는데, 실행한 사람들이 강도를 하자 실행하지 않은 조의자가 장을 나누어 가지면 실정을 알았거나 알지 못하였거나 모두 절도의 수범으로 삼는다.[4] 실행하지 않은 조의자가 장을 나누어 갖지 않거나 나머지 사람들이 장을 나누어 가지면

1 강도를……가지면 : 공모는 하였으나 현장에서 실제로 강도 행위에는 참여하지 않은 사람들이 현장에서 다른 사람들이 절도하여 얻은 장을 나누어 갖는 것이다.〔共謀者分贓 謂臨時不行者 皆分贓也〕《석의 권18 32장》 실행한 사람이 강도가 아니라 절도를 하였다면 절도를 행한 것으로 처벌해야 한다.〔其行者 乃不爲强盜 却爲竊盜 坐竊于已行固矣〕《집설 권6 59장》

2 조의자(造意者)는……사람들 : 조의자는 모의를 주도한 사람이다.〔曰造意 卽謀主之謂〕《집설 권6 59장》 조의자 및 나머지 사람은 모두 현장에서 실행하지 않은 사람을 가리킨다. 나머지 사람이 실행한 사람과 실행하지 않은 사람을 겸해서 말한 것이라는 견해도 있으나 《집해》는 이를 잘못이라 하였다.〔所稱造意及餘人 皆指臨時不行之人 或以餘人 兼行與不行者言 非也〕《집해 1453쪽》

3 태 50이다 : 와주(③ 301 盜賊窩主)가 실행하지도 않고 장을 나누어 갖지도 않으면 태 40에 그치는데, 지금 공모한 사람은 도리어 태 50이어서 그 죄가 더 무거운 것은 강도를 공모한 것을 미워하기 때문이다.〔窩主不行不分贓 止笞四十 今共謀者 反笞五十 其罪更重者 惡其共謀爲强盜也〕《집해 1453~1454쪽》

4 실행하지 않은……삼는다 : 실행하지 않은 사람이 만약 조의자이면서 그 장을 나누어 가졌으면 그것이 강도의 장인지 알았거나 알지 못하였거나 모두 절도의 수범으로 논한다.〔此不行之人 如原係造意者 曾分其贓 則不論知是强盜贓 不知是强盜贓 幷爲竊盜首論〕《집주(하) 643쪽》

모두 절도의 종범으로 삼는다. 현장에서 절도를 주도하거나 함께 강도를 하면 수범이나 종범을 나누지 않고 논죄한다.

직해 강도를 함께 모의하였다가 그때가 되어 실행하지 않아도 그 와중에 다른 사람이 가서 절도한 경우에, 함께 모의한 사람들이 장물을 나누어 썼을 때, 실행하고 실행하지 않고를 논하지 않고 처음 발의하고 나누어 쓴 자는 절도의 수범으로 논죄하고, 그 나머지 함께 모의하고 장물을 나눈 사람들은 모두 절도의 종범으로 논한다. 처음 모의를 일으켜 주도하고 나누어 쓰지 않았으면 절도의 종범으로 논하고, 그 나머지 행하지 않은 사람들은 모두 태 50이다. 현장에서 주도하여 도적질을 한 사람들을 절도의 수범으로 삼는다.

(○) 처음에 절도하기로 함께 모의하였다가 현장에서 실행하지 않은 경우, 그 와중에 다른 사람이 가서 강도를 하였을 때, 같이 실행하지 않아도 처음에 모의를 일으켜 주도하고 장물을 나누어 썼으면, 실정을 알았거나 알지 못하였거나를 논하지 않고 모두 절도의 수범으로 논한다. 모의를 일으켜 주도한 사람이 장물을 나누어 가지지 않았거나, 나머지 사람들이 장물을 나누어 가졌으면, 모두 절도의 종범으로 삼는다. 현장에서 주도하였거나 그와 함께 강도를 한 사람들은 수범과 종범을 나누지 않고 논죄한다.

해설

강도나 절도를 공모하였다가 범행 당시에 실행에 참여하지 않았을 경우에 대한 규정이다. 강도와 절도에 관한 율은 289조 강도와 292조 절도에 갖추어져 있다. 함께 도적질하기로 모의하였는데, 그중 한두 사람이 때가 되어 사정이 생기거나 혹 두렵거나 후회되어 실행하지 못하는 경우가 있을 수 있으나 실행하지 않았더라도 함께 모의한 죄는 처벌하지 않을 수 없다.

303
공취와 절취가 모두 도임
公取竊取皆爲盜

'도(盜)'의 경우, 공취(公取)와 절취(竊取)가 모두 도이다.[1]
직해 도적이 공취하거나 절취하면 모두 도이다.

–공취는 도둑질을 하는 사람이 공공연히 그 재물을 얻는 것을 이르며, 절취는 몸을 숨기고 얼굴을 가린 채 몰래 그 재물을 얻는 것을 이른다. 모두 이름하여 도(盜)라 한다.–[2]
직해 도적이 남의 물건을 드러내 놓고 탈취하는 것이 공취이며, 자신의 형체를 알지 못하게 하고 남의 재물을 몰래 취하는 것이 절취이니, 모두 이름하여 도라고 한다.

기물(器物)이나 금전·비단 따위는 반드시 옮겨서 훔친 장소에서 벗어나야 도이며, 주옥(珠玉)이나 보화 따위는 그것을 차지해서 수중에 숨기고 감추어 두면 비록 아직 가지고 가지 않더라도 역시 도이다. 나무나 돌, 무거운 기물처럼 사람의 힘으로 감당할 수 없는 것들은 비록 본래 있던 장소에서 옮기더라도 말이나 수레에 싣지 않으면 아직 도가 성립되지 않는다.[3] 말·

1 도(盜)의……도이다 : 이 조문은 앞의 도적 여러 조문에 대한 통례(通例)이다. 공취(公取)는 강도(③ 289 强盜), 창탈(③ 291 白晝搶奪) 따위이고, 사취(私取) 즉 절취(竊取)는 절도(③ 292 竊盜), 도모(掏摸)(③ 292 竊盜) 따위이다.〔此條 乃以上盜賊諸條之通例 公取若强盜搶奪之類 私取若竊盜掏摸之類〕《집해 1458쪽》 천취(擅取)(③ 294 盜田野穀麥), 천용(擅用)(② 94 卑幼私擅用財), 천식(擅食)(② 105 擅食田園瓜果), 천장거(擅將去)(② 105 擅食田園瓜果) 등은 모두 공취나 절취의 예에 들지 않는다.〔若律所稱擅取擅用擅食擅將去之類皆不在公取竊取之例〕《집주(하) 647쪽》

2 공취는……한다 : 공취는 피해자가 감당할 수 없음을 업신여겨 거리낌 없이 공공연히 재물을 취하는 것이고, 절취는 피해자가 알아챌까 봐 자취를 숨기고 몰래 훔쳐서 취하는 것이다. 두 가지의 실정과 상황이 같지 않으나 모두 자기 소유가 아닌 것을 취하므로 모두 도라 한다.〔公取者 欺事主之不敵 無所避忌 公然而取之 竊取者 畏事主之知覺 潛蹤隱迹 私竊而取之 二者之情形不同 而俱取非其有 故皆謂之盜〕《집주(하) 646쪽》

소·낙타·노새 따위는 반드시 우리를 벗어나야 하며, 매나 개 따위는 반드시 그것들을 자기 마음대로 통제할 수 있어야 곧 도가 성립된다.

직해 기물·금전·비단 등의 물건은 반드시 다른 곳에 옮겨 두어야 도가 된다. 주옥이나 보화 등의 물건은 손에 넣어 숨기고 감추어 두어, 가져가지 않아도 도가 되는 것은 마찬가지이다. 나무나 돌, 무거운 기물은 사람의 힘으로 쉽게 운반할 수 없는 것이므로 비록 근처에 옮겨 두어도, 실어 가지 못한 경우에 아직 정식 도적으로 성립하지 않는다. 말·소·노새·나귀 등의 동물을 이미 우리에서 나오게 하였거나, 매나 개 등의 동물을 탈취하여 자신이 가지고 있어야 도로 논한다.

–말 한 마리를 훔쳤는데 별도로 따라온 말이 있으면 함께 계산하여 죄로 삼는 것은 합당하지 않다. 그 어미를 훔쳤는데 새끼가 따라왔으면 함께 계산하여 죄로 삼는다.–[4]

직해 이를테면 말 한 마리를 훔쳐 가지고 갈 때 다른 말이 따라온 것은 아울러 계산하여 죄로 삼는 것이 합당하지 않고, 어미 말을 훔쳐 가지고 갈 때 새끼 말이 따라온 것은 모두 아울러 계산하여 죄로 삼는다.

3 기물(器物)이나……않는다 : 원문의 기물, 전백 이하는 공취와 사취를 함께 말한 것이다. 아직 도둑질이 이루어지지 않았으나 자취가 현저하고 증거가 드러나면, 도둑질을 행하였으나 아직 재물을 얻지 않은 죄에 따라서 과단한다.〔器物錢帛以下 俱兼公私言 未成盜而有顯迹證見者 依已行而未得財科斷〕《집해 1458쪽》

4 말……삼는다 : 단지 말 한 마리를 도둑질하였는데 별도로 다른 말이 따라오는 것은 우연이다. 따라온 말을 도둑질할 뜻이 있었던 것은 아니므로 죄로 논하지 않는다. 그러나 어미를 도둑질하였는데 그 새끼가 따라오는 것은 필연으로 새끼도 훔칠 뜻이 있었기 때문에 함께 장(贓)을 계산하여 논죄한다.〔止 盜馬一匹 別馬隨之 乃偶然之事 非有意盜之也 故不并論 若盜其母 其子隨之 乃必然之事 卽有意盜之矣 故并計贓論罪〕《집주(하) 647쪽》

304
자자를 지움
起除刺字

도적이 일찍이 자자형(刺字刑)을 받았으면[1] 모두 원적지로 보내어 거두어서 경적(警迹)[2]에 충당한다.[3] 도죄(徒罪)에 해당하면 도역(徒役)을 마친 뒤에 경적에 충당하고, 유죄(流罪)에 해당하면 유배지에서 경적에 충당한다. 원래 자자하였던 글자를 지우면[4] 장 60에, 다시 자자한다.

직해 도둑이 일찍이 자자하였던 사람이면 본적으로 되돌려 보내 관문(官門)에서 벗어나지 못하게 하고, 다른 도둑이 있으면 그로 하여금 종적을 살피게 한다. 도역을 지게 한 자이면 역을 채운 뒤에 앞과 같이 부린다. 유배를 보낸 자이면 유배지에서 그대로 앞과 같이 부린다. 그중에 이미 전에 자자한 글자를 제거한 사람은 장 60에 다시 자자한다.

1 일찍이 자자형(刺字刑)을 받았으면 : 감수도(監守盜), 상인도(常人盜), 절도(竊盜), 백주창탈(白晝搶奪)과 같은 죄로 자자를 받으면 모두 거두어들여 경적(警迹)에 충당한다.〔謂如監守盜常人盜竊盜白晝搶奪 此等曾經刺字者 竝合收充警迹〕《강해 351쪽》

2 경적(警迹) : 경(警)은 순경(巡警), 적(迹)은 종적(蹤迹)의 적으로, 순경의 역(役)에 충당하여 도적 떼의 종적을 쫓는 것이다. 도적으로 도적을 잡는 방법이다.〔警 是巡警之意 迹如蹤迹之迹 謂充巡警之役 以蹤迹盜賊之徒 蓋以盜捕盜之法也〕《집해 1460~1461쪽》 ③ 287 監守自盜倉庫錢糧

3 거두어서 경적(警迹)에 충당한다 : 관사의 장면(帳面)에 실려 있던 성명을 거두어들여 경적에 충당한다.〔官司ノ帳面ニ收入レテ警迹ノ役ニ充ル也〕《언해 권21 75장》 순찰하여 종적을 쫓는 사람은 모두 책적(冊籍)에 두기 때문에 수충(收充)이라고 한다.〔警迹之人 俱有冊籍 故曰收充〕《집주(하) 647쪽》

4 원래……지우면 : 자자를 지우는 데에는 정해진 제도가 있는데, 초범은 팔뚝에 자자하되 2년 동안 과실이 없으면, 재범은 3년 동안 과실이 없으면 관사에서 보증하여 자자를 지운다. 또 강도 3명이나 절도 5명을 체포하게 하면 연한에 구애받지 않고 곧바로 제적(除籍)하고 아울러 자자를 지운다.〔定制初犯刺臂 二年無過 官司保勘 起除刺字 再犯者 三年無過 依上保勘起除 有能捕獲强盜三名竊盜五名者 不拘年限 卽與除籍起字〕《집주(하) 648쪽》

대명률직해

제19권 형률刑律 인명人命

인명 人命

〈인명〉은 전국 시대 이회(李悝)의 《법경(法經)》 6편에 실려 있지 않다. 한 고조(漢高祖)의 약법삼장(約法三章)에는 "살인하면 사형이다."라는 말이 있고, 위(魏)에는 원독살인(怨毒殺人)의 영(令)이 있는데 모두 인명에 관한 법이다. 진(晉)이나 남조의 송(宋)·양(梁)에서는 편목이 없었고, 북위(北魏)에서는 살인하면 피해자 집에 장례 도구를 주게 하였다. 북제(北齊)에서는 살인하면 수범(首犯)과 종범(從犯) 모두 참형이었고, 수(隋)·당(唐)에서는 〈적도(賊盜)〉나 〈투송(鬪訟)〉 등과 함께 묶었다.

당률 252조 모살제사부주(謀殺制使府主), 253조 모살기친존장(謀殺期親尊長), 254조 부곡노비모살주(部曲奴婢謀殺主), 255조 모살고부지부모(謀殺故夫之父母), 256조 모살인(謀殺人), 259조 살일가삼인(殺一家三人), 260조 조부모부모부위인살(祖父母父母夫爲人殺), 262조 조축고독(造畜蠱毒), 263조 이독약약인(以毒藥藥人), 264조 증오조염매(憎惡造厭魅) 등은 〈적도〉에 있고, 당률 336조 투구오살상방인(鬪毆誤殺傷傍人), 338조 희살상인(戲殺傷人), 339조 과실살상인(過失殺傷人) 등은 〈투송〉에 보인다.

명(明)에서는 인명을 지극히 중히 여겨 특별히 편목을 세워서 〈도적〉 뒤에 붙이고, 당률에서 8조를 취하여 내용을 더하거나 줄였다. 당률 338조 희살상인, 336조 투구오살상방인, 339조 과실살상인 등을 315조 희살오살과실살상인(戲殺誤殺過失殺傷人)으로 합쳤고, 당률 262조 조축고독, 263조 이독약약인, 264조 증오조염매를 312조 조축고독살인(造畜蠱毒殺人) 하나로 만들었다. 또 308조 살사간부(殺死姦夫), 311조 채생절할인(採生折割人), 318조 궁전상인(弓箭傷人) 등을 추가하였으며, 이를 묶어서 〈인명〉이라 명명하였다. 모두 20조이다.

305
살인을 모의함
謀殺人

305-1 살인을 모의하면[1] 조의자(造意者)는 참형이다.[2] 따라[3] 가공(加功)[4]

1 살인을 모의하면 : 계획을 세우고 방책을 생각하여 칼날, 독약, 물・불 따위로, 혹은 형옥(刑獄)에 연루시켜 은밀히 해치려고 도모하는 것이다. 원한이 있어 고의로 살해하는 것도 모살(謀殺)이다.〔謀者 計議籌策 潛圖賊害 或以刀刃 或以毒藥 或駈赴水火 或誣陷刑獄之類 但有讎嫌 故行殺害者 俱謂謀殺〕《소의(하) 281쪽》 모살・고살(故殺)・투구살(鬪毆殺)・희살(戲殺)・오살(誤殺)・과실살(過失殺) 중에서 모살은 사전에 죽일 것을 모의하는 정상이 가장 독하므로 육살(六殺)의 첫머리가 된다.〔殺而以謀 情尤深毒 故爲六殺之首 六殺者 謀殺故殺鬪毆殺戲殺誤殺過失殺也〕《전석 권19 1장》

2 살인을……참형이다 : 원문의 조의(造意)는 마음에 두고 자꾸 생각하여 계책을 세우고 모의를 정해 살인할 뜻을 세우고 살인할 방법을 생각해 내는 것으로,〔凡處心積慮 設計定謀 立意殺人 而造出殺人方法者 是謂造意〕《집주(하) 654쪽》 혼자 마음속으로 모의하거나, 혹 다른 사람과 상의하여 함께 모의하는 것이다.〔或自己算計 而獨謀諸心 或與人商量 而共謀諸人〕《집주(하) 651쪽》 혼자 마음에 모의한다는 것은 함께 모의할 믿을 만한 사람이 없는 것이다. 모(謀)라고 할 때는 반드시 실제로 원한에 사무친 감정상의 이유가 있고 모의를 만든 분명한 자취가 있으며, 흉기를 추적하여 찾아냈는데 상흔과 서로 맞아떨어지거나, 살인에 쓴 독약을 만들거나 산 증거가 있어야 비로소 모의로 논할 수 있다. 다만 혼자 다른 사람을 모살한 것은 고살과 같은데, 고살은 살해 행위에 임박해서 살인할 뜻을 가지는 것이고, 모살은 살해하기 전에 마음을 먹은 것이다.〔註曰獨謀諸心 則無同謀之人可憑 名例稱謀下註曰謀狀顯著明白 必實有仇恨情由 具有造謀顯迹 或追出兇器與傷痕相符 或所用毒藥 造買有據 方可論謀 蓋獨謀殺人 同于故殺 但故殺則起意于臨殺之時 謀殺則造意于未殺之先也〕《집주(하) 654쪽》

3 따라 : 조의자의 지시를 따르는 것이다.〔聽從造意者之指使〕《전석 권19 2장》

4 가공(加功) : 가공의 범위에 대해 주석서에 따라 의견이 다르다. 《강해》는 함께 죽일 것을 공모하고 살해 당시에 도와준 사람이라고 하였는데, 비록 직접 사람을 죽이지는 않았더라도 당시 함께 길을 막거나 혹은 위협하거나 길을 막아 도망할 길이 없게 하는 따위는 모두 가공으로 보았다.〔從而加功者 謂同謀共殺 殺時加功者 若雖不下手殺人 當時共相擁道 或恐嚇遮阻使之無所逃竄 如此之類 竝是加功〕《강해 353쪽》 그리고 《소의》는 비록 직접 실행하지 않더라도, 모살할 때에 밀치고 핍박하거나 위협하거나 망을 보거나 행선지를 가리켜 주거나 하여 말 한마디, 손가락 하나라도 힘을 보탰으면 모두 가공이라고 하였다.〔若隨從其謀 而助其力 雖不下手 但於謀殺之時 或相推逼 或相恐嚇 或爲其瞭望 或指點去處 曾助一言一指

한 자는 교형이고, 따랐으나 가공하지 않은 자는 장 100 유 3000리이다. 죽어야 처벌한다.

305-2 상해하였으나 죽지 않으면 조의자는 교형이다. 따라 가공한 자는 장 100 유 3000리이고,[5] 따랐으나 가공하지 않은 자는 장 100 도 3년이다.

305-3 모의하고서 실행하였으나 사람을 상해하지 않으면[6] 장 100 도 3년이고, 따른 자[7]는 각각 장 100이다. 함께 모의하기만 하면 모두 처벌한다.

305-4 조의자는 비록 직접 실행하지 않아도 그대로 수범(首犯)으로 삼아 논한다. 따른 자는 실행하지 않았으면 실행한 자에게 적용하는 율에서 1등급을 줄인다.[8]

者 俱爲加功〕《소의(하) 281쪽》

그러나 《전석》은 밀거나 붙잡는 것은 그 정상이 비교적 무거워서 가공이라 할 수 있으나, 망본 사람까지 가공으로 처벌하는 것은 지나치다고 보고 힘을 보태어 실행한 것만 가공에 해당한다고 하였다.〔加功謂助力下手也 舊說謂瞭望推擁 俱爲加功 夫推擁 其情較重 謂之加功 猶可 若瞭望 則同謀皆有之 果坐加功 雖百十人 俱坐絞矣 須助力下手 爲是〕《전석 권19 2장》 한편 《집주》에서는 실행하여 사람을 죽이거나 상해해야 가공이라 보았고, 현장에서 망보거나 위협하거나 핍박하거나 둘러싼 사람은 가공의 범위에서 제외하였다. 반드시 때리는 것을 도와 상처가 중해야 비로소 가공으로 보아 교형으로 논하며, 독약으로 살인하려고 모의하여 이를 위해 독약을 만들어 건네주어 먹게 하는 것 역시 가공이라고 하였다.〔功者殺人之事也 加者 用力之謂也 故下手殺人傷人 方謂加功 若在場瞭望恐嚇逼迫擁衛之人 皆所謂不加功也 如將瞭望等皆作加功 則恐多人俱坐絞矣 後條例內註明 必助毆傷重 方以加功論絞 其義甚明 若謀用毒藥殺人 而爲之和合與喫者 亦爲加功〕《집주(하) 654쪽》

5 따라……3000리이고 : 힘을 보탠 자가 병기를 지니고 있었으면 흉도에 관한 조례(③ 325 鬪毆)를 끌어다 충군해야 본법의 뜻을 다하게 될 것이다.〔加功之人 若持有兵器 當引兇徒例充軍 方盡本法〕《전석 권19 2장》〔一兇徒……俱問發邊衛充軍〕《전석 권20 4~5장》

6 사람을 상해하지 않으면 : 저항하여 죽음을 면하거나, 숨어서 목숨을 보전하거나, 다른 사람의 구호를 받거나, 자기를 죽이려 한다는 소식을 듣고 피하여 상해를 입지 않은 것을 이른다.〔謂其人或拒鬪而獲免 或隱匿而自全者〕《전석 권19 2장》〔或自己拒鬪 或遇人救護而得免 或知風引避 或臨時脫逃而自全 其人尙未受傷〕《집주(하) 652쪽》

7 따른 자 : 상해하지 않았으므로 가공 여부는 구별할 수가 없어서 위종(爲從)이라고만 한 것이다.〔旣曰未傷 則未有加功不加功可辨 但可曰爲從而已〕《소의(하) 281쪽》

8 따른……줄인다 : 모의에 따르기만 하고 가지 않은 경우, 1항의 모의한 사람이 가서 살인하였으면 따라가서 가공한 죄인 교형에서 1등급을 줄인 장 100 유 3000리이고, 2항의 모의한 사람이 상해하였으나 피해자가 죽지 않았으면 따랐으되 가공하지 않은 죄인 장 100 도 3년

305-5 이로 인하여 재물을 얻으면 강도와 같게 보아 수범이나 종범을 구분하지 않고 모두 참형이다.[9]

직해 사람을 죽이려고 모의하는 데 처음에 뜻을 내어 주도하면 참형이다. 따르면서 힘을 보태 직접 실행하면 교형이다. 직접 실행하지 않으면 장 100에 먼 곳으로 유배 보내되, 피해자가 죽음에 이르러야 처벌한다.

(○) 상해하고 피해자가 죽지 않았으면 교형으로 죽인다. 힘을 보태 직접 실행한 자는 장 100에 먼 곳에 유배 보낸다. 직접 실행하지 않은 자는 장 100 도 3년이다.

○ 죽이려고 모의하였다가 사람을 상해하지 않으면 장 100 도 3년이다. 따른 자는 장 100이다. 함께 모의한 자는 모두 처벌한다.

○ 주도한 자는 비록 그 자신이 직접 행하지 않아도 수범으로 논하고, 따른 자는 직접 행하지 않았으면 직접 행한 사람의 예에서 1등급을 줄인다.

○ 이로 인하여 돈이나 물건을 빼앗으면 강도의 예로 보아 수범과 종범을

에서 1등급을 줄인 장 90 도 2년 반이고, 3항의 상해하지 않았으면 따른 죄인 장 100에서 1등급을 줄인 장 90이다.〔若止曾從其謀議 而不曾同去殺人者 如已殺 減行而加功一等 杖一百流三千里 傷而不死 減行而不加功者一等 杖九十徒二年半 未曾傷人 則減從者一等 杖九十〕《소의(하) 281쪽》

9 이로……참형이다 : 살인을 모의하였으나 남의 재물을 취하지 않으면 그 재물에서 이익을 얻으려는 것은 아니므로 종범은 약간 감경할 수 있다. 그러나 모살(謀殺)로 말미암아 죽인 사람의 재물을 취하면 강도와 목적이 같은데 반드시 힘을 보태고 장(贓)을 나누어야 비로소 강도로 논한다. 함께 모의한 자로서 실행하고 장을 나누어 갖지 않거나, 장을 나누어 가졌으되 행하지 않거나, 행하지도 않고 장도 나누어 갖지 않으면 그대로 모살 본율(本律)로 과단(科斷)한다. 그가 공모하였던 당초에 목적이 원래 살인이지 재물을 얻는 데 있지 않았기 때문이다. 302조 공모위도(共謀爲盜)를 보면 유추할 수 있다.〔夫謀殺人 不取人之財 特以報仇怨耳 非利其財也 故爲從得以末減 若因謀殺而得所殺人之財 猶之强盜矣 故同强盜 不分首從皆斬 然强盜意主于得財 則但得財者皆斬 謀殺意主于殺人 則因而得財者 必加功分贓 方同盜論 其同謀者 行而不分贓 分贓而不行 與不行又不分贓者 仍以謀殺本律科斷 以其共謀之初原爲殺人 不在得財 觀共謀爲盜條可推矣〕《집주(하) 652쪽》〔問曰 假如人欲謀人財 將砒霜與喫得財 不死 何斷 不得財 何斷 又如見人有財在身 欲取不便計 將麻藥與喫 使不能言 得財者何斷 答曰 砒霜乃毒藥也 其設心 已必寘之死 得財者 宜問以謀殺人得財 同强盜之罪 如不得財宜問以傷而不死之罪 麻藥特一時不能言語 原無殺人之意 止宜問以藥迷人圖財罪 同强盜已未得財之罪〕《전석 권19 2장》

따지지 않고 모두 참형이다.

해설

살인을 모의한 모살죄(謀殺罪)에 대한 처벌 규정이다. 모살은 육살(六殺) 중 첫째로, 〈인명〉에서 가장 기본이 되는 조문이기 때문에 첫머리에 배치하였다. 살인을 모의하여 피해자의 목숨이 끊어진 경우, 상해만 입힌 경우, 모의를 실행에 옮겼으나 상해도 입히지 못한 경우, 모의에 참여하였으나 실행하지 않은 경우, 모의를 실행하다가 피해자의 재물을 빼앗은 경우 등을 규정하였다.

306
황제의 명을 받든 사신이나 자신을 관할하는 장관을 죽이려고 모의함
謀殺制使及本管長官

황제의 명을 받들고 지방으로 나간 사신을 관리가 죽이려고 모의하거나, 부민(部民)이 자신이 속한 곳의 지부(知府)·지주(知州)·지현(知縣)을 죽이려고 모의하거나, 군사(軍士)가 자신을 관할하는 지휘(指揮)·천호(千戶)·백호(百戶)를 죽이려고 모의하거나, 이졸(吏卒)[1]이 자신이 속한 부(部)의 5품 이상 장관[2]을 죽이려고 모의하여, 실행하면 장 100 유 2000리, 상해하면 교형, 죽이면[3] 모두 참형이다.

직해 왕명을 받들어 사신으로 나간 관원을 관리가 죽이려고 모의하거나, 관할 지역 내 백성이 자신을 관할하는 관원을 죽이려고 모의하거나, 군사가 자신을 지휘하는 병마사·천호·백호를 죽이려고 모의하거나, 이졸들이 자신이 소속된 관아의 5품 이상 장관을 죽이려고 모의하는 경우, 죽이

1 이졸(吏卒) : 이전(吏典), 지후(祗候), 금자(禁子)이다.(① 32 吏卒犯死罪) 당률은 이졸을 유내(流內)에 속하지 않는 관청의 하급직 혹은 병사(兵士)로 풀이하였다.〔吏 謂流外官以下 卒 謂庶士衛士之類〕《당률 9조 不義》

2 부민(部民)이……장관 : 소속 관장이나 지휘관·관서에 대해, 부민은 본속(本屬), 군사는 본관(本管), 이졸은 본부(本部)라 칭하였다. 속(屬)은 부속된다는 뜻인데 부·주·현관에게는 백성을 다스리는 책임이 있고, 부민은 부·주·현관에게 부속되므로 본속이라고 하였고, 군관은 오직 군사만을 관속하고 부관은 이졸을 사역할 뿐이므로 본관, 본부라고 하였다.〔部民曰本屬 軍士曰本管 吏卒本部何也 蓋屬者有附屬之意 府州縣官以牧民爲責 爲斯民所附屬者 故曰本屬 若軍官止管束軍士 部官止使卒者也 義各不同耳〕《집해 1470쪽》 본속·본관·본부가 아니거나 부·주·현의 좌이관(佐貳官), 수령관(首領官), 그리고 본부 6품 이하 장관은 언급이 없으나 이들을 죽이려고 모의하면 305조 모살인(謀殺人)으로 과단한다. 〔觀曰本屬本部 則非本屬本管本部及府州縣佐貳首領官 與本部六品以下長官 律不著其罪 但依謀殺人科斷可知〕《집해 1471쪽》

3 부민(部民)이……죽이면 : 십악 중 9악 불의(不義)에 해당한다. ① 2 十惡

려고 모의하던 일의 상황이 이미 발각되었으면 장 100에 먼 곳으로 유배 보내고, 상해하였으면 교형으로 죽이고, 이미 죽였으면 모두 참형이다.

해설

이 조문의 행위들은 대체로 십악(十惡) 중 불의(不義)의 일종이다. 모살(謀殺)을 앞세운 구성 요건이 여러 개 있는데, 305조 모살인(謀殺人)이 기본적 구성 요건이고 나머지는 가해자와 피해자가 특별한 신분 관계에 있는, 즉 주로 피해자가 가해자의 친민관(親民官)이거나 가해자의 직속상관인 경우 형량을 가중하는 구성 요건이다. 이 조문은 백성이 본관(本管) 관원을 죽이려고 모의하거나, 지휘를 받는 하급 관리가 직속상관을 죽이려고 모의하는 행위의 형량을 가중하는 구성 요건이고, 다음 307조 모살조부모부모(謀殺祖父母父母)와 309조 모살고부부모(謀殺故夫父母)는 친속 관계가 있거나 있었던 비속 등이 존속 등을 죽이려고 모의하는 구성 요건이다.

307
조부모나 부모를 죽이려고 모의함
謀殺祖父母父母

307-1 조부모[1]나 부모 및 기친 존장(期親尊長)[2]·외조부모·남편·남편의 조부모나 부모를 죽이려고 모의하여, 실행하면 모두 참형이며, 죽이면 모두 능지처사(陵遲處死)이다.[3] 시마(緦麻) 이상의 존장(尊長)[4]을 죽이려고 모의하여, 실행하면 장 100 유 2000리이고, 상해하면 교형이며, 죽이면 모두 참형이다.[5]
307-2 존장이 비유(卑幼)를 죽이려고 모의하여, 실행하면 각각 고살죄(故殺罪)에 따라 2등급을 줄이고, 상해하면 1등급을 줄이며, 죽이면 고살법(故殺法)을 따른다.[6]

1 조부모 : 고조, 증조도 해당한다.〔凡稱祖父母者 高曾同〕《집설 권6 67장》 ① 41 稱期親祖父母

2 기친 존장(期親尊長) : 남동생이나 여동생에게 형이나 언니가, 조카에게 백숙 부모가 이에 해당한다.〔若弟妹於兄姊 姪於伯叔父母 是也〕《석의 권19 3장》

3 조부모나……능지처사(陵遲處死)이다 : 이는 강상(綱常)의 변고로 죄가 막대하므로 이행(已行)이면 사람을 상해하였는지 상해하지 않았는지를 불문하고, 수범과 종범을 불문하고 모두 참형이며, 이살(已殺)이면 모두 능지처사이다.〔此綱常之變 罪莫大焉 故已行者 不問傷人未傷人 不問首從 皆斬 已殺訖者 皆凌遲處死〕《집해 1474쪽》 십악 중 4악 악역(惡逆)에 해당한다. ① 2 十惡

4 시마(緦麻) 이상의 존장(尊長) : 대공(大功) 이하 및 외가와 처가의 유복 존장(有服尊長)이 이에 해당된다.〔大功以下皆是 外姻有服尊長亦同〕《당률 253조 謀殺期親尊長》

5 시마(緦麻)……참형이다 : 이행(已行)이나 이상(已傷)은 모두 수범과 종범을 나누고, 이살(已殺)은 수범과 종범을 나누지 않는다.〔已行已傷 皆分首從 已殺者 則不分首從〕《소의(하) 286쪽》 십악 중 8악 불목(不睦)에 해당한다. ① 2 十惡

6 고살법(故殺法)을 따른다 : 투구(③ 325 鬪毆) 내에 존장이 비유를 고살(故殺)한 네 대한 율문에 의거하여 논죄하는 것을 이른다.〔依故殺法者 謂各依鬪毆條內 尊長故殺卑幼律論罪〕《집해 1472쪽》 가령 조부모나 부모가 자나 손을 고살하면 장 60 도 1년인데(③ 342 毆祖父母父母), 모살(謀殺)을 이행하면 2등급을 줄인 장 90, 이상이면 1등급을 줄인 장 100, 이살이면 장 60 도 1년이다. 조부모나 부모가 자부나 손부를 고살하거나, 형이나 누나가 남동

307-3 노비나 고공인(雇工人)이 가장(家長) 및 가장의 기친이나 외조부모, 시마 이상의 친속을 죽이려고 모의하면, 죄는 아들이나 손자와 같게 보아 처벌한다.[7]

직해 조부모나 부모 및 기복친 웃어른이나 외조부모, 남편, 남편의 조부모나 부모를 죽이려고 모의하는 경우, 죽이려고 모의하던 일의 정황이 이미 발각되었으면 모두 참형이다. 이미 죽였으면 모두 거열처사형이다. 시마친 이상의 웃어른을 죽이려고 모의하는 경우, 모의하던 일의 정황이 이미 발각되었으면 장 100에 먼 곳으로 유배 보내고, 이미 상해하였으면 교형으로 죽이고, 이미 죽였으면 모두 참형이다.

(○) 웃어른이 아랫사람을 죽이려고 모의하는 경우, 모의하던 일의 정황이 이미 발각되었으면 각각 고의로 죽인 죄에 따라 그에 준하여 2등급을 줄이고, 이미 상해하였으면 1등급을 줄이고, 이미 죽였으면 고의로 죽인 예로 죄를 처벌한다.

생이나 여동생을 고살하거나, 백부나 숙부가 조카나 조카 손자를 고살하거나, 외조부모가 외손을 고살하면 장 100 유 2000리인데,(③ 341 毆期親尊長) 모살을 이행하면 2등급을 줄인 장 90 도 2년 반, 이상(已傷)이면 1등급을 줄인 장 100 도 3년, 이살(已殺)이면 역시 장 100 유 2000리이다. 시마 이상의 존장이 동당(同堂)의 제매(弟妹)나 당질(堂姪) 및 질손(姪孫)을 고살하면 교형인데,(③ 340 毆大功以下尊長) 모살을 이행하면 2등급을 줄인 장 100 도 3년, 이상이면 1등급을 줄인 장 100 유 3000리, 이살이면 역시 교형이다.〔如祖父母父母故殺子孫 該杖六十徒一年 謀殺已行減二等則杖九十 已傷減一等杖一百 已殺則杖六十徒一年 祖父母父母故殺子孫之婦 兄姊故殺弟妹 伯叔故殺姪姪孫 外祖父母故殺外孫 該杖一百流二千里 謀殺已行減二等則杖九十徒二年半 已傷減一等則杖一百徒三年 已殺亦杖一百流二千里 緦麻以上尊長 故殺同堂弟妹堂姪及姪孫者 絞 謀殺已行減二等杖一百徒三年 已傷減一等杖一百流三千里 已殺者則亦絞也〕《집해 1475~1476쪽》

7 노비나……처벌한다 : 노비나 고공인은 비록 가장에 대해 지켜야 할 윤리는 없으나 명분이 자손과 다름없이 중하기 때문이다.〔蓋奴婢雇工人 雖無倫理 名分之重 與子孫不異故也〕《집해 1477쪽》 노비나 고공인이 가장 및 가장의 기친(期親)이나 외조부모를 모살하여 이행이면 수범과 종범 구분 없이 모두 참형이며, 이살이면 수범과 종범 구분 없이 모두 능지처사이다. 가장의 시마 이상 친속을 모살하여 이행이면 수범은 장 100 유 2000리, 이상이면 수범은 교형이며 종범은 각각 1등급을 줄이고, 이살이면 수범과 종범 구분 없이 모두 참형이다.〔謀殺家長及家長之期親外祖父母 已行者 皆斬 已殺者 皆凌遲處死 謀殺家長之緦麻以上親 已行 爲首者 杖一百流二千里 已傷 爲首者 絞 爲從者 各減一等 已殺者 皆斬〕《집주(하) 661쪽》

○ 노비나 고용인 등이 집주인을 죽이려고 모의하거나, 가장의 기복친이나 외조부모나 시마친 이상의 친족을 죽이려고 모의하면, 자손이 조부모를 죽이려고 모의한 죄와 같게 논한다.

해설

인륜을 해치는 죄악을 처벌하는 조문이다. 조부모, 부모, 기친 존장, 외조부모, 남편이나 남편 부모를 모살(謀殺)한 경우는 강상(綱常)의 변고로 십악(十惡) 중 하나인 악역(惡逆)이기에 죄가 막중하다. 시마 이상 소공과 대공 존장에 대한 모살 역시 인륜을 어지럽히는 변고로 십악 중 하나인 불목(不睦)에 해당한다. 비유는 시마 이상의 존장을 마땅히 존경해야 하므로 모살은 물론 때리거나 욕을 해도 처벌한다. 존장이 비유를 모살한 경우 역시 인륜을 어지럽히는 일이기는 하나 비유가 존장을 범하는 것에 비하면 또한 차이가 있으므로 감등하여 과단(科斷)한다. 노비나 고공인은 비록 가장에 대해 지켜야 할 윤리는 없으나 명분이 자손과 다름없이 중하므로 가장이나 가장의 친속을 모살하면 자손이 범한 것과 똑같이 단죄한다.

308
간통한 남자를 죽임
殺死姦夫

308-1 처나 첩이 타인과 간통할 경우, 간통한 장소에서 간통한 남자와 부인을 직접 붙잡아 그 자리에서 바로 죽이면 논죄하지 않는다.[1] 간통한 남자만 죽이면 간통한 부인은 율[2]에 따라 단죄하고, 남편의 뜻에 따라 다른 남자에게 시집보내거나 팔게 한다.

308-2 처나 첩이 간통으로 인해 간통한 남자와 함께 모의해서 본남편을 죽이면[3] 능지처사(陵遲處死)이고, 간통한 남자는 참형에 처한다. 간통한 남자 자신이 그 남편을 죽이면[4] 간통한 부인은 비록 그 실정을 알지 못하였

1 논죄하지 않는다 : 만약 희롱에 그치고 아직 간통이 이루어지지 않았거나, 간통은 이루어졌지만 간통한 장소에서 잡지 않았거나, 간통한 장소에서 잡기는 하였으나 본남편이 직접 죽이지 않았으면 모두 그 자리에서 죽이면 논죄하지 않는 율을 적용하지 않는다.〔若止是調而未成姦 成姦而非姦所捕獲 而非本夫親手 則皆不在登時殺死勿論之律矣〕《전석 권19 5장》 본부(本夫)가 간부(姦夫)와 간부(姦婦)를 붙잡고 나서 관에 보내지 않고 때려 죽이면 밤에 정당한 사유 없이 남의 집에 들어갔다가 이미 사로잡혔는데 함부로 죽인 데 대한 율(④ 412 罪人拒捕)에 비교·대조하여 과단한다.〔本夫拘執姦夫姦婦而毆殺者 比照夜無故入人家 已就拘執 而擅殺至死律條科斷〕《전석 권19 6장》

2 간통한 남자만……율 : ④ 390 犯姦

3 처나……죽이면 : 처나 첩이 본남편을 죽일 것을 모의하여 남편이 반드시 죽어야만 능지처사로 처벌한다. 만약 상해만 입고 죽지는 않았으면 간부(姦婦)는 남편을 모살하여 이미 실행한 것에 따라 참형이고, 간부(姦夫)는 다른 사람을 모살한 조의자나 종범으로 보아 과단한다.〔妻妾謀殺親夫 須殺訖乃坐 若傷而不死 姦婦依謀殺夫已行者斬 姦夫依謀殺人造意或爲從科斷〕《집해 1478~1479쪽》

4 간통한 남자……죽이면 : 모살(③ 305 謀殺人)에 따른다.〔依謀殺〕《부례(하) 229쪽》 간부(姦夫)가 간부(姦婦)와 모의하지 않고 남편을 죽이면 간부(姦婦)는 비록 실정을 몰랐다 하더라도 역시 교죄로 처벌하는데 이는 화가 일어나게 된 계제이기 때문이다. 만약 간부(姦婦) 자신이 남편을 죽였으나 간부(姦夫)가 함께 모의하지 않았으면 간부(姦夫)는 당연히 상률(常律)에 따라 과단한다.〔若姦夫不與姦婦同謀 而自殺其夫者 姦婦雖不知情 亦坐絞罪 蓋禍之所由階也 若姦婦自殺其夫 而姦夫原不與謀者 自依常律科斷〕《전석 권19 5장》

더라도 교형이다.

직해 처나 첩이 다른 사람과 간통하였는데, 간통한 곳에서 간통한 남녀를 직접 잡아 즉시 때려 죽이면 논죄하지 않는다. 간통한 곳에서 오직 간통한 남자만 잡아 때려 죽인 경우에, 간통한 여자는 율에 따라 단죄하고 본남편에게 데리고 살거나 팔아 버리거나 임의로 하도록 허용해 준다.

○ 처나 첩이 다른 사람과 간통하다가 함께 모의하여 제 남편을 살해하면 거열처사형이고, 간통한 남자는 참형이다. 간통한 남자가 본남편을 때려 죽이면, 간통한 여자는 비록 실정을 알지 못해도 교형으로 죽인다.

해설

간통으로 인한 살인 사건을 변별하기 위한 규정이다. 남편인 본부(本夫)가 간통한 아내인 간부(姦婦)와 간통한 남자인 간부(姦夫)를 죽인 경우, 남편이 현장에서 이들을 직접 잡아서 죽이면 논죄하지 않는다. 이때 간부(姦夫)만 죽이고 부인은 죽지 않았으면 그 부인은 화간(和姦)이나 조간(刁姦)을 범한 것으로 논하고, 남편의 뜻에 따라 처분하게 한다. 간통을 하고 본부를 죽인 경우, 간통한 아내가 간부와 함께 모의하여 죽이면 여자는 능지처사, 남자는 참형이다. 이 조문은 당률에는 없고, 명률에 처음 실렸다.

309
죽은 남편의 부모를 죽이려고 모의함
謀殺故夫父母

309-1 처나 첩이 죽은 남편[1]의 조부모나 부모를 죽이려고 모의하면 모두 시부모를 죽이려고 모의한 죄와 같다.[2]

309-2 노비가 옛 가장(家長)을 죽이려고 모의하면 일반인의 경우로 논한다.[3]-자기 노비를 타인에게 팔아넘겼으면 모두 일반인의 경우와 같음을 이른다. 나머지 조문도 이에 준한다.-

직해 처나 첩이 죽은 남편의 조부모나 부모를 죽이려고 모의하면 모두 남편의 부모를 죽이려고 모의한 죄와 같다.

○ 노비가 옛 집주인을 죽이려고 모의하면 일반인이 사람을 죽이려고 모의한 죄와 똑같이 논한다.

1 처나……남편 : 원문의 고부(故夫)라고 할 때의 처첩은 남편이 죽고 개가한 경우를 이른다.〔注云 故夫 謂夫亡改嫁〕《당률 255조 謀殺故夫之父母》

2 처나……같다 : 모의하여 실행하면 모두 참형이고 죽이면 능지처사이다.〔謀而已行者 皆斬 已殺者 皆陵遲處死〕《집해 1481~1482쪽》 처첩이 남편이 죽어서 개가하면 남편 집안과는 의리의 정이 아직 완전히 끊어지지 않아서 명분은 보존된다. 만약 남편에게 죄를 지어 쫓겨났으면(② 123 出妻) 그 의리가 끊어진 것이므로 이 율을 적용하지 않는다.〔蓋妻妾因夫亡而改嫁 則夫家未與有義絶之情 名分猶存也 若犯夫被出 其義已絶 自不用此律矣〕《집주(하) 668쪽》

3 노비가……논한다 : 일반인이 살인을 모의한 데 대한 율(③ 305 謀殺人)로 논하여 조의자(造意者)는 참형이고 종범으로 가공(加功)한 자는 교형, 가공하지 않은 자는 장 100 유 3000리이다.〔以凡人謀殺人論 造意者 斬 從而加功者 絞 不加功者 杖一百流三千里〕《소의(하) 292쪽》 상해하되 죽이지 않았으면 교형, 실행에 옮겼으되 사람을 상해하지 않았으면 장 100 도 3년이다.〔傷而不死者 絞 行而未傷人者 杖一百徒三年〕《전석 권19 9장》

해설

며느리·시부모, 주인·노비 상호 간 의리와 명분이 끊어졌는지 여부에 따라서 범죄의 형량을 규정하였다. 부인은 남편이 죽은 경우는 307조 모살조부모부모(謀殺祖父母父母)에 따라 살아 있을 때와 동일하게 처벌받지만, 쫓겨난 경우는 123조 출처(出妻)에 따라 부부의 의리가 끊어졌다고 보아서 일반인과 동일하게 처벌받았다. 또한 노비도 타인에게 팔아넘기면 주인과 의리가 없어졌다고 보아 처벌이 일반인과 같다. 율문은 노비만 언급하였으나 고공인(雇工人)도 똑같이 적용한다.

310
한집안의 세 사람을 죽임
殺一家三人

한집안[1]의 사죄(死罪)를 짓지 않은 세 사람을 죽이거나, 타인의 사지(四肢)를 해체[2]하면[3] 능지처사(陵遲處死)하고 재산은 몰수하여[4] 죽은 자의 집에 준다. 처와 아들은 유 2000리이고,[5] 종범은 참형이다.

직해 한집안 안에서 사죄가 아닌 세 사람을 살해하거나 사지를 해체하면 거열처사형이고, 가산은 몰수하여 죽은 자의 집에 모두 준다. 처와 아들은 먼 곳으로 유배 보내고, 종범은 참형이다.

해설

많은 사람을 죽이거나 사지를 분해하는 따위의 극악한 죄를 범하면 마땅히 극형에 처함으로써 이러한 죄악을 엄금하려는 취지에서 만든 규정이다. 한

1 한집안 : 호적이 같은지는 논하지 않고 재산을 공유하고 함께 살면 곧 일가(一家)이며, 부자·형제·지친은 비록 같이 살지 않더라도 일가이다.〔不論籍之同異 但同財共居 便是一家……父子兄弟至親 雖不同居 亦爲一家〕《부례(하) 232쪽》 동거하면 비록 노비·고공인이라도 모두 일가이며, 혹 동거하지 않았더라도 나중에 보니 피살자들이 부자·형제·지친이었다면 역시 일가이다.〔謂同居 雖奴婢雇工人 皆是 或不同居 果係父子兄弟至親 亦是〕《집주(하) 669쪽》

2 타인의 사지(四肢)를 해체 : 복수하기 위해 사람을 죽이고 즉시 그 수족을 자르거나 시신을 부수고 훼손하거나 먼저 수족을 자른 후에 사람을 죽이는 것을 이른다.〔支解人 謂因讎將人殺死 卽時斷其手足 或碎割其屍 或先斷手足然後殺死〕《전석 권19 8장》 단 한 사람이라도 처벌하는데, 비록 피해자에게 죄가 있더라도 처벌하며, 반드시 사죄를 지은 세 사람이 아니어도 처벌한다.〔但一人 卽坐 雖有罪 亦坐 不必非死罪三人也〕《집주(하) 669쪽》 ① 2 十惡

3 한집안의……해체하면 : 십악 중 5악 부도(不道)에 해당한다. ① 2 十惡

4 재산은 몰수하여 : 수범의 것만 몰수한다.〔財産 止斷爲首者〕《부례(하) 232쪽》

5 처와……2000리이고 : 딸은 유형에서 제외한다.〔女不流〕《부례(하) 232쪽》

집안의 죽을죄를 짓지 않은 세 사람을 죽이거나, 다른 사람의 사지를 자르는 등 십악(十惡) 중 부도(不道)와 관련된 내용이 포함되어 있다. 당률 259조 살일가삼인(殺一家三人)에서는 죽을죄를 짓지 않은 세 사람을 죽이거나, 다른 사람의 사지를 자르거나 뼈를 부수어 죽인 경우 모두 참형인데 명률에서는 능지처사로 강화되었다.

311
사람을 채생절할함
採生折割人

사람을 채생절할(採生折割)[1]하면 능지처사(陵遲處死)하고,[2] 재산은 몰수하

1 채생절할(採生折割) : 살아 있는 사람의 육근(六根) 즉 눈·귀·코·혀·몸·뜻을 도려내어 혼백을 수취(收取)하고 제어하여 부리는 요사스러운 술법이다.〔生活ノ人ヲ採テ六根ヲ折割シ魂魄ヲ收メ取テ攝制シ役使スルノ邪法也〕《언해 권22 21장》 구체적인 내용은 주석서에 따라 여러 가지 행태가 언급되어 있다. 정리하면 다음과 같다. 첫째, 살아 있는 사람을 죽여서 눈·귀·코·혀·이·손바닥·발바닥·손톱·발톱·수염·머리털을 취하여, 누런 흙으로 인형을 만들어 윤달이 되면 아침에 북두성을 향해 예배하고 다시 진흙 인형을 가지고 물속에 들어가 황랍(黃蠟)·지마(紙馬)·주물(酒物)을 한밤중 사람들이 모르는 때에 보내는 것이다.〔將活人打死 取其眼睛耳鼻舌齒手足掌十指甲鬚髮 捏以黃泥 塑爲人形 至潤{閏}月 朝北斗禮拜 還將泥人去水中 用黃蠟紙馬酒物 于夜靜人不知時 送之〕《언해 권22 21장》〔有爲妖術者 或取人耳目 或斷人手足 用木刻泥塑爲人形 將各件安上 乃行邪法 使之工作〕《집주(하) 674쪽》 둘째, 술법(術法)·사도(邪道)로서 인가(人家)에 운명을 점친다고 거짓말하여 어린이와 소녀의 태어난 연·월·일·시를 알아내고 여자로 하여금 길을 잃어 산림·광야 속에 있게 하여 몸을 갈라 오장의 생기(生氣)를 도려내고 혼백을 끌어들여 귀신을 위하여 역사(役使)하도록 하여 부르기만 하면 그때마다 그 부림에 따르게 한다. 예전에 운남(雲南)·귀주(貴州)·광동(廣東)·광서(廣西) 지역에 이런 것이 있었다.〔以術法邪道 去到人家 詐言算命 採取幼兒小女生命年月日時 將女子迷在山林曠野之中 刈刑體骸 剜取五臟生氣 攝魂魄 爲鬼役使 但有呼喚 卽動聽其驅使也〕《언해 권22 21장》〔有採取生人年月生辰 將人迷在山林之中 取其生氣 攝其魂魄 爲鬼役使 往時滇黔兩粵中有之〕《집주(하) 674쪽》 셋째, 요술을 써서 살아 있는 사람의 지체(肢體)·귀·눈을 베어 사신(邪神)에게 바치는 것, 사람의 오장육부, 임신부의 태아, 처녀의 원홍(元紅) 따위를 도려내어 사술(邪術)에 쓰는 것이다.〔用妖術 採生人 而割其肢體耳目 以供邪神 竝是採生折割 取孕婦腹內胎 或室女紅珠 亦是採生也〕《언해 권22 21장》〔有剜人臟腑及孕婦胞胎室女元紅之類 以供邪術之用〕《집주(하) 674쪽》

2 사람을 채생절할(採生折割)하면 능지처사(陵遲處死)하고 : 이미 죽인 것과 상해한 것을 겸하여 말한 것인데 아래 문장에서 '미증상인(未曾傷人)'이라고 한 것을 보면 알 수 있다.〔此兼已殺及傷者言 觀下文言未曾傷人 可知〕《전석 권19 8장》 요술을 행하여 사람의 귀·눈·손·발을 얻을 때, 그 사람이 더러 죽지 않을 수 있으나 그 요술은 이미 행해진 것이므로 상해에 그치더라도 죽인 것과 죄가 같다. 한집안의 세 사람을 죽이는 것과 사람을 지해(支解)하는 것(③ 310 殺一家三人)은 다만 모살(謀殺)하는 것이므로 중점이 죽이는 데 있으나, 채생절할은 요술을 행하기 위한 것이므로 중점이 요술에 있다. 사람을 죽이면 해(害)

여 죽은 사람의 집에 준다. 처와 아들 및 동거하는 가구(家口)[3]는 비록 실정을 알지 못하였어도 모두 유 2000리에 안치(安置)한다.[4] 종범은 참형이다.[5] 이미 실행하였으면 사람을 상해하지 않았어도 역시 참형이다. 처와 아들은 유 2000리이다.[6] 종범은 장 100 유 3000리이다. 이장(里長)이 알고도 적발하지 않으면 장 100이고, 몰랐으면 처벌하지 않는다. 신고하여 잡게 하면[7] 관(官)에서 상으로 은(銀) 20냥을 준다.

직해 타인의 생기(生氣)를 채취하기 위하여 그 사람의 몸을 절단하면 거열처사형이고, 가산은 몰수하여 죽은 자의 집에 주며, 처・아들・동거하는 가속 등은 비록 실정을 알지 못하였어도 모두 먼 곳으로 유배 보낸다. 종범

가 한 집안, 한 사람에게 미치나, 요술은 독을 그 지방에 퍼뜨리거나 화(禍)를 후세에 남기므로 더욱 무겁게 처리한다.〔蓋行妖術以取人耳目手足 而人或有不死者 然其妖術已行矣 故已傷與已殺罪同 殺一家三人 及支解人 止是謀殺 則重在殺上 採生折割 爲行妖術 則重在妖上 殺則害在一家一身 妖則有流毒地方 遺禍後世之慮 故又重之也〕《집주(하) 674쪽》

3 동거하는 가구(家口) : 남녀를 겸하여 말한 것으로 호적이 같은지는 따지지 않는다.〔不限族籍同異〕《전석 권19 8장》 시집보내기로 허락한 딸, 과방(過房)으로 남에게 주어 아들로 삼게 한 사람은 모두 추적하여 연좌하지 않는다.〔若許嫁之女 及過房與人爲子者 俱不追坐〕《전석 권19 8장》〔同居家口 兼男女言 若女已許嫁 則歸夫家 過房與人爲子者 亦不坐〕《집주(하) 674쪽》

4 유 2000리에 안치(安置)한다 : 비록 사면령을 만나도 용서하지 않는다.〔雖會赦 亦不宥免〕《집주(하) 673쪽》

5 종범은 참형이다 : 종범의 재산, 처・아들, 동거하는 가속은 몰수나 유배형의 범위에 포함되지 않는다.〔財産妻子家口 不在斷付應流之限〕《전석 권19 8장》 가공(加功)하지 않았으면 종범은 모살인율(③ 305 謀殺人)에 따라 감등하고,〔不加功者 依謀殺人律減等〕《집주(하) 672쪽》 살상하면 똑같이 참형으로 처벌한다.〔爲從 乃同謀共事與行妖術之人 殺與傷 同坐斬〕《집주(하) 673쪽》

6 처와……2000리이다 : 재산과 동거하는 가속은 몰수, 연좌의 범위에 포함되지 않는다.〔財産及同居家口 不在斷付連坐之限〕《전석 권19 8장》 딸은 아직 시집보내기로 허락하지 않았어도 역시 유배 보내지 않는다.〔女未許嫁 亦不流也〕《집주(하) 674쪽》

7 신고하여 잡게 하면 : 원문의 고획(告獲)은 관에 알려 잡게 하는 것이다. 고획, 고포(告捕), 포획(捕獲)은 그 뜻이 다르다. 고포는 죄상이 두드러지고 패거리가 많아서 관에 알려 체포하게 하는 것이고, 포획은 자신이 직접 잡는 것이다.〔告獲者 告官而獲之 律有告獲告捕捕獲三様 文意不同 告捕 謂罪狀顯著 徒黨衆多 告官而捕之 捕獲 自行捕獲也〕《전석 권19 8장》

은 참형이다. 이미 실행하였으나 사람에게 상해하지 않은 경우도 참형이다. 처와 아들은 먼 곳으로 유배 보낸다. 종범은 장 100에 먼 곳으로 유배 보낸다. 이장이 알고도 고발하지 않으면 장 100이고, 몰랐으면 처벌하지 않는다. 잡아서 신고하면 은 20냥을 상으로 준다.

해설

채생절할(採生折割)에 대한 처벌 규정이다. 채생절할은 사람의 신체 일부를 취하여 그것으로 요술을 부리는 행위인데, 모살보다 더 엄격하게 처벌한다. 310조의 살일가삼인(殺一家三人)·지해인(支解人), 312조의 조축고독(造畜蠱毒)·염매(魘魅)와 함께 십악(十惡) 중 부도(不道)의 사례로 간주되는 중대한 범죄이다. 앞의 네 가지는 당률에서부터 부도의 사례로 적시되었으나, 채생절할은 명률에서 추가되었다.

312
고독을 만들거나 저장하여 사람을 죽임
造畜蠱毒殺人

312-1 사람을 죽일 수 있는 고독(蠱毒)[1]을 만들거나 저장하거나,[2] 제조법을 가르치거나 제조하도록 시키면[3] 참형이다. 만들거나 저장한 사람의 재산은 관(官)에 들인다.[4] 처나 아들, 동거하는 가구(家口)는 비록 실정을 몰랐더라도 모두 유 2000리에 안치(安置)한다. 고독을 동거인에게 썼는데 그 독의 피해를 입은 사람의 부모·처첩·자손은 고독을 제조한 실정을 몰랐으면 먼 곳으로 유배 보내는 규정을 적용하지 않는다.[5] 이장(里長)이 알고

1 고독(蠱毒) : 독충은 종류가 많아서 다 자세히 살필 수 없고 사도(邪道)·요술(妖術)에 관계되는 것이므로 자세히 알 수 없다. 혹 여러 독충을 한 그릇 안에 모아 놓고 끝까지 서로 잡아먹게 하여 모든 독충이 다 없어지고 만약 뱀만 남게 되면 그것이 곧 사고(蛇蠱)가 되는 따위이다.〔蠱有多種 罕能究悉 事關左道 不可備知 或集合諸蠱 置於一器之內 久而相食 諸蟲皆盡 若蛇在 卽爲蛇蠱之類〕《당률 262조 造畜蠱毒》

2 만들거나 저장하거나 : 원문의 조(造)는 만드는 것이고 축(畜)은 저장하는 것이다.〔造制也 畜藏也〕《집해 1492쪽》 보통 조합하여 고독(蠱毒)을 만드는데 비록 조합하지 않더라도 사람을 해칠 만한 것을 전하거나 저장하는 것도 죄가 된다. 고독이 완성되지 않으면 십악에 해당하지 않는다.〔謂造合成蠱 雖非造合 乃傳畜 堪以害人者 皆是 卽未成者 不入十惡〕《당률 6조 十惡》

3 제조법을……시키면 : 사람을 죽였는지 죽이지 않았는지를 논하지 않고 모두 참형이며 부대시(不待時)로 집행한다.〔教令他人製造之法者 不論已殺未殺竝坐斬罪 決不待時〕《전석 권19 9장》

4 만들거나……들인다 : 만들고 저장한 자는 실제로 그 물건을 가지고 있고, 가르치고 시킨 자는 그 방법만을 알고 있을 뿐이므로 만들고 저장한 자의 재산만 관에 들인다.〔然造畜者實有其物 教令者止有其方 故惟造畜者本身財産入官〕《전석 권19 9장》

5 처나……않는다 : 가해자의 처자나 동거하는 가구는 가해자의 범행 사실을 몰랐더라도 연좌의 책임을 물어 유 2000리에 안치한다. 그러나 고독에 피해를 입은 사람이 가해자와 동거하는 사이일 때는 피해자의 부모·처첩·자손은 피해자의 가족인 동시에 가해자의 가족이 된다. 따라서 이들이 범행 사실을 몰랐다면 가해자의 가족이라는 측면보다는 피해자의 가족이라는 측면을 더 중시하여 유배 보내지 않는다.〔若以所造畜之蠱毒 卽自毒其同居之人

서도 적발하지 않으면 각각 장 100이고, 몰랐으면 처벌하지 않는다. 신고하여 잡게 하면[6] 관에서 상으로 은 20냥을 준다.

312-2 염매(魘魅)를 만들거나[7] 부서(符書)로 저주[8]하여[9] 사람을 죽이려고 하면 각각 모살(謀殺)[10]로 논한다. 이로 인하여 죽게 하면 각각 본래의 살인법에 따른다.[11] 사람을 병들게 하거나 고통받게 하고자 하면 2등급을 줄

則被毒之人之父母妻妾子孫 本係應流之家口 反爲被害之親屬 如不知造蠱之情 則不在流遠之限 若先已知其造蠱之情 而不出首 致爲所害 是原有同惡相濟之心 不謂自貽戚 仍從緣坐之法追斷〕《집주(하) 676쪽》《전석 권19 9장》

6 신고하여 잡게 하면 : 일반인이 범인을 고발하여 잡게 하는 것이다.〔凡人有能告獲者〕《전석 권19 9장》

7 염매(魘魅)를 만들거나 : 염(厭)의 방법은 매우 많아서 다 잘 알 수 없으나 형상을 그리거나, 사람의 형상을 조각하여 심장을 찌르거나, 눈에 못을 박고, 손발을 묶는 등이다. 매(魅)는 귀신에 가탁하거나 혹은 망령되게 사도・요술을 행하는 따위이다.〔有所憎嫌前人而造厭魅 厭事多方 罕能詳悉 或圖畫形象 或刻作人身 刺心釘眼 繫手縛足 如此厭勝 事非一緒 魅者 或假託鬼神 或妄行左道之類〕《당률 264조 憎惡造厭魅》

8 부서(符書)로 저주 : 사악한 법을 사용하여 부적을 쓰거나 전서(篆書)로 그리는 경우, 첩(帖)을 묻어 귀신을 불러내는 경우, 부적을 불살라 요사스러움과 간사함에 가탁하는 경우 등에 죽이고자 하는 사람의 생년월일을 써넣어 저주하는 따위이다.〔使用邪法 書符畫篆 或埋帖而召鬼祟 或燒化而托妖邪 幷將所欲殺人之生年月日 書寫呪詛之類〕《집주(하) 676쪽》

9 염매(魘魅)를……저주하여 : 조염매부서주저(造魘魅符書呪咀)를 조염매, 조부서주저로 읽을 것인지, 조염매・부서・주저로 읽을 것인지가 문제이다. 이 조문은 당률 262조 조축고독(造畜蠱毒), 263조 이독약약인(以毒藥藥人), 264조 증오조염매(憎惡造厭魅)를 한 조문으로 합친 것이다. 당률 264조는 증오하여 염매를 만들거나 부서를 만들어 저주하여 사람을 살해하고자 한 경우라고 하였는데 여기서는 이 입장을 따랐다.〔唐律云 諸有所怨惡 而造厭魅及造符書呪詛 可見是兩項事〕《전석 권19 9장》 그리고 《집주(하) 676쪽》, 《언해 권22 31장》, 《GMC 172쪽》도 같은 입장이다.

10 모살(謀殺) : 고독(蠱毒)을 만들어 사람을 죽이려 하면 사람을 죽이려고 모의한 후 실행에 착수한 것으로 논한다. 가령 일반인이 일반인을 죽이려고 모의하여 실행에 착수하면 장 100 도 3년이다.〔有造此欲以殺人者 各以謀殺人已行論 如凡人依謀殺凡人已行者 杖一百徒三年〕《전석 권19 9장》 ③ 305 謀殺人

11 본래의 살인법에 따른다 : 일반인이 일반인을 죽이려고 모의하고서 실제로 사망에 이르게 하면 참형, 자손・노비・고공인이 조부모・부모・가장을 죽이려고 모의하고서 죽이면 모두 능지처사형, 존장(尊長)이 비유(卑幼)를 죽이려고 모의하고서 죽이면 고살죄(故殺罪)로 논하는 따위이다.〔各依本謀殺法 如凡人依謀殺凡人致死斬 子孫奴婢與雇工人 依謀殺祖父

인다. 아들·손자가 조부모·부모를, 노비·고공인이 가장을 병들게 하거나 고통받게 하고자 하면 각각 줄이지 않는다.

312-3 독약(毒藥)[12]을 써서 사람을 죽이면 참형이다. 독약을 샀지만 사용하지 않으면 장 100 도 3년이다. 실정을 알고서도 독약을 팔면 더불어 같은 죄이고, 몰랐으면 처벌하지 않는다.[13]

직해 고독(蠱毒), 즉 사람을 죽일 수 있는 약을 만들고 저장하거나 그렇게 하도록 주도하면 참형이고, 집안 재산은 관에 몰수한다. 그 처·아들 및 동거하는 가속(家屬)은 비록 실정을 알지 못하였어도 모두 먼 곳으로 유배 보낸다. 고독을 써서 동거하는 사람을 중독시켜 해를 입힌 경우는, 중독된 사람의 부·모·처·첩·자·손 등이 독을 만든 일을 알지 못하였으면 먼 곳으로 유배 보내지 않는다. 이장이 알고도 고발하지 않으면 각각 장 100이다. 몰랐으면 처벌하지 않는다. 잡아서 신고하면 관사에서 은 20냥을 상으로 준다.

(◯) 염매·부서·저주·요술을 써서 사람을 죽이려고 모의하면 각각 모살의 예로 논한다. 이로 인하여 사람이 죽으면 살인법에 따라 그에 준하여 과죄한다. 사람을 병들거나 고통받게 하려고 한 자는 2등급을 줄인다. 아들이나 손자가 제 조부모나 부모를 중독시키거나, 노비나 고공인 등이 제

母父母及家長已殺者 皆凌遲處死 尊長依謀殺卑幼已殺者 依故殺法之類〕《집해 1495~1496쪽》 ③ 305 謀殺人 ③ 307 謀殺祖父母父母

12 독약(毒藥) : 비상(砒霜) 따위이다. 금은과 합성하여 질병을 치료하는 등 때로 쓸모가 있으므로 고독에 비할 바가 아니지만 그것을 써서 살인하면 칼을 쓰는 것과 같이 보아 과죄한다.〔毒藥謂砒霜之類 雖堪以殺人 然成造金銀攻治疾病 有時而用 非蠱毒之比也 但用之以殺人 卽與操刃者同科耳〕《전석 권19 10장》

13 몰랐으면 처벌하지 않는다 : 약에 독이 있다 하더라도 더러 병을 치료하는 데 쓰이므로 실정을 모르고 팔면 처벌하지 않는다. 염매(魘魅)·부서주저(符書呪咀)·독약은 사람을 죽일 수 있지만 고독과는 실정에 차이가 있기 때문에 그것을 사용한 사람만 논죄하고 처자를 연좌시키거나 재산을 몰수하지는 않는다. 율문에는 독약을 사용하였으나 사람이 죽지 않은 경우는 언급이 없는데 그럴 때는 살인을 모의하여 상해한 경우(③ 305 謀殺人)에 따라 논한다.〔藥雖毒亦或可以療病 故有不知而賣者不坐罪 蓋魘咒毒藥其害可以殺人 而視蠱毒其情稍爲有間 故止論及其身而無妻子財産之律 律不言藥而不死者之罪 依謀殺已傷論〕《집해 1497쪽》

가장을 중독시키면, 각각 등급을 줄이지 않고 과죄한다.

(○) 독약을 써서 사람을 죽이면 참형이고, 독약을 샀으나 아직 사용하지 않았으면 장 100에 먼 곳으로 유배 보낸다. 실정을 알고 판 자는 죄가 같다. 알지 못한 자는 처벌하지 않는다.

해설

독충을 길러 독극물을 만드는 고독, 미워하고 싫어하는 대상을 염매나 부적을 만들어 저주하는 염매부서주저(魘魅符書呪咀), 사람을 죽이는 비상과 같은 독약 등 세 가지를 다루고 있다. 고독을 만드는 행위, 저장하는 행위, 고독의 제조법을 가르치거나 교사하는 행위에 대해 규정하였다.

313
다투다 때려 살인하거나 고의로 살인함[1]

鬪毆及故殺人

313-1 다투다 때려[2] 살인하면 손, 발, 다른 물건, 쇠붙이를 따지지 않고 모두 교형이다.

313-2 고의로 살인하면[3] 참형[4]이다.[5]

1 다투다……살인함 : 원문의 투구급고살인(鬪毆及故殺人)은 투구살(鬪毆殺) 및 고살(故殺)이다. 두 사람이 서로 때리되 양쪽 모두 죽이려는 마음이 없으나 한 사람이 상처가 중하여 죽으면 투구살, 두 사람이 서로 때리되 죽기를 바라면 고살이다.〔鬪毆及故殺人 謂鬪毆殺及故殺也 凡兩相毆 俱無欲其死之心 而一人因傷重而死 則曰鬪毆殺人 兩相毆 卽欲其死 則曰故殺〕《전석 권19 10장》

2 다투다 때려 : 서로 다투는 것이 투(鬪), 서로 때리는 것이 구(毆)이다.〔相爭爲鬪 相打爲毆〕(③ 325 鬪毆) 투는 일대일로 다투는 것이기 때문에 종범(從犯)을 논하지 않는다. 한 사람이 여러 사람을 상대로 다투는 것은 공구(共毆)이지 투구(鬪毆)가 아니다.〔以一人 而敵一人之謂鬪者 一人 何從之有 兩人則爲共毆 非鬪毆也 鬪殺出於一人之手 此鬪殺之不可以從論也〕《전석 권19 11장》

3 고의로 살인하면 : 원문의 고살(故殺)은 의도가 있어 죽이는 것인데 이는 타인이 알지 못하는 바이므로 종범을 논할 수 없다. 만약 사람을 죽이려는 뜻을 가지고 먼저 종범으로 하여금 자신을 따라 그를 죽이도록 하면 고살이 아니라 모살(謀殺)이다.〔言故殺者 故意殺人意動於心 非人所能知 亦非人所能從 若意欲殺人 先以告於爲從者 使隨我而殺之 則爲謀殺 非故殺也 故殺出於一人之意 此故殺之不可以從論也〕《전석 권19 11장》〔有意而殺之曰故 意非人所知 若人得與知 則爲同謀 非故殺也〕《집해 1499쪽》

4 고의로 살인하면 참형 : 투(鬪)는 애초에 죽이려는 마음이 없으나 고(故)는 원래 죽이려는 마음이 있으므로 이를 가증스럽게 여겨 투구살을 교형, 고살을 참형으로 처벌한다.〔鬪者初無殺意 故者 原有殺謀 絞斬定刑 原其心也〕《소의(하) 304쪽》〔此與鬪毆殺者 尤爲可惡 故坐以斬罪〕《집설 권6 77장》

5 다투다……참형이다 : 이상은 모두 두 사람이 함께 다툰 것으로서 당초 다른 사람과 함께 모의한 실정이 없으므로 종범의 죄를 명시하지 않았다. 그러나 동행한 사람이 즉시 저지하고 구호하지 않으면 410조 불응위(不應爲)의 사리가 중하여 장 80으로 과단(科斷)하는 율을 적용한다.〔以上皆自兩人共鬪者而言 初無與人同謀之情 故不著乎爲從之罪 其有同行之人不卽阻當救護者 止以不應 事重科斷〕《집설 권6 77장》

313-3 함께 모의하여 같이 사람을 때렸는데[6] 이로 인하여 죽게 되면[7] 치명상(致命傷)을 중하게 여겨서, 직접 손을 댄 사람은 교형, 처음 모의한 사람은 장 100 유 3000리,[8] 나머지 사람은 각각 장 100[9]이다.[10]

직해 싸우다가 사람을 때려 죽이면 손·발·칼날 등의 물건을 따지지 않고 모두 교형으로 죽인다.

(○) 고의로 사람을 죽인 자는 참형이다.

(○) 함께 모의하고 다른 사람을 힘을 합쳐 때렸는데 이로 인하여 그 사람이 죽으면, 때려서 상해하여 사람이 죽은 것을 무겁게 여겨 직접 때린 자를 교형으로 죽인다. 처음 모의한 자는 장 100에 먼 곳으로 유배 보내고, 나머지 사람은 각각 장 100이다.

해설

다투다가 사람을 죽이는 투살(鬪殺)에 대한 조문이다. 투구살(鬪毆殺)은

6 함께……때렸는데 : 원문의 동모공구(同謀共毆)는 세 가지 뜻이 있다. 함께 모의하고 끝에도 같이 때린 경우, 같이 때렸으나 함께 모의하지 않은 경우, 처음에는 함께 모의하였으나 끝에 가서 같이 때리지 않은 경우이다.〔同謀共毆有三意 有同謀終又共毆者 有共毆而不同謀者 有始旣同謀終不共毆者〕《집해 1499쪽》

7 함께……되면 : 다른 사람과 때리는 데 그치기로 모의하였으나 맞은 사람이 상해로 인해 죽은 것이다.〔與人謀止於毆 而其人因傷而死 則曰同謀共毆人 因而致死〕《전석 권19 10장》

8 처음……3000리 : 화를 일으킨 실마리를 처벌하는 것이다.〔罪其爲禍端耳〕《집해 1501쪽》

9 나머지……100 : 함께 나쁜 짓을 하며 서로 도운 마음을 책망하는 데 그친 것이니 그것이 조의(造意)하거나 치명상을 입힌 것에 비할 바가 아니기 때문에 불쌍히 여긴 것이다.〔止責其有同惡相濟之心 矜其非造意致命之比也〕《소의(하) 304쪽》

10 치명상(致命傷)을……100이다 : 가령 갑이 을, 병, 정과 모의하여 사람을 때렸는데 비록 각각 직접 손을 대 상해하였더라도, 치명상의 원인이 을이면 을은 교형으로 처벌하고, 갑은 원모(元謀)가 되어 장 100 유 3000리이며, 병과 정은 여인(餘人)이 되어 각각 장 100이다. 만약 치명상의 원인이 갑이면 갑은 교형으로 처벌하며 을, 병, 정은 여인이 된다.〔以致命傷爲重 謂如甲與乙丙丁謀毆人 雖各下手有傷 而致命之傷 則出於乙 則乙當坐絞 甲爲元謀杖一百流三千里 丙丁爲餘人 各杖一百 若致命之傷 或出於甲 則甲坐絞 而乙丙丁爲餘人矣〕《석의 권19 10장》

죽이려는 마음이 없이 다투다가 때려 죽인 경우이고, 다투다가 분노가 치밀어 죽이려는 마음이 일어나 죽였으면 고살(故殺)이다. 투구살과 고살은 모두 단독 범행이므로 종범이 없다. 함께 모의하고 공동으로 때려 치명상을 입혀 죽인 경우, 치명상을 입힌 자는 교형(絞刑)이고, 처음 모의한 자는 유형(流刑)이다. 모의와 구타를 할 때 당초 사람을 죽이려고 하지 않았으나 상대방이 생각지도 않게 죽었으므로, 구타를 무겁게 여기고 모의는 가볍게 여기는 것이다.

314
타인의 의복이나 음식을 없애 버림
屛去人服食

314-1 이물질[1]을 타인의 귀나 코 및 구멍에 집어넣거나, 고의로 타인의 옷가지나 음식 등의 물건을 없애 버려서,[2] 타인을 상해하면 장 80이고,-겨울에 타인의 의복을 벗겨 내거나, 굶주리고 목마른 사람에게 음식을 끊거나, 높은 곳에 올라갔는데 몰래 사다리를 치우거나, 말을 탔는데 몰래 고삐를 치우는 따위를 이른다.-

직해 다른 물건을 다른 사람의 입이나 코 및 구멍 안에 넣어 기운이 막히게 하거나, 또 고의로 추운 달에 남의 의복을 벗겨 내거나, 굶주리고 목마른 사람의 음식을 끊어 버리거나, 높은 곳에 오르거나 말을 탄 사람 등의 사다리나 고삐 등을 빼앗아서 사람을 상해하면 장 80이다.

잔질(殘疾)이나 폐질(廢疾)이 되게 하면 장 100 도 3년이다. 독질(篤疾)에 이르게 하면 장 100 유 3000리이고, 범인의 재산 절반을 독질이 된 사람에게 지급하여 먹고살 수 있도록 해 준다. 죽음에 이르면 교형이다.

314-2 고의로 뱀·전갈·독충 등을 써서 타인을 물게 하여 상해하면 투구상(鬪毆傷)[3]으로 논한다.[4] 이로 인하여 죽게 되면[5] 참형이다.

1 이물질 : 사람을 상해할 수 있는 일체의 물건으로, 모래·돌·바늘·쇠붙이 따위이다.〔他物 一應能傷人之物 若沙石針鐵之類 是也〕《석의 권19 10장》

2 없애 버려서 : 부모의 옷이나 음식을 없애 버리면 고살(故殺)(③ 313 鬪毆及故殺人)에 따른다. 계모도 친모와 같다.〔屛去父母服食 依故殺 繼母與親母同〕《부례(하) 243쪽》

3 투구상(鬪毆傷) : ③ 325 鬪毆

4 고의로……논한다 : 가령 피부가 푸르고 붉게 되어 부어오르는 상해는 태 40인 따위이다.〔如靑赤腫傷 笞四十之類〕《전석 권19 13장》

5 이로……되면 : 고의로 죽이는 것이다.〔因而致死 則是故殺之矣〕《석의 권19 11장》 타인의

직해 이로 인하여 잔질이나 폐질이 되게 하면 장 100 도 3년이다. 눈을 빼내거나 다리를 자르는 것과 같은 독질이 되게 하면 장 100에 먼 곳으로 유배 보내고, 범죄인의 집안 재산 절반을 독질이 된 사람에게 주어 병을 돌보도록 한다. 죽게 한 자는 교형으로 죽인다.

(○) 고의로 독사나 독충을 써서 사람을 물게 하여 상해하면 싸우다 때려 상해한 예로 논하고, 죽게 하면 참형이다.

해설

귀나 코 등의 구멍에 이물질을 넣거나, 옷을 벗기거나 음식을 빼앗아 사람을 해치는 행위에 대한 규정이다. 귀나 코 등의 구멍은 사람의 장부(臟腑)와 통하는 곳이므로 그 안에 이물질을 넣어서는 안 되고, 의복이나 음식은 기한(飢寒)을 막아 주는 것이므로 이를 빼앗아서는 안 된다. 뱀이나 전갈 및 기타 독충을 이용하여 사람을 해치는 경우, 사람을 상하게 하면 325조 투구에 따르고, 죽게 하면 참형이다. 행적은 비록 다르지만 죽이려는 마음은 같기 때문이다.

옷이나 음식을 강제로 없애 버리거나 이물질을 타인의 구멍에 넣는 것은 원래 죽일 마음은 없는 것이지만, 뱀이나 전갈・독충으로 타인을 물게 하는 것은 죽일 목적이 분명히 있는 것이다. 실정을 살펴 논죄하기 때문에 교형과 참형의 구분이 있다.〔蓋屛去人服食 以他物置人孔竅中 原無致人於死之心 以蛇蝎毒蟲咬人 則明有致人於死之理 原情論罪 故有絞斬之別也〕《집해 1505~1506쪽》

315
사람을 희살상, 오살상, 과실살상함
戱殺誤殺過失殺傷人

315-1 장난하다가 사람을 살상(殺傷)하거나,[1] 다투며 때린 것으로 인해 옆에 있는 사람을 잘못하여[2] 살상하면, 각각 투살상(鬪殺傷)[3]으로 논한다.[4] 사람을 모살(謀殺)하거나 고살(故殺)하려다가 착오로 옆에 있는 사람을 죽이면 고살로 논한다.[5]

315-2 나루터가 수심이 깊고 진창인 줄을 알면서도 평탄하고 얕다고 거짓말하거나, 다리가 썩거나 나룻배가 물이 새서 사람이 건널 수 없는데도 튼튼하다고 거짓말하여, 사람을 속여서 지나가거나 건너도록 하여 물에 빠져 죽거나 상해하면 또한 투살상으로 논한다.[6]

315-3 과실로 사람을 살상하면 각각 투살상죄에 준하여[7] 율에 따라 속전

1 장난하다가 사람을 살상(殺傷)하거나 : 원문의 희살(戱殺)은 놀이 삼아 함께 힘을 겨루다가 죽음에 이르렀지만 뜻이 잘 맞았던 경우를 말한다.〔謂以力共戱 至死和同者〕《당률 338조 戱殺傷人》

2 잘못하여 : 원문의 오(誤)는 착오로 실수한 일이다.〔誤 是一時差錯失手之事〕《집주(하) 891쪽》

3 투살상(鬪殺傷) : ③ 313 鬪毆及故殺人 ③ 325 鬪毆

4 각각 투살상(鬪殺傷)으로 논한다 : 맞은 사람이 죽으면 교형이고, 상해하면 투구(③ 325 鬪毆)에 따라 과죄한다.〔至死絞 傷依鬪毆條科〕《부례(하) 244쪽》 비록 때리거나 죽이고자 한 것은 아니라 해도 다투다가 잘못하여 옆 사람이 살상되었다면 실제 그 사람은 구타를 당한 것이므로 투살상으로 논한다.〔誤中旁人 出于不意 然其心則欲以殺傷人之心也 雖未及于欲毆欲殺之人 而傍人已被殺傷 則其毆與殺之事 已施于人矣 故由鬪毆而誤者 以鬪殺傷論〕《집주(하) 689~690쪽》

5 사람을 모살(謀殺)하거나……논한다 : 죽으면 참형이고, 상해이면 투상(鬪傷)(③ 325 鬪毆)에 따른다.〔已死斬 傷依鬪傷〕《부례(하) 244쪽》

6 나루터가……논한다 : 일이 희살과 서로 비슷하므로 역시 다투다가 때려서 살상한 것으로 논죄한다.〔其事 與戱殺者 相等 亦以鬪毆殺傷論罪〕《전석 권19 14장》

(贖錢)[8]을 받아 피해자의 집에 준다.-과실은 귀나 눈으로 미처 듣고 보지 못하거나 생각이 미치지 못한 가운데 일어난 잘못을 이른다. 가령 새나 짐승을 쏘아 맞히려 하거나 어떤 일로 인하여 벽돌·기왓장을 던졌는데 뜻하지 않게 사람을 죽인 경우, 혹은 높고 험한 곳에 오르다가 발을 헛디디어 넘어져 피해가 동반자에게 미친 경우, 혹은 몰던 배가 바람 부는 대로 가거나 탄 말이 놀라 내달리거나 몰던 수레가 언덕 아래로 달려 내려가는 등 형세상 멈출 수 없는 경우, 혹은 함께 무거운 물건을 들다가 힘으로 제어할 수 없어서 함께 물건을 든 사람에게 손상이 미친 경우 등이다. 모두 당초 사람을 해칠 뜻이 없었으나 우연히 사람을 살상하게 된 것으로, 모두 투구살상인죄(鬪毆殺傷人罪)에 준하여 율에 따라 속전을 받아서 죽거나 상해를 입은 자의 집에 주어서 장사비나 치료비로 쓰게 한다.-

직해 처음에 희롱으로 시작하였다가 살상하거나, 싸우면서 때리다가 옆 사람을 착오로 살상하면, 각각 싸우다가 사람을 살상한 예로 논한다. 처음에 사람을 죽이려고 모의하거나 고의로 죽이려고 하였다가 옆 사람을 착오로 죽이면 고의로 죽인 예로 논한다.

(○) 본래 물이 깊은 강나루를 거짓으로 칭하여 평평하고 얕다고 하거나, 또 본래 썩었거나 물이 새는 다리나 나룻배를 거짓으로 칭하여 튼튼하다고 속여, 행인이 건너다가 물에 빠져 죽거나 상해를 입으면 또한 싸우다가 사람을 살상한 예로 논한다.

○ 새나 짐승을 쏘아 맞히거나 벽돌·기와를 던지거나 높고 험한 곳에서

7 투살상죄에 준하여 : 투구(③ 325 鬪毆)의 사람을 죽거나 다치게 한 죄를 처벌하는 규정에 준하여 속전(贖錢)을 받는다. 〈명례율〉 42조 칭여동죄(稱與同罪)에서 "준한다고 이를 경우 장 100 유 3000리에 그친다."라고 할 때의 '준'이 아니다.〔準鬪殺傷罪者 謂準鬪毆條內 殺人傷人之罪爲法 依律收贖 非如名例律 稱準者 罪止杖一百流三千里之準〕《강해 363쪽》 만약 귀나 눈으로 미처 보거나 듣지 못하며 생각이 미치지 못하였는데 과실로 사람을 살상하면 이는 일이 우연히 일어난 것으로 희살과 비교하면 더욱 가볍기에 각기 투살인법(鬪殺人法)에 준한다.〔若耳目所不及 思慮所不到 而過失殺傷人者 是事出偶然 較之爲愈輕 各準鬪殺人法〕《집해 1510쪽》

8 속전(贖錢) : 만약 과실로 살인하면 사죄(死罪)는 동전 42관을 속전으로 내는 것을 따른다.〔若過失殺人者 依死罪贖銅錢四十二貫〕《강해 363~364쪽》

발을 잘못 디뎌 동반자를 상해하거나, 혹시 타고 있는 배가 풍랑을 만나거나, 타고 있는 말이 놀라 달리거나, 달리는 수레가 언덕 아래로 내려가는 등 형세상 부득이한 까닭으로 인명을 상해하거나, 때로 혹 무거운 물건을 함께 들다가 힘이 부쳐 같이 든 사람에게 손상을 입히거나 하는 등과 같이 애초에 사람을 해치려는 뜻이 없고 알지 못한 사이에 착오로 사람을 살상한 자는, 모두 싸우다가 사람을 살상한 예로 율에 따르되, 죄상의 경중으로 재물을 계산하고 추징하여 죽거나 상해를 입은 사람의 집에 장례비나 약값으로 준다.

해설

살상의 유형과 의도하였는지 여부에 따라서 처벌 유형을 구분하였다. 희살(戲殺)이나 오살(誤殺)은 투살상(鬪殺傷)으로, 사칭(詐稱) 살상은 투살상으로 처벌하고, 과실(過失) 살상은 투살상에 준하여 처벌하도록 하였다. 희살이나 오살은 의도하지 않았지만 다른 사람을 해쳤으므로 투살상으로 처벌하는 것이고, 사칭으로 살상한 경우도 희살 등과 유사하므로 같이 처벌하였다. 반면에 과실은 본래 남을 살상할 의도가 없으며, 장난치거나 잘못하거나 모의하거나 고의로 한 정황도 없으므로 투살상에 준하여 속전을 징수하도록 하였다.

316
남편이 죄가 있는 처나 첩을 때려 죽임
夫毆死有罪妻妾

316-1 처나 첩이 남편의 조부모나 부모를 때리거나 욕한 일로 인하여,[1] 남편이 함부로[2] 죽이면 장 100이다.

316-2 남편이 처나 첩을 때리거나 욕하였는데 이로 인하여 자진(自盡)[3]하면 논하지 않는다.

직해 처나 첩이 남편의 조부모나 부모를 때리거나 욕한 바로 말미암아 남편이 처나 첩을 함부로 죽이면 장 100이다.

(○) 남편이 처나 첩을 때리거나 욕하였는데 처나 첩이 이로 인하여 자기 손으로 목숨을 바치면 논죄하지 않는다.

해설
처나 첩이 비록 죽을죄에 해당하거나 남편의 조부모나 부모를 때리거나 욕하였더라도 함부로 죽이지 말고 관(官)에 고하여 처벌하도록 규정한 조문이다. 남편이 처나 첩을 때리고 욕한 것으로 인하여 처나 첩이 자진하였을 경우에는 남편에게 죄를 묻지 않도록 하였다.

1 처나……인하여 : 조부모나 부모가 살아 있는지 죽었는지를 따지지 않는다.〔不問存亡〕《부례(하) 248쪽》

2 함부로 : 관에 고하지 않는 것이다.〔不告官〕《부례(하) 248쪽》

3 자진(自盡) : 물이나 불에 뛰어들어 죽거나, 스스로 목을 매거나 목을 찌르는 것 등이다.〔或赴水火 或自絞縊 或自刎等項 皆是〕《언해 권22 48장》

317

아들이나 손자 또는 노비를 죽이고 타인에게 도뢰함

殺子孫及奴婢圖賴人

317-1 조부모나 부모가 아들이나 손자[1]를 고살(故殺)하거나, 또는 가장(家長)이 노비를 고살하고, 타인에게 도뢰(圖賴)하면[2] 장 70 도 1년 반이다.[3] 아들이나 손자가 이미 죽은 조부모나 부모의 시신[4]을 가지고, 또는 노비나 고공인(雇工人)이 가장의 시신을 가지고 타인에게 도뢰하면, 장 100 도 3년이다.[5] 기친 존장(期親尊長)의 시신이면 장 80 도 2년이고, 대공·소

1 아들이나 손자 : 여기서 아들·손자는 〈명례율〉에서 아들·손자를 칭하는 원칙에 따라 자(子)라고 일컬으면 아들과 딸을 같게 보고, 손자라고 일컬으면 증손이나 현손도 손자와 같게 본다.〔此條子孫 依名例律所謂稱子孫者 男女同 稱孫者 曾玄同也〕《전석 권19 16장》 ① 41 稱期親祖父母

2 타인에게 도뢰(圖賴)하면 : 도(圖)는 모(謀), 뇌(賴)는 몽(蒙) 또는 수(讎)로, 도뢰는 타인에게 악한 일을 뒤집어씌워서 죄에 빠지게 하여 복수를 꾀하는 것을 이른다. 예컨대 갑이 을과 서로 싸웠는데, 갑이 자기 어린 자식을 죽이고 을에게 뒤집어씌워 을로 하여금 목숨으로 갚도록 하는 것이다. 죽은 시신으로써 다른 사람을 무함하여 그가 죽였다고 함으로써 그 사람이 목숨으로 갚게 하여 자기 원한을 풀고자 꾀하는 것이다.〔圖賴ハ人ニ惡事ヲカブセテ罪ニ陷ラシメ讎ヲナサント圖ルヲ云圖ハ謀也賴ハ蒙也又讎也 揚子方言 南楚之外曰賴 秦晉曰讎 吏文輯覽云 圖賴 圖者 謀爲之意 如甲與乙相鬪 甲殺其嬰兒 而將使乙有抵命之患 死シタル屍ヲ以テ人ヲ誣テ殺シタリト言テ其人ヲ刑ニ陷レ死命ニ抵已怨ヲ報ゼント圖ルノ罪ヲ論スル也〕《언해 권22 49장》〔圖謀賴人〕《집주(하) 695쪽》

3 조부모나……반이다 : 조부모·부모가 아들·손자를 고살(故殺)하거나 가장이 죄 없는 노비를 죽이면 각각 장 60 도 1년에 그치는데,(③ 342 毆祖父母父母 ③ 337 奴婢毆家長) 여기서는 그가 다른 사람에게 뒤집어씌우려고 하였기 때문에 1등급을 더한 것으로, 다른 사람에게 살사(殺死)(③ 305 謀殺人 ③ 313 鬪毆及故殺人 ③ 315 戲殺誤殺過失殺傷人) 또는 핍사(逼死)(③ 322 威逼人致死)의 죄를 뒤집어씌우려고 하는 따위이다.〔凡祖父母父母 故殺子孫 及家長殺無罪奴婢 律各止杖六十徒一年 此以其圖賴人 故加一等 圖賴人殺死或逼死之類〕《전석 권19 16장》 조부모·부모·가장 이외의 나머지 사람은 모살(謀殺)·고살의 본율(本律)을 따른다.〔不言餘人者 蓋在餘人 則從謀故殺本律矣〕《전석 권19 16장》

4 시신 : 병으로 죽어 아직 장사 지내지 않은 시신이며 만약 이미 장사 지냈으면 발총률(③ 299 發塚)에 따른다.〔身屍 乃病死而未葬者 若已葬 則當從發塚律矣〕《전석 권19 17장》

공・시마의 시신이면 각각 차례로 1등급을 줄인다.[6] 존장[7]이 이미 죽은 비유(卑幼)나 다른 사람의 시신을 가지고 타인에게 도뢰하면 장 80이다.

317-2 관(官)에 고발하면, 고발한 바의 경중에 따라 모두 죄 없는 사람을 무고(誣告)한 데 대한 율[8]에 따라 논죄한다.[9] 이로 인하여 속여서 재물을 취하면 장(贓)을 계산하여 절도[10]에 준하여 논하고,[11] 재물을 억지로 빼앗으면 백주창탈(白晝搶奪)[12]에 준하여 논한다.[13] 자자(刺字)는 면제하고,[14]

5 아들이나 손자가……3년이다 : 아들・손자・노비・고공인이 조부모・부모・가장의 죽음과 관계가 없더라도, 거애(擧哀)하지 않고 시신을 드러냈기 때문이다.〔雖其祖父母父母家長之死 與子孫奴婢雇工人無干 而忘哀逞忿 未免於暴露矣〕《전석 권19 17장》

6 대공……줄인다 : 대공친의 시신이면 장 70 도 1년 반, 소공친이면 장 60 도 1년, 시마친이면 장 100이다.〔大功杖七十徒一年半 小功杖六十徒一年 緦麻杖一百〕《전석 권19 17장》

7 존장 : 조부모, 부모, 기친 이하 시마친까지를 겸하여 말한 것이다.〔尊長 兼祖父母父母 及期親以下至緦麻者 而言〕《전석 권19 17장》

8 죄 없는……율 : ④ 359 誣告

9 관(官)에……논죄한다 : 다른 사람에게 도뢰한 자가 만약 말로만 그치고 관에 고발하지 않았으나 도뢰를 당한 사람이 고발하면 이 규정에 따라 의단한다. 만약 이미 도뢰하고 또 관에 고발하면 고발장 내에서 두 가지를 고려한다. 첫째, 다른 사람에게 핍사(③ 322 威逼人致死)를 도뢰하여 정상(情狀)이 가벼운 경우이다. 둘째, 다른 사람에게 살사(殺死)를 도뢰하여 정상이 무거운 경우이다. 그 죄를 모두 헤아려 낡은 무고한 데 대한 율(④ 359 誣告)에 따라 결단한다.〔其前項圖賴人者 若止聲言圖賴 不曾告官 而被賴之人告發者 依上擬斷 若既圖賴 又行告官者 隨狀內 或賴人逼死情輕 或賴人殺死情重 竝計其罪 依誣告人律斷決〕《소의(하) 313쪽》 만약 유복 친속(有服親屬)을 무함하여 도뢰하면 간명범의(④ 361 干名犯義)에 따라 과단한다.〔若誣賴有服親屬 則依干名犯義律科之〕《전석 권19 17장》 이 《전석》의 내용은 1646년(순치3) 청률(淸律)의 조례로 편입되었다.

10 절도 : ③ 292 竊盜

11 재물을……논하고 : 원문의 사취(詐取)란 누명을 쓴 사람이 도뢰를 두려워하여 스스로 재물을 주는 것이다. 그러므로 절도에 준하여 논한다.〔詐取者 其人畏其圖賴 而自與之 故準竊盜論〕《집주(하) 696쪽》

12 백주창탈(白晝搶奪) : ③ 291 白晝搶奪

13 재물을 억지로……논한다 : 원문의 창거(搶去)란 도뢰하는 자가 강탈해 가는 것이지 피해자가 자발적으로 준 것이 아니므로 창탈(搶奪)에 준하여 논한다. 만약 아직 빼앗아 가지는 않았으나 재물을 파손하면, 논죄하는 외에 파손한 재물의 수를 계산하여 추징하여 배상하게 한다.〔搶去者 圖賴之人恃强取去 不由人與也 故準搶奪論 若有未經搶去而毁壞者 論罪之外仍計數追賠〕《집주(하) 697쪽》

각각 무거운 쪽으로 과단한다.[15]

직해 조부모나 부모가 아들이나 손자 등을 고의로 죽이거나, 가장이 노비를 고의로 죽이고서, 다른 사람이 죽였다고 농간을 부리면 장 70 도 1년 반이다. 아들이나 손자 등이 이미 죽은 조부모나 부모의 시체를, 또는 노비나 고용인 등이 가장의 이미 죽은 시체를 가지고, 다른 사람이 죽였다고 농간을 부리면 장 100 도 3년이다. 기친인 일족 어른의 시체이면 장 80 도 2년이다. 대공친·소공친·시마친의 시체이면 각각 차례로 1등급을 줄인다. 손윗사람이 이미 죽은 손아랫사람이나 다른 사람 등의 시체를 가지고 농간을 부리면 장 80이다.

(○) 관사에 거짓으로 고하면 고한 바의 경중을 따져 죄 없는 사람을 무고한 데 대한 율에 따라 그에 준하여 논죄한다. 이로 인하여 농간을 부려 재물을 빼앗으면 장물을 계산하여 절도의 예로 논하고, 재물을 겁탈하면 대낮에 재물을 빼앗은 예로 논한다. 자자는 하지 않되 각각 무거운 쪽으로 논한다.

해설

사람이 죽었을 때 그 죽음에 관한 죄를 다른 사람에게 뒤집어씌우는 도뢰 행위에 대한 처벌 규정이다. 여러 유형의 존장(尊長)과 비유(卑幼) 사이, 가장과 노비·고공인 사이에서 일어나는 경우에 대해 규정하였고, 관에 고

14 자자(刺字)는 면제하고 : 비록 사취·창탈이기는 하나, 일이 말미암은 바가 있어서 진정한 절도·창탈은 아니기 때문이다.〔以其雖係詐搶 事有所因 非眞竊盜搶奪也〕《집주(하) 696쪽》

15 각각……과단한다 : 도뢰한 죄가 재물을 사취하거나 창탈한 죄보다 무거우면 남에게 도뢰한 죄로 처벌하며, 재물을 사취하거나 창탈한 죄가 남에게 도뢰한 죄보다 무거우면 재물을 사취하거나 창탈한 죄로 처벌한다.〔如圖賴之罪 重於詐取及搶去財物罪者 坐以圖賴人罪 若詐取搶奪罪 重於圖賴人罪者 坐以詐欺搶奪罪〕《소의(하) 313쪽》 경중을 비교하는 대상에 대해 《소의》, 《청률》에서는 도뢰와 사취·창탈로 보았으나, 《집해》, 《전석》, 《언해》, 《집주》에서는 도뢰와 무고·사취·창탈로 보았다.

발까지 하면 무고율로 다스리도록 하였다. 반면 시부모가 며느리·손자며느리를 고살(故殺)하고 도뢰하거나, 가장이 고공인을 고살하고 도뢰하거나, 기친 이하 친속 사이에서 죽이고 도뢰한 경우는 말하지 않았는데, 이는 그 행위에 대한 조문이 따로 있고 그 조문의 형량이 도뢰보다 무겁기 때문이다.

318
활을 쏘다가 사람을 상해함
弓箭傷人

고의로 성시(城市)나 사람이 거주하는 주택을 향하여 탄환을 발사하거나, 화살을 쏘거나, 벽돌이나 돌을 던지면 태 40이다.[1] 사람을 상해하면[2] 범투상(凡鬪傷)[3]에서 1등급을 줄이고, 이로 인하여 죽게 되면 장 100 유 3000리이다.

직해 고의로 성안이나 사람이 거주하는 주택을 향하여 탄환이나 화살을 쏘거나 벽돌이나 돌을 던지면 태 40이다. 사람을 상해한 자는 일반적인 싸움에서 상해한 예에서 1등급을 줄인다. 이로 인하여 죽게 하면 장 100에 먼 곳으로 유배 보낸다.

1 성시(城市)나……40이다 : 대개 성시는 사람이 모이는 장소이고 주택도 사람이 거주하는 곳이다. 만약 고의로 이런 장소를 향해 탄환을 발사하거나 화살을 쏘거나 벽돌·돌을 던지면 사람을 상해하지 않더라도 역시 태 40이다.〔蓋城市人湊集所在 宅舍亦人所居住 若有故向此等之處 放彈射箭投擲磚石者 雖不傷人 亦笞四十〕《집해 1522쪽》〔人煙聚集之所〕《집주(하) 698쪽》

2 사람을 상해하면 : 원문의 상인(傷人)은 몸 안에 손상이 생겨 피를 토하는 것(③ 325 鬪毆) 이상이어야 한다. 만약 피부가 푸르게 되거나 벌겋게 되거나 부어오르는 정도의 약한 상해를 입었는데 여기에 만약 범투상(凡鬪傷)에서 1등급을 줄이는 율을 적용할 경우, 사람을 때려 상해한 자에 대해 적용하는 율인 태 40에서 1등을 감하면 태 30이 되어 방탄사전(放彈射箭) 본율인 태 40보다 가볍게 되기 때문이다.〔此傷人 謂內損吐血以上 若止於成傷 還依放彈射箭本律笞四十 若依鬪傷減一等 則毆人成傷者亦笞四十 減一等卽反輕於放彈射箭之罪矣〕《전석 권19 18장》 만약 상해에 이르게 하는 데 그치면 반드시 범투(③ 325)에서 1등급을 줄이는 법을 적용할 것이 아니라 여전히 태 40을 부과하는 본법으로 처벌하여야 한다고 보는 해석도 있다.〔若止成傷則不必擬減凡鬥 而仍坐笞四十之本法 若傷人雖至篤疾者 亦不在斷付家產之限 以原非係鬥毆之情故也 若所傷係親屬 須依名例律 本應重罪而犯時不知者 依凡人論 本應輕者聽從本法〕《집해 1522~1523쪽》《소의(하) 315~316쪽》

3 범투상(凡鬪傷) : ③ 325 鬪毆

해설

화살·탄환·벽돌·돌은 모두 사람을 상해할 수 있는 물건이다. 빈터에서 연습한다 하더라도 위험하며, 도시나 사람이 거주하는 주택에서라면 더욱 위험하므로, 만약 이를 연습하다가 사람이 상해를 입거나 죽게 되면 처벌한다. 이 조문은 211조 향궁전사전(向宮殿射箭)과 비교 대조할 필요가 있다. 211조의 대상은 궁전이어서 형량이 매우 높지만 그 점을 제외하면 행위 양태는 거의 유사하다.

319
수레나 말을 급히 몰다가 사람을 살상함
車馬殺傷人

319-1 정당한 이유 없이[1] 시가(市街)나 진점(鎭店)[2]에서 수레나 말을 급히 몰다가 이로 인하여 사람을 상해하면 범투상(凡鬪傷)[3]에서 1등급을 줄이며, 죽음에 이르면 장 100 유 3000리이다.[4] 향촌의 사람이 없는 빈 들판 지역 내에서 수레나 말을 급히 몰다가 이로 인하여 사람을 상해하여 죽게 하면 장 100이다.[5] 모두 매장은(埋葬銀) 10냥을 추징한다.[6]

319-2 시급한 공무로 인해 수레나 말을 급히 몰다가 사람을 살상하면 과

1 정당한 이유 없이 : 원문의 무고(無故)는 2항의 공무급속(公務急速)과 대구이다.〔無故對公務急速言〕《집해 1524쪽》 공무가 갑작스레 발생하여 수레나 말을 급히 몰다가 사람을 다치게 하는 것도 오히려 과실로 논하므로 이른바 고(故)라는 것은 반드시 이보다 중한, 예를 들면 도적을 체포하거나 화재를 진압하는 따위의 일이다.〔夫以公務急速 而馳驟傷人 尤以過失論 則所謂故者 當必重於此矣 自非捕捉賊盜 救滅火災 豈得馳驟哉〕《석의 권19 15장》

2 진점(鎭店) : 저자와 점포이다. 사람이 모여 시장을 이룬 곳을 진(鎭), 화물을 쌓아 놓고 물건을 파는 건물을 점(店)이라고 한다.〔民聚爲市處曰鎭 置貨鬻物之舍曰店〕《이문 68》

3 범투상(凡鬪傷) : ③ 325 鬪毆

4 정당한……3000리이다 : 원래 사람을 죽이려는 실정이 없음을 용서하는 것이다.〔恕其原無殺人之情也〕《석의 권19 15장》

5 향촌의……100이다 : 향촌의 빈 들판은 땅이 후미지고 인적이 드물어 도회지나 소도시와는 같지 않다. 수레나 말을 급히 몰다가 사람을 상해하는 것은 우연이므로 죄를 전부 용서하며, 설사 상해하여 죽더라도 장 100으로 문책한다. 죽어야 비로소 장 100이므로 사람을 상해하여 절상(折傷) 이상인 경우는 논하지 않는다.〔鄕村無人曠野 與城市村鎭不同 於此馳驟而或傷人至死 則止杖一百 至死始杖一百 則傷人至折傷以上勿論可知矣〕《석의 권19 15장》〔鄕村曠野 地僻人稀 馳而傷人 是偶然也 故全貸其罪 設若傷而致死 猶以重杖責之〕《소의(하) 318쪽》

6 모두……추징한다 : 시가나 진점 및 광야에서 죽게 하면 비록 죄의 경중은 다르나 사람이 죽었다는 점은 같으므로 모두 은 10냥을 추징하여 죽은 이의 집에 주어서 장례비로 삼도록 한다.〔街市鎭店與曠野之地致死 雖罪有輕重之殊 而其人之死則一 故竝追銀十兩 給付死者之家以爲埋葬之費〕《석의 권19 15장》

실(過失)로 논한다.[7]

직해 정당한 이유 없이 시가에서 수레나 말을 타고 달리다가 이로 인하여 사람을 상해하면 일반적인 싸움에서 사람을 상해한 예에서 1등급을 줄인다. 이로 인하여 죽음에 이르면 장 100에 먼 곳으로 유배 보낸다. 향촌의 사람 없는 광야에서 말을 달리다가 이로 인하여 사람을 상해하거나 죽게 하면 장 100이다. 모두 매장은 10냥을 추징한다.

(○) 시급한 공무 때문에 말을 달리다가 사람을 살상하면 과실의 예로 논죄한다.

해설

수레나 말을 몰다가 사람을 살상하는 죄를 처벌하는 내용이다. 거마(車馬)를 모는 사람은 비록 급한 일이 있더라도 사람이 있는지 없는지를 잘 살펴 피해를 끼치는 일이 없도록 해야 한다는 것이 율문의 취지이다.

7 시급한……논한다 : 과실로 사람을 살상하면 315조 희살오살과실살상인(戲殺誤殺過失殺傷人)에 따라 각각 투살상죄(鬪殺傷罪)에 준하여 속전(贖錢)을 받아 피해자의 집에 준다.〔若過失殺傷人者 各準鬪殺傷罪 依律收贖 給付其家〕

320

용렬한 의원이 사람을 살상함

庸醫殺傷人

320-1 용렬한 의원[1]이 사람에게 약을 지어 주거나 침을 놓을 때 착오로 본방(本方)[2]대로 하지 않아서 이로 인하여 죽게 되면, 다른 의원으로 하여금 책임지고 그 약물이나 복용물,[3] 혈도(穴道)를 조사하게 하여 만약 고의로 해를 입히고자 한 실정이 없으면 과실 살인으로 논하고 의업(醫業)을 하지 못하도록 한다.[4]

320-2 고의로 본방을 어겨 거짓으로 질병을 치료하고[5] 재물을 받으면 장(贓)을 계산하여 절도에 준하는 것으로 논한다. 이로 인하여 죽게 되거나, 어떤 일로 인하여 고의로 약을 써서[6] 사람을 죽이면 참형이다.

1 용렬한 의원 : 약을 한 번 복용하였는데 좋아지지 않고, 다시 복용해도 효력이 없으며, 세 번 복용해도 병이 떨어지지 않으면 분명 용렬한 의원이다.〔一飮之而不良 再飮之而無效 三飮之而疾不去者 必庸醫也〕《潛書 任相》

2 본방(本方) : 복용에 합당한 처방으로,〔本方謂合用之方〕《집해 942쪽》 의약의 처방서에 실린 품미(品味), 분량에 대해 원래 정해진 것을 이른다.〔醫藥方書ノ所載ニ品味分兩原ヨリ定タルヲ云〕《언해 권14 35장》

3 약물이나 복용물 : 병을 치료하는 물질을 약(藥), 복용하는 물질을 이(餌)라 한다.〔攻病之物曰藥 服食之物曰餌〕《부례(하) 254쪽》

4 과실……한다 : 고의성이 없음을 용서하고 그 뒤에 생길 폐단을 끊으려는 것이다.〔恕其無意 絶其後累也〕《석의 권19 16장》

5 거짓으로 질병을 치료하고 : 원문의 고위본방(故違本方)을 이어 받아 말한 것이다. 이를테면 가령 본방에는 한 가지 약으로 낫게 할 수 있는데, 재물을 많이 취하지 못할까 봐 고의로 본방을 어겨 병이 낫기 어렵게 만들어서 남의 재물을 많이 취하려는 것이다.〔詐療疾病 卽承故違本方說來 謂如本方 一藥可愈 恐其取財不多 而故違本方 使病難愈 以圖多取人財之意言〕《집해 1527쪽》

6 고의로 약을 써서 : 다음과 같은 경우이다. 첫째, 어떤 사람의 병이 본래 가벼웠는데 고의로 중한 병에 쓰는 약을 써서 쉽게 나을 수 없게 하여 그 재물을 얻으려 하다가 이로 인하여 죽게 하는 경우, 둘째, 원망하고 싫어하여 고의로 적절하지 않은 약을 쓰는 경우, 셋째,

직해 일반 의원이 다른 사람을 위하여 약·침·뜸을 쓸 때 착오로 본방문에 있는 법을 따르지 않은 까닭으로 죽게 하면, 다른 의원으로 하여금 약의 맛과 혈도를 조사하도록 한다. 처음에 고의로 해치려는 정황이 없었으면, 과실로 사람을 죽인 예로 논하고 의업을 할 수 없도록 금지한다.
(○) 고의로 본방문에 있는 법을 따르지 않고 엉터리로 병을 다스려서 재물을 모취(謀取)하면, 장물을 계산하여 절도의 예로 논한다. 이로 인하여 죽게 하거나, 어떤 일을 빙자하여 약을 써서 사람을 죽이면 참형이다.

해설

의술을 이용하여 고의나 착오로 사람을 죽게 한 경우에 대한 조문으로 의술을 행하는 사람은 인명을 신중하게 대해야 함을 보인 것이다. 용의(庸醫)가 착오로 살인하면 과실살(過失殺)로 논하고 의료 행위를 금지하도록 하였는데 이는 다시 해를 끼칠까 우려한 것이다. 능의(能醫)가 고의로 잘못 치료하고 재물을 취하면 절도에 준해 논하고, 이로 인해 사람을 죽게 하거나 고의로 약을 써서 살인하면 참형에 처하도록 하였는데 이는 한갓 이익을 노린 행위이므로 도적과 같기 때문이다

다른 사람에게서 돈을 받고 부탁을 받아 약을 써서 사람을 죽이는 경우.〔人病本輕 故用重病之藥 使不易愈而圖其財 因而致死 或因仇嫌 故用不對症之藥 或受人買囑 用藥殺人者 皆是〕《부례(하) 254쪽》 넷째, 독약을 쓰는 것만이 아니라 표(表)해야 하는데 보(補)하는 경우, 다섯째, 보해야 하는데 사(瀉)하여 죽음에 이르게 하는 경우이다.〔故用藥 不止謂毒藥 或應表而補 或應補而瀉 以致其死者 皆是也〕《석의 권19 16장》

321
와궁으로 사람을 살상함
窩弓殺傷人

사냥을 하는 호(戶)[1]가 깊은 산이나 빈 들판의 맹수가 오가는 길목에 함정을 파거나 와궁(窩弓)을 장치해 놓을 때[2] 표지용 장대나 눈썹 높이의 새끼줄을 설치하지 않으면[3] 태 40이다. 그 때문에 사람을 상해하면 투구상(鬪毆傷)[4]에서 2등급을 줄인다.[5] 이로 인하여 죽게 되면 장 100 도 3년이고, 매장은(埋葬銀) 10냥을 추징한다.

직해 산에서 사냥하는 사람들이 깊은 산이나 광야의 금수들이 오가는 곳

1 사냥을 하는 호(戶) : 원문의 타포(打捕)는 사냥하는 호의 이름인데 사냥하는 호가 맹수를 잡는 방법으로 갱정(坑穽)과 와궁(窩弓) 두 가지가 있다.〔打捕者 獵戶之名也 獵戶之取猛獸有坑穽窩弓二法〕《집주(하) 702쪽》 사냥하는 호가 아니더라도 이 규정에 따라야 한다.〔非打捕戶亦依此〕《부례(하) 255쪽》

2 함정을……때 : 원문의 갱(坑)은 큰 짐승을 잡기 위해 땅을 파서 만든 구덩이이고, 정(穽)은 작은 짐승을 잡기 위해 만든 작은 갱이다. 와궁은 기계 장치로 쏘는 창이다. 와궁을 매달아 놓고서 짐승이 건드리기를 기다리는데 이를 맞으면 반드시 죽는다.〔掘地作坎曰坑 以捕大獸 小坑曰穽 以捕小獸 窩弓機槍也 懸其機以待 觸而中之 必死〕《부례(하) 255쪽》

3 표지용……않으면 : 갱정, 와궁 때문에 사람이 상해되는 것을 막아야 하므로 이런 조처가 필요하다. 갱정과 와궁의 근처에 장대를 세워 멀리서 보이게 한 것을 망간(望竿)이라 하고, 가로로 가는 새끼줄을 설치하되 눈썹 높이와 가지런히 하는 것을 말미소삭(抹眉小索)이라 하는데 모두 왕래하는 사람이 보고서 피할 수 있도록 한 것이다.〔二者 當防其傷人 故於近坑穽窩弓之處 立竿使可望曰望竿 橫設小索與眉齊曰抹眉小索 皆使往來人見而知避也〕《전석 권19 20장》

4 투구상(鬪毆傷) : ③ 325 鬪毆

5 2등급을 줄인다 : 사냥을 할 때는 본디 사람을 해칠 마음은 없으나 망간이나 말미소삭을 설치하지 않으면 사람이 살상될 수 있다. 이러한 점은 미리 생각하지 못할 바가 아니므로 투구(③ 325 鬪毆)에서 2등급을 줄여 처벌한다.〔本以捕獸 原無害人之心 然不立竿索 誰則知之 惟其爲術之疏 實有可以殺傷人之理 非思慮之所不及也 故止減鬪毆法二等〕《집주(하) 703쪽》 사람을 다치게 하여 2등급을 줄인 형벌이 상해하지 않아도 받는 태 40보다 가벼우면 율문이 모순되므로, 이때는 상해의 정도가 매우 높은 경우를 이른다. ③ 318 弓箭傷人

에 함정을 파거나 궁노(弓弩)를 숨겨 놓을 때, 표지용 대나무나 눈썹 높이의 표시용 새끼줄 등을 설치하지 않으면 태 40이다. 사람을 상해하면 싸우다가 죽이거나 상해한 예에서 2등급을 줄인다. 이로 인하여 죽게 하면 장 100 도 3년이고, 매장은 10냥을 추징한다.

해설

덫을 놓아 사냥할 때 사전에 인명 피해를 막을 수 있는데 제대로 예방 조치를 취하지 않은 경우에 대한 처벌 규정을 담고 있다. 연관되는 조문으로는 315조 희살오살과실살상인(戲殺誤殺過失殺傷人), 318조 궁전상인(弓箭傷人), 319조 거마살상인(車馬殺傷人), 320조 용의살상인(庸醫殺傷人) 등이 있다.

322
사람을 위세로 핍박하여 죽게 함
威逼人致死

322-1 어떤 일[1]로 인하여 타인을 위세로 핍박하여 죽게 하면[2] 장 100이다. 관리나 공사인(公使人)[3] 등이 공무[4]가 아닌 일로 평민을 위세로 핍박하여 죽게 하면 죄가 같다.[5] 모두 매장은(埋葬銀) 10냥을 추징한다.

322-2 기친 존장(期親尊長)을 위세로 핍박하여 죽게 하면 교형이다.[6] 대공(大功) 이하이면 차례대로 1등급씩 줄인다.[7][8]

1 어떤 일 : 호혼(戶婚), 전택(田宅), 사채(私債) 따위이다.〔事如戶婚田宅私債之類〕《석의 권19 17장》

2 어떤……하면 : 어떤 사람이 이치를 어긴 일이 있는 것을 빌미로 도리어 위세로 능욕하고 핍박하여 그 사람이 두려움을 느껴 스스로 목숨을 끊게 하는 것이다.〔因事威逼 謂因人有違理之事 却用威勢陵逼 以致其人畏懼自盡身死者 杖一百〕《강해 368쪽》

3 공사인(公使人) : ③ 258 公使人等索借馬匹

4 공무 : 전량(錢糧)을 독촉하여 징수하거나 죄범(罪犯)이 있어 공무에 관련된 사람을 데려오는 것 따위이다.〔公務謂徵錢糧 句攝公事之類〕《집주(하) 704쪽》

5 관리나……같다 : 관리나 공사인 등이 사사로운 일로 인하여 관청의 위세에 기대어 평민을 능욕하고 핍박하여 스스로 목숨을 끊게 만드는 것을 이른다.〔謂官吏及公使人等 因私己事務 倚恃官府威勢 將平民陵逼 以致自盡身死者〕《강해 368쪽》 관리나 공사인 등이 공무로 인해 다른 사람을 위세로 핍박하여 죽게 하는 경우는 율문에 조문이 없으므로 모두 논죄하지 않는다.〔其官吏公使人等 因公務 威逼人致死者 律旣無文 竝合勿論〕《강해 368쪽》〔言非公務平民 則因公務 而威逼有罪之民致死者 勿論〕《석의 권19 17장》

6 기친 존장(期親尊長)을……교형이다 : 비유가 윗사람을 핍박하면 이는 존장을 능멸하는 것이므로 교형으로 처벌한다.〔在卑幼而逼長 是曰凌尊 故有期親絞〕《소의(하) 323~324쪽》

7 대공(大功)……줄인다 : 대공 존장을 위세로 핍박하여 죽게 하면 장 100 유 3000리, 소공 존장이면 장 100 도 3년, 시마 존장이면 장 90 도 2년 반이다.〔謂威逼大功尊長致死者 杖一百流三千里 小功杖一百徒三年 緦麻杖九十徒二年半〕《강해 369쪽》 무복(無服)은 일반인으로 논한다.〔無服以凡論〕《부례(하) 257쪽》

8 기친 존장(期親尊長)을……줄인다 : 존장이 비유를 위핍치사(威逼致死)한 경우는 언급하지 않았는데 이에 대해 《석의》에서는 논죄하지 않는다고 보았다.〔言卑幼威逼尊長致死之罪

322-3 간음이나[9] 도둑질로 인하여[10] 타인을 위세로 핍박하여 죽게 하면 참형이다.[11]

직해 공무로 인하여 위력으로 사람을 핍박하여 죽게 하면 장 100이다. 차사(差使)나 관리 등이 사사로운 일로 평민을 위력으로 핍박하여 죽게 하면 죄가 같다. 모두 매장은 10냥을 추징한다.

(◯) 기친인 손윗사람을 위력으로 핍박하여 죽게 하면 교형으로 죽인다. 대공친 이하는 차례로 1등급씩 줄인다.

(◯) 간음을 행하거나 물건을 훔친 일로 인하여 사람을 핍박하여 죽게 한 자는 참형이다.

則尊長威逼卑幼致死者 勿論矣〕《석의 권19 17장》 한편《집주》에서는 기친은 논하지 않고 대공 이하는 분별하여 410조 불응위(不應爲)로 과단해야 한다고 보았다.〔律不言尊長威逼卑幼之事 蓋尊長之于卑幼 名分相臨 無威之可畏 事宜忍受 無逼之可言 故不著其法 設有犯者 在期親可以弗論 大功以下 似宜分別科以不應 非同居共財者 仍斷埋葬〕《집주(하) 707쪽》

9 간음이나 : 간음이 이루어졌는지 여부를 구분하지 않는다.〔因姦威逼 不分已未成〕《부례(하) 258쪽》

10 도둑질로 인하여 : 재물을 얻었는지 여부를 논하지 않는다.〔因盜威逼 不論已未得財〕《부례(하) 258쪽》

11 간음이나……참형이다 : 간음으로 인하여 위세로 핍박하여 죽게 한다는 것은 강간으로 인하여 부녀자를 위세로 핍박하여 죽게 하거나, 화간(和姦)에 방해된다고 하여 간부(姦婦)의 친속들을 위세로 핍박하여 죽게 하는 것이다. 도둑질로 인하여 위세로 핍박하여 죽게 한다는 것은 강도짓을 하다가 비록 재물은 얻지 못하였으나 재물 주인이 두려워서 자진(自盡)하거나, 절도로 인하여 재물 주인이 고발하려고 하자 도리어 재물 주인을 위세로 핍박하여 죽게 하는 것이다.〔如因强姦而威逼婦女身死 或和姦因有窒碍 將姦婦之親屬 威逼身死 若此之類 謂之因姦威逼 又如因行强盜 雖未得財 而財主畏懼 自盡身死 或因竊盜 財主欲告 反將財主用計威逼身死 若此之類 謂之因盜威逼 竝斬〕《강해 369쪽》

《전석》에서는 본부(本夫)가 부인이 다른 사람과 간통한 것을 알고 수치스럽고 분하여 자진하였다면 간부(姦夫)는 원래 위협하여 핍박한 실정은 없으므로 화간인 장 80에 그치고,(④ 390 犯姦) 간부(姦婦)는 앞의 율(③ 308 殺死姦夫)에 따라 비의(比擬)하여 교형이 합당하고 보았다. 만약 부녀자가 다른 사람과 통간(通姦)하였다가 일이 발각되자 자진하였다면 간부(姦婦)는 스스로 지은 재앙이므로 탓할 사람이 없으며, 간부(姦夫)는 간통죄로 처벌하는 데 그친다고 하였다.〔若本夫 聞知婦人與人姦通 而羞憤自盡 在姦夫原無威逼之情者 姦夫止宜和姦之罪 姦婦仍比依前律擬絞 庶不失情法輕重之宜也 若婦女與人通姦 事發羞愧自盡 則又自作之孼 於人何尤 其姦本和 亦何威逼之有 姦夫止坐姦罪 不坐威逼之律〕《전석 권19 21장》

해설

다른 사람을 위세로 핍박하여 죽게 하는 일을 금지하기 위하여 만든 조문이다. 당률에서는 인명(人命) 사건과 관련되어 모살(謀殺), 고살(故殺), 투살(鬪殺), 희살(戱殺), 오살(誤殺), 과실치사(過失致死) 등 육살(六殺)만 보인다. 당률은 친수살인(親手殺人) 즉 본인이 사람을 직접 죽이지 않았으면, 어떤 일로 인해 사람이 자진(自盡)하게 되었는지를 묻지 않고 모두 실제 범한 것으로 의율(擬律)하지 않았다. 반면 명률에서는 위세로 다른 사람을 핍박하여 자진한 경우를 살인죄로 다루기 위해 위핍인치사(威逼人致死)라는 율문을 별도로 만들었다. 이로써 사죄(死罪)의 명목이 당률보다 늘어나게 되었다.

현대 형법에서 자살이란 자기의 자유로운 판단에 의한 자유로운 의사 결정으로 자신의 죽음을 야기한 것을 이른다. 자살은 자의에 의한 것이므로 현행 형법에서 벌하지 않는데, 살인죄의 객체인 사람은 타인을 의미하므로 자살은 살인죄의 구성 요건에 해당하지 않기 때문이다. 이와는 달리 위핍치사에 대한 처벌은 장 100에서 참형까지 이른다. 현대 사회에서는 무죄인 범죄가 전통 사회에서는 사죄로까지 처결된다는 사실은 주목할 만한 일이다.

323
존장이 타인에게 살해되었는데 사화함
尊長爲人殺私和

323-1 조부모·부모·남편·가장이 타인에게 살해되었는데[1] 아들·손자·처·첩·노비·고공인이 사화(私和)하면[2] 장 100 도 3년이다.[3] 기친 존장(期親尊長)이 살해되었는데 비유(卑幼)가 사화하면 장 80 도 2년이다. 대

1 타인에게 살해되었는데 : 모살(謀殺)(③ 305 謀殺人)·고살(故殺)·구살(毆殺)(③ 313 鬪毆及故殺人)·희살(戲殺)·오살(誤殺)(③ 315 戲殺誤殺過失殺傷人) 등의 경우이고 위핍(威逼)(③ 322 威逼人致死)이나 과실살(過失殺)(③ 315)은 이 범위에 들지 않는다.〔爲人所殺 指謀殺故殺毆殺戲殺誤殺各該抵命者言之 若威逼者 止杖一百 過失者 律得收贖 並不在此限也〕《전석 권19 24장》 위핍이면 죄는 장 100에 그치고, 과실살은 수속(收贖)하므로 사화(私和)하였다고 해서 중죄로 과단(科斷)한다면 지나치다고 할 수 있다. 위핍치사의 매장은(埋葬銀)과 과실살의 수속은 원래 죽은 자의 집에 당연히 주게 되어 있는 것이며, 다만 피해자가 가해자로부터 따로 사사로이 받거나 많이 취하면 안 될 뿐이다. 위핍이나 과실살에는 이 율을 쓸 수 없으나 자손이 원수를 잊고 사화한 죄가 없을 수는 없으므로 작량(酌量)하여 과단해야 한다는 견해도 있다.〔律言爲人所殺 則其他致死之命 不得同論 如威逼者 罪止杖一百 過失殺者 律應收贖 如私和之 而反科重罪 豈得其平哉 又如威逼之埋葬 過失之收贖 原斷付死者之家 則雖有受財 亦所當給 但不當私受及多取耳 若準竊盜論以重罪 又豈得其平哉 然此等人命 在子孫等忘讎私和 亦不能無罪 當酌量科之 但不得用此律耳〕《집주(하) 711쪽》

2 사화(私和)하면 :《전석》에서는 관에 알리지 않는 것뿐 아니라, 비록 관에 알리더라도 다시 화해하고 망령되게 스스로 거짓을 진술하는 것도 이에 해당한다고 본다.〔私和 非止不告官 雖告官 而復和妄自招誣者 亦是〕《전석 권19 24장》 그러나《집주》에서는 관에 알리지 않는 것만 말한다고 하였다. 사람을 죽인 일을 관에 알리고서 또 사화하여 거짓으로 공술(供述)하면 무고의 죄이며, 이런 경우는 대체로 진짜 인명(人命) 사안이 아닌 거짓 인명 사안이 많으므로 옥사(獄事)를 결단하는 자는 율을 살펴 탐구해야 한다고 하였다.〔私和 是言不告官者 諸家謬謂告官之後 又復私和 妄自招服者亦是 夫以殺命告官 又私和妄供 則有誣告之罪矣 豈能私和哉 民間先告後和者 大概眞命少 假命多 斷獄者 每順人情 不復按律探究 而以之論律則不可也〕《집주(하) 712쪽》

3 조부모……3년이다 : 다른 사람의 계후(繼後)가 된 자는, 소후부모(所後父母)에게는 참최복(斬衰服)을 입고 소생부모(所生父母)에게는 낮추어서 기년복(期年服)을 입지만, 만약 소생부모의 원수와 사화하면 부모의 경우에 따라야 하며 기친 존장(期親尊長)의 경우에 따를 수 없다.〔爲人後者 爲所後父母斬衰 所生父母降爲期年 若私和所生父母讎者 仍依父母 不得照期親尊長也〕《집주(하) 711～712쪽》

공(大功) 이하는 각각 1등급을 줄인다. 비유가 살해되었는데 존장이 사화하면 각각 1등급을 줄인다.[4] 처・첩・아들・손자・며느리・손자며느리・노비・고공인이 살해되었는데 조부모・부모・가장이 사화하면[5] 장 80이다. 재물을 받으면 장(贓)을 계산하여 절도[6]에 준하여 논하되,[7] 무거운 쪽으로 과단(科斷)한다.

323-2 일반인이 인명(人命)에 관한 일을 사화하면 장 60이다.[8]

4 비유가……줄인다 : 기친 존장이 사화하면 비유가 사화한 죄 장 80 도 2년에서 1등급을 줄인 장 70 도 1년 반, 대공친은 2등급을 줄인 장 60 도 1년, 소공친은 3등급을 줄인 장 100, 시마친은 4등급을 줄인 장 90이다.〔期親尊長 減卑幼私和一等 杖七十徒一年半 大功杖六十徒一年 小功杖一百 緦麻杖九十〕《소의(하) 325쪽》

5 처……사화하면 : 율에서 앞서 처・첩・며느리・손자며느리가 살해되었다고 말하였는데 아래 문장에서 남편・시부모의 죄를 말하지 않은 것은, 부모가 시부모를 겸하고 가장이 남편을 겸하기 때문이다.〔律既云妻妾及子孫之婦被殺 而下文不言夫與舅姑之罪者 父母已兼舅姑 家長已兼夫矣〕《전석 권19 24장》

6 절도 : ③ 292 竊盜

7 재물을……논하되 : 재물을 얻은 데 뜻이 있기 때문에 친소・귀천・존장・비유를 나누지 않는다.〔更不分親疏貴賤尊長卑幼 以其意在得財也〕《집주(하) 711쪽》 절도(③ 292 竊盜)에서 장(贓)은 일주위중(一主爲重), 병장(倂贓)으로 논죄한다. 여기서 절도에 준한다고 하였으므로 각각 자기 것으로 삼은 것을 계산하여 처벌한다.〔竊盜贓 以一主爲重倂贓論罪 此準竊盜論者 則各計入已者爲坐〕《집주(하) 712쪽》 인명(人命) 사안에 대해 사화하면 친속은 복제에 따라 그 죄를 달리한다. 존장을 따라 사화를 함께 범한 비유는 가인(家人)에 대한 규정에 따라 과단을 면하지만 재물을 받으면 절도에 준하되 종범으로 보아 1등급을 줄여 과단한다.〔凡私和人命 雖親屬隨服 而異其罪 其共犯卑幼 仍依家人免科 但受財 則準竊盜 爲從減一等科斷〕《전석 권19 24장》 재물은 준 쪽이나 받은 쪽 모두 죄가 되는 장〔彼此俱罪之贓〕이므로 관에 들인다. 《전석 권19 24장》《집주(하) 711쪽》 ① 23 給沒贓物

8 일반인이……60이다 : 일반인이 타인을 위하여 인명 사안에 사화하면 범인이 법망을 빠져나가게 하는 것이므로 장 60이다.〔常人雖無讎可言 而爲人私和人命 致使兇人漏網 故杖六十〕《집주(하) 711쪽》 한편 재물을 받은 경우에 대해 말하지 않았는데 《집주》, 《부례》, 《집해》, 《청률》 등에서 사화는 왕법(枉法)이므로 당연히 왕법장(枉法贓)을 받은 것(④ 367 官吏受財)에 따르되 무거운 쪽으로 논한다고 하였다.〔不言受財者 私和卽是枉法 自照受枉法贓從重論 不待言也〕《집주(하) 711쪽》 그러나 《전석》에서는 수재(受財)를 범하면 불왕법장(不枉法贓)을 받은 것으로 논해야 한다고 보았다.〔其何以不言受財 犯者 自以受贓不枉法 不待言也 或云 此其不謂之求索 何也 曰彼此俱罪之贓入官者 正也 以求索而不給主 非正也 然則與準竊盜何異乎 凡竊盜 倂贓全科 此則但各計其入已者爲坐〕《전석 권19 24장》

직해 조부모, 부모나 남편이나 가장 등을 다른 사람이 살해하였는데 아들, 손자, 처, 첩, 노비, 고용인 등이 사사로이 화해하면 장 100이고[9] 도 3년이다. 기친인 손윗사람이 살해되었는데 손아랫사람들이 사사로이 화해하면 장 80 도 2년이다. 대공친 이하는 각각 1등급을 줄인다. 손아랫사람들이 살해되었는데 손윗사람들이 사사로이 화해하면 각각 1등급을 줄인다. 처, 첩, 아들, 손자, 며느리, 손자며느리나 노비나 고용인 등이 살해되었는데 조부모, 부모나 가장이 사사로이 화해하면 장 80이다. 재물을 받은 자는 장물의 수를 계산하여 절도의 예에 준하되 무거운 쪽으로 논한다.
(○) 일반인이 인명에 관한 일을 사사로이 화해하면 장 60이다.

해설
친속이 살해되었을 때 가해자와 한통속이 되어 사사로이 화해하는 사화(私和)에 대한 처벌 규정이다. 이는 친속과의 의리를 잊고 친속을 죽인 원수가 처벌을 피할 수 있게 해 주는 것이므로, 친속의 친소 관계에 따라 차등을 두어 처벌한다. 존장과 비유의 차이는 상대적으로 덜 중요하기 때문에 존장이 사화하면 비유가 사화한 경우에 비해 감등한다. 조부모・부모가 남에게 맞거나 살해되었을 때의 복수 행위는 346조 부조피구(父祖被毆)를 참조할 필요가 있다.

9 장 100이고 : 율문의 장일백도삼년(杖一百徒三年)을 직해할 때 장일백에 '-고(遣)'를 덧붙인 경우는 이 예가 유일하다.

324
동행하다가 모해함을 알게 됨
同行知有謀害

동반(同伴)하는 사람[1]이 타인을 모해(謀害)[2]하려는 것을 알고서도 즉시 이를 막지 않거나, 구호(救護)하지 않거나, 또는 해를 당한 뒤에도 관(官)에 고발하지 않으면 장 100이다.[3]

1 동반(同伴)하는 사람 : 동반은 범위가 넓다. 길을 같이 가는 사람, 같이 사는 사람, 손님이 되어 같이 머무르는 사람, 물건을 교환하는 등 장사를 동업하는 사람 따위이다. 일반인이나 친속의 여부를 떠나 모두 동반이다.〔同伴 所包者廣 如在路同行 作客同寓 貿易同業之類 不論凡人親屬皆是〕《집주(하) 712쪽》〔凡與人同行或同居住〕《집해 1542쪽》

2 모해(謀害) : 모살(謀殺)을 지칭하며 이익을 도모하여 타인을 살해하려는 계획을 품거나 살해하고자 공모하는 것이다.〔謀害 概指謀殺言〕《집주(하) 712쪽》〔造意及共謀欲行殺害他人〕《전석 권19 24장》 원한·간음·도둑질에 기인한 경우, 증빙 문서를 본떠 관원을 사칭한 경우, 노인(路引)을 본떠 통행하려 한 경우, 범죄를 규피하는 따위로 인해 사람을 죽이는 경우 등이다.〔謀害 是謀利害人 或因怨恨 或因姦盜 或圖其文憑以爲假官 或圖其路引以爲照應 或窺避犯罪之類 而殺人者皆是〕《부례(하) 263쪽》

대체로 모(謀)라고 칭할 때 2인 이상(① 44 稱日者以百刻)을 이른다. 동반자가 1인인데 그가 사람을 살해하면 이것은 모가 아니라 고의 살인이지만 계획한 실상이 드러나 명백하면 비록 1인이 도모하였더라도 2인이 도모한 것과 같이 취급한다.〔稱謀者 謂二人以上 若同伴止一人 已殺害人是之謂故 其亦將以謀言之可乎 蓋謀狀顯迹明白者 雖一人 同二人之法〕《전석 권19 24~25장》

3 알고서도……100이다 : 동반인이 타인을 모해하려는 것을 인지하였으나 적극적인 행동을 하지 않으면 모두 장 100이다. 다음과 같은 경우이다. 동반인이 실행하기 전에 즉시 막지 않은 경우, 동반인이 이미 실행한 후에 즉시 구호하지 않은 경우, 타인이 피해를 입은 후에 동반인을 고발하여 체포되게 하지 않은 경우 등이다.〔知……於其未行而不卽阻當 或已行而不卽救護 及他人被害之後 又故縱不行首告於官而追捕者 杖一百〕《전석 권19 24장》 알고서도 막거나 구원하지 않고 또 고발도 하지 않는 경우, 원래 몰랐으므로 막거나 구원하지 않는 경우, 뒤늦게 알고서도 고발하지 않는 경우 등이다. 비록 먼저 막거나 구원하지 못하였다 하더라도 나중에 고발하면 역시 죄를 면할 수 있다.〔有知而不阻救 又不首告者 有先原不知無從阻救 後已知之不行首告者 若先雖不阻救 而後能首告 亦得免罪〕《집주(하) 713쪽》

따라서 동반인이 타인을 모해하려는 것을 안 사람은 동반인이 실행하기 전에 막거나, 동반인이 이미 실행한 후에 즉시 구호하거나, 타인이 피해를 입은 후에 동반인을 고발하여 체포되게 하는 행위 중 어느 하나라도 하면 처벌을 면할 수 있다.

직해 동반인이 다른 사람을 모의하여 해치려고 하는 것을 알고서도 즉시 막아서 금지하고 구호하지 않거나, 다른 사람이 피해를 입은 뒤에도 고발하지 않으면 장 100이다.

해설

명률의 대부분의 율문은 금지 규범을 전제로 사람을 적극적으로 살해하거나 상해하는 행위 등의 작위범(作爲犯, commission)을 처벌하는 형식, 즉 작위범 형식의 구성 요건이다. 반대로 요구 규범을 전제로 불고지(不告知) 등 부작위(不作爲, omission)를 처벌하는 형식, 즉 부작위범(不作爲犯) 형식의 구성 요건도 간혹 있다. 이 조문은 410조 불응위(不應爲)와 더불어 흔하지 않은 부작위범 형식의 구성 요건이다. 흉모(凶謀)가 있는 줄 알면서도 그 흉모가 발현되기 전에 그 타인의 흉행을 저지하지 않거나, 그 흉모가 이미 발현된 후라도 타인의 죽음을 구하지 않는 것은 악을 돕는 것은 아니지만 역시 악을 묵인하는 것이므로 처벌한다.

대명률직해

제20권 형률刑律 투구鬪毆

투구 鬪毆

진(秦)・한(漢)에서 진(晉)까지 〈투구(鬪毆)〉가 없었는데, 북위(北魏) 태화(太和) 연간(477~499)에 이르러 〈계신율(繫訊律)〉을 나누어 〈투율(鬪律)〉로 하였고, 북제(北齊)에서 송사(訟事)를 붙여 〈투송(鬪訟)〉으로 하였으며, 북주(北周)는 〈투긍(鬪兢)〉으로 하였다. 수(隋) 개황(開皇) 연간(581~600)에 북제를 따라 〈투송〉이라 하였으며, 당(唐)은 수의 제도를 계승하였다.

명대(明代)에 이르러 투송(鬪訟)의 일이 번거로워 하나로 하기 힘들다 하여 다투는 일은 〈투구〉라 하고 고소하는 일은 〈소송(訴訟)〉으로 구분하였다. 당률 302조 투구수족타물상(鬪毆手足他物傷), 303조 투구절치훼이비(鬪毆折齒毁耳鼻), 305조 구인절질지해할목(毆人折跌支體瞎目), 308조 동모부동모구상인(同謀不同謀毆傷人), 310조 양상구상논여율(兩相毆傷論如律), 304조 병인작사인(兵刃斫射人) 등을 명률에서는 325조 투구로 합쳤다. 이 외에 친속이나 직관(職官)이 서로 싸우는 경우에도 당률은 각각 별도의 조문을 두었으나 명률은 모두 투구로 합쳤다. 한편 327조 궁내분쟁(宮內忿爭), 335조 위력제박인(威力制縛人), 326조 보고한기(保辜限期), 328조 황가단문이상친피구(皇家袒免以上親被毆), 330조 좌직통속구장관(佐職統屬毆長官) 등은 당률의 내용을 그대로 따른 것이다. 또 미비한 점을 살펴 333조 거구추섭인(拒毆追攝人), 334조 구수업사(毆受業師), 336조 양천상구(良賤相毆) 등을 추가하였고, 이를 묶어서 〈투구〉라 명명하였다. 모두 22조이다.

325
말로 다투다가 때림
鬪毆

325-1 다투다가 때리는 경우,[1] -서로 말로 다투는 것이 투(鬪)이며, 서로 때리는 것이 구(毆)이다.- 손이나 발로 타인을 때렸으나 상해[2]하지 않았으면 태 20, 상해하였거나 다른 물건[3]으로 타인을 때렸으나 상해하지 않았으면 태 30, 상해하였으면 태 40이다.

직해 싸우다가 때릴 때 손발로 다른 사람을 때렸는데 상해하지 않았으면 태 20이고, 상해하였거나 다른 물건으로 때렸는데 상해하지 않았으면 태 30이다. 상해하였으면 태 40이다.

맞은 곳의 피부가 푸르거나 붉거나 부어오르면 상해가 된다. 손이나 발이 아니면 그 나머지는 모두 다른 물건이다. 비록 병기(兵器)라도 날을 쓰지 않으면 또한 이에 해당한다.[4]

1 다투다가 때리는 경우 : 원문의 투(鬪)는 말로 다투다 서로 손으로 잡았으나 때리는 데는 이르지 않는 것이고, 구(毆)는 손이나 발로 서로 때리는 것이다. 여기서 〈투구(鬪毆)〉로 편명을 지었으나 실제는 모두 구율(毆律)이다.〔鬪者口語爭論彼此扭結未到捶擊也 毆則以手足相打矣 此以鬪毆名篇 實則所著皆是毆律〕《집주(하) 718쪽》 투구는 두 사람이 서로 다투다가 대적하여 때리는 것이고, 만약 맞은 사람이 대적하지 않으면 단지 구이고 투구가 아니다.〔凡二人相爭敵毆 謂之鬪毆 若毆人 而人不敵 但謂之毆 非鬪毆也〕《집설 권7 3장》

2 상해 : 당률에서는 피가 보이는 것을 상해의 기준으로 삼았다.〔謂見血爲傷〕《당률 37조 犯罪未發自首》

3 다른 물건 : 사람을 때리려고 집은 벽돌이나 몽둥이 따위가 모두 다른 물건이다.〔非手足者其餘所執皆爲他物 如磚石槌棒之類〕《집주(하) 716쪽》 313조 투구급고살인(鬪毆及故殺人)에서는 사람을 때려 죽였으면 손이나 발, 타물, 쇠붙이 등의 구별이 없었으나, 여기서는 수족과 타물을 구별하여 처벌한다. 사람이 죽었으면 무엇으로 때렸건 똑같이 죽은 것이지만 단지 사람에게 상해를 입혔으면 도구에 따라 상해에 경중이 있기 때문이다.

4 병기(兵器)라도……해당한다 : 병기를 잡았으나 날을 쓰지 않고 손잡이로 사람을 때렸으면

직해 푸르거나 붉은 색깔로 부어오르면 상해가 된다. 손발 외에는 모두 다른 물건이니, 비록 병기라도 날을 쓰지 않았으면 이 또한 다른 물건이다.

머리카락을 뽑은 것이 사방 1촌[5] 이상이면 태 50이다.[6] 귀나 눈에서 피가 나거나, 내상(內傷)으로 피를 토하면 장 80이다.[7] 오물로 타인의 머리나 얼굴을 더럽히면 죄가 또한 같다.[8] 타인의 치아 1개[9] 또는 손가락이나 발가락 1개를 부러뜨리거나, 타인의 한쪽 눈을 다치게 하거나,[10] 타인의 귀나 코를 훼손하거나, 타인의 뼈에 금이 가게 하거나,[11] 끓는 물, 불, 구리물, 쇳물로 타인을 상해하면 장 100이다.[12] 오물을 타인의 입이나 코 안에 부어 넣으면 죄가 또한 같다.[13] 치아 2개 이상 또는 손가락이나 발가락 2개 이상을 부러

역시 다른 물건이다. 만약 날을 사용하면 날로 상처를 입힌 경우에 대한 처벌인 장 80 도 2년이다.〔持兵 而不用刃 將其柄以毆人者 亦是他物 若用刃 則爲刃傷〕《소의(하) 331쪽》

5 사방 1촌 : 가로 지름이 1촌이다.〔橫徑一寸〕《부례(하) 265쪽》

6 머리카락을……50이다 : 머리카락이 훼손된 것은 다른 물건에 의해 상해당한 것에 비해 조금 무거우므로 태 50이다.〔雖出于手足 而髮爲所毁 較之徒傷于他物者 差重 故笞五十〕《집설 권7 1장》 뽑은 머리카락이 1촌이 안 되면 여전히 손이나 발로 상해한 것으로 논하여 태 30이다.〔若拔髮不及一寸 仍以手足成傷論〕《집주(하) 718쪽》

7 귀나……80이다 : 머리카락을 훼손하거나 피부를 손상한 것에 비해 더욱 무거우므로 장 80이다.〔視之髮膚毁傷者益重 故杖八十〕《집설 권7 2장》

8 오물로……같다 : 비록 무거운 상해는 아니지만 더럽히고 욕보인 것이 입이나 귀에서 피가 나는 것과 다르지 않으므로 죄도 똑같이 장 80이다.〔雖未重傷 而其衊辱 則視流血口耳者何異 故其杖八十之罪 亦如之〕《집설 권7 2장》

9 치아 1개 : 치아 1개 이하, 구리물이나 쇳물로 다른 사람을 상해하는 것까지가 모두 절상(折傷)이다.〔此下皆爲折傷〕《부례(하) 265쪽》

10 타인의 한쪽……하거나 : 다른 사람의 눈을 상해하여 가늘고 작아지게 하는 것으로 완전히 멀게 되지는 않는 것이다.〔眇人目 謂傷人目 使之細小、未至全瞎〕《전석 권20 2장》

11 뼈에……하거나 : 뼈가 잘리지도 않고 부러지지도 않은 것이다.〔骼未斷 而非折者〕《부례(하) 265쪽》

12 타인의 치아……100이다 : 훼손한 것이 머리카락이나 피부에 그치지 않고 사람의 몸과 뼈에 미쳤으며, 상해하고 해독을 퍼뜨린 것이 다른 물건으로 상해한 것에 그치지 않았으므로 모두 장 100이다.〔此毁及形骸 而非止髮膚 傷而流毒 而非止他物 故杖一百〕《집설 권7 2장》

뜨리거나, 머리카락을 모두 뽑거나 깎으면 장 60 도 1년이다. 타인의 갈비뼈를 부러뜨리거나, 타인의 두 눈을 다치게 하거나,[14] 타인의 태아[15]를 낙태시키거나,[16] 칼날로 타인을 상해하면 장 80 도 2년이다.[17]

직해 머리카락을 사방 1촌 이상을 뽑으면 태 50이다. 귀나 눈 안에서 피가 나거나, 내상으로 피를 토하면 장 80이다. 더러운 물건으로 다른 사람의 머리나 얼굴을 오염시키면 죄가 같다. 다른 사람의 이 1개나 손가락이나 발가락 1개를 부러뜨리거나, 한쪽 눈을 상해하거나, 귀나 코를 자르거나 뭉그러뜨리거나, 힘줄이나 뼈를 망가뜨리거나, 끓는 물이나 불 또는 구리물이나 쇳물로 사람을 상해하면 장 100이다. 더러운 물건을 다른 사람의 입이나 코 안에 부어 넣으면 죄가 같다. 다른 사람의 이 2개 또는 손가락이나 발가락 2개 이상을 부러뜨리거나, 머리카락을 모두 뽑거나 깎아 버리면 장 60 도 1년이다. 다른 사람의 갈빗대를 끊어 버리거나,[18] 두 눈을 상해하거

13 오물을……같다 : 지나치게 더럽히고 욕보여 상해하였는지 여부는 논할 바가 아니므로 죄가 또한 장 100이다.〔穢辱已甚 而傷之有無 非所論矣 故其杖一百之罪 亦如之〕《집설 권7 2장》

14 두 눈을……하거나 : 사물을 온전히 볼 수 없게 된 것이다.〔不能全視〕《부례(하) 266쪽》

15 태아 : 《부례》에서는 태아의 모습을 1개월 때 이슬 같고, 2개월 때 복숭아꽃 같고, 3개월 때 남녀가 구분되고, 4개월 때 형상이 온전해지고, 5개월 때 골격이 이루어지고, 6개월 때 머리카락이 나고, 7개월 때 어미의 왼쪽으로 움직이고, 8개월 때 어미의 오른쪽으로 움직이고, 9개월 때 몸을 세 번 돌리고, 10개월 때 배에 꽉 차는 것으로 설명하였다.〔胎息 一月如白露 二月如桃花 三月分男女 四月形象全 五月肋骨成 六月毛髮生 七月動母左 八月動母右 九月三轉身 十月滿腹〕《부례(하) 268쪽》

16 태아를 낙태시키거나 : 태아가 아직 90일이 되지 않았으면 단지 내상으로 피를 토하게 한 죄인 장 80으로 과죄한다.〔未及九十日 止科內損吐血〕《부례(하) 266쪽》

17 칼날로……2년이다 : 칼날의 크기, 상해의 경중을 따지지 않는다. 칼날은 사람을 죽이는 무기이므로 이를 사용해서 타인을 상해하면 곧 사람을 죽이는 흉악한 짓을 하려는 뜻이 있는 것이므로 특별히 장 80 도 2년으로 그 법을 엄히 한 것이다.〔刃不言大小 傷不言輕重者 刃乃殺人之器 用以傷人 卽有行兇之意 故特嚴其法〕《집주(하) 717쪽》

18 끊어 버리거나 : 이 조문에서 율문의 절(折)을 다른 곳에서는 대체로 절단(折斷)으로 직해하였으나, 여기서는 절단(絶斷)이라 하였는데 의미 차이를 두어 절(絶) 자를 썼는지는 분명하지 않다. 한편 이 조항의 뒷부분에는 율문의 할단(割斷)을 절단으로 직해하거나 율문의 할거(割去)를 할단으로 직해한 예도 있다.

나, 낙태하게 하거나, 칼날로 사람을 상해하면 장 80 도 2년이다.

-타인을 낙태시키면 보고 기한(保辜期限) 이내에 조산한 아기가 죽거나, 태아가 90일이 지나 형상을 갖추어야 비로소 처벌한다. 낙태가 비록 때린 것으로 말미암았을지라도, 만약 보고 기한이 지나 아기가 죽거나, 태아가 90일이 안 되어서 형상을 갖추지 못하였으면 각각 구상(毆傷)의 본법(本法)에 따르고, 태아를 낙태시킨 죄로 처벌하지 않는다.-

직해 낙태한 것은, 보고 기한 안에 아기가 죽거나 태아가 90일이 지나 사람 형상을 갖추었을 때 낙태하면 처벌하고, 보고 기한이 지나 아기가 죽거나 90일이 안 되어 태아가 아직 사람 형상을 갖추지 않았으면 본래의 때리거나 상해한 예에 준하여 논하고 낙태의 죄로 처벌하지 않는다.

타인의 지체(肢體)[19]를 부러뜨리거나 어긋나게 하거나,[20] 타인의 한쪽 눈을 멀게 하면[21] 장 100 도 3년이다. 타인의 두 눈을 멀게 하거나,[22] 타인의 팔이나 다리 2개를 부러뜨리거나, 타인의 신체 2곳 이상을 손상하거나, 본래 있던 질환으로 인하여 독질(篤疾)에 이르게 하거나, 타인의 혀를 끊거나, 타인의 외음부를 훼손하여 못 쓰게 하면[23] 모두 장 100 유 3000리이다. 이에 더하여 범인의 재산 절반을, 상해를 입어 독질이 된 사람에게 주어서 먹고살게 한다.[24]

19 지체(肢體) : 지(肢)는 손이나 발, 체(體)는 허리나 목이다.〔手足謂之肢 腰項謂之體〕《집주(하) 717쪽》

20 부러뜨리거나 어긋나게 하거나 : 원문의 절(折)은 뼈를 부러뜨리는 것이며, 질(跌)은 관절이 어긋나 정상적으로 붙어 있지 않는 것이다.〔折者 斷折其骨 跌者 差失關節 而不聯屬如常也〕《집주(하) 717쪽》

21 타인의 지체(肢體)를……하면 : 모두 폐질이 된다.〔皆成廢疾〕《집주(하) 715쪽》

22 두 눈을……하거나 : 이 이하는 모두 독질이다.〔以下 俱是篤疾〕《부례(하) 266쪽》

23 타인의 외음부를……하면 : 자식을 낳아 기르지 못하게 된다.〔以至不能生育〕《집주(하) 715쪽》

직해 다른 사람의 지체를 부러뜨려 상해하거나, 한쪽 눈을 멀게 하면 장 100 도 3년이다. 다른 사람의 두 눈을 멀게 하거나, 두 지체를 부러뜨리거나, 다른 사람의 두 군데 이상을 손상하거나, 본래 있던 질환으로 인하여 독질이 되게 하거나, 다른 사람의 혀를 자르거나,[25] 외음부를 못 쓰게 만들면 모두 장 100에 먼 곳으로 유배 보낸다. 범인의 가산에서 절반을 추징하여 상해를 입어 독질이 된 사람에게 주어서 먹고살게 한다.

-두 곳 이상을 손상한다는 것은 혹 타인을 때려 한쪽 눈을 멀게 하고 또 손이나 발 하나를 부러뜨리는 따위를 이른다. 본래의 질환으로 인하여 독질에 이르게 한다는 것은 가령 타인이 전에는 한쪽 눈이 멀어 잔질(殘疾)이었는데 다시 한쪽 눈을 멀게 하여 독질이 되게 하는 것, 혹은 먼저 다리 하나가 부러져 폐질(廢疾)이었는데 다시 다리 하나를 부러뜨려 독질이 되게 하는 것이다. 타인의 혀를 끊는다는 것은 타인의 혀를 잘라 내어 전혀 말을 할 수 없게 만드는 것을 이른다. 타인의 외음부를 훼손하여 못 쓰게 한다는 것은 남자의 음경을 잘라 내거나 고환을 파손하는 것을 이른다. 모두 장 100 유 3000리이고 범인의 가산 절반을 떼어 상해를 입어 독질이 된 사람에게 주어 먹고살게 한다. 부인의 외음부를 도리에 어긋나게 훼손하면 그 죄를 과단하는 데 그치고, 재산의 절반을 떼어 주는 규정은 적용하지 않는다.[26]-

직해 두 군데를 손상하는 것은, 남의 한쪽 눈을 때려서 멀게 만들고 또 손가락이나 발가락 하나를 때려서 부러뜨려 못 쓰게 하는 따위이다. 본래 있던 질환으로 인하여

24 이에……한다 : 원문의 잉(仍)은 위에서 미진한 점이 있어서 그에 더한다는 의미이다. 즉 사람을 때려 독질이 되게 하였을 경우, 때린 자는 그 죄에 상응하는 유형(流刑)으로 처벌하면 족하지만 맞아서 독질이 된 사람은 평생 몸을 쓸 수 없으므로 반드시 다른 사람이 먹여 살려야 한다. 그러므로 죄를 문책하는 것에 더하여 재산의 절반을 떼어 피해자에게 주는 것이다.〔仍者 承上而未盡之詞 謂毆人至篤疾 法應擬流 足以抵罪 無可復加矣 但被毆篤疾之人 亦已終身無用 須人養贍 故問罪之外 仍斷財產一半也〕《집주(하) 719쪽》

25 자르거나 : 이 조문의 직해에서 절단(折斷)은 보통 율문의 절(折)을 직해한 표현인데, 여기서는 율문의 단(斷)을 직해하는 데 쓰였다.

26 부인의……않는다 : 의술로 치료하면 여전히 자식을 낳아 기를 수 있기 때문이다.〔以其醫治 猶可生育也〕《집설 권7 3장》

독질이 되게 하는 것은, 본래 한쪽 눈이 먼 사람에게 다시 다른 한쪽 눈이 모두 멀게 하거나, 혹 한쪽 다리가 먼저 부러지거나 잘린 사람이 폐질인데 다시 다른 한쪽 다리를 모두 부러뜨려 독질이 되게 하는 것이다. 혀를 자르는 것은 남의 혀를 잘라서 말을 못 하게 하는 것이며, 외음부를 못 쓰게 하는 것은 남자의 음경을 자르거나 외신낭(外腎囊)을 파손하는 것이다. 모두 장 100에 먼 곳으로 유배 보내며 가산의 절반을 상해를 입은 사람에게 준다. 부인의 음문을 도리에 어긋나게 하여 못 쓰게 만들면 오직 본죄만 과단하고, 재산을 떼어 주는 규정은 적용하지 않는다.

함께 모의하고 같이 때려 타인을 상해하면,[27] 각각 직접 때려 중상을 입힌 사람이 중죄(重罪)이며, 처음 모의한 사람[28]은 1등급을 줄인다.[29]

27 함께……상해하면 : 원문의 동모공구상인(同謀共毆傷人)은 313조 투구급고살인(鬪毆及故殺人)의 동모공구인이치사자(同謀共毆因而致死者)와는 같지 않다. 피해자가 맞아서 죽었으면 가해자는 목숨으로 대가를 치르는 것이 중요하다. 그러므로 직접 때려 죽음에 이르도록 한 사람은 교형으로, 처음 모의한 사람은 장 100 유 3000리로, 나머지 사람은 장 100으로 문죄(問罪)한다. 만약 처음 모의한 사람이 직접 때려서 죽음에 이르도록 하였으면, 나머지 사람은 모두 장 100일 뿐이다. 타인이 맞아서 상해를 입으면, 직접 때려 중상을 입힌 사람이 중죄이고, 처음 모의한 사람은 1등급을 줄이며, 나머지 사람은 별도의 상해가 발생하도록 때린 일이 있으면 또한 각각 상해에 비추어 과단(科斷)한다. 현장에 가서 함께 때리지 않았더라도 410조 불응위(不應爲)로 문죄하는데 타인을 때리는 모의에 함께 참여하였기 때문이다.〔此同謀共毆傷人 與人命內同謀共毆因而致死者不同 蓋被毆已死 則抵命爲重 故下手致命問絞 元謀問流 餘人問杖 若元謀自下手致命 則餘人皆杖罪耳 此被毆受傷 應按傷定罪 下手傷重者爲重罪 元謀減等 餘人毆有別傷 亦各照傷科斷 卽不同毆 亦當問不應 以其同與毆人之謀也〕《집주(하) 719쪽》

28 처음 모의한 사람 : 사람을 때릴 생각을 맨 먼저 하고 때리려는 모의를 꾸민 사람을 이른다. 그로 말미암아 화(禍)가 시작되었으므로 비록 함께 때리지 않았거나, 상해가 가벼워도 직접 때려 중상을 입힌 사람에서 1등급을 줄이는 데 그치는 것이다.〔元者 始也 首也 謂先起毆人之意 而造毆人之謀者 由其首禍 故雖不共毆 雖毆傷輕 止減下手傷重人一等〕《집주(하) 720쪽》

29 함께……줄인다 : 나머지 사람은 410조 불응위(不應爲)로 처벌한다.〔餘人依不應爲〕《부례(하) 267쪽》 만약 한 사람이 먼저 팔이나 다리 하나를 부러뜨렸는데 다른 사람이 뒤에 때려 또 팔다리 하나를 부러뜨렸으면, 먼저 때린 사람은 다른 사람의 팔다리를 부러뜨린 죄를 적용하여 장 100 도 3년이고, 뒤에 때린 사람은 본래 있던 질환으로 인하여 독질에 이르게 한 죄를 적용하여 장 100 유 3000리이다. 처음 모의하고 조의(造意)한 사람은 때렸는지

325-2 다툼으로 인해 서로 때려 상해하면 각각 그 상해의 경중을 조사하여 죄를 정한다. 나중에 때렸는데 이치에 옳으면 2등급을 줄인다.[30] 사망에 이르거나,[31] 형이나 누나, 백부나 숙부를 때리면 줄이지 않는다.[32]

직해 함께 모의하고 힘을 합쳐 사람을 상해하면, 각각 직접 때린 사람들 안에서 중하게 상해한 것을 따져 무거운 쪽으로 논하고, 처음 모의를 시작한 사람은 1등급을 줄인다.

○ 싸움으로 인하여 서로 때려서 상해하면 상처의 경중을 사실대로 조사하여 죄를 정한다. 나중에 직접 때렸는데 이치에 맞으면 2등급을 줄인다. 죽음에 이르도록 상해하거나 형, 누나, 백숙을 때린 경우는 비록 이치에 맞더라도 줄여 주지 않는다.

때리지 않았는지를 묻지 않고 직접 때려 다치게 한 사람의 죄에서 1등급을 줄인다. 또 만약 갑이 원모(原謀)하였는데, 을이 때려 다른 사람의 갈비뼈를 부러뜨렸으면 이는 중상으로 중죄여서 장 80 도 2년으로 처벌하고, 갑은 때렸는지 여부나 상해의 경중을 묻지 않고 모두 1등급을 줄여 장 70 도 1년 반이다.〔若一人先折一肢 一人後毆 又折一肢 則先毆者 依折人肢滿徒 後毆者 依因舊患 令至篤疾 滿流 其始謀造意之人 不問毆與不毆 減下手傷罪一等 又如甲原謀 乙下手折人肋 是傷重者 爲重罪 坐以杖八十徒二年 甲不問曾毆與否傷之重輕 竝減一等〕《부례(하) 268쪽》

30 다툼으로……줄인다 : 만약 갑과 을이 서로 다투다 때려 갑이 눈 한쪽이 멀게 되는 피해를 입고 을은 이 하나가 부러졌으면, 갑의 상해는 무거운 것이 되어 을을 장 100 도 3년으로 처벌하며, 을의 상해는 가벼운 것이 되어 갑을 장 100으로 처벌한다. 만약 갑이 나중에 때렸고 이치 또한 옳으면 장 100에서 2등급을 줄인 장 80에 그친다. 을이 나중에 때렸고 이치도 옳으면 장 100 도 3년에서 2등급을 줄인 장 80 도 2년에 그친다.〔若甲乙互相鬪毆 甲被瞎一目 乙被折一齒 則甲傷爲重 當坐乙以杖一百徒三年 乙傷爲輕 當坐甲以杖一百 若甲係後下手而理又直 則於杖一百上減二等 止杖八十 乙後下手理直 則於杖一百徒三年上減二等 止杖八十徒二年〕《집해 1550～1551쪽》

31 사망에 이르거나 : 사람의 목숨은 중하므로 감죄(減罪)하지 않고 본율 313조 투구급고살인(鬪毆及故殺人)에 따라 교형으로 상명(償命)한다.〔人命爲重 當依本律抵償〕《집설 권7 3장》

32 형이나……않는다 : 이들은 기친 존장(期親尊長)으로, 대공 이하이면 각각 죄를 체감(遞減)할 수 있는 것과는 같지 않다.〔此是期 不若大功以下 各得減〕《부례(하) 267쪽》 형이나 누이, 백부나 숙부를 때리면 인륜을 해침이 크므로 본율 341조 구기친존장(毆期親尊長)에 따라 의율(擬律)한다. 비록 동생이나 조카가 기친 존장을 나중에 때렸고 이치에 옳을지라도 이 율문에 비추어 2등급을 줄이지 않는다.〔毆兄姊伯叔者 則人倫爲大 依本律定擬 雖後下手理直 亦不照此律減等也〕《집설 권7 3장》

해설

일반인끼리 서로 다투다 때려 상해한 경우를 규정한 조문이다. 피부를 상해하거나 머리털을 뽑으면 처벌하는데, 때리는 도구가 손이나 발인지 아니면 그 밖의 물건인지에 따라 죄의 경중을 나누고, 상해 여부에 따라 다시 죄의 경중을 나누었다. 313조 투구급고살인(鬪毆及故殺人)에서는 사람을 때려 죽였으면 손이나 발·타물·쇠붙이 등을 구별하지 않았으나, 여기서는 수족과 타물을 구별하여 처벌하였는데, 사람이 죽었으면 무엇으로 때렸건 똑같이 죽은 것이지만 사람을 상해하였으면 상처에는 경중이 있기 때문이다. 치아 1개를 부러뜨리거나 지체를 손상하거나, 치아 2개 이상이나 인체를 손상하면, 그리고 두 눈을 멀게 하거나 외음부를 훼손하면 상해의 경중에 따라 등급을 매겨 태형, 장형, 도형, 유형으로 처벌하였다. 두 사람 이상이 함께 모의하여 공동으로 싸운 동모공투(同謀共鬪), 서로 때려 상해를 입힌 호상투구(互相鬪毆)에 대한 처벌과 투구(鬪毆)에 대한 처벌의 통상적인 원칙도 명시하였다. 상해로 인해 죽음에 이를 수 있기 때문에 바로 뒤이어 362조 보고한기(保辜限期)를 두었다. 313조 투구급고살인과 참조해 볼 필요가 있다.

326
보고 기한
保辜限期

보고(保辜)[1]는 범인으로 하여금 책임지고 병을 치료하게 하는 것이다. 보고 기한 안에 모두 상해로 인하여 죽어야만 투구 살인(鬪毆殺人)[2]으로 논한다.[3]
직해 보고는 범죄인이 마땅히 약재로써 병을 치료하게 하는 것이다. 기한 내에 상해로 말미암아 죽으면 모두 싸우다가 때려서 사람을 죽인 예로 논한다.

-이를테면, 때리거나 상해하면 각각 보고 기한에 따라야 하나, 타인을 상해한 것이 모두 반드시 때린 것으로 인해야 이에 해당한다. 타인의 머리를 때려 상해하였는데, 풍(風)이 머리의 상처로 들어가서 풍으로 인해 죽게 된 따위는 투구 살인으로 과죄한다.-
직해 때리거나 때린 것으로 인하여 상해하면 보고 기한의 날짜를 정하되 반드시 때린 것으로 인하여 상해한 것만 논한다. 머리를 때려서 상해하였는데 그 상처에 풍(風)이 들어간 것으로 인하여 죽으면 싸우다가 때려서 사람을 죽인 것으로 논한다.

보고 기한이 지났거나,[4] 비록 보고 기한 이내라도 상해가 이미 회복되었고,

1 보고(保辜) : 보고는 먼저 상처의 경중을 살펴보고 죄를 묻되 기한이 찰 때까지 치료를 책임지도록 명령하는 것이다. 보고 기한이 지나서 상처로 인하여 죽는 경우가 발생하면 기한을 연장해 주는 조례의 시한을 살펴서 그 기한에 맞으면 투구살(鬪毆殺)의 교형의 죄로 견주어 주청한다.〔保辜者 先驗傷之輕重 問罪 責令醫治限滿 發有限外因傷死者 查例限合期 亦擬絞罪 奏請〕《부례(하) 272쪽》

2 투구 살인(鬪毆殺人) : ③ 313 鬪毆及故殺人

3 보고……논한다 : 만약 공동으로 모의하여 같이 때리면 치명상을 중히 여겨 직접 때린 사람을 교형의 죄로 처벌한다.〔若係同謀共毆 則以致命傷爲重 坐下手之人絞罪〕《석의 권20 4장》

4 보고 기한이 지났거나 : 사람을 때려서 상해하였는데, 보고 기한이 지나 죽으면 각각 본래 325조 투구(鬪毆)의 구상법(毆傷法)에 따르는 것을 이른다. 예컨대 때려서 내상(內傷)을

관사의 문안(文案)도 명백한데 별도의 다른 연고로 인해 죽으면[5] 각각 구상(毆傷)의 본법(本法)[6]에 따른다.

직해 보고 기한이 지나서 죽은 사람과, 비록 보고 기한 내에 죽었어도 일찍이 상처가 회복되었다는 관사의 문서를 명백히 받은 후에 다른 병으로 죽은 사람은, 본래의 때리거나 상해한 경우의 법으로 논한다.

-이를테면 타인의 머리를 때려 상해하였는데 머리에 난 상처로 풍을 얻은 것이 아니라 별도의 다른 병으로 인하여 죽었으면 이는 다른 연고 때문이니 각각 본래의 구상법에 따라 과죄한다.-

직해 다른 사람의 머리를 때려서 상해한 후, 머리의 상처로 인하여 풍을 얻어 병든 것이 아니고 다른 병으로 인하여 죽은 경우에, 이것은 다른 연고이므로 본래의 때리거나 상해한 예에 따라 그에 준하여 과죄한다.

절상(折傷) 이상의 상해인데 보고 기한 이내에 치료하여 회복하면[7] 각각 2등급을 줄인다. 낙태하게 하여 아기가 죽으면 줄이지 않는다.

직해 절상 이상은 보고 기한 내에 병을 치료하여 회복하면 각각 2등급을 줄여 주되, 낙태하여 아기가 죽은 경우는 줄여 주지 않는다.

입혔으면 내상을 입힌 죄 장 80으로 처벌하고, 때려서 절상(折傷)을 입히면 절상을 입힌 죄 장 100으로 처벌하는 것이다.〔其在辜限外 謂毆傷人 保辜限期已滿 限外身死者 各從本毆傷法 又本條毆傷法者 如原毆內損 坐以內損罪 原毆折傷 坐以折傷罪之類 故謂之各從本毆傷法〕《강해 377쪽》

5 별도의……죽으면 : 보고 기한이 지났거나 비록 보고 기한 이내라도 상처가 회복되었고, 관사의 문안도 명백한데, 아직 논죄하여 처결되지 않는 상태에서 맞은 사람이 다시 다른 병으로 인해 죽는 것이다.〔其在辜限之外 及雖在辜限之內 若本傷各已平復 而官司文案明白 未及論決 其被毆之人 復因別恙身死者 謂之他故〕《전석 권20 6장》 자진도 다른 연고에 해당한다.〔自盡亦是他故〕《부례(하) 272쪽》

6 구상(毆傷)의 본법(本法) : ③ 325 鬪毆

7 회복하면 : 치아는 부러지면 회복되지 않는다.〔折齒 不作平復〕《부례(하) 272쪽》

보고 기한 이내에 비록 치료하여 회복되었더라도 잔질(殘疾)・폐질(廢疾)・독질(篤疾)이 되거나, 보고 기한의 날짜가 찼는데도 회복되지 않으면 각각 율에 따라 전과(全科)한다. 손발이나 다른 물건으로 때려 타인을 상해하면 20일을 기한으로 하고, 쇠붙이 및 끓는 물이나 불로 타인을 상해하면 30일을 기한으로 하며, 지체를 부러뜨리거나 어그러뜨린 경우 및 뼈에 금이 가게 하거나 낙태시켰을 때는 손발이나 다른 물건의 사용 여부를 묻지 않고 모두 50일을 기한으로 한다.[8]

직해 보고 기한 내에 비록 회복되어도 잔질・폐질・독질의 상태가 되거나, 보고 기한 날짜가 찼는데 회복되지 않으면, 각각 율에 따라 전과한다. 손발이나 다른 물건으로 사람을 때려 상해하면 20일을 기한으로 한다. 칼날 및 끓는 물이나 불로 사람을 상해하면 30일을 기한으로 한다. 지체를 부러뜨려 상해하거나, 뼈가 부서지거나 낙태하게 하면, 손발이나 다른 물건을 사용했는지 따지지 않고 모두 50일을 기한으로 한다.

해설

구타에 의한 상해죄를 처벌하기 전에 일정 기간 처벌을 유예하고 치료를 기다린 뒤에 그 결과에 따라 처벌한다는 조문이다. 보고 기한 안에 구타에 따른 상해로 인해 사망하였는지, 다른 원인으로 사망하였는지를 구분한다.

8 손발이나 다른 물건으로……한다 : 손발이나 다른 물건, 쇠붙이 또는 끓는 물이나 불로 상해하였다면 보고 기한이 지나고 15일 이내에, 지체를 부러뜨리거나 어그러뜨린 경우 및 뼈에 금이 가거나 낙태하게 한 경우 보고 기한이 지나고 20일 이내에, 본래 있던 상해로 인해 사망한 실정이 확실하면 비로소 사죄(死罪)로 의의하여 주청하도록 하고, 이 외에는 일체 외람되게 주청하지 못한다.〔鬪毆傷人辜限內不平復延至限外 若手足他物金刃及湯火傷 限外十五日之內 折跌肢體 及破骨墮胎 限外二十日之內 果因本傷身死 情眞事實者 方擬死罪 奏請定奪 此外不許一概濫擬瀆奏【……墮胎 是子已死 保辜者 保胎母也……】〕《부례(하) 273~274쪽의 조례》

《만력회전》에는 율문과 같이 기한을 정하였지만, 위의 20일・30일의 보고 기한은 10일을, 50일의 보고 기한은 20일을 추가로 허용한 조례를 실었는데, 이 조례는 1525년(가정4) 6월에 개정된 것이다.《전석 권20 7장》

사망하지는 않았으나 완전히 치료되었는지, 장애인이 되었는지를 구분하고, 상해가 절상 이상인지 여부도 구분하여 처벌을 달리한다. 보고 기한 안에 상해로 사망한 경우에만 살인으로 논하고, 그 나머지는 모두 본래의 구상법(毆傷法)으로 처벌한다.

327
궁내에서 성내어 다툼
宮內忿爭

궁내(宮內)[1]에서 성내어 다투면 태 50이다.[2] 싸우는 소리가 황제가 있는 곳에까지 들리거나 서로 때리면 장 100이다.[3] 절상(折傷) 이상이면 범구상(凡毆傷)[4]에서 2등급을 더한다.[5] 전내(殿內)[6]이면 또 차례로 1등급을 더한다.[7]

1 궁내(宮內) : 궁내의 범위를 두고 주석서별로 차이가 있다. 첫째, 《집해》는 금성(禁城) 안으로,〔禁城以內爲宮〕《집해 1558쪽》 둘째, 《부례》와 《언해》는 제2문인 승천문(承天門) 안으로,〔承天門以內〕《부례(하) 274쪽》〔宮內 承天門以內 禁城ノ內ヲ宮ト云〕《언해 권23 19장》 셋째, 《강해》는 제4문인 오문(午門) 안쪽으로 이해하였다.〔宮內 謂午門以內〕《강해 378쪽》 제후는 3문을 사용하고 황제는 5문을 갖추는데, 북경의 궁성은 대명문(大明門), 승천문, 단문(端門), 오문, 봉천문(奉天門) 등이다.

2 궁내(宮內)에서……50이다 : 전(殿)은 황제가 거둥하여 조회 보는 곳이고, 궁(宮)은 편안히 쉬는 곳으로,〔上所御以臨朝者曰殿 以燕行幸者曰宮〕《집설 권7 6장》 매우 엄격한 장소이다. 신하는 마땅히 화순(和順)하고 경신(敬愼)해야 하는데 궁내에서 성내어 다투면 그 행동이 불경하기 때문에 모두 태 50이다.〔宮殿深嚴之地 臣下當和順敬愼 以供職事 豈可逞忿相爭 故凡于宮內忿爭者 幷笞五十 以其不敬也〕《집주(하) 726쪽》

3 싸우는……100이다 : 그 행동이 더욱 거리낌이 없기 때문이다.〔以其益無忌憚也〕《집주(하) 726쪽》

4 범구상(凡毆傷) : ③ 325 鬪毆

5 절상(折傷)……더한다 : 예컨대 치아 1개, 손가락이나 발가락 1개 이상을 부러뜨리면 일반인의 범투상죄(凡鬪傷罪)(③ 325 鬪毆)에 2등급을 더한다. 행동이 두려워함이 없는 데다 또한 남을 상해하였기 때문이다.〔如折一齒一指以上 加凡鬪傷罪二等 以其無畏憚 又損傷于人也〕《집주(하) 726쪽》

6 전내(殿內) : 전내는 봉천문(奉天門) 안 황극전(皇極殿)이나 문화전(文華殿) 등의 장소를 이른다.〔殿內ハ奉天門以內皇極殿文華殿等ノ所ヲ云〕《언해 권23 19장》 남경(南京)은 봉천문이며, 북경도 봉천문이었다가 가정제(嘉靖帝) 때 황극문으로 바꾸었고 청대(淸代)에 태화문(太和門)이 되었다.

7 차례로 1등급을 더한다 : 전내에서 성내어 싸우면 태 50에 1등급을 더하여 장 60, 그 소리

직해 궐 안에서 성을 내어 싸우면 태 50이다. 싸우는 소리가 임금 계신 곳까지 들리거나 서로 때리면 장 100이다. 절상 이상은 일반적인 싸움의 예에서 2등급을 더하며, 정전(正殿) 안이면 1등급을 더한다.

해설

궁궐 내에서 분쟁을 일으키는 경우를 처벌하는 규정이다. 궁전(宮殿)은 지극히 경건해야 하는 장소이므로 신하들이 다툼을 벌이면 그 불경함에 책임을 물었다. 궁내에서는 기본 형량을 제시하고, 황제가 있는 곳에서 벌인 경우, 서로 때린 경우, 절상 이상인 경우 등으로 구분하여 처벌하였다.

가 황제가 있는 곳에까지 들리거나 전내에서 서로 때리면 장 100에 1등급을 더하여 장 60 도 1년, 때려서 치아 1개 이상을 절상하면 궁내에서 절상한 죄에서 1등급을 더하되 일반인의 범투상죄(③ 325 鬪毆)에서 2등급을 더하여 모두 3등급을 더한다.〔若於殿內忿爭者 杖六十 其聲徹御在之所 及殿內相毆者 杖六十徒一年 毆而至於折傷一齒以上者 加宮內折傷之罪一等 又加凡鬪傷罪二等 共加三等 故曰 殿內各遞加一等〕《집해 1559쪽》 독질에 이르더라도 죄는 장 100 유 3000리에 그친다.〔雖至篤疾 并罪止杖一百流三千里〕《전석 권20 7장》 죽음에 이르게 하면 상률(常律)(③ 313 鬪毆及故殺人)에 따라 교죄로 과단한다. 궁내나 전내에서는 사람들이 서로 때리고 싸울 수 없기 때문에 맞은 사람이 비록 중상을 입었더라도 또한 태 50이나 장 100으로 처벌한다.〔至死者 依常律斷 其相毆之人 雖被傷重 亦坐以笞五十杖一百之罪 爲宮殿之內 不得與人相毆也〕《집해 1560쪽》

328
황가의 단문친 이상이 구타를 당함
皇家袒免以上親被毆

-단문(袒免)[1]은 상복(喪服)이 지극히 가벼운 것이다. 시마(緦麻)를 벗어난 친척이 만일 죽어 상사(喪事)가 있으면 비록 복제(服制)는 없으나 타인과 같을 수는 없으므로 한쪽 어깨를 드러내고 흰 천을 머리에 감으니, 곧 지금의 동성(同姓) 구촌이다.-[2]

황가(皇家)의 단문친(袒免親)을 때리면 장 60 도 1년이고,[3] 상해하면 장 80 도 2년이며, 절상(折傷) 이상의 중상이면 범투(凡鬪)에서 2등급을 더한다.[4] 시마 이상이면 각각 차례로 1등급을 더한다.[5] 독질(篤疾)이면 교형이고, 죽으면 참형이다.[6]

1 단문(袒免) : 5세(世)의 친족을 벗어난 사람이 상을 당하였을 때 상복을 입지 않고 백포(白布)를 머리에 두르고 어깨를 드러내는 것이다. 《언해 권13 12장》

2 단문(袒免)은……구촌이다 : 단문친에 관한 주석이다. 이 주석은 《대명률직해》의 여러 이본에만 있고 다른 어떤 주석서에도 발견되지 않는 희귀한 것이다. 명률의 변천 과정 초기에 삽입되었다가 삭제된 것일 가능성이 있다. 그리고 주석의 위치가 율문이 시작하기 전이어서 마치 조문명에 주를 단 듯한 형식으로 된 점도 특이하다.

3 황가(皇家)의……1년이고 : 황가의 5세 이상 단문친은 비록 복제 등급은 없으나 거슬러 올라가면 그 파(派)에 유래가 있다. 그러므로 단지 때리기만 해도 곧 장 60 도 1년으로 처벌한다.〔皇家五世以上袒免之親 雖無服制等 而上之其派有自來矣 豈可毆哉 故但毆 卽坐杖六十徒一年〕《전석 권20 8장》

4 절상(折傷)……더한다 : 예컨대 남의 갈비뼈를 부러뜨렸을 때 범투(凡鬪)(③ 325 鬪毆)는 장 80 도 2년인데 2등급을 더하여 장 100 도 3년으로 처벌하는 따위이다.〔折傷以上重者 加凡鬪二等 謂如折人肋 合杖八十徒二年 加二等合杖一百徒三年之類〕《강해 378~379쪽》

5 시마……더한다 : 가령 황가의 시마친을 구타하여 갈비뼈를 부러뜨리면 범투인 장 80 도 2년에서 3등급을 더하여 각각 장 100 유 2000리이고, 소공(小功)이면 차례로 1등급을 더하여 장 100 유 2500리이며, 대공과 기친은 모두 장 100 유 3000리이다. 죄를 더하여도 사죄에는 이르지 않는다.〔緦麻以上 各遞加一等者 假有毆緦麻折肋 各杖一百流二千里 小功流二千五百里 大功期親竝流三千里 不得加入於死〕《강해 379쪽》

직해 왕실의 동성 팔촌을 벗어난 친족을 때리면 장 60 도 1년이다. 상해하면 장 80 도 2년이다. 절상 이상의 중상은 일반적인 싸움의 예에서 2등급을 더하고, 시마 팔촌 이상의 친족이면 각각 차례로 1등급을 더하며, 독질의 상태가 되면 교형으로 죽인다. 죽게 하면 참형이다.

해설

종실(宗室)을 구타하는 죄에 대한 처벌 규정이다. 황가의 친척을 구타하면 일반인의 죄에 비해서 좀 더 무겁게 처벌하도록 하였으며, 비록 단문친일지라도 이를 때렸을 경우 상해하지 않더라도 일정한 처벌을 하도록 하였다. 황제를 공경하는 것이 그 친척에게까지 미쳤던 상황을 반영한 것이다.

6 황가(皇家)의……참형이다 : 황가의 친척은 보통 사람과 같지 않기 때문에 그 죄가 이처럼 더욱 무거우니 황제를 공경함이 그 친척에게까지 미치는 것이다.〔蓋皇家之親與凡人不同 故其罪尤重如此 蓋敬君以及其親也〕《집해 1563쪽》

329
황제의 명을 받은 사신이나 자신을 관할하는 장관을 때림
殴制使及本管長官

329-1 황제의 명을 받들어 지방에 사신으로 나갔는데 관리가 그를 때리거나, 부민(部民)이 자신이 속한 지역의 지부(知府)·지주(知州)·지현(知縣)을 때리거나, 군사가 자신을 관할하는[1] 지휘(指揮)·천호(千戶)·백호(百戶)를 때리거나, 이졸(吏卒)[2]이 자신이 속한 부(部)의 5품 이상의 장관을 때리면 장 100 도 3년이다.[3] 상해하면 장 100 유 2000리이고, 절상(折傷)이면 교형이다. 6품 이하의 장관을 때리면 각각 3등급을 줄인다. 좌이관(佐貳官)·수령관(首領官)을 때리면 또 각각 차례로 1등급을 줄인다.[4]

1 자신을 관할하는 : ③ 306 謀殺制使及本管長官 주2

2 이졸(吏卒) : ① 32 吏卒犯死罪

3 황제의……3년이다 : 사신은 왕명을 받들고, 부민(部民)은 지부(知府)·지주(知州)·지현(知縣)에 대해 부모의 의(義)가 있고, 지휘·천호·백호는 군사를 통할(統轄)하므로 관의 높고 낮음을 따지지 않는다. 그러나 이졸은 민인(民人)이 차출되어 군위(軍衛)에 충낭되거나 혹 이웃 지역에서 와서 유사(有司) 관아에서 역(役)을 지므로 일시적으로 섬기고 부리는 의가 있는 데 불과하기 때문에 관의 높고 낮음으로써 논죄한다.〔制使不論官之崇卑 以其銜王名也 部民於本屬知府知州知縣 不論官之崇卑 以其均有父母之義也 軍士於本管指揮千百戶 不論官之崇卑 以其世爲統轄之官也 其餘則以崇卑爲差矣……蓋吏卒者 或民人撥充於軍衛 或隣境來役於有司 不過有一時事使之義 與本部本管軍民不同 故以官之崇卑論也〕《전석 권20 8~9장》

4 6품……줄인다 : 6품 이하일 때는 5품 이상 장관을 때린 경우에서 3등급을 줄이고, 좌이관(佐貳官)일 때는 장관을 때린 경우에서 1등급을 줄이고, 수령관(首領官)일 때는 좌이관을 때린 경우에서 1등급을 줄인다. 이 원칙에 따라 정리하면 다음 표와 같은데 단, 5품 이상과 6품 이하를 나누는 것은 이졸에만 해당된다.

	5품 이상 아문			6품 이하 아문		
	장관	좌이관	수령관	장관	좌이관	수령관
구타	장 100 도 3년	장 90 도 2년 반	장 80 도 2년	장 70 도 1년 반	장 60 도 1년	장 100
상해	장 100 유 2000리	장 100 도 3년	장 90 도 2년 반	장 80 도 2년	장 70 도 1년 반	장 60 도 1년
절상	교형	장 100 유 3000리	장 100 도 3년	장 90 도 2년 반	장 80 도 2년	장 70 도 1년 반

죄를 줄여서 가벼우면, 범투(凡鬪)[5]에 1등급을 더한다.[6] 독질(篤疾)이면 교형, 죽으면 참형이다.

329-2 유외관(流外官)[7]·군인·민인·이졸이 자신을 관할하지 않는 3품 이상의 관원을 때리면[8] 장 80 도 2년이다. 상해하면 장 100 도 3년이고, 절상이면 장 100 유 2000리이다. 5품 이상의 관원을 때리거나 상해하면[9] 2등급을 줄인다. 죄를 줄여 가볍거나, 9품 이상의 관원을 때리거나 상해하면,

5 범투(凡鬪) : ③ 325 鬪毆

6 죄를……더한다 : 죄를 줄여 범투보다 가벼우면 실로 이것을 가볍다고 하고, 범투와 서로 같으면 역시 이를 가볍다고 이른다.〔減罪輕于凡者 固謂之輕 至與凡相等者 亦謂之輕〕《집주(하) 732쪽》

등급을 줄이는 죄는, 때리면 본죄(本罪)보다 가벼운 경우가 없으나 상해나 절상(折傷)은 그런 경우가 있다. 예컨대 칼날로 상해하면 일반인은 장 80 도 2년인데, 이 조문에서 5품 이상 장관을 상해하면 장 100 유 2000리이다. 6품 이하 장관의 경우 3등급을 줄이면 장 80 도 2년이므로 범투와 서로 같아진다. 좌이관은 1등급을 줄이면 통틀어 4등급을 줄여 장 70 도 1년 반에 해당하여 도리어 범투보다 가볍게 된다. 수령관은 또 1등급을 줄이면 통틀어 5등급을 줄이므로 범투보다 더욱 가볍게 된다.〔按 減等之罪 毆無輕于本罪者 傷與折傷有之 如刃傷 凡人杖八十徒二年 本條傷者杖一百流二千里 六品以下長官減三等 則與凡鬪相等矣 其佐貳減一等 通減四等 應杖七十徒一年半 則反輕矣 首領又減一等 通減五等 則愈輕矣〕《집주(하) 733쪽》

범투의 경우 타인의 지체를 부러뜨리거나 어긋나게 하는 절상이면 장 100 도 3년인데 351쪽 주4의 표에 따르면 이졸이 6품 이하 장관을 때려 절상이면 장 90 도 2년 반이다. 이것이 죄를 줄여 너무 가볍게 된 경우이다. 이럴 때에는 범투의 경우보다 1등급을 더하여 장 100 유 2000리로 처벌한다. 《소의(하) 348~349쪽》

7 유외관(流外官) : 9등급의 유품(流品)에 들지 못한 관원이다.〔流外者 九流之外 卽未入流品之官〕《소의(하) 349쪽》

8 자신을……때리면 : 다른 포정사의 전사(典史)·이전(吏典)·민인(民人)이 다른 포정사의 참정(參政)·포정(布政)을 때리는 따위, 그리고 다른 위(衛)의 군인이 다른 위의 지휘사(指揮使)·지휘(指揮)·동지(同知) 등의 관원을 때리는 것이 모두 통속 관계가 아닌 3품 이상 관원을 때리는 것이다.〔又如別布政司下典史及吏典民人毆打別布政司參政布政之類 及別衛軍毆別衛指揮使指揮同知等官 皆爲非統屬三品以上官〕《소의(하) 349쪽》 장관·좌이관·수령관을 따지지 않고, 다만 품급으로 차등을 삼는다.〔不問長官佐貳首領 但以品級爲差〕《집주(하) 731쪽》

9 5품……상해하면 : 전사·민인·이졸이 다른 부(府)의 지부(知府)·동지(同知), 다른 주의 지주(知州)를 때리는 따위는 모두 통속 관계가 아닌 5품 이상 관원을 때리는 것에 해당한다.〔若典史民人吏卒 毆別府之知府同知別州知州之類 皆爲非統屬五品以上官〕《소의(하) 349쪽》

각각 범투상(凡鬪傷)에 2등급을 더한다.[10]

329-3 공사인(公使人)[11]이 지방에서 유사 관원(有司官員)[12]을 때리면 죄가 또한 이와 같다.[13] 소속 상급 관아에서 잡아들여 추문한다.[14]

직해 왕명을 받들어 사신으로 나간 관원을 관리가 때리거나, 관할 구역 내 인민(人民)이 자신이 속한 목사(牧使)·지군(知郡)·현령(縣令)·감무(監務)를 때리거나, 군사가 자신을 관할하는 병마사(兵馬使)·지병마사(知兵馬使)·천호·백호를 때리거나, 이졸이 자신이 속한 5품 이상 장관을 때리면, 장 100 도 3년이다. 상해하면 장 100에 먼 곳으로 유배 보낸다. 절상을

10 죄를……더한다 : 5품 이상 관원을 때려 절상을 입힌 경우, 율문에 따르면 3품 이상 관원을 때려 절상을 입힌 경우의 장 100 유 2000리에서 2등급을 줄이므로 장 90 도 2년 반이 되는데, 이는 범투(凡鬪)의 경우 타인의 지체를 부러뜨리거나 어긋나게 한 절상이면 장 100 도 3년인 것보다 가볍다. 이것이 바로 죄를 줄여 너무 가볍게 된 경우이다. 이럴 때에는 범투의 경우보다 2등급을 더하여 장 100 유 2500리로 처벌한다.《소의(하) 350~351쪽》 2항에서는 때려서 독질이 되거나 숙게 한 경우에 대해 말하시 않았는데,《소의(하) 351쪽》에서는 1항의 규정을 여기에도 적용한다고 하였고,《전석 권20 10장》·《청률》·《집주(하) 731쪽》·《언해 권23 26장》에서는 범투율(凡鬪律)에 따른다고 하였다.

11 공사인(公使人) : 직관(職官)과는 관련이 없고, 서울에 있는 판사관(辦事官)·역사(歷事)·감생(監生)·승차(承差)·지인(知印)·이전(吏典)·음양의(陰陽醫)·교위(校尉)·군사(軍舍)·지후(祗候)·금자(禁子) 같은 부류이다.〔公使人不係職官 如在京辦事官歷事監生承差知印吏典陰陽醫校尉軍舍祗候禁子之類〕《전석 권20 10장》

12 유사 관원(有司官員) : 포정사와 부·주·현의 관원이다.〔布政司ト府州縣ノ官トヲ指テ云〕《언해 권23 26장》

13 공사인(公使人)이……같다 : 본관(本管)이 아닌 관원을 때린 경우의 품급에 따라 과죄한다.〔亦照毆非本管官之品級 科罪〕《집주(하) 729쪽》 만약 공무로 말미암아 심부름하는 사람이, 예컨대 서울에서는 인재(人材)·판사관·감생 따위, 지방에서는 이전·승차·잡직(雜職) 등의 관원이 포정사·부·주·현의 관원을 때리면, 3품 이상·5품 이상·9품 이상 관원을 따지지 않고 모두 유외관·군인·민인·이졸이 자신을 관할하지 않는 3품 이상·5품 이상·9품 이상 관원을 때린 데 대한 율에 따라 죄를 의단(擬斷)한다.〔又如因公事役使之人 如在京人材辦事官監生之類 在外則吏典承差雜職等官 而毆打布政司府州縣官者 不問三品以上 五品以上或九品以上官 皆依流外官軍民吏卒毆打非本管三品以上五品以上九品以上之類擬罪〕《소의(하) 352쪽》

14 소속……추문한다 : 맞은 사람이 속한 상급 관아에서 잡아다 추문한다.〔聽被毆處所屬上司拘問〕《집주(하) 731쪽》

입히면 교형으로 죽인다. 또 6품 이하 장관을 때리면 각각 3등급을 줄인다. 지차(之次) 관원이나 낭청을 때리면 각각 차례로 1등급을 줄인다. 가벼우면 일반적인 싸움의 예에서 1등급을 더한다. 독질의 상태가 되면 교형으로 죽이고, 죽게 하면 참형이다.

(○) 잡직관(雜職官) 및 군인·민간인·이졸 등이 자신이 속한 관아가 아니라도 다른 관아의 3품 이상 관원을 때리면 장 80 도 2년이다. 상해하면 장 100 도 3년이다. 절상을 입히면 장 100에 먼 곳으로 유배 보낸다. 5품 이상 관원을 때리거나 상해하면 2등급을 줄인다. 줄인 것이 가볍거나, 9품 이상 관원을 때리거나 상해하면 각각 일반적인 싸움의 예에서 2등급을 더한다.

(○) 또한 공무로 차출된 관원이 지방에 나가 임무를 맡은 관원을 때리면 죄가 같기 때문에, 소재지 관사의 장관이 추문한다.

해설

관리·부민·군사·이졸 등이 제사나 관리를 때리는 행위에 대한 처벌 규정으로, 본속(本屬)·본관(本管)·본부(本部) 관계일 때는 더 무겁게 처벌한다. 306조 모살제사급본관장관(謀殺制使及本管長官), 348조 매제사급본관장관(罵制使及本管長官)과 서로 참조해서 볼 필요가 있다.

330
좌직이나 통속관[1]이 장관을 때림
佐職統屬毆長官

해당 아문의 수령관(首領官)이나 통속관(統屬官)이 장관을 때리거나 상해하면 이졸(吏卒)이 장관을 때리거나 상해한 죄[2]에서 각각 2등급을 줄인다.[3] 좌이관(佐貳官)이 장관을 때리면 또 각각 2등급을 줄인다.[4] 죄를 줄여 가벼우면 범투(凡鬪)에 1등급을 더한다.[5] 독질(篤疾)이면 교형이고, 죽으면 참

1 좌직(佐職)이나 통속관(統屬官) : 좌직은 해당 관사의 9품 이상으로 좌이관·수령관을 겸하여 말한 것이다.〔佐職兼佐貳首領言〕《집해 626쪽》〔佐職謂當司九品以上〕《율연7 303쪽》 통속관, 즉 통속하는 관이란 가령 성(省)·시(寺)·감(監)에서 국(局)·서(署)를, 주에서 현(縣)을, 진(鎭)에서 수(戍)를, 위(衛)에서 여러 부(府)를 관할하는 따위이다.〔所統屬官者 若省寺監管局署 州管縣 鎭管戍 衛管諸府之類 是所統屬〕《당률 313조 佐職統屬毆長官》《율연7 303쪽》

2 이졸(吏卒)이……죄 : ③ 329 毆制使及本管長官

3 해당……줄인다 : 5품 이상 장관을 때리면 이졸이 5품 이상 장관을 때린 죄인 장 100 도 3년에서 2등급을 줄인 장 80 도 2년, 상해에 이르면 장 100 유 2000리에서 2등급을 줄인 장 90 도 2년 반, 절상에 이르면 교형에서 2등급을 줄인 장 100 도 3년이다. 6품 이하 장관을 때리면 장 70 도 1년 반에서 2등급을 줄인 장 100, 상해에 이르면 장 80 도 2년에서 2등급을 줄인 장 60 도 1년, 절상에 이르면 장 90 도 2년 반에서 2등급을 줄인 장 70 도 1년 반이다.〔謂毆五品以上長官則杖八十徒二年 傷者杖九十徒二年半 折傷者 杖一百徒三年 毆六品以下長官 杖一百 傷者杖六十徒一年 折傷者杖七十徒一年半〕《집해 1574쪽》

4 좌이관(佐貳官)이……줄인다 : 5품 이상 장관을 때리면 장 80 도 2년에서 2등급을 줄인 장 60 도 1년, 상해에 이르면 장 90 도 2년 반에서 2등급을 줄인 장 70 도 1년 반, 절상에 이르면 장 100 도 3년에서 2등급을 줄인 장 80 도 2년이다. 6품 이하 장관을 때리면 장 100에서 2등급을 줄인 장 80, 상해에 이르면 장 60 도 1년에서 2등급을 줄인 장 90, 절상에 이르면 장 70 도 1년 반에서 2등급을 줄인 장 100이다.〔謂毆五品以上長官杖六十徒一年 傷者杖七十徒一年半 折傷者杖八十徒二年 毆六品以下長官杖八十 傷者杖九十 折傷者杖一百〕《집해 1575쪽》

5 죄를……더한다 : 가령 일반인이 타인의 지체를 부러뜨리면 장 100 도 3년인데, 수령관이 장관을 때려 장관의 지체를 부러뜨리면 감등으로 논하므로, 5품 이상의 장관이면 교형에서 2등급을 줄인(③ 329 毆制使及本管長官) 장 100 도 3년에 그치고, 6품 이하의 장관이면 교

형이다.

직해 해당 관사의 낭청이나 관할하의 관원이 장관을 때리거나 상해하면 이졸이 장관을 때리거나 상해한 예에서 2등급을 줄인다. 지차관이 장관을 때리면 각각 2등급을 줄인다. 독질의 상태가 되면 교형으로 죽이고, 죽게 하면 참형이다.

해설

좌이관과 수령관은 장관을 돕는 직책이고 통속관은 장관의 명령을 수행하는 직책이므로, 좌이관과 장관의 관할 밑에 있는 관원은 장관의 명령을 공경히 받들어야 한다. 그러나 장관과 좌이관·수령관은 상호 의논하고 견제하는 관계에 있으므로 장관과 일반인의 관계와는 다르다. 따라서 좌이관·수령관은 장관을 구타하거나 상해하면 이졸의 장관에 대한 범죄의 형량에서 줄이지만, 너무 가벼운 결과가 되면 325조 투구(鬪毆) 중 범투(凡鬪)의 형량에 1등급을 더한다. 이 조문은 325조 투구, 329조 구제사급본관장관(毆制使及本管長官), 331조 상사관여통속관상구(上司官與統屬官相毆), 332조 구품이상관구장관(九品以上官毆長官)과 대조하여 살필 필요가 있다.

형에서 5등급을 줄인 장 70 도 1년 반에 그친다. 모두 일반인의 범죄 장 100 도 3년 이하이므로 다시 줄이지 못하고 다만 범투(凡鬪)의 형량에서 1등급을 더하여 각각 장 100 유 2000리이다.〔如凡鬪折跌人肢體 該杖一百徒三年 而首領屬官折跌長官肢體 若減等論 則五品以上亦止杖一百徒三年 六品以下止杖七十徒一年半 皆是輕于凡人之罪矣 故不復減而直於凡鬪罪上加一等 各杖一百流二千里也〕《전석 권20 11~12장》

331
상급 관사의 관원과 통속관이 서로 때림
上司官與統屬官相毆

감림(監臨)하는 상급 관사[1]의 좌이관(佐貳官)이나 수령관(首領官)이 통속하는 하급 관사[2]의 품급이 높은 관원[3]이나 부민(部民) 중 품급이 높은 관원[4]과 서로 때리면 모두 범투(凡鬪)[5]와 같이 논한다.[6] 서로 통속하지 않는 관사의 품급이 같은 자[7]들이 자기들끼리 서로 때려도 또한 범투와 같이 논한다.

1 감림(監臨)하는 상급 관사 : 중앙과 지방의 여러 관사가 소속된 관사를 통섭하여 문서로 서로 관계를 맺는 것이 모두 이에 해당된다.〔監臨上司 謂內外諸司 統攝所屬 有文案相關涉 皆是〕《전석 권20 12장》

2 감림(監臨)하는……관사 : 포정사에서 부·주·현을 보면 포정사가 감림하는 상급 관사이고 부·주·현은 소속 하급 관사이며, 부에서 주·현을 보면 부가 감림하는 상급 관사이고 주·현은 소속 하급 관사이며, 주에서 현을 보면 주가 감림하는 상급 관사이고 현은 소속 하급 관사이다.〔布政司視府州縣 布政司監臨上司 府州縣所屬下司 府視州縣 則府爲監臨上司 州縣爲所屬下司 州視縣 則州爲監臨上司 縣爲所屬下司也〕《석의 권20 10장》

3 좌이관(佐貳官)이나……관원 : 포정사의 참의(參議)·경력(經歷)과 지부(知府), 부의 추관(推官)·경력과 지주(知州), 주의 주판(州判)·이목(吏目)과 지현(知縣)의 관계 따위이다.〔如司之參議經歷與知府 府之推官經歷與知州 州之州判吏目與知縣之類〕《석의 권20 10장》

4 부민(部民)……관원 : 포정사나 부·주·현의 좌이관이나 수령관, 부내(部內)의 상서시랑(尙書侍郎)이나 도어사(都御史)의 관계 따위이다.〔司府州縣之佐貳官首領官 與部內之尙書侍郎都御史之類 是也〕《석의 권20 10장》 부민(部民) 중 품급이 높은 관원은 치사(致仕)하여 고향에 돌아온 사람 등인데 12조 이리거관(以理去官)에 "임만(任滿), 득대(得代), 개제(改除), 치사한 관원은 현임과 같이 대우한다."라고 말한 데서 볼 수 있다.《언해 권23 32장》

5 범투(凡鬪) : ③ 325 鬪毆

6 감림(監臨)하는……논한다 : 감림은 하급 관사에 대해 비록 관할하는 명분이 있고, 본속(本屬) 지부·지주·지현은 부민에 대해 비록 부모의 의리가 있으나, 하급 관사나 부민이 품급이 높으면 서로 맞비길 수 있으므로 범투로 논죄하는 것이다.〔監臨雖有統屬之分 本屬雖有父母之義 而下司部民 品級之尊 略足以相敵也〕《집주(하) 738쪽》〔彼以其監臨之重 此以品級之崇 已足以相當 而無差等矣 故竝同凡毆論罪 各驗其輕重爲坐〕《집설 권7 14장》

7 서로 통속하지……자 : 염운사(鹽運司)의 부사(副使)와 지주, 태복시(太僕寺)의 승(丞)과

직해 감림하는 상급 관사의 지차관(之次官)이나 낭청관(郎廳官)이 그에 소속된 하급 관사의 품급이 조금 높은 자와 더불어 서로 때리거나, 관장하는 범위 안의 백성으로 관품이 높은 자와 더불어 서로 때리면, 모두 일반적인 싸움의 예와 같이 논한다. 통속관이 아니고 품급이 같은데 자기들끼리 서로 때리면 일반적인 싸움에 준하여 논한다.

해설

상급 관사와 하급 관사의 관원이 서로 싸우는 경우에 대한 조문이다. 명분은 비록 통속 관계에 있는 관원이지만 작급(爵級)은 높고 낮음이 있으므로 이치를 따지지 않고 범상(犯上)이라는 명목으로 형벌을 더하면, 이는 명분만을 따르고 관작을 버리는 것이 된다. 그러므로 상급 관사에 있지만 관작이 낮은 관원과 하급 관사에 있지만 관작이 높은 사람이 서로 싸워 상해하면 일반인끼리 싸우는 행위에 대한 죄인 325조 투구(鬪毆)의 범투로 논한다.

통판(通判)의 관계 따위이다.〔如鹽運司副使與知州 太僕寺丞與通判之類〕《소의(하) 357쪽》 통속 관계가 아니고 관작 또한 같으면 존비(尊卑)의 명분이 없으므로 역시 범투로 논한다.〔既非所轄 官爵又均 故亦以凡鬪論〕《집해 1577~1578쪽》〔若官非統屬 而品級相同 則無復尊卑之分 其同凡鬪論無疑矣〕《전석 권20 12장》

332
9품 이상의 관원이 관장을 때림
九品以上官毆官長

유내(流內)의 9품 이상의 관원[1]이 자신을 관할하지 않는 3품 이상의 관원을 때리면[2] 장 60 도 1년이다. 절상(折傷) 이상이거나 5품 이상의 관원을 때리거나 상해하거나,[3] 5품 이상이 3품 이상의 관원을 때리거나 상해하면 각각 범투상(凡鬪傷)[4]에서 2등급을 더한다.

직해 반작(班爵) 내의 9품 이상 관원이 다른 관사의 3품 이상 관원을 때리면 장 60 도 1년이다. 절상 이상의 경우와, 5품 이상 관원을 때려 상해하거나, 5품 이상 관원이 3품 이상 관원을 때려 상해하면 일반적인 싸움에서 상해한 예에서 2등급을 더한다.

1 9품 이상의 관원 : 《부례》에는 '지육품이하(至六品以下)'라는 쌍행주를 달아 해당 관원의 범위가 9품 이상부터 6품 이하의 관원임을 말하였고, 《집해》도 그와 같이 보았다.〔九品以上官 自九品至六品也〕《집해 1579쪽》

2 자신을……때리면 : 여기서 상해를 말하지 않는 것은 단지 때리기만 해도 처벌하기 때문이다. 정도가 가벼운 범행에 대하여 처벌이 규정되어 있으면 같은 유형에 속하는 정도가 무거운 범행에 대해서는 명문이 없어도 같은 처벌 규정을 적용한다.〔此毆非本管三品以上官 不言傷者 謂但毆卽坐 擧輕也〕《전석 권20 13장》

3 때리거나 상해하거나 : 5품 이상의 관원을 때리거나 5품 이상의 관원이 3품 이상의 관원을 때리는 데 대해서는 모두 때리는 것과 상해하는 것을 말하였으니 상처가 없으면 때리는 것이 되고, 상처가 있어 절상에 이르면 모두 각각 상해하는 것이 되어 각각 범투(凡鬪)에 2등급을 더한다. 독질이 되거나 죽음에 이르는 것에 대해서는 말하지 않았는데 모두 범투로 논한다. 죄가 중하여 징계를 보일 만하므로 품급은 논하지 않는다.〔若毆五品以上官 及五品以上毆三品以上官 竝言毆傷者 則以不成傷爲毆 其成傷以至折傷者 皆各爲傷 各加凡鬪二等 不言篤疾至死者 竝以凡鬪論 蓋爲罪已重 亦足視懲 而品給非所論矣〕《전석 권20 13장》

4 범투상(凡鬪傷) : ③ 325 鬪毆

해설

유내관(流內官)들끼리 서로 때리거나 상해하는 것에 대한 조문이다. 유외관(流外官)이 자신을 관할하지 않는 유내관을 때리는 경우에 대해서는 329조 구제사급본관장관(毆制使及本管長官)에 나와 있다. 관작과 직분으로 귀천이나 존비가 정해지니, 비록 통속하는 관원이 아니더라도 높고 낮은 구분이 있기 때문에 이 규정을 마련하여 예를 벗어나고 분수를 범하는 잘못을 금하고 윗사람을 공경하고 어른을 섬기는 기풍을 세우려 한 것으로, 관품에 따라, 또 상해 여부에 따라 처벌이 다르다. 329조 구제사급본관장관, 330조 좌직통속구장관(佐職統屬毆長官), 331조 상사관여통속관상구(上司官與統屬官相毆) 등과 함께 살펴보아야 한다.

333
전량을 추징하거나 공무를 처리하는 사람에게 항거하거나 때림
拒毆追攝人

관사에서 사람을 차정(差定)하여 전량(錢糧)을 추징하거나 공무를 처리할 때에, 이에 항거하며 따르지 않거나 차정된 사람을 때리면[1] 장 80이다. 상해가 중하여 내상(內傷)으로 피를 토하는 것 이상에 이르거나, 본래 범한 것이 무거우면[2] 각각 2등급을 더하되 죄는 장 100 유 3000리에 그친다.[3] 독질(篤疾)에 이르면 교형이며, 죽으면 참형이다.

직해 관사에서 사람을 차정하여 돈이나 곡식을 추징하거나 공무를 담당하도록 하였는데, 거역하고 따르지 않거나 차정한 사람을 때리면 장 80이다. 중하게 상해하여 내상으로 피를 토하는 정도 이상이거나, 본래 범한 죄상

1 관사에서……때리면 : 관사에서 사람을 차정하여 마땅히 납부해야 할 전량을 추징하거나 공무를 처리할 때, 납부하거나 공무에 응해야 하는 사람이 공무를 집행하는 사람에게 항거하여 불복하거나 차인을 때리면 모두 장 80이다. 원문의 항(抗)은 나온 관리에게 항거하여 따르지 않는 것이고, 거(拒)는 집에 온 사람을 거부하여 받아들이지 않는 따위이다. 이에 항거하여 불복한 것과 차인을 때린 일을 두 가지로 구분한 것이다.〔官司差人 追徵應納之錢糧 句攝應辦之公務 而納戶應辦之人 抗拒不服追攝 及毆所差人役者 竝杖八十 抗謂抗之不隨其出官 拒謂拒之不容其到家之類 與毆差人爲二事〕《전석 권20 13장》

2 본래……무거우면 : 범한 것이 일반인을 때린 경우보다 무거운 경우로, 가령 직관(職官)과 관계되는 자를 때리거나,(③ 330 佐職統屬毆長官 ③ 332 九品以上官毆官長) 대공(大功) 이하의 존장을 때리는 것(③ 340 毆大功以下尊長) 등이 모두 이에 해당한다.〔本犯重者 如所毆係職官 自依毆本管非本管律 或係大功以下尊長 皆是〕《부례(하) 285쪽》

3 각각……그친다 : 이 조문은 412조 죄인거포(罪人拒捕)와 비교해 볼 수 있다. 412조는 죄가 있는 사람에 대한 조문이지만, 이 조문은 대개 세금을 납부하는 호나 공무에 응하는 사람에 대한 것으로 이들은 모두 죄가 없고 다만 관사에서 보낸 사람을 때렸기 때문에 2등급을 더하여 처벌하는 것이다. 만약 본래 범한 바가 무겁다는 것이 세량(稅糧)의 기한을 어긴 따위이면 412조에 관계된다.〔此與拒捕不同 蓋納戶及應辦公務之人 皆爲無罪者 但以其毆官司所差之人 故加二等坐之 若以本犯重者 稅糧違限之類 係有罪人拒捕之律 安得附於鬪毆下耶〕《집해 1581～1582쪽》〔此條與罪人拒捕不同 彼是有罪之人 此是無罪之人 故彼重此輕 拒毆追攝 與罪人拒捕 名義亦殊〕《집주(하) 741쪽》

이 무거우면 각각 2등급을 더하여 장 100에 먼 곳으로 유배 보낸다. 독질의 상태가 되면 교형으로 죽이고, 죽게 하면 참형이다.

해설

국가의 재정 및 행정 집행에 일반 민(民)이 따르지 않을 경우에 대해 각 유형별로 나누어 처벌하였고, 상처가 깊거나 특수한 관계일 때 가중 처벌을 하였다. 특히 412조 죄인거포(罪人拒捕)와 비교되는데, 412조는 본래 죄가 있는 사람이 저항하였기에 처벌이 무거운 반면, 이 조문은 죄가 없는 사람들이 일으킨 범죄를 대상으로 하는 것이어서 형량이 상대적으로 가볍다.

334
수업사를 때림
殿受業師

수업사(受業師)[1]를 때리면 일반인을 때린 죄에 2등급을 더한다.[2] 죽으면 참형이다.[3]

직해 가르침을 받은 스승을 때리면 일반인을 때린 예에서 2등급을 더한다. 살해한 자는 참형이다.

해설

스승의 가르침을 받아 종신토록 그 은혜를 입기 때문에 수업사를 구타하면 일반인에 비해 더 무거운 죄를 적용하도록 한 조문이다. 백공(百工) 기예(技藝)의 스승은 유자(儒者)와는 구별이 있지만 습업(習業)한 것이 성취되고 그 업을 지켜 종신토록 살아가기 때문에 역시 수업사로 간주하였다. 스승을 죽일 경우는 십악(十惡)의 불의(不義)에 해당된다.

1 수업사(受業師) : ① 45 稱道士女冠

2 수업사(受業師)를……더한다 : 십악(十惡)에서 현재의 수업사를 죽이면 불의(不義)라고 하였으므로 수업사를 때리면 일반인을 투구(鬪毆)한 죄(③ 325 鬪毆)에 2등급을 더한다. 〔十惡條內 殺見受業師 謂之不義 故凡毆師者 加凡人鬪毆之罪二等〕《전석 권20 14장》

3 죽으면 참형이다 : 구타하여 독질에 이르면 죄는 장 100 유 3000리에 그치고 죄를 더하여도 사죄에는 이르지 않지만 만약 죽는 데 이르면 참형이다.〔若毆至篤疾者 罪止杖一百流三千里 不得加入於死 若至死者 斬〕《강해 386쪽》

335
위력으로 타인을 제압하고 속박함
威力制縛人

어떤 사안에 대해 쟁론(爭論)하는 것은 관사를 거쳐서 진고(陳告)하게 한다.[1] 위력(威力)으로 타인을 제압하고 속박하거나,[2] 사가(私家)에서 매질하며 때리거나 감금하면 모두[3] 장 80이다. 상해가 중하여 내상(內傷)으로 피를 토하는 것 이상에 이르면 각각 범투상(凡鬪傷)[4]에 2등급을 더한다.[5] 이로 인하여 죽게 되면[6] 교형이다.[7] 위력으로 타인을 시켜 때리게 하여 죽

1 쟁론(爭論)하는……한다 : 곡직(曲直)을 쟁론하는 것이다.《집주(하) 742쪽》원통하게 억눌린 일이 있어 진고하는 것을 소(訴)라 하고, 주장하여 다툴 일이 있어 진고하는 것을 송(訟)이라고 한다.〔有冤抑之事而陳告曰訴 有爭論之事而陳告曰訟〕《집주(하) 797쪽》관서에 고하게 하고 관서가 재결(裁決)한다.《집주(하) 742쪽》

2 위력(威力)으로……속박하거나 : 위(威)는 세력과 기염(氣焰)이 사람을 압도할 수 있는 것이고, 역(力)은 강하고 사나워 사람을 이길 수 있는 것이다. 타인을 제박(制縛)한다는 것은 반드시 때리는 것뿐 아니라 세력으로 제압하고 위협하여 사람의 행동이 자유롭지 못하도록 쇠사슬로 묶게 하는 것이다. 위핍(威逼)(③ 322 威逼人致死)과는 다르다. 위핍은 일이 갑자기 발생하여 핍박을 받은 사람이 스스로 죽음의 길로 가는 것이고, 제박은 벗어날 길이 있지만 어길 수 없는 것이다. 제(制) 자가 박(縛) 자와 연결되어 한 문장을 이루고 있지만 아래의 고타(拷打)와 감금(監禁)과도 연결되어 위력으로 사람을 제압하여 속박하고 고문하여 때리고 감금하는 것으로 볼 수 있다.〔威 謂勢炎足以壓人 力 謂强勇足以勝人 制縛人者 形容威力所加 能致人進退屈申 不得自由 聽憑鎖縶之也 然制字之義 雖連縛字爲文 而實統下拷打監禁二項在內 謂以威力制人 而綑縛之 拷打之 監禁之也〕《집주(하) 743쪽》〔制縛未必毆打 乃勢力壓劫 使人不敢展 以{異}與威逼 以威逼事出一時 受逼者 自是死路也 制縛是制者 有脫路 而不得以背也〕《부례(하) 287쪽》

3 모두 : 제박, 감금, 고타 세 가지를 가리켜 말한 것이다.〔竝字 指制縛監禁拷打三者而言〕《소의(하) 365쪽》상해의 유무를 따지지 않는다.〔不問有傷無傷〕《전석 권20 14장》

4 범투상(凡鬪傷) : ③ 325 鬪毆

5 상해가……더한다 : 죄는 장 100 유 3000리에 그친다.〔罪止杖一百流三千里〕《전석 권20 14장》

6 이로……되면 : 원문의 인이치사(因而致死)가 제박 · 고타 · 감금 세 항목 모두와 관련되는지 고타와만 관련되는지에 대해 주석서마다 의견이 다르다.《전석》에서는 고타만을 받는

게 하거나 상해하면, 모두 시킨 사람을 수범(首犯)으로 삼고, 직접 때린 사람을 종범(從犯)으로 논하여 1등급을 줄인다.[8]

다고 하여, 제박·감금만 하고 고타는 하지 않았는데 감금된 곳에서 죽으면 반드시 죽음에 이르게 한 중상(重傷)이 과연 제박·감금으로 말미암아 초래한 것임을 확인해야 비로소 교형으로 처벌할 수 있다고 보았다.〔制縛拷打監禁爲三事 觀下文致死傷 只言毆打 則上文傷重致死 只承拷打爲當 若止是制縛監禁 不曾拷打 斃於監禁之處者 亦必驗有致命重傷 果由制縛監禁所致 方可坐絞 不然 亦與因而致死之意不合 司刑者詳之〕《전석 권20 14~15장》

이에 반해 《집주》는 인이치사가 제박·고타·감금 세 항목을 함께 받아서 말한 것으로 해석하였다. 예컨대 "사람을 곤박(綑縛)·감금하였는데 얼거나 굶어서 죽으면, 어찌 이로 말미암아 죽음에 이르게 한 것이 아니겠는가."라고 하여, 죽거나 상해하는 것은 대개 때리는 것으로 말미암으므로 고타만 받아서 말한 것이라고 하였다.〔縛人拷打監禁是三項 因而致死 是統承三項而言 下文致死傷者 只言毆打 又是止承拷打而言矣 然亦不可拘定 如將人綑縛監禁 凍餓而死者 豈非因而致死乎 蓋死若傷者 大概因于拷打 故相蒙言之耳〕《집주(하) 743쪽》

7 이로……교형이다 : 고타가 비록 위력에서 나왔으나 원래 사람을 죽일 마음이 없었으므로 교형에 그치는 것이다.〔蓋其拷打 雖出於威力 原無殺人之心 故亦止於絞而已〕《전석 권20 14장》

8 위력으로……줄인다 : 위력으로 다른 사람을 시켜 때리게 하는 것은 함께 모의하여 같이 때리는 동모공구(同謀共毆)와는 다르다. 동모공구는 직접 실행하여 사망에 이르게 한 것을 중요하게 여기지만(③ 325 鬪毆) 여기서는 위력으로 다른 사람을 시켜 그 사람이 감히 그 시킨 일을 듣지 않을 수 없게 하는 것이므로 시킨 사람을 수범으로 삼는다. 나머지 사람이 수종(隨從)하였을 뿐 직접 실행하지 않았으면 종범의 죄를 묻지 않으며 정상을 참작하여 410조 불응위(不應爲)로 처벌하는 데 그친다. 구타당한 사람이 상해를 입고서 자결하면, 또한 죽음에 이르게 한 죄를 적용할 수 없고, 상해한 바에 따라 죄를 의단하는 데 그친다. 322조 위핍인치사(威逼人致死)가 아니라 그에 딸린 조례 인사용강구타(因事用强毆打)를 인용하여 충군한다.〔威力主使人毆打 與同謀共毆之義不同 此蓋威力能使人 而人不敢不聽其使者也 故不以下手致命者爲重 而以主使之人爲首 其餘人隨從而不下手者 止以不應 從重論 若其人毆傷自盡身死 又不可以致死之罪加之 止照所傷擬罪 除威逼人致死 引因事用强毆打例充軍〕《전석 권20 15장》 지시를 받은 사람이 만약 수종하여 현장에 있었으나 직접 실행하지는 않았으면 종범의 죄를 묻지 않으며, 정상을 참작하여 불응위로 과단할 따름이다.〔爲所主使之人 若隨從在場 而未下手者 不問爲從之罪 亦與共毆之餘人不同 酌科不應可耳〕《집주(하) 744쪽》

아들·아우·동복(童僕)을 시켜서 사람을 때려 죽음이나 상해에 이르게 하면, 역시 시킨 사람을 수범으로 삼고 직접 실행한 사람을 종범으로 삼는다. "가인(家人)이 공동으로 죄를 범하면 존장만 처벌한다."(① 27 共犯罪分首從)라는 것과는 다르다. 이른바 다른 사람의 재산이나 신체를 침해하면, 존장만 처벌하는 규정을 적용하지 않고 그대로 수범과 종범을 나누는 법(① 27)에 따르는 것이다. 만약 직접 실행하지 않았으면 당연히 가인의 예에 따라 논죄하지 않는다.〔主使子弟童僕 打人致死若傷者 亦以主使爲首 下手爲從 不同家人免科 所謂侵損于人 仍依首從法也 若未下手者 自依家人之例勿論〕《집주(하) 744쪽》

직해 쟁송하는 일은 반드시 관사에 직접 진고하여 판결을 받는다. 위력으로 제압하고 결박하거나, 사사로운 곳에서 때려 상해하거나 추문하거나 감금하면 모두 장 80이다. 중하게 상해하여[9] 내상으로 피를 토하면 일반인끼리 싸우다 상해한 예에서 2등급을 더한다. 이로 인하여 죽게 하면 교형으로 죽인다. 세력으로 사람을 시켜 때려 상해하거나 죽게 하면, 모두 시킨 사람을 수범으로 논하고 직접 때린 사람은 종범으로 논하여 1등급을 줄인다.

해설

쟁송이 발생하였을 때 관(官)에 고하여 처결을 받지 않고 세력이 강한 자가 자신의 위력을 믿고 상대방을 사적으로 속박·감금·매질하는 행위에 대한 처벌 규정으로, 오늘날의 이른바 자력 구제(自力救濟) 금지와 같은 취지이다. 322조 위핍인치사(威逼人致死)와 서로 참조하여 볼 필요가 있다.

9 중하게 상해하여 : 앞의 333조 거구추섭인(拒毆追攝人)에서는 율문의 중상(重傷)을 '重亦傷害爲'로 직해하였으나 이 조문에서는 '重亦'으로만 표현하였다.

336
양인과 천인이 서로 때림
良賤相毆

336-1 노비가 양인(良人)을 때리면 일반인을 때린 죄[1]에 1등급을 더한다. 독질(篤疾)에 이르면 교형이고, 죽으면 참형이다.[2] 양인이 타인의 노비를 때리거나 상해하거나 죽이면[3] 일반인을 때린 죄에서 1등급을 줄인다. 죽거나 고살(故殺)이면 교형이다.[4] 노비들이 자기들끼리 서로 때려 살상(殺傷)하면 각각 범투살상법(凡鬪殺傷法)[5]에 따른다. 서로[6] 재물을 침범하면[7] 이

1 일반인을 때린 죄 : ③ 325 鬪毆

2 노비가……참형이다 : 노비는 연좌되어 노비가 된 것이므로 죄 없는 양민과 같지 않기에 노비가 양인을 때리면 범투(凡鬪)에 1등급을 더하고 때려서 독질에 이르면 교형, 죽으면 참형이다.〔緣坐而爲奴婢 與無罪良民 自不同 則其相毆豈可與凡人概哉 故奴婢毆良人則加凡鬪一等 毆至篤疾則絞 死卽斬〕《집해 1587쪽》

3 양인이……죽이면 : 《대명률직해》의 여러 이본과 《고경》, 《강해》, 《석의》에는 상살(傷殺)로, 《집설》에는 살상(殺傷)으로 되어 있지만, 《부례》, 《집해》, 《전석》, 《언해》, 《집주》 등에는 살 자 없이 상으로만 되어 있다. 바로 뒤에 나오는 양인이 노비를 죽일 경우 처벌하는 문장을 고려하면 살 자가 없는 것이 논리적이다. 아마도 홍무30년율에서 살 자를 삭제한 것으로 보인다. 직해에서는 율문의 구상살(毆傷殺)을 '毆打有傷爲在乙良'으로 옮겨 살 자를 직해에 반영하지 않았다.

4 죽거나 고살(故殺)이면 교형이다 : 양인이 노비를 때리면 일반인이 일반인을 때린 죄에서 1등급을 줄이지만 노비가 죽는 경우에도 양인의 죄를 줄일 수는 없다. 노비는 천한 신분이지만 그 목숨까지 천하거나 가볍게 여길 수는 없다.〔良人毆奴婢至篤疾 亦減一等 死則絞抵彼雖奴婢與我實凡人也 賤其人 不可賤其命 所輕者 故殺亦絞耳〕《집주(하) 747쪽》

5 범투살상법(凡鬪殺傷法) : ③ 313 鬪毆及故殺人 ③ 325 鬪毆

6 서로 : 원문의 상(相)은 양인이 노비의 재물을 침범할 때, 반대로 노비가 양인의 재물을 침범할 때를 가리키는 것처럼 보이지만, 실제로는 양인이 노비의 재물을 침범하는 때만 가리킨다. 노비가 양인을 때릴 때는 별도의 조문(③ 337 奴婢毆家長)이 있고, 이 조문의 앞부분에 있는 규정을 적용하면 된다. 《전석 권20 16장》《집주(하) 745쪽》

7 서로 재물을 침범하면 : 절도(③ 292 竊盜)·강도(③ 289 强盜)·창탈(搶奪)(③ 291 白晝搶奪)·사기(詐欺)·모인(冒認)·광잠(誆賺)·국편(局騙)·괴대(拐帶)(③ 297 詐欺官私取

율을 적용하지 않는다.[8]

336-2 시마친(緦麻親)이나 소공친(小功親)의 노비를 때렸을 경우, 절상(折傷)이 아니면 논하지 않고, 절상 이상에 이르면 각각 일반인의 노비를 살상한 죄에서 2등급을 줄인다. 대공(大功)이면 3등급을 줄인다.[9] 죽음에 이르면 장 100 도 3년이다. 고살이면 교형이고, 과실살(過失殺)이면 각각 논하지 않는다.

336-3 시마친이나 소공친의 고공인(雇工人)[10]을 때렸을 경우, 절상이 아니면 논하지 않고, 절상 이상에 이르면 각각 일반인을 살상한 죄[11]에서 1등급을 줄인다. 대공이면 2등급을 줄인다.[12] 죽음에 이르거나 고살이면 모두 교형이고, 과실살이면 각각 논하지 않는다.

직해 노비가 양인을 때리면 일반인의 예에서 1등급을 더한다. 독질의 상태가 되면 교형으로 죽이고, 죽게 한 자는 참형이다. 양인이 남의 노비를 때려 상해가 있으면 일반인의 예에서 1등급을 줄인다. 이로 인하여 죽게 하거나 고의로 살해하면 교형으로 죽인다. 노비들이 서로 때려 상해하거나

財)・공혁(③ 296 恐嚇取財) 등으로 구색(求索)하는 따위이다.〔如竊盜强奪詐欺冒認誆騙拐帶恐嚇求索之類〕《집해 1587쪽》

8 서로……않는다 : 양인과 노비가 서로 재물을 침범하다 이로 인하여 때리거나 상해하거나 죽이면 죄를 더하거나 줄이는 이 율을 적용하지 않는다.〔良人奴婢相侵財物 因而有毆傷殺者不用此加減律〕《집주(하) 745쪽》

9 절상……줄인다 : 이를테면 남의 노비의 손가락 1개를 부러뜨리면 일반인의 죄인 장 100(③ 325 鬪毆)에서 1등급을 줄인 장 90인데 시마친・소공친의 노비이면 2등급을 줄인 장 70이고, 대공친의 노비이면 3등급을 줄인 장 60이다.〔如折人奴婢者一指 減凡人罪一等杖九十 若係緦麻小功奴婢則杖七十 大功則杖六十也〕《집해 1589쪽》

10 고공인(雇工人) : 품삯을 주고 부리는 사람으로 평생 부림을 당하는 노비가 아니다.〔雇工人者 雇倩役使之人 非奴婢之終身從役者〕《소의(하) 369~370쪽》

11 일반인을 살상한 죄 : ③ 325 鬪毆

12 절상……줄인다 : 이를테면 남의 고공인의 손가락 1개를 부러뜨리면 일반인의 죄인 장 100(③ 325 鬪毆)인데 시마친・소공친의 고공인이면 1등급을 줄인 장 90, 대공친의 고공인이면 2등급을 줄인 장 80이다.〔如折凡人一指杖一百 毆緦麻小功雇工人 則減杖九十 大功則杖八十也〕《집해 1590쪽》

죽게 하면 일반적인 싸움에서 상해하거나 죽인 데 대한 법에 따라 그에 준하여 논한다. 재물을 서로 빼앗으면 이 율을 적용하지 않는다.

(○) 시마나 소공 이상 친속의 노비를 때렸을 때 절상이 아니면 죄를 논하지 않고, 절상 이상이면 다른 사람의 노비를 살상한 죄에서 2등급을 줄인다. 대공 이상 친속의 노비이면 3등급을 줄인다. 때려서 죽음에 이르면 장 100 도 3년이다. 고의로 살해하면 교형으로 죽이고, 실수나 착오로 죽게 하면 각각 논하지 않는다.

(○) 시마친이나 소공친이 부리는 용역인을 때렸을 때 절상이 아니면 죄를 논하지 않고, 절상 이상은 일반인의 죄에서 각각 1등급을 줄인다. 대공친이면 2등급을 줄인다. 죽음에 이르거나 고의로 살해하면 모두 교형으로 죽인다. 실수나 착오로 죽게 하면 논죄하지 않는다.

해설

법제상 신분이 다른 노비와 양인이 상호 구타하는 행위, 양인이 타인의 노비를 구타하는 행위, 양인인 친속이 친속의 노비・고공(雇工)을 구타하는 행위 등을 규정하는 신분범(身分犯) 조문이다. 이 조문에서의 친속은 대공 이하의 친속이고, 노비・고공이 가장(家長)이나 가장의 기친(期親), 외조부모, 대공 이하의 친속을 구타하는 행위는 337조 노비구가장(奴婢毆家長)에서 다루고 있다.

337
노비가 가장을 때림
奴婢毆家長

337-1 노비가 가장을 때리면 모두 참형이며,[1] 죽이면 모두 능지처사(陵遲處死)이다.[2] 과실살(過失殺)이면 교형이고, 과실상(過失傷)이면 장 100 유 3000리이다.[3] 가장의 기친(期親)이나 외조부모[4]를 때리면 교형이며,[5] 상해하면 모두 참형이다.[6] 과실살이면 때린 죄에서 2등급을 줄이며,[7] 과실상이면 또 1등급을 줄인다.[8] 고살(故殺)이면 모두 능지처사이다.[9] 가장의 시마

1 노비가……참형이며 : 상해를 언급하지 않았으나 때리기만 하면 수범과 종범 모두 참형으로 바로 처벌하며, 반드시 상해해야 하는 것은 아니다.〔不言傷者 但毆卽坐 不須成傷也〕《전석 권20 17장》〔不分有傷無傷 罪無首從 皆斬〕《집설 권7 21장》

2 죽이면 모두 능지처사(陵遲處死)이다 : 고살(故殺)과 구살(毆殺)을 구분하지 않으며, 때리는 데 참여한 사람은 수범과 종범 모두 능지처사이다.〔不分故殺毆殺 凡預毆之人 罪無首從 皆凌遲處死〕《집설 권7 21장》

3 과실살(過失殺)이면……3000리이다 : 자손이 조부모나 부모를 과실살하면 장 100 유 3000리, 과실상(過失傷)하면 장 100 도 3년인데(③ 342 毆祖父母父母) 노비가 가장을 과실살하면 교형, 과실상하면 장 100 유 3000리로 자손보다 1등급 무겁다.

4 외조부모 : 소공친으로 복(服)은 가벼우나 은혜는 무거우므로 기친(期親)과 같이 논한다.〔外祖父母服輕恩重 故與期親同論〕《집주(하) 751쪽》

5 가장의……교형이며 : 개(皆)라고 말하지 않았으므로, 종범은 1등급을 줄인 장 100 유 3000리이다.〔其不言皆 則爲從者杖一百流三千里〕《전석 권20 17장》

6 가장의……참형이다 : 비록 가장과는 차이가 있으나 가장의 기친이나 외조부모는 가장의 아주 가까운 친・인척이다. 그러므로 때리기만 하면 상해하지 않아도 교형이고, 때려서 상해하면 때리는 데 참여한 사람은 수범과 종범 구분 없이 모두 참형이다. 상해로 인해 사망에 이르러도 역시 참형에 그친다.〔雖與家長有間 而寔家長之至戚也 故但毆 卽無傷亦絞 毆成傷者 凡預毆之人 罪無首從 皆斬 至死亦止于斬〕《집설 권7 21장》

7 과실살이면……줄이며 : 교형에서 2등급을 줄인 장 100 도 3년이다.〔謂該杖一百徒三年〕《강해 389쪽》

8 과실상이면……줄인다 : 과실상이면 상해의 경중에 관계없이 장 100 도 3년에서 1등급을 줄여 모두 장 90 도 2년 반이다.〔謂過失傷者 不限傷之輕重 竝該杖九十徒二年半〕《강해 390쪽》

친(緦麻親)을 때리면 장 60 도 1년이고, 소공(小功)이면 장 70 도 1년 반, 대공(大功)이면 장 80 도 2년이다.[10] 절상(折傷) 이상이면 시마는 양인을 때린 죄에서 1등급을 더하고, 소공은 2등급, 대공은 3등급을 더한다.[11] 죄를 더하면 사형에까지 이를 수 있다.[12] 죽으면 모두 참형이다.[13] 고공인(雇

9 고살(故殺)이면 모두 능지처사이다 : 가장의 기친이나 외조부모를 고살하면 때리는 데 참여한 사람은 수범과 종범 구분 없이 모두 능지처사이다. 가장의 기친이나 외조부모를 죽이는 것은 가장을 죽이려는 조짐이므로 그 죄가 가장을 죽인 것과 다르지 않아 이와 같이 처벌하는 것이다.〔如故殺者 凡預毆之人 罪無首從 皆凌遲處死 蓋以家長之期親外祖父母而忍殺之 是殺家長之漸也 故其罪 不殊於殺家長 有如此〕《집설 권7 22장》〔非因爭鬪 而故意殺之者 皆凌遲處死〕《소의(하) 373쪽》

10 가장의 시마친(緦麻親)을……2년이다 : 시마친, 소공, 대공 친속을 때리기만 하면 상해에 관계없이 바로 처벌한다.〔此但毆卽坐之罪〕《소의(하) 373쪽》 비록 기친과 같을 수 없으나 또한 일반인과 같아서는 안 되므로 가장의 시마친을 때리기만 하면 장 60 도 1년, 소공은 장 70 도 1년 반, 대공은 장 80 도 2년이다. 때리는 것은 같으나 그 죄가 점차 무거워지는 것은 가장이 복을 입는 것과 마찬가지로 보아 그것으로 차등을 삼기 때문이다.〔雖不得與期親 竝亦不可與良人同 故但毆家長之緦麻親者 杖六十徒一年 毆小功者 杖七十徒一年半 毆大功親者 杖八十徒二年 此其毆雖同 而其罪之漸重者 一視家長之所服者 以爲之差等耳〕《집설 권7 22장》

11 절상(折傷)……더한다 : 가령 치아 1개를 부러뜨리면, 노비는 본래 일반인 사이에 일어난 죄인 장 100에서 1등급을 더한 장 60 도 1년인데, 가장의 시마의 치아 1개를 부러뜨리면 1등급을 더한 장 70 도 1년 반, 소공이면 2등급을 더한 장 80 도 2년, 대공이면 3등급을 더한 장 90 도 2년 반이다.〔如折一齒者 奴婢本加凡人一等 杖六十徒一年 緦麻則杖七十徒一年半 小功杖八十徒二年 大功杖九十徒二年半〕《집설 권7 21～22장》

12 죄를……있다 : 다른 범죄처럼 죄를 더해도 사죄(死罪)에 들지 않아 처벌이 장 100 유 3000리에 그치는 것이 아니다.〔非如他犯 加者 罪止杖一百流三千里也〕《소의(하) 374쪽》 이를테면 다른 사람의 지체(肢體) 한쪽을 절질(折跌)하면 노비는 일반인 사이에 일어난 죄인 장 100 도 3년에서 1등급을 더한 장 100 유 2000리인데, 만약 상해한 사람이 가장의 시마이면 다시 1등급을 더하여 장 100 유 2500리이며, 소공이면 2등급을 더하여 장 100 유 3000리이고, 대공이면 3등급을 더하여 사죄인 교형에 든다는 것이다.〔如折人一肢者 奴婢加凡人一等 杖一百流二千里 緦麻則杖一百流二千五百里 小功杖一百流三千里 大功加入於絞〕《집해 1595쪽》 가장의 시마, 소공, 대공을 때려 독질(篤疾)에 이르면 역시 교형이다.〔其毆緦麻小功大功 至篤疾者 亦絞〕《강해 390쪽》 다만 죄를 더하더라도 교형일 뿐 참형에 이르지는 않는다.〔但加入絞 不至於斬〕《전석 권20 17장》

13 죽으면 모두 참형이다 : 때리는 데 참여한 노비는 수범과 종범 구분 없이 모두 참형이다. 고살을 말하지 않았으나 역시 참형에 그친다.〔預毆之人 皆斬 不言故殺 亦止於斬也〕《집해 1595쪽》

工人)이 가장이나 가장의 기친 및 외조부모를 때리면 장 100 도 3년,[14] 상해하면 장 100 유 3000리, 절상이면 교형, 죽으면 참형이다. 고살이면 능지처사,[15] 과실살이나 과실상이면 각각 살상(殺傷) 본죄[16]에서 2등급을 줄인다.[17] 가장의 시마친을 때리면 장 80, 소공이면 장 90, 대공이면 장 100이다. 상해가 중하여 내상(內傷)으로 피를 토하는 것 이상에 이를 경우, 시마나 소공이면 일반인 사이에 일어난 죄에서 1등급을 더하고, 대공이면 2등급을 더한다.[18] 죽으면 각각 참형이다.[19] 노비에게 죄가 있어서 그 가장이나 가장의 기친 및 외조부모가 관사에 알리지 않고 때려 죽이면 장 100이다.[20] 죄가 없는데 죽이면[21] 장 60 도 1년이다.

14 고공인(雇工人)이……3년 : 고공인은 단지 고가(雇價)를 받고 일정 기간 다른 사람을 위해 노동력을 파는 사람으로, 고용 기간이 끝나면 일반인과 똑같아 평생 동안 노비인 사람과는 같지 않기에 죄에 차이가 있다.

15 고살이면 능지처사 : 고공인이 극악한 경우이므로 그 죄가 노비와 다르지 않다.〔是雇工人之極惡也 故其罪不殊于奴婢 有如此〕《집설 권7 22장》

16 살상(殺傷) 본죄 : ③ 313 鬪毆及故殺人

17 과실살이나……줄인다 : 가령 고공인이 가장이나 가장의 기복친 및 외조부모를 과실로 죽이면 참형에서 2등급을 줄인 장 100 도 3년이며, 과실로 상해하면 유죄(流罪)에서 2등급을 줄인 장 90 도 2년 반이다.〔如殺者 減斬罪二等 該杖一百徒三年 傷者 減流罪 該杖九十徒二年半〕《집설 권7 22장》 상해의 경중은 논하지 않는다.

18 상해가……더한다 : 죄를 더해도 사죄에는 이르지 않으며, 비록 독질이어도 죄는 장 100 유 3000리에 그친다.〔各驗傷定罪 緦麻小功 加凡人一等 大功加二等 不加至死 雖篤疾 亦罪止流三千里〕《집해 1597쪽》

19 죽으면 각각 참형이다 : 사망에 이르면 가장의 시마, 소공, 대공을 불문하고 고공인은 참형이다. 고살을 말하지 않았으나 역시 참형에 그친다.〔至死者 不問緦功之親 各斬 不言故殺亦止於斬也〕《집해 1597쪽》

20 노비에게……100이다 : 노비의 죄는 본래 마땅히 다스려야 하지만 함부로 죽여서는 안 된다.〔以其罪本應治 而特尤其擅殺之耳〕《집설 권7 23장》 절상(折傷)과 독질에 이르는 것을 말하지 않았으므로 사망에 이르지 않으면 논죄하지 않는다. 노비에게 죄가 있으면 가장이나 가장의 기친 및 외조부모가 의로써 징치(懲治)할 수 있으므로 비록 상해가 중하여도 논죄하지 않는 것이다.〔不言折傷至篤疾者 非至死勿論也 奴婢有罪 家長及期親外祖父母 義得懲治 故雖傷重弗論〕《집주(하) 753쪽》

21 죄가 없는데 죽이면 : 이는 곧 고살이다.〔奴婢言無罪而殺 卽故殺也〕《소의(하) 377쪽》 노

337-2 가장이나 가장의 기친 및 외조부모가 고공인을 때렸을 경우,[22] 절상이 아니면 논하지 않고, 절상 이상이면 일반인 사이에 일어난 죄에서 3등급을 줄인다.[23] 이로 인하여 죽게 되면 장 100 도 3년, 고살이면 교형이다.

337-3 노비나 고공인이 교령(教令)을 어기고 범하여 법에 따라 처벌하다가 뜻하지 않게 죽게 되거나 과실살이면 각각 논하지 않는다.[24]

직해 노비가 가장을 때리면 모두 참형이다. 죽게 하면 모두 거열처사형이다. 실수나 착오로 살해하면 교형으로 죽인다. 상해가 있으면 장 100에 먼 곳으로 유배 보낸다. 가장의 기복친이나 외조부모를 때리면 교형으로 죽인다. 상해가 있으면 모두 참형이다. 실수나 착오로 죽게 하면 때린 죄의 예에서 2등급을 줄인다. 상해가 있으면 또 1등급을 줄인다. 고의로 죽이면 모두 거열처사형이다. 가장의 시마 친속을 때리면 장 60 도 1년이다. 소공친이면 장 70 도 1년 반이고, 대공친이면 장 80 도 2년이다. 절상 이상은, 시마친이면 양인을 때린 죄에서 1등급을 더하고, 소공친이면 2등급을 더하고, 대공친이면 3등급을 더하되, 더한 죄가 사죄(死罪)에 들면 모두 참형

비에게 죄가 없는데 이치에 합당하지 않게 때려서 절상 이상에 이른 경우에 대해 말하지 않았는데, 이에 대해 《집주》에서는 노주(奴主)의 명분이 중하므로 주인의 죄를 논하지 않을 수도 있는 것으로 보이나 앞으로 연구를 기다린다고 하였다.〔不言奴婢無罪 而以非理毆至折傷以上者 以名分之重 概可弗論也 俟考〕《집주(하) 753쪽》

22 가장이나……경우 : 죄가 있는지 없는지를 구분하지 않는다.〔不分有罪無罪〕《집주(하) 749쪽》 상해의 경중에 따라 처벌을 달리하였다.

23 절상……줄인다 : 절상 이상이면 그 상처가 중하므로 노비를 절상한 것과 같이 보아 죄를 면할 수 없으므로 일반인 사이에 일어난 죄에서 3등급을 줄이는 것이다.〔折傷以上 其傷已重 豈可概免 故減凡人三等〕《집주(하) 751쪽》 가령 타인의 손가락이나 발가락 1개를 부러뜨리면 장 100인데, 고공인의 손가락이나 발가락 1개를 부러뜨리면 3등급을 줄인 장 70인 따위이다.〔謂如折凡人一指 杖一百 折雇工人一指減三等 杖七十之類〕《강해 392쪽》

24 노비나……않는다 : 노비나 고공인이 가장이나 가장의 기친 및 외조부모의 교령(敎令)을 어겨 법에 따라 볼기와 넓적다리의 장 맞을 곳을 매질하여 처벌할 때 예기치 않게 사망에 이르게 되거나 과실로 죽이면 각각 논하지 않는다.〔奴婢雇工人違犯家長及家長之期親若外祖父母教令 而依法於臀腿受杖去處決罰 其有邂逅致死 及過失而殺者 各勿論〕《집해 1598쪽》 무죄는 아니지만 죽이려는 마음을 먹고 죽인 것이 아니므로 각각 논하지 않는다.〔既非無罪 而殺亦非有心以殺 各勿論〕《집설 권7 23장》

이다.[25] ◯ 용역인이 가장이나 가장의 기복친 및 외조부모를 때리면 장 100 도 3년이다. 상해를 입히면 장 100에 먼 곳으로 유배 보낸다. 절상이면 교형으로 죽인다. 죽게 하면 참형이다. 고의로 죽이면 거열처사형이다. 실수나 착오로 살상하면 본래의 살상한 죄에서 2등급을 줄인다. 가장의 시마친을 때리면 장 80이고, 소공친이면 장 90이고, 대공친이면 장 100이다. 내상으로 피를 토하도록 중하게 상해하면, 시마친이나 소공친은 일반인의 죄에서 1등급을 더하고, 대공친이면 2등급을 더한다. 죽게 하면 각각 참형이다.
◯ 노비에게 죄가 있는데, 가장이나 가장의 기복친이나 외조부모가 관사에 알리지 않고 때려서 죽이면 장 100이다. 죄 없는 노비를 때려서 죽이면 장 60 도 1년이다.
◯ 가장이나 가장의 기복친이나 외조부모가 용역인을 때렸을 때 절상이 아니면 논죄하지 않는다. 절상 이상은 일반인의 예에서 3등급을 줄이고, 이로 인하여 죽게 하면 장 100 도 3년이다. 고의로 살해하면 교형으로 죽인다.
(◯) 명령에 따르지 않아 법에 따라 처벌하였는데 이로 인하여 죽게 하거나, 실수나 착오로 죽게 한 것은 논죄하지 않는다.

해설

가장과 노비·고공인이 서로 때리는 죄에 대한 처벌 규정이다. 노비가 가장이나 가장의 유복 친속(有服親屬)을 때릴 경우, 노비가 주인을 섬기는 의리는 자식이 부모를 섬기는 것과 같으므로, 부모를 범한 것으로 논한다. 고공인이 가장이나 가장의 유복 친속을 때릴 경우, 고공인은 단지 일정 기간 품삯을 받고 노동하는 사람으로 평생 동안 주인에 매여 있는 노비와는 다르기에 처벌 내용도 달리한다. 가장, 가장의 기친이나 외조부모가 교령을 어

25 더한……참형이다 : 율문의 '加者 加入於死 死者皆斬'을 '加等罪亦 入於死爲去等 竝只 斬'으로 직해하였다.

긴 노비나 고공인을 법에 따라 처벌할 때, 합당한 부위를 때려 죽음에 이르렀거나 과실살이면 각각 무죄이다. 노비에 대한 주인의 징계권을 인정한 것이다.

338
처나 첩이 남편을 때림
妻妾毆夫

338-1 처가 남편을 때리면[1] 장 100이다. 남편이 이혼을 원하면 들어준다.[2]
직해 처가 남편을 때리면 장 100이다. 본남편이 스스로 기별(棄別)을 원하면 들어준다.

-반드시 남편이 직접 고소해야만 처벌한다.-
직해 반드시 본남편이 스스로 고소해야만 처벌한다.

절상(折傷) 이상에 이르면 각각 범투상(凡鬪傷)[3]에 3등급을 더하고,[4] 독질(篤疾)에 이르면 교형, 죽으면 참형, 고살(故殺)이면 능지처사(陵遲處死)이다.
338-2 첩이 남편이나 정처(正妻)를 때리면 또 각각 1등급을 더한다.[5] 죄

1 처가 남편을 때리면 : 단지 때리기만 해도 처벌하기 때문에 상해에 대해 말하지 않았다.〔但毆卽坐 故不言傷〕《집해 1601쪽》

2 남편이……들어준다 : 처는 지아비를 하늘로 삼기 때문에 처가 지아비를 때리는 것은 스스로 하늘과 관계를 끊는 것이니 법적으로는 이혼해야 마땅하지만 이혼하는 것은 법이고 이혼하지 않는 것은 정(情)이다. 정에 따라 법을 만들어야지 법을 고집하여 정을 어겨서는 안 되므로 이혼 여부는 지아비의 의견을 들어야 하며 정해진 법으로 제재해서는 안 된다.〔蓋妻以夫爲天 妻而毆夫 是自絶于天矣 法當離異 然離者法 不離者情 緣情立法 不容執法以違情 故離否聽之于夫矣 不繩以定法也〕《집주(하) 755쪽》

3 범투상(凡鬪傷) : ③ 325 鬪毆

4 3등급을 더하고 : 가령 치아 1개가 부러지면 장 100인데 3등급을 더하여 장 80 도 2년이다. 나머지도 이에 준한다.〔如折一齒 卽杖八十徒二年 餘準此〕《전석 권20 19장》

5 또……더한다 : 첩이 남편이나 정처를 때리면 장 60 도 1년이고, 절상 이상에 이르면 범투상에서 4등급을 더한다. 예를 들면 일반인의 손가락 1개를 부러뜨리면 장 100인데, 첩이 남편이나 정처의 손가락 1개를 부러뜨리면 4등급을 더한 장 90 도 2년 반인 따위이다.〔又

를 더하면 사형에까지 이를 수 있다.[6]

338-3 남편이 처를 때릴 경우, 절상이 아니면 논하지 않고, 절상 이상에 이르면 일반인 사이에 일어난 죄에서 2등급을 줄인다.[7]

직해 절상을 입히면 일반적인 싸움에서 상해한 예에서 3등급을 더하고, 독질의 상태가 되면 교형으로 죽인다. 죽게 하면 참형이다. 고의로 죽이면 거열처사형이다.

(◯) 첩이 남편이나 정처를 때리면 또 각각 1등급을 더한다. 죄를 더하여 사죄(死罪)에 이를 수 있다.

(◯) 남편이 처를 때렸을 때 절상을 입지 않으면 논죄하지 않는다. 절상 이상은 일반인의 예에서 2등급을 줄인다.

-반드시 처가 직접 고소해야만 처벌한다.-

직해 반드시 처가 스스로 고소해야만 처벌한다.

먼저 부부에게 자세히 물어 만약 이혼을 원하면[8] 남편을 단죄(斷罪)하고

各加一等者 謂妾毆夫及正妻 杖六十徒一年 至折傷以上 加凡鬪傷四等 如折凡人一指 杖一百 妾折夫及正妻一指 加四等 杖九十徒二年半之類〕《강해 393쪽》

6 죄를……있다 : 지체(肢體)를 부러뜨리거나 어그러뜨린 데 적용하는 본율(本律)은 장 100 도 3년인데(③ 325 鬪毆) 여기에 4등급을 더하면 교형에 해당하는 것 따위이다. 때려서 독질에 이르면 처와 마찬가지로 역시 교형이고 죽으면 참형이다.〔加者 加入於死 如折跌肢體本律 杖一百徒三年 加四等 合絞 毆至篤疾者 亦絞 死者 斬〕《강해 393쪽》

7 절상……줄인다 : 가령 손가락 1개를 부러뜨리면 일반인은 장 100인데 여기서 2등급을 줄인 장 80이고, 때려서 독질에 이르면 일반인은 장 100 유 3000리인데 여기서 2등급을 줄인 장 90 도 2년 반인 따위이다.〔折傷以上減凡人二等者 謂如折一指合杖八十 毆至篤疾 杖九十徒二年半之類〕《강해 393쪽》

8 먼저……원하면 : 처가 남편을 때렸을 때는 남편이 이혼을 원하면 들어준다고 하였으나 남편이 처를 때렸을 때는 처가 이혼을 원하면 들어준다고 하지 않고, '먼저 부부에게 자세히 물어……'라고 하였다. 처가 남편을 때리면 마땅히 처벌해야 하고 이혼 여부는 남편의 의사를 들어주어야 하지만, 남편이 처를 때려 절상에 이르면 남편이 비록 의절(義絶)을 범하였더라도 처는 스스로 남편을 끊을 이치가 없기 때문에 반드시 먼저 자세히 물어 부부가 함께 원해야만 이혼을 들어주는 것이다. 남편은 원하는데 처가 원하지 않거나, 처는 원하는

이혼시키며, 이혼을 원하지 않으면 죄를 조사하여 속전을 받는다. 죽음에 이르면 교형이다. 첩을 때리거나 상해하여 절상 이상에 이르면 처를 때리거나 상해한 죄에서 2등급을 줄인다.[9] 죽음에 이르면 장 100 도 3년이다. 처가 첩을 때리거나 상해하면 남편이 처를 때린 죄와 같다.

직해 부부에게 먼저 자세히 묻는다. 스스로 기별(棄別)을 원하는 경우는 단죄하고 이혼시킨다. 기별을 원하지 않는 경우는 죄상을 조사하고 속전을 받는다. 죽음에 이르면 교형으로 죽인다. 첩을 때려 상해하였는데 절상 이상이면 처를 때려 상해한 예에서 2등급을 줄인다. 죽음에 이르면 장 100 도 3년이다. 처가 첩을 때려 상해하면 남편이 처를 때린 죄와 같다.

-역시 반드시 첩이 직접 고소해야만 처벌한다.-

직해 반드시 첩이 스스로 고소해야만 처벌한다.

과실살(過失殺)이면 각각 논하지 않는다.[10]

데 남편이 원하지 않으면 모두 이혼을 허락하지 않는다.〔妻毆夫 則曰夫願離者聽 夫毆妻 不曰妻願離者聽 而曰先審問夫婦云云 蓋夫爲妻綱 妻當從夫 妻毆夫則妻應坐罪 離合聽夫可也 夫毆妻至折傷 夫雖犯義絶 而妻無自絶于夫之理 故必先審問 夫婦俱願 乃聽離異 如夫願而妻不願 妻願而夫不願 皆不許離異也〕《집주(하) 756쪽》

9 절상……줄인다 : 처를 때려 절상이면 일반인 사이에 일어난 죄의 예에서 2등급을 줄이고, 첩을 때려 절상이면 처의 경우에서 2등급을 줄이므로 통산 4등급을 줄이게 된다. 예컨대 손가락 1개를 부러뜨리면 일반인에 적용하는 장 100에서 4등급을 줄인 장 60이고, 때려서 독질에 이르면 일반인에 적용하는 장 100 유 3000리에서 4등급을 줄인 장 70 도 1년 반인 따위이다.〔折傷以上 減毆傷妻二等者 謂毆妻折傷 減凡人二等 毆妾折傷 減妻二等 通減四等 如折一指 該杖六十 毆至篤疾 杖七十徒一年半之類〕《강해 394쪽》

10 과실살(過失殺)이면……않는다 : 남편이 과실로 처나 첩을 죽이거나, 처나 첩이 과실로 남편 및 처나 첩을 죽이면 모두 각각 논하지 않는다는 것이다.〔過失殺者 各勿論 謂夫過失殺妻妾 或妻妾過失殺夫及妻妾者 俱各勿論〕《강해 394쪽》 한편, 《부례》에는 '부(夫)'를 세주로 추가하여 과실로 남편을 죽이면 각각 논하지 않는다고 함으로써, 남편이 과실로 처나 첩을 죽이는 것만 이야기하고 있으나 청률(淸律)에서는 《강해》의 입장과 같이 처나 첩이 과실로 남편 및 처나 첩을 죽이는 경우까지 모두 이어 말하는 것이 옳다고 보았다.〔過失夫殺者 各勿論〕《부례(하) 296쪽》〔或謂 過失殺者各弗論一言 載于三節之末 止承本節 非統承上二節

338-4 처의 부모를 때리면 장 100이다. 절상 이상이면 각각 범투상죄(凡鬪傷罪)에 1등급을 더하고, 독질에 이르면 교형, 죽으면 참형이다.

직해 실수나 착오로 죽게 하면 논죄하지 않는다.

(◯) 처의 부모를 때리면 장 100이다. 절상 이상은 일반적인 싸움에서 상해한 예에서 1등급을 더한다. 독질의 상태가 되면 교형으로 죽인다. 죽게 하면 참형이다.

해설

부부간에 서로 구타하는 죄에 대한 조문으로, 남녀 사이의 질서를 바로잡고 적서(嫡庶)를 변별하려는 취지이다. 처가 남편을 때리기만 해도 처를 처벌하고 남편이 원하면 이혼 요청을 들어주며, 첩이 남편이나 정처를 때리면 1등급을 더하여 사형에까지 이를 수 있다. 이상은 모두 남편이나 처・첩이 고소해야만 처벌하고, 과실로 죽이면 각각 논하지 않는다. 남편이 처의 부모를 때리는 것에 대해서도 처벌 규정이 마련되었다.

言也 其妻妾過失殺夫 妾過失殺妻 當照期親尊長條內過失殺傷 減本殺傷罪二等科之 然註內明有分尊可原 情親當矜之語 自是統上二節言之矣〕《집주(하) 757쪽》

339
동성 친속이 서로 때림
同姓親屬相毆

동성(同姓)[1] 친속이 서로 때리면, 비록 오복(五服)의 범위를 벗어났더라도[2] 존장(尊長)과 비유(卑幼)의 명분이 아직 남아 있으므로 존장은 범투(凡鬪)[3]에서 1등급을 줄이고[4] 비유는 1등급을 더한다.[5] 죽음에 이르면 모두 일반인 사이에 일어난 죄[6]로 논한다.[7]

1 동성(同姓) : 본종(本宗)이며 별족(別族) 동성이 아니다.〔同姓 是本宗 非別族同姓者〕《부례(하) 298쪽》

2 오복(五服)의 범위를 벗어났더라도 : 5세대가 되어 시마복을 벗어나면 모두 단문친(袒免親)이다.〔按禮 在五世緦麻絶服之外者 皆袒免〕《집주(하) 758쪽》

3 범투(凡鬪) : ③ 325 鬪毆

4 존장은……줄이고 : 존장이 비유를 때려서 독질에 이르면 비록 유형을 감하여 도형에 처하지만, 유형에 해당하는 본법(③ 325 鬪毆)을 따라 여전히 재산을 떼어 주어 먹고살게 한다.〔尊毆卑至篤疾 雖減流爲徒 仍斷財産 以盡本法〕《집주(하) 759쪽》

5 비유는 1등급을 더한다 : 종파(宗派)와 지파(支派)가 멀어지고 오복이 다하여도 하나의 근본인 친족이 없어질 수 없다. 세계(世系)를 상고할 수 있으면 존장과 비유의 명분은 여전히 존재하므로 일반인과 같지 않다. 서로 때렸을 때, 존장이 비유를 범하면 범투죄(凡鬪罪)에서 1등급을 줄이고 비유가 존장을 범하면 범투죄에서 1등급을 더하는 것은 친족의 정의(情誼)를 도탑게 하기 위해서이다.〔宗支雖疎遠 五服雖已盡 而一本之親 不可泯沒 其世系可考 尊卑名分猶存 終與凡人不同 有相毆者 尊長犯卑幼 則減凡鬪罪一等 卑幼犯尊長 則加凡鬪罪一等 所以敦族誼也〕《집주(하) 758쪽》 비유가 존장을 때려서 독질에 이르더라도 죄는 만류(滿流)인 장 100 유 3000리에 그치고, 재산을 떼어 주어 먹고살게 한다. 사형에까지는 이르지 않는다.〔卑幼加凡一等 雖至篤疾 罪止滿流 斷産養贍 不可入死〕《부례(하) 298쪽》〔卑毆尊至篤疾 加罪亦止于流 尊毆卑至篤疾 雖減流爲徒 仍斷財産 以盡本法〕《집주(하) 759쪽》

무복친(無服親) 간에는 서로 훔치거나,(③ 295 親屬相盜) 속이거나,(③ 297 詐欺官私取財) 서로 용은(容隱)하는 경우(① 31 親屬相爲容隱) 본율에서 모두 1등급을 줄이고 존비를 구분하지 않는 반면에, 서로 때리거나,(③ 339 同姓親屬相毆) 협박한 경우(③ 296 恐嚇取財) 존비를 구분하여 처벌하니 인후(仁厚)를 가르치고자 해서이다.〔凡無服之親 相盜 詐欺 相爲容隱 犯罪自首等項 在本律俱有減等之法 不分尊卑 而相毆與恐嚇 則分尊卑 皆所以教仁厚也〕《집주(하) 759쪽》

직해 동성 친속이 서로 때렸을 때, 비록 5등급의 복제 범위를 벗어나더라도 웃어른과 아랫사람의 명분이 끊어지지 않는 까닭으로, 웃어른은 일반적인 싸움에서 상해한 예에서 1등급을 줄이고 아랫사람은 1등급을 더한다. 죽음에 이르면 모두 일반인의 예로 논한다.

해설

오복의 범위를 벗어난 동성 친속 간 다툼에 대한 처벌 규정으로, 존장과 비유의 명분에 따라서 형벌을 가감하여 달리 적용하였다. 양형 기준은 325조 투구(鬪毆), 313조 투구급고살인(鬪毆及故殺人)을 원용하였다.

6 일반인……죄 : ③ 313 鬪毆及故殺人

7 죽음에……논한다 : 죽음에 이르면 죄가 무거우므로 모두 일반인 사이에 일어난 죄로 논한다.〔至死則其罪已重 故竝以凡人論〕《집해 1605~1606쪽》 과실살상(過失殺傷)을 언급하지 않는 것은 315조 희살오살과실살상인(戲殺誤殺過失殺傷人)의 속전을 받는 법에 준하기 때문이다.

340
대공 이하의 존장을 때림
毆大功以下尊長

340-1 비유(卑幼)가 본종(本宗)이나 외인(外姻)의 시마(緦麻)인 형이나 누나[1]를 때리면 장 100, 소공(小功)[2]이면 장 60 도 1년, 대공(大功)[3]이면 장 70 도 1년 반이다. 존속(尊屬)이면 또 각각 1등급을 더한다.[4]

직해 아랫사람이 동성 및 이성 시마친인 형이나 누나를 때리면 장 100이다. 소공친이면 장 60 도 1년이고, 대공친이면 장 70 도 1년 반이다. 존속이면 각각 1등급을 더한다.

-존속은 부모와 같은 항렬의 사람이다. 예를 들면 같은 당내(堂內)의 백부, 백모, 숙부, 숙모와 고모 및 외삼촌, 이모 따위이다.-

직해 존속이란 부모와 등급이 같은 동성의 백부·숙부 및 그들의 처, 아버지의 누이

1 본종(本宗)이나……누나 : 시마친인 형이나 누나로는 본종은 고조가 같은 형이나 재실(在室)인 누나, 증조가 같은 출가한 누나가 있고, 외인은 고모·외삼촌·이모의 자녀인 형이나 누나가 있다.〔兄姊緦麻 在本宗則同高祖之兄在室姊 同曾祖之出嫁姊 外姻則姑舅兩姨之兄姊〕《부례(하) 300쪽》 형제와 자매가 비록 같은 항렬이지만 형이나 누나의 입장에서 남동생이나 여동생은 비유이고, 남동생이나 여동생의 입장에서 형이나 누나는 존장이므로 율문에서 비록 형·누나와 존속의 구분이 있으나 조문명은 모두 대공 이하 존장이라고 이른 것이다.〔兄弟姊妹 雖爲同行 但以兄姊視弟妹 則弟妹爲卑幼 弟妹視兄姊 則兄姊爲尊長 故律內 雖有兄姊尊屬之分 而律題 則總謂之大功以下尊長也〕《전석 권20 21장》

2 소공(小功) : 본종의 증조가 같은 형이나 재실인 누나, 할아버지가 같은 출가한 누나이다.〔小功 則本宗之同曾祖兄在室姊 同祖之出嫁姊〕《부례(하) 300쪽》

3 대공(大功) : 본종의 할아버지가 같은 백부·숙부의 자녀인 형이나 재실인 누나 및 출가한 친누나이다.〔大功 則本宗之同祖伯叔兄在室姊 及出嫁之親姊〕《부례(하) 300쪽》

4 비유(卑幼)가……더한다 : 대공 이하 존장은 때리기만 해도 처벌한다.〔大功以下尊長 但毆卽坐〕《부례(하) 300쪽》 그런데 비유가 존장을 때릴 때는 형·누나와 존속으로 나누었으나 존장이 비유를 때릴 때는 비와 유를 나누지 않고 통틀어서 언급하였다.〔卑幼毆尊長 分兄姊尊屬兩項 而尊長毆卑幼 則統言之〕《집주(하) 671쪽》

및 어머니의 남자 형제와 어머니의 자매 따위이다.

절상(折傷) 이상이면 각각 범투상(凡鬪傷)[5]에서 차례로 1등급을 더하고,[6] 독질(篤疾)이면 교형,[7] 죽으면 참형이다.

340-2 존장이 비유를 때렸을 경우 절상이 아니면 논하지 않는다. 절상 이상에 이르면, 시마는 일반인 사이에 일어난 죄에서 1등급을 줄이고, 소공은 2등급을 줄이고, 대공은 3등급을 줄인다. 죽음에 이르면 교형이다. 같은 당내의 남동생이나 여동생,[8] 당질(堂姪)이나 질손(姪孫)[9]을 때려 죽이면 장 100 유 3000리,[10] 고살(故殺)이면 교형이다.[11]

5 범투상(凡鬪傷) : ③ 325 鬪毆

6 각각……더하고 : 죄는 장 100 유 3000리에 그친다.〔罪止杖一百流三千里〕《집주(하) 759쪽》 원문의 각(各)은 분별, 체(遞)는 차례에 따르는 것을 이른다. 각 자는 두 가지 뜻이 있는데 하나는 형 · 누니와 존속을 말하고, 하나는 절상 이상의 각 죄를 말한다. 체 자도 두 가지 뜻이 있는데, 하나는 시마 · 소공 · 대공을 누층적으로 더하는 것을 말하고, 하나는 존속과 형 · 누나를 비교하여 더하는 것을 말한다.〔各者 分別之謂 遞者 挨次之謂 各字有兩義 一言兄姊與尊屬 一言折傷以上各罪也 遞字亦有兩義 一言緦麻小功大功層累而加 一言尊屬與兄姊比類而加也〕《집주(하) 761쪽》

7 독질(篤疾)이면 교형 : 대공 이하의 존속을 불문하고 모두 교형이다.〔不問大功以下尊屬 竝絞〕《집주(하) 760쪽》

8 같은……여동생 : 동당(同堂)의 제(弟) · 매(妹)는 할아버지가 같은 자이다.〔同堂弟妹 則同祖者也〕《집주(하) 762쪽》

9 당질(堂姪)이나 질손(姪孫) : 당질은 할아버지가 같은 형제의 아들, 질손은 할아버지가 같은 형제의 손자이다.〔堂姪及姪孫 則堂兄弟之子若孫也〕《집주(하) 762쪽》

10 같은……3000리 : 독질이나 지사(至死)에 대해 말하지 않았으나 이 경우 죄는 장 100 유 3000리에 그치고, 여전히 율문(③ 325 鬪毆)에 따라 재산의 반을 피해자 측에게 주어서 먹고살 수 있게 한다.〔不言篤疾至死者 罪止此 仍依律給付財産一半養贍〕《집주(하) 760쪽》

11 고살(故殺)이면 교형이다 : 과실살(過失殺)을 말하지 않는 것은 각각 과실살에 대한 본조인 315조 희살오살과실살상인(戱殺誤殺過失殺傷人)의 속(贖)으로 논하는 법에 준하기 때문이다. 형의 처나 백모 · 숙모, 제의 처나 비유의 부(婦)에 대해서는 구부친속률(毆夫親屬律)(③ 343 妻妾與夫親屬相毆)이 있고, 질(姪)이나 질손(姪孫)에 대하여는 구기친율(毆期親律)(③ 341 毆期親尊長)이 있다.〔不言過失殺者 蓋各準本條論贖之法 兄之妻及伯叔母弟之妻及卑幼之婦 在毆夫親屬律 姪與姪孫 在毆期親律〕《집주(하) 760쪽》

직해 절상 이상은 일반적인 싸움에서 상해한 예에서 각각 순차적으로 1등급을 더한다. 독질의 상태가 되면 교형으로 죽인다. 죽게 하면 참형이다. ○ 웃어른이 아랫사람을 때리되 절상이 아니면 논하지 않는다. 절상 이상은, 시마친이면 일반인의 예에서 1등급을 줄인다. 소공친이면 2등급을 줄이고, 대공친이면 3등급을 줄인다. 죽게 하면 교형으로 죽인다. 동성 사촌인 남동생·여동생과 동성 오촌 조카 및 조카 손자 등을 때려서 죽이면 장100에 먼 곳으로 유배 보낸다. 고의로 죽이면 교형으로 죽인다.

해설

대공 이하의 친속 상호 간에 구타한 죄에 대하여 규정하였다. 비유가 존장을 때린 경우란 자기와 같은 항렬의 친속과 부모 항렬의 대공 이하 친속이 모두 해당된다. 상대방이 등급이 높은 존속이나 존장일수록 처벌이 무거워지는 반면 상대방이 등급이 낮은 비유일수록 처벌이 가벼워진다.

341
기친 존장을 때림
殿期親尊長

아우가 형이나 누나를, 여동생이 오빠나 언니를 때리면[1] 장 90 도 2년 반, 상해(傷害)하면[2] 장 100 도 3년, 절상(折傷)[3]이면 장 100 유 3000리, 칼날로 상해하거나 지체(肢體)를 부러뜨리거나 한쪽 눈을 멀게 하면 교형,[4] 죽으면 모두 참형이다. 조카가 백부·백모·숙부·숙모나 고모를 때리거나, 외손(外孫)이 외조부모[5]를 때리면 각각 1등급을 더한다.[6] 과실살(過失殺)

1 아우가……때리면 : 때리기만 해도 장형과 도형으로 처벌한다.〔兄姊 但毆之 卽坐杖徒〕《부례(하) 303쪽》

2 상해(傷害)하면 : ③ 325 鬪毆

3 절상(折傷) : ③ 325 鬪毆

4 칼날로……교형 : 독질을 말하지 않았으나 한쪽 눈을 멀게 하면 교형이므로, 독질에 이르면 역시 교형이다.〔不言篤疾者 瞎一目 當絞 至篤疾 亦絞可知〕《소의(하) 392쪽》 여기서 모두라고 하지 않았으므로 각각 수범과 종범을 나누는 법에 따르고, 죽음에 이른 경우에만 수범과 종범의 구분 없이 모두 참형이다.〔此上不言皆者 各依首從法 惟至死 則罪無首從皆斬〕《전석 권20 23장》 지체(肢體)가 부러지거나 눈이 머는 것은 폐질로 절상 중에서도 무거운 것이다. 칼날은 사람을 죽이는 도구로 이를 형·누나에게 쓰면 악역(惡逆)이 심한 것이다. 일반인이 칼날로 상해하면 장 80 도 2년으로 지체를 부러뜨리거나 눈을 멀게 하는 것에 대한 벌인 장 100 도 3년보다 가벼우나(③ 325 鬪毆) 형·누나의 경우에는 똑같이 교죄이며 상해의 경중을 논하지 않는다.〔折肢瞎目 已成癈疾 乃折傷中之重者 刃是殺人之器 而輒加于兄姊 惡逆甚矣 在凡人則輕于折肢瞎目 在兄姊則同絞罪 且不論傷之輕重也〕《집주(하) 763～764쪽》

5 외조부모 : 복제(服制)는 비록 소공이나 은의(恩義)는 기친과 똑같이 중하다.〔服雖小功 其恩義 與期親幷重〕《집주(하) 793쪽》 외손은 외조부모에 대해 5개월간 복을 입는데, 외조부모는 어머니가 나온 근본으로서 곧 자신이 나온 근본이므로 백부·백모·숙부·숙모와 같이 논한다. 이른바 복을 버리고 의를 따르는 것이다.〔外孫於外祖父母 服五月 然爲母之所自出 卽己之所自出也 故與伯叔父母同論 所謂舍服而從義也〕《전석 권20 23장》 적모(嫡母)·계모(繼母)·자모(慈母)·양모(養母)의 부모는 모두 외조부모와 같이 논할 수 없다. 만약 외조모가 쫓겨나거나 개가하였더라도 나의 어머니가 나온 근본이 되는 은혜는 없어질 수 없으므로 외조모로 논한다.〔嫡繼慈養母之父母 皆不得同外祖父母論也 若外祖母被出及改嫁者 亦同論 蓋雖被出改嫁 而我母所自出之恩 不可泯也〕《집주(하) 765쪽》

이나 과실상(過失傷)이면 각각 살상 본죄[7]에서 2등급을 줄인다.[8] 고살(故殺)이면 모두 능지처사(陵遲處死)이다.

직해 남동생이나 여동생이 형·누나·오빠·언니를 때리면 장 90 도 2년 반이다. 상해하면 장 100 도 3년이다. 절상이면 장 100에 먼 곳으로 유배 보낸다. 칼날로 상해하거나, 지체를 부러뜨려 상해하거나, 한쪽 눈을 멀게 하면 교형으로 죽인다. 죽게 하면 참형이다. 조카가 삼촌인 백부·백모·숙부·숙모나 아버지의 자매를 때리거나, 외손자가 외조부모를 때리면, 각각 1등급을 더한다. 실수나 착오로 살상하면 본래의 살상한 예에서 2등급을 줄인다. 고의로 죽이면 모두 거열처사형이다.

6 1등급을 더한다 : 때리면 장 90 도 2년 반에서 1등급을 더한 장 100 도 3년, 때려서 상해하면 장 100 도 3년에서 1등급을 더한 장 100 유 2000리이며, 절상이면 1등급을 더할지라도 장 100 유 3000리에 그치고 죄를 더하여 사형에까지 이르게 할 수 없다. 칼날로 상해하거나 지체를 부러뜨리거나 한쪽 눈을 멀게 하거나 독질이 되게 하면 교형이고, 때려서 죽음에 이르게 하면 모두 참형이다.〔毆者 杖一百徒三年 毆傷者 杖一百流二千里 折傷者 罪止杖一百流三千里 不得加入於死 刃傷 及折肢體 若瞎其一目 及篤疾者 絞 毆而致死者 竝斬〕《소의(하) 392～393쪽》

7 살상 본죄 : 이 조문의 앞부분에서 말한 비과실의 경우를 말한다.

8 과실상(過失傷)이면……줄인다 : 과실상의 경우 인상(刃傷)·절지(折肢)·할목(瞎目)을 절상과 구분하는지에 대해 주석서에 따라 의견이 엇갈린다. 《소의》와 《부례》는 비과실의 경우 인상·절지·할목을 절상과 구별하였고, 과실은 비과실에 비해 2등급을 줄인다는 율문의 규정을 기계적으로 적용하여, 과실의 경우도 인상·절지·할목은 절상보다 무겁게 처벌한다고 보았다.〔過失殺傷 就本條上句 各減二等 犯兄姊 傷者 杖八十徒二年 折傷 杖九十徒二年半 刃傷折肢瞎目至死 竝杖百徒三年 在伯叔父母姑外祖父母者 於加兄姊罪一等上減二等 傷者 杖九十徒二年半 折傷刃傷折肢瞎目至死 竝杖百徒三年 不準贖〕《부례(하) 304쪽》 반면 《전석》과 《집주》는 《소의》와 《부례》의 설을 비판하였다. 비과실의 경우 인상 등을 절상과 구분하는 것은 그 행위 동기를 무겁게 판단하기 때문인데, 과실의 경우는 정의상 행위 동기 자체가 없으므로 인상 등을 절상보다 무겁게 처벌할 근거가 없다는 것이다. 비과실과 과실의 경우 행위 범주의 구분이 다를 수 있는데, 《소의》와 《부례》는 비과실 행위의 범주를 과실에 기계적으로 적용하는 오류를 범하였다는 것이다. 게다가 과실로 인한 인상 등을 절상보다 무겁게 처벌하면 과실살과 형량이 같아지는데, 이는 상식에도 부합하지 않는다.〔或云 至刃傷折肢瞎目 亦止減毆罪二等 然此蓋泥其分言傷折之罪 而不原其均爲過失之情〕《전석 권20 23장》〔此傷者 但分傷與折傷兩項 刃傷折肢瞎目 亦卽折傷也 或謂 過失傷 至折肢瞎目者 照絞罪減二等 杖一百徒三年 則與過失殺無別矣 觀下條過失傷祖父母父母者 亦止杖一百徒三年 傷不論重輕 豈可于期親反重乎〕《집주(하) 766쪽》

-외부인과 함께 친속을 모살(謀殺)하거나 고살(故殺)하면, 외부인은 조의(造意)하거나, 직접 실행하거나, 따라 가공(加功)하거나,[9] 따랐으나 가공하지 않거나 간에 당연히 일반인 사이에 고살한 데 대한 율[10]에 따라 과죄(科罪)한다.[11] 나머지 조문도 이에 준한다.-

직해 이를테면 외부인과 더불어 친속을 모의하여 죽이되, 외부인이 주도하여 직접 때릴 때에, 뜻을 같이하여 힘을 보태거나, 뜻은 같이하되 힘을 보태지는 않으면, 일반인이 고의로 죽인 예로 과죄한다.

형이나 누나가 아우나 여동생을 때려 죽이거나, 백부·숙부·고모가 조카나 질손(姪孫)을 때려 죽이거나, 외조부모가 외손을 때려 죽이면 장 100 도 3년,[12] 고살이면 장 100 유 2000리이며, 과실살이면 각각 논하지 않는다.

9 따라 가공(加功)하거나 : ③ 305 謀殺人 주3, 4

10 일반인……율 : ③ 313 鬪毆及故殺人

11 외부인과……과죄(科罪)한다 : 비유(卑幼)가 외부인과 함께 기친 존장을 모살(謀殺)·고살(故殺)하였을 때, 비유와 외부인을 어떻게 처벌하는지에 대해서는 주석서에 따라 의견이 다르다.〔卽卑幼與外人謀故殺期親尊長者 不限造意 從而加功 從而不加功 竝凌遲處死〕《강해 397쪽》〔卑幼 各依謀殺已殺已行本律 不可拘泥皆字 觀註自明〕《부례(하) 304쪽》〔按 造意加功 皆謀殺中事 自有本律 凡人親屬 分別甚明 而臨時有意欲殺 非人所知 曰故 則一人之事也 此曰 故殺者 皆凌遲處死 因有皆字 故註及謀殺耳 故殺必在毆時 卽在毆內 若卑幼共毆 中有一人故殺 則共毆者皆凌遲 說見前奴婢毆家長條〕《집주(하) 765쪽》 이를 정리하면 다음 표와 같다.

주석서＼구분	비유	외부인(일반인)
강해	능지처사	모살·고살의 본율에 따름
부례	모살의 이살(已殺)·이행(已行)에 대한 본율에 따름	모살·고살의 본율에 따름
집주	능지처사	모살·고살의 본율에 따름 고살 : 능지처사

이에 더하여 《집주》에서는 비유가 일반인만이 아니라 다른 친속과 함께 기친 존장을 모살·고살한 경우에 대해서도 설명하였다. 《집주(하) 765～766쪽》

12 형이나……3년 : 기친 존장이 비유를 때려 비유가 죽지 않은 경우의 처리에 대해, 《강해》, 《소의》, 《집주》 등 대부분의 주석서는 처벌하지 않는다고 보았다.〔若毆至篤疾者 律旣無文 竝不坐罪〕《강해 398쪽》〔觀毆殺始坐徒罪 則毆至折傷及篤疾 皆不坐罪 可知〕《소의(하) 395쪽》 그러나 《부례》에서는 절상에 이르면, 410조 불응위(不應爲)의 장 80이고 가벼우면 태 40이라고 보았다.〔兄姊 毆弟妹 伯叔父母姑 毆姪 至折傷 問不應杖 輕則笞〕《부례(하) 304쪽》

직해 형・누나・오빠・언니가 남동생이나 여동생을 때려서 죽이거나, 삼촌인 백부・숙부나 아버지의 자매가 조카나 조카 손자를 때려서 죽이거나, 외조부모가 외손을 때려서 죽이면, 장 100 도 3년이다. 고의로 죽이면 장 100에 먼 곳으로 유배 보낸다. 실수나 착오로 죽게 하면 논하지 않는다.

해설

기친 및 그에 준하는 친속끼리 때리는 행위에 대한 처벌 규정이다. 같은 기친 존장이라도 같은 항렬인 형・누나를 때리는 것보다는 위 항렬인 백숙부모・고모・외조부모를 때리면 1등급 가중 처벌을 하고, 과실살상은 고의인 경우에서 2등급을 줄인다. 기친 존장이 비유를 때리는 경우 훨씬 가볍게 처벌한다.

342
조부모나 부모를 때림

殿祖父母父母

342-1 아들[1]이나 손자가 조부모나 부모를 때리거나, 처나 첩이 남편의 조부모나 부모를 때리면 모두 참형이고, 죽이면 모두 능지처사이다. 과실살(過失殺)이면 장 100 유 3000리이고, 과실상(過失傷)이면 장 100 도 3년이다.[2]

342-2 아들이나 손자가 교령(敎令)을 어기고 범하여 조부모나 부모가 도리에 어긋나게[3] 때려 죽이면 장 100이고, 고살(故殺)하면 장 60 도 1년이다.[4] 적모(嫡母)·계모(繼母)·자모(慈母)·양모(養母)[5]가 죽이면 각각 1등

1 아들 : 아들이라고 일컬으면 딸도 포함한다.〔稱子者 男女同〕 ① 41 稱期親祖父母

2 아들이나……3년이다 : 손자가 조부모를 때리고 자식이 부모를 때리고 처나 첩이 남편의 조부모나 부모를 때리는 것은 모두 인륜의 큰 변고(① 2 十惡)이므로 참형으로 처벌하고 상해의 경중을 논하지 않는다. 따라서 고살(故殺)하면 수범과 종범을 나누지 않고 모두 능지처사이고, 과실상살(過失傷殺)이면 비록 고의성이 없었다 하더라도 역시 불경한 데서 나온 것이므로 과실살은 장 100 유 3000, 과실상은 장 100 도 3년이다.〔孫毆祖父母 子毆父母 妻妾毆夫之祖父母父母 皆人倫之大變 故即坐斬 不論其傷之輕重也 因毆而故殺之者 無分首從 皆凌遲處死 其預謀服屬不同者 各依本法 若過失傷殺者雖出於無心 亦由于不敬 故殺者杖一百 流三千里 傷者杖一百徒三年〕《집해 1619～1620쪽》 수범이나 종범 중에 자손 아닌 자가 있으면 각각의 율문과 복제에 따라 과단한다.〔若首從之人內有非子孫 依各律竝服制科〕《부례(하) 307쪽》

3 도리에 어긋나게 : 원문의 비리(非理)는 도리에 어긋나는 것이다.〔非理者 違背道理也〕《소의(하) 125쪽》

4 아들이나……1년이다 : 자식이나 손자가 교령을 위배하거나 저촉하였는데 조부모, 부모가 도리에 맞게 타이르거나 법대로 벌하지 않고 도리에 어긋나게 구타를 가하여 죽음에 이르게 하면 장 100이고, 교령을 어기지 않았는데 고살(故殺)하면 장 60 도 1년이다.〔其子孫違背侵犯教令 而祖父母父母不能理諭法罰 而橫加毆打以致其死者杖一百 非有違犯而故殺之者杖六十徒一年〕《집해 1620쪽》

5 적모(嫡母)……양모(養母) : ① 41 稱期親祖父母

급을 더하고,[6] 후사가 끊어지게 하면 교형이다.[7] 며느리나 손자며느리 및 걸양(乞養)[8]한 이성(異姓)의 자손을 도리에 어긋나게 때려서 폐질(廢疾)에 이르게 하면 장 80이고, 독질(篤疾)에 이르게 하면 1등급을 더한다.[9] 모두 본종(本宗)으로 돌려보낸다. 며느리나 손자며느리에게는 시집올 때 가져온 물건을 돌려주고, 그에 더하여 먹고살 재물로 은 10냥을 지급한다. 걸양한 자손에게는 마땅히 받아야 할 몫의 재산을 떼어 주어 먹고살게 한다. 죽음에 이르면 각각 장 100 도 3년이고, 고살이면 각각 장 100 유 2000리이다. 첩이면 각각 2등급을 줄인다.

342-3 아들이나 손자가 조부모나 부모를 때리거나 욕하거나, 처나 첩이 남편의 조부모나 부모를 때리거나 욕하여서 조부모나 부모가 때려 죽이거나, 교령을 어겨 법도에 맞게 벌을 주다가 뜻하지 않게[10] 죽게 하거나, 과실살이면 각각 논하지 않는다.

6 적모(嫡母)……더하고 : 적모・계모・자모・양모가 아들을 때려 독질에 이르면 논하지 않는다.〔嫡繼慈養母 毆子 至篤疾 勿論〕《부례(하) 307쪽》

7 적모(嫡母)……교형이다 : 적모・계모・자모・양모는 친모와 같지 않으므로 친모보다 1등급을 더한다. 자손이 교령을 어겼는데 도리에 어긋나게 때려서 죽이면 장 100에 1등급을 더하여 장 60 도 1년, 고살이면 장 60 도 1년에 1등급을 더하여 장 70 도 1년 반이다.〔嫡繼慈養母終於與親母不同 故各加一等 因違犯而非理毆殺之者 杖六十徒一年 故殺者杖七十徒一年半〕《집해 1620쪽》 친생모가 친자식을 살해하면 비록 후사가 끊어져도 교형을 과죄하지 않는다.〔親生母 殺子 雖絶嗣 不科絞罪〕《부례(하) 307쪽》 후사가 끊어지게 하였는지는 반드시 아버지가 살아 있는지 여부를 보아야 한다.〔致令絶嗣 還須看父存亡如何〕《부례(하) 307쪽》

8 걸양(乞養) : ② 107 男女婚姻 주3

9 며느리나……더한다 : 조부모나 부모 또는 적모・계모・자모・양모가 도리에 어긋나게 며느리나 손자며느리, 걸양한 이성(異姓)의 자손을 때릴 경우, 절상이 아니면 논하지 않고, 절상 이상 폐질에 이르면 장 80, 음양(陰陽)을 훼손하거나 독질에 이르게 하면 1등급을 더한 장 90이다.〔祖父母父母 嫡繼慈養母 非理毆子孫婦 及乞養異姓子孫 非折傷 勿論 折傷以上至癈疾 杖八十 毁敗陰陽 及篤疾 杖九十〕《부례(하) 307쪽》

10 뜻하지 않게 : 원문의 해후(邂逅)란 의도하지 않게 발생한 것이다.〔邂逅出於不意也〕《소의(하) 378쪽》 법대로 매질하여 벌을 주었으므로 원래 죽을 리가 없는데 우연히 죽은 것이다. 벌의 집행이 잘못된 것은 아니므로 논하지 않는다.〔謂依法決罰 原無致死之理 而適然身死 則非決罰之過也 故不論〕《집주(하) 754쪽》

직해 자식・손자가 조부모나 부모를 때리거나, 처・첩이 남편의 조부모나 부모를 때리면, 모두 참형이다. 죽게 하면 모두 거열처사형이다. 실수나 착오로 죽게 하면 장 100에 먼 곳으로 유배 보내고, 상해하면 장 100 도 3년이다.

○ 자식・손자가 교령을 어겼기에 조부모나 부모가 이치에 맞지 않게 때려서 상해하여 죽게 하면 장 100이다. 고의로 죽이면 장 60 도 1년이다. 적모・의모・자모・양모가 죽게 하면 각각 1등급을 더하되, 이로 인하여 후사가 끊어지게 하면 교형으로 죽인다. 이치에 맞지 않게 며느리・손자며느리나 수양한 이성의 자식・손자 등을 때려서 폐질의 상태가 되면 장 80이다. 독질의 상태가 되면 1등급을 더하고, 동성 및 이성의 자식・손자 등을 모두 본종으로 돌려보낸다. 며느리・손자며느리는 자기가 시집올 때 가져온 의장을 추징하여 돌려주며, 자양은(資養銀) 10냥을 추징하여 지급한다. 수양한 자식・손자는 마땅히 받아야 할 재산을 지급하도록 허락하여 먹고 살 수 있게 한다. 죽음에 이르면 각각 장 100 도 3년이다. 고의로 죽이면 각각 장 100에 먼 곳으로 유배 보낸다. 첩이면 각각 2등급을 줄인다.

○ 자식・손자가 조부모・부모를 때리거나 욕하거나 처・첩이 남편의 조부모・부모를 때리거나 욕하였기에 조부모・부모가 때려서 죽이거나, 또는 교령을 어겼기에 법도에 맞게 죄줄 때 이로 인하여 죽게 하거나, 실수나 착오로 죽게 하면, 각각 논하지 않는다.

해설

조부모나 부모를 때리는 등의 행위는 십악(十惡) 중 악역(惡逆)에 해당하는 큰 변고이므로 이를 참형이나 능지처사 등의 중벌로 처벌하여 인륜을 바로잡으려 한 것이 입법 취지이다. 함께 고찰할 필요가 있는 조문은 2조 십악(十惡), 340조 구대공이하존장(毆大功以下尊長), 341조 구기친존장(毆期親尊長), 352조 매조부모부모(罵祖父母父母) 등이다.

343
처나 첩과 남편의 친속이 서로 때림
妻妾與夫親屬相毆

343-1 처나 첩이 남편의 기친(期親) 이하, 시마(緦麻) 이상의 존장(尊長)을 때리면 남편이 때린 것과 같은 죄이다.[1] 죽음에 이르면 각각 참형이다.[2]
343-2 처가 비속(卑屬)을 때려서 상해하면 남편이 때린 것과 같은 죄이다.[3] 죽음에 이르면 교형이다.[4]

1 처나……죄이다 : 처나 첩은 외성인(外姓人)이다. 여자는 남자로써 가(家)를 삼으므로 처·첩과 남편의 친속 간에 범한 죄 역시 남편의 존비로 인해 가감해야 한다. 처나 첩이 남편의 기친 이하, 시마 이상 본종(本宗) 및 외인(外姻)의 존장을 때리면 남편이 그들을 때린 것과 죄가 같다. 가령 때리거나, 상해하거나, 절상이면, 각각 남편이 복제에 해당되는 사람을 때린 것에 따라 과단한다.〔妻妾外姓之人 然女以男爲家 而業已從夫 則視夫之親屬 各以夫爲尊卑 而其相犯之罪 亦當因之以加減也 故凡妻妾毆夫之期親以下緦麻以上本宗 及外姻尊長者 與夫毆同罪 如或毆或傷或折傷 各依夫毆服制科斷〕《집설 권7 37~38장》 처·첩에게 남편과 똑같이 교형에 해당하는 죄가 있으면, 사죄에 이르면 1등급을 줄여 장 100 유 3000리인 〈명례율(名例律)〉 42조 칭여동죄(稱與同罪)에 따른다.〔其有與夫同絞罪者 仍照依名例至死減一等杖一百流三千里〕《집주(하) 773쪽》

2 죽음에……참형이다 : 만약 처나 첩이 남편의 기친 이하, 시마 이상의 존장을 때려서 죽음에 이르면, 죽은 이가 남편의 시마, 소공, 대공, 기복인 것을 따지지 않고 각각 참형이다.〔若毆至死者 無問緦功期服 各斬〕《집설 권7 38장》

3 처가……죄이다 : 처가 남편의 시마 이상 대공까지의 비속을 때리면 역시 남편이 때린 것과 같다. 절상이 아니면 논하지 않고, 절상 이상이면 시마는 일반인 사이에 일어난 죄에서 1등급을, 소공은 2등급을, 대공은 3등급을 줄인다. 각각 남편이 복제에 해당되는 사람을 때린 것에 따라 줄여 과죄한다.〔若妻毆夫之緦麻以上 至大功卑屬 亦與夫毆同 非折傷勿論 折傷以上 緦麻減凡人一等 小功減二等 大功減三等 各依夫毆服制減科〕《집설 권7 38장》

4 죽음에 이르면 교형이다 : 남편의 당제매(堂弟妹), 당질(堂姪) 및 질손(姪孫)을 때려 죽이면 남편은 장 100 유 3000리에 그치나 처는 교형으로 처벌하고, 남편 형제의 자식을 때려 죽이면 남편은 장 100 도 3년에 그치나 처는 장 100 유 3000리이고, 남편 형제의 자식을 고살하면 남편은 장 100 유 3000리에 그치나 처는 교형이다. 이 세 가지는 처의 죄가 남편과 같지 않은데 또한 이성(異姓)을 구별하기 때문이다.〔毆殺堂弟妹堂姪及姪孫 夫止杖一百流三千里 妻則坐絞 毆殺兄弟之子 夫止杖一百徒三年 妻則杖一百流三千里 故殺兄弟子 夫止杖一百流三千里 妻則絞 此三者與夫不同 又所以別異姓也〕《석의 권20 26장》 이 비유(卑幼)는

343-3 남편 형제의 자식을 때려 죽이면 장 100 유 3000리이고,[5] 고살(故殺)하면 교형이다.[6] 첩이 범하면 각각 범투(凡鬪)의 법에 따른다.[7]

343-4 존장이 비유의 아내[8]를 때려서 상해하면 일반인 사이에 일어난 죄에서 1등급을 줄인다.[9] 첩이면 다시 1등급을 줄인다.[10] 죽음에 이르면 교형

모두 남편과 천륜 관계인 지친(至親)이다. 남편이 때려 죽이면 관대한 규정을 따를 수 있지만 만약 처가 범하면 남편과 같이 하기 어려우므로 율문에서 죽음에 이르면 교형이라고 총괄하여 말하였다.〔此卑幼 夫之天合至親 惟夫毆殺得從輕典 若妻犯者 難與之同 故律總云至死者絞〕《전석 권20 29장》

5 남편……3000리이고 : 기친 비속(期親卑屬), 곧 남편의 친조카들은 남편의 친속에서 가장 친하므로, 처가 때려 죽이면 다른 비유를 구살한 것보다 죄가 가볍다.〔兄弟妹子 夫之至近 故毆殺 輕於他幼〕《소의(하) 408쪽》 비록 죽음에 이르면 교형이라는 규정에 해당되지 않지만, 또한 장 100 유 3000리이다.〔是謂期親卑屬 卽親姪也 此于夫屬爲最親 雖不在至死絞之限 亦杖一百流三千里〕《집설 권7 38장》

6 남편……교형이다 : 조카는 기친 비속이며 또한 가장 가까운 친속이다. 남편이 조카를 때려 죽이면 도형에 그치지만 처는 유형이며, 남편이 고살하면 유형에 그치지만 처는 교형이다. 남편과 본종(本宗)은 천륜으로 맺어진 친족이지만 처와 남편의 족당(族黨)은 의리로 맺어진 척족(戚族)이기 때문이다.〔姪是期親卑屬 又爲最親 自與大功以下者不同 然夫毆殺止徒 而妻則流 夫故殺止流 而妻則絞 蓋夫與本宗 是天合之親 妻與夫黨 是義合之戚〕《집주(하) 775쪽》

7 첩이……따른다 : 가령 첩이 남편의 기친 이하 시마 이상 비속을 범하면 복(服)의 친소를 묻지 않고 각각 그 상해의 경중을 징험하여 범투(凡鬪)의 법에 따라 논한다. 때려서 죽음에 이르면 모두 교형이며 고살하면 참형이다.〔如妾犯夫之期親以下緦麻以上卑屬者 不問其服之親疎 各驗其傷之輕重 從凡鬪法論 至死者竝絞 故殺者斬〕《집설 권7 38장》 첩은 처의 아랫람이므로 존장을 때리면 남편과 죄가 같으나, 비유를 때리면 범투의 법에 따라 논하는 것은 처와 나란히 할 수 없음을 명확히 한 것이다.〔妾則下於妻者 故毆尊長 與夫同罪 毆卑幼則從凡人鬪毆之法論 明其不得與妻比也〕《집해 1628쪽》〔妻與夫猶有匹敵之分 而妾則卑且賤矣 故概而凡論〕《집주(하) 775쪽》

8 비유의 아내 : 며느리 항렬이다. 처(妻)라고 하지 않고 부(婦)라고 하였으므로 기친 이하 아우의 처는 거기에 포함되지 않는다.〔其不言妻而云婦 則自期以下弟之妻 皆不在其中 記曰 其夫屬乎父道者 妻皆母道也 其夫屬乎子道者 妻皆婦道也 謂弟之妻婦者 是嫂亦可謂之母乎 是也〕《전석 권20 30장》

9 존장이……줄인다 : 비유의 아내는 나를 존경하고 섬기는 자이므로, 내가 때리거나 상해하면 일반인보다 죄를 1등급 줄인다.〔卑幼之婦 尊事我者 故毆傷 減於凡人〕《소의(하) 408쪽》 비유의 아내를 때리면 그 죄가 비유를 때린 것보다 무겁다. 복제가 낮아짐에 따라 죄를 가볍게 할 수 없는 것은 그가 외성인(外姓人)이기 때문이다.〔夫毆卑幼之婦 其罪重于毆卑幼 而不得以服制減降從輕者 以其爲外姓人也〕《집설 권7 38～39장》

이다.[11]

343-5 남동생이나 여동생이 형이나 오빠의 처를 때리면 일반인 사이에 일어난 죄에서 1등급을 더한다.[12]

343-6 형이나 누나가 동생의 처를 때리거나, 처가 남편의 남동생이나 여동생 및 남편 동생의 처를 때리면 각각 일반인 사이에 일어난 죄에서 1등급을 줄인다.[13] 첩을 때리면 각각 또 1등급을 줄인다.[14]

343-7 누나나 여동생의 남편이나 처의 형제를 때리거나, 처가 남편의 누나나 여동생의 남편을 때리면 범투(凡鬪)로 논한다.[15] 첩이 범하면 각각 1등급을 더한다.[16]

10 첩이면……줄인다 : 통틀어 일반인 사이에 일어난 죄에서 2등급을 줄인다.〔通減凡人二等〕《집해 1629쪽》

11 죽음에 이르면 교형이다 : 피해자가 비유의 아내인지 첩인지를 불문하고 모두 교형이다.〔至死者 不問婦與妾 竝絞〕《집해 1629쪽》

12 남동생이나……더한다 : 기친인 남동생이나 여동생은 형의 처에 대해 역시 존장의 의리가 있으므로 때리면 일반인 사이에 일어난 죄에서 1등급을 더한다.〔期親弟妹於兄之妻 亦有尊長之義 故毆者 加凡人一等〕《전석 권20 30장》 때려서 독질에 이르면 죄는 장 100 유 3000리에 그치며, 죄를 더하여도 사형에는 이르지 않는다.〔若毆至篤疾 罪止杖一百流三千里 不得加入於死〕《강해 401쪽》 처가 남편 형의 처를 때린 것은 말하지 않았으나 죄는 역시 남편이 때린 것과 똑같다.〔其不言妻毆夫兄之妻者 罪亦與夫毆同〕《집해 1629쪽》

13 형이나……줄인다 : 형이나 누나는 동생의 처에 대해, 형수나 올케는 남편의 남동생이나 여동생에 대해, 손윗동서는 남편 동생의 처에 대해 역시 비유의 의리가 있으므로 때리면 각각 일반인 사이에 일어난 죄에서 1등급을 줄인다.〔兄姊於弟之妻 嫂於夫之弟妹 長姒於夫之弟妻 亦有卑幼之義 故毆者 各減凡人一等〕《전석 권20 31장》

14 첩을……줄인다 : 첩은 분수가 천하기 때문에 또 줄이는 것이다.〔以其分之賤 故又減之也〕《집설 권7 39장》 첩을 때리면 각각 또 1등급을 줄여 일반인을 때린 데서 통틀어 2등급을 줄인다.〔毆妾者 各又減一等 於凡毆 通減二等也〕《전석 권20 31장》

15 누나나 여동생의 남편이나……논한다 : 자매의 남편, 처의 형제, 남편의 여자 형제의 남편은 같은 부류이다. 비록 친속이기는 하나 무복(無服)이므로 모두 일반인으로 논한다.〔姊妹與妻兄弟 與夫之姊妹夫三項蓋一類也 雖親而無服 故皆以凡論〕《전석 권20 31장》

16 첩이……더한다 : 만약 첩이 범하면 범투에 1등급을 더하며 죄는 유 3000리에 그친다. 첩이 처보다 낮음을 명백히 한 것이다.〔若妾犯者 則於凡鬪之上加一等 罪止流三千里 明妾賤於妻也〕《집해 1630쪽》

343-8 첩이 남편의 다른 첩의 자식을 때리면 일반인 사이에 일어난 죄에서 2등급을 줄이고,[17] 처의 자식을 때리면 일반인 사이에 일어난 죄로 논한다.[18] 처의 자식이 아버지의 첩을 때려서 상해하면 일반인 사이에 일어난 죄에서 1등급을 더한다.[19] 첩의 자식이 아버지의 다른 첩을 때려서 상해하면[20] 또 2등급을 더한다.[21]

343-9 죽음에 이르면 각각 일반인 사이에 일어난 죄에 따라 논한다.[22]

직해 처·첩이 남편의 기복친 이하 시마친 이상의 웃어른을 때리면 남편이 때린 죄와 같다. 죽음에 이르면 각각 참형이다.

(○) 처가 남편의 아랫사람을 때려서 상해가 있으면 남편이 때려서 상해한

17 첩이……줄이고 : 비록 다른 사람의 몸에서 태어났으나 어머니인 점에서는 실로 같은 부류로 자식이나 다름없기 때문에 일반인 사이에 일어난 죄에서 2등급을 줄여 처벌한다.〔子雖他生 而母實同類 減凡人罪二等 坐之〕《집설 권7 39장》〔以其近於子也〕《전석 권20 31장》

18 처의……논한다 : 처의 자식을 첩의 자식과 구별하기 때문이다.〔所以別妻之子于妾子也〕《집주(하) 774쪽》

19 처의 자식이……더한다 : 적자(嫡子)로서 서모(庶母)를 범한 것이므로 일반인 사이에 일어난 죄에서 1등급을 더한다.〔是以嫡子而犯庶母也 故加凡人罪一等〕《집설 권7 39장》 아버지의 첩을 높이는 것은 아버지를 높이기 때문이다.〔尊父之妾 所以尊父也〕《전석 권20 31장》

20 첩이……상해하면 : 원문의 첩구부지첩자(妾毆夫之妾子) 및 구처지자(毆妻之子)에서 모두 구(毆)를 말하는 데 그쳐 때리기만 하여도 바로 처벌한다는 것을 보였고, 처·첩의 자식이 아버지의 첩을 때리는 것은 모두 구상(毆傷)을 말하여 때렸으나 상해하지 않으면 모두 일반인 사이에 일어난 죄와 똑같이 논하는 것을 보였다. 상해한 뒤에야 죄를 더하는데 이는 모두 적서(嫡庶)의 구분을 명백히 한 까닭이다.〔然妾毆夫之妾子 及毆妻之子 皆止言毆 以見但毆卽坐 妻妾之子毆父妾 俱言毆傷者 以見毆而無傷 皆同凡論 唯有傷而後加 此皆所以明嫡妾之分也〕《전석 권20 31장》

21 첩의 자식이……더한다 : 어머니나 다름없기 때문이다.〔以其近於母也〕《전석 권20 31장》 서자(庶子)로서 서모를 범한 것이므로 또 2등급을 더하여, 일반인 사이에 일어난 죄에서 모두 3등급을 더한다.〔又是以庶子而犯庶母矣 故又加二等 共加凡人罪三等〕《집설 권7 39장》 독질에 이르면 역시 장 100 유 3000리일 뿐이며, 죄를 더하여도 사형에는 이르지 않는다.〔至篤疾 亦杖一百流三千里而已 不入於死也〕《석의 권20 27장》

22 죽음에……논한다 : 5항의 제매구형지처(弟妹毆兄之妻) 이하 4절을 통틀어 받아 말한 것이다.〔此通承弟妹毆兄之妻以下四節而言〕《전석 권20 31장》 때려서 죽음에 이르면 각각 교형으로 처벌하며 다시 감형할 수 없음을 이른 것이다.〔謂毆至死 各坐以絞 不得復減也〕《석의 권20 27장》

죄와 같다. 죽음에 이르면 교형으로 죽인다.

(○) 또한 남편의 형제의 자식을 때려서 죽게 하면 장 100에 먼 곳으로 유배 보낸다. 고의로 죽이면 교형으로 죽인다. 첩이 위와 같이 살해하면 일반적인 싸움의 예로 과죄한다.

○ 웃어른이 아랫사람의 처를 때려서 상해하면 일반인의 예에서 1등급을 줄인다. 첩이면 다시 1등급을 줄인다. 죽음에 이르면 교형으로 죽인다.

(○) 남동생이나 여동생 등이 형·오빠의 처를 때리면 일반인의 예에서 1등급을 더한다.

(○) 형·누나 등이 남동생의 처를 때리거나, 처가 남편의 남동생·여동생이나 남동생의 처 등을 때리면 각각 일반인의 예에서 1등급을 줄인다. 첩을 때리면 다시 각각 1등급을 줄인다.

(○) 누이의 남편이나 처의 남자 형제를 때리거나, 처가 남편의 누이의 남편을 때리면, 일반적인 싸움의 예로 논한다. 첩이 위와 같이 하면 각각 1등급을 더한다.

○ 첩이 남편의 다른 첩의 자식을 때리면 일반인의 예에서 2등급을 줄인다. 처의 자식을 때리면 일반인의 예로 논한다. 처의 자식이 아버지의 첩을 때려서 상해하면 일반인의 예에서 1등급을 더한다. 첩의 자식이 아버지의 첩을 때려서 상해하면 다시 2등급을 더한다.

(○) 죽음에 이르면 각각 일반인의 예에 따라 논한다.

해설

처·첩과 남편의 친속 간에 때리는 죄에 대한 조문이다. 기친 이하 시마 이상의 존장과 비유 간에 때린 죄는 앞의 340조 구대공이하존장(毆大功以下尊長), 341조 구기친존장(毆期親尊長) 두 조문에서 말하였으므로, 여기서는 처·첩이 그들을 때린 죄를 논하였다. 기친 이하를 때린 죄만 언급한 까닭은 조부모·부모를 때린 죄는 342조 구조부모부모(毆祖父母父母)에서 말하였기 때문이다. 처·첩이 남편의 친속을 때리거나, 남편의 친속이 처·

첩을 때리거나, 처 · 첩이 남편의 소원한 친속을 때리거나, 처 · 첩의 아들이 맞거나, 아버지의 첩을 때려 상해한 경우에 대한 처벌을 규정하였다. 친속 간에 애정의 깊이에 따라 일반인의 죄에서 줄이거나 더하는데, 모두 친소(親疎)를 구분하고 명분을 바로잡기 위한 것이다.

344
처의 전남편의 자식을 때림
殴妻前夫之子

344-1 처의 전남편의 자식-이전에는 동거(同居)[1]하였으나 지금은 동거하지 않는 사람을 이른다.-을 때리면, 일반인을 때린 죄[2]에서 1등급을 줄인다. 동거하면 또 1등급을 줄인다. 죽음에 이르면 교형이다.[3]

344-2 계부(繼父)[4]-역시 이전에는 동거하였으나 지금은 동거하지 않는 사람을 이

1 동거(同居) : ① 31 親屬相爲容隱

2 일반인을 때린 죄 : ③ 325 鬪毆

3 처의……교형이다 : 어려서 고아가 되었을 경우, 자신의 어머니가 개가하면 따라가기도 하고 따라가지 않기도 하며, 처음에는 따라갔다가 나중에 따라가지 않기도 한다. 비록 모든 경우 계부(繼父)이지만 길러 준 은의(恩義)는 같지 않으므로 때린 죄 역시 같지 않다. 계부가 처의 전남편의 아들을 때렸을 경우, 이전에 동거하였으면 이전에 맺었던 은혜가 있으므로 때려서 상해하거나 절상이면 모두 일반인의 죄에서 1등급을 줄인다. 현재 동거하고 있으면 은혜로 길러 준 것이기에 지금 동거하지 않는 자에 비할 바가 아니므로 또 1등급을 줄여 범인의 죄에서 통틀어 2등급을 줄인다. 때려서 죽음에 이르면 동거했는지, 지금 동거하지 않는지는 구분하지 않고 은의가 끊어진 것이므로 교형으로 처벌한다.〔爲人子者 不幸而幼以孤也 不幸而其母更以適也 則有隨者 有不隨者 有始隨而終不隨之者 雖皆謂之繼父 而其恩養之義有不同 則其相毆之罪 亦豈容以盡同哉 故凡毆妻前夫之子 先曾同居者 是嘗有恩以及之矣 其毆傷折傷 皆得減凡人罪一等 其見在同居者 則方育之以恩 而非今不同居者比 又減一等 通減凡人罪二等 若毆而至死者 無分同居今不同居 則恩義絶矣 以絞坐之〕《집설 권7 42장》

4 계부(繼父) : 〈상복도(喪服圖)〉의 〈삼부팔모도(三父八母圖)〉에 대해 살펴보면, 첫째, 동거하는 계부의 경우로, 계부나 계자 양쪽에 모두 대공친이 없으면, 즉 계부에게 아들이 없고 본인에게도 백숙 형제가 없으면 기년이고, 양쪽에 대공친이 있으면, 즉 계부에게 자손이 있고 본인에게도 백숙 형제가 있으면 자최 3월이다. 둘째, 동거하지 않는 계부의 경우로, 전에는 동거하였으나 지금은 동거하지 않으면 자최 3월이고, 처음부터 동거하지 않았으면 무복(無服)이다. 셋째, 재가하는 계모를 따라가는 경우로, 아버지가 죽어 계모가 타인에게 재가할 때 따라가면 자최 장기(杖期)이다. 이러한 계부는 은혜와 의리의 경중이 같다.〔按喪服圖三父八母 一曰同居繼父 兩無大功親者期年 兩有大功親者齊衰三月 二曰不同居繼父 先曾同居 今不同居者 齊衰三月 自來不曾同居者無服 三曰從繼母嫁 謂父死繼母再嫁他人而隨去者 齊衰杖期 此繼父 恩義輕重之等也〕《전석 권20 32장》 4책 356쪽 삼부팔모복도(三父八母服圖) 참조.

른다.-를 때리면[5] 장 60 도 1년이고, 절상(折傷) 이상이면 범투상(凡鬪傷)[6]에 1등급을 더한다. 동거 중이면 또 1등급을 더한다.[7] 죽음에 이르면 참형이다.

344-3 고살(故殺)이거나,[8] 본래부터 동거하지 않았으면 각각 일반인으로 논한다.

직해 남편이 처의 전남편의 자식을 때리면 일반인의 예에서 1등급을 줄이고, 동거하면 다시 1등급을 줄인다. 죽음에 이르면 교형으로 죽인다.

(○) 자식이 의붓아버지를 때리면 장 60 도 1년이다. 절상 이상이면 일반적인 싸움에서 상해한 예에서 1등급을 더한다. 동거한 자이면 다시 1등급을 더한다. 죽음에 이르면 참형이다.

○ 고의로 죽이거나 본래 동거하지 않은 경우는 일반인의 예와 같다.

해설

계부와 처의 전남편의 자식 사이에서 일어나는 구타에 대한 내용이다. 계부와 처의 전남편의 자식 사이에는 원래 복제가 없지만 동거하고 있으면 은혜와 부양의 의리가 있다. 동거 여부에 따라, 즉 전에는 동거하다 현재는 별거인지, 전부터 현재까지 동거인지, 처음부터 별거인지에 따라 처벌을 달리하였다.

5 계부(繼父)를 때리면 : 상해에 대해 말하지 않았는데 단지 때리기만 해도 처벌한다.〔不言傷者 但毆則坐〕《집해 1633쪽》 만약 어머니가 계부의 집에서 죽으면 비록 동거하지 않았더라도 그대로 계부로 논하고, 만약 어머니가 쫓겨났으면 비록 동거하였더라도 일반인으로 논한다.〔若母死於繼父家 人雖不同居 仍以繼父論 若被出 雖同居 亦依凡論〕《부례(하) 315쪽》

6 범투상(凡鬪傷) : ③ 325 鬪毆

7 또 1등급을 더한다 : 때려서 독질에 이르더라도 죄는 장 100 유 3000리에 그치며, 죄를 더하여 사형에는 이르지 않는다. 그리고 재산의 절반을 떼어 주어 먹고살게 해 준다.〔至篤疾罪止杖一百流三千里 不加至死 仍給財産一半養贍〕《집주(하) 780쪽》

8 고살(故殺)이거나 : 동거하는지 동거하지 않는지 구분하지 않는다.〔故殺 則不分同居不同居〕《부례(하) 315쪽》

345
처나 첩이 죽은 남편의 부모를 때림
妻妾毆故夫父母

처나 첩이 남편이 죽어 개가하였는데 죽은 남편의 조부모나 부모를 때리면 모두 시아버지나 시어머니를 때린 죄[1]와 같다.[2] 옛 시아버지나 시어머니가 죽은 아들이나 손자의 개가한 처나 첩을 때리면 역시 며느리나 손자며느리를 때린 죄와 같다.[3] 노비가 옛 가장(家長)을 때리거나 가장이 옛 노비를 때리면 각각 일반인으로 논한다.[4]

1 시아버지나……죄 : ③ 342 毆祖父母父母

2 처나……같다 : 처나 첩이 남편이 죽어 개가하면 부인이 지조를 끝까지 지키지는 못하였으나 남편과의 의리는 아직 끊어지지 않은 것이다. 남편과의 의리가 끊어지지 않았으면 죽은 남편의 조부모나 부모도 시부모와 같으므로 그들을 때리면 현재 모시는 시부모를 때린 죄(③ 342 毆祖父母父母)와 같다.〔凡妻妾因夫亡而改嫁者 婦不能終守其志 而夫之義未絶也 夫義未絶 則故夫之祖父母父母 猶其舅姑也 故毆之者 與現奉之舅姑罪同〕《집주(하) 782~783쪽》 처나 첩이 쫓겨나면 의리가 끊어진 것이므로 옛 시부모를 때리면 일반인(③ 325 鬪毆)과 동일하게 논한다.〔妻妾被出 是爲義絶 若犯舊舅姑 則同凡論〕《부례(하) 316쪽》

3 옛 시아버지나……같다 : 죽은 남편의 부모가 개가한 며느리를 때리면 또한 며느리나 손자며느리를 때린 죄(③ 342 毆祖父母父母)와 같다. 죽은 남편의 부모 이외는 모두 일반인(③ 325 鬪毆)과 같다.〔而故夫之父母毆之 亦與毆子孫之婦同 自父母之外 皆同凡人矣〕《전석 권20 33장》 개가한 처나 첩이 죽은 남편의 기친 이하 시마친 이상의 존장을 때리거나, 기친 이하 시마친 이상의 존장이 이미 죽은 비유의 개가한 처나 첩을 때리면 각각 일반인으로 논한다.〔若毆故夫之期親以下 緦麻以上尊長 及尊長毆已故卑幼改嫁妻妾者 各依凡人論〕《강해 403쪽》

4 노비가……논한다 : 노비는 가장에 대해 본래 의리로 맺어져 있으므로 가장이 노비를 다른 사람에게 팔아넘겼으면 의리가 이미 끊어진 것이다. 그러므로 노비가 옛 가장을 때리거나 가장이 옛 노비를 때리면 각기 일반인으로 논한다. 팔아넘겨서 남의 노비가 되었으면 양천상구율(③ 336 良賤相毆)에 따르고, 그 노비가 속량(贖良)되었으면 일반인(③ 325 鬪毆)으로 논한다.〔奴婢于家長 本以義合 若家長將奴婢轉賣與人 則義已絶矣 故奴婢毆舊家長 及家長毆舊奴婢 各以凡論 如轉賣仍爲奴婢 則依良賤相毆律 如與其贖身爲良民 則徑依凡人律〕《집주(하) 783쪽》 노비가 도망하면 이 율을 적용하지 않는데 의리가 아직 끊어지지 않았기 때문이다.〔奴婢逃走 不用此律 義未絶也〕《집주(하) 782쪽》 한편 《존의》에서는 노비가 속량되

직해 처·첩이 남편이 죽어서 다른 곳으로 시집갔는데 죽은 남편의 조부모·부모를 때리면 남편의 부모를 때린 죄와 같다. 옛 남편의 부모가 이미 죽은 아들·손자의 다른 곳으로 시집간 처·첩을 때리면 며느리·손자며느리를 때린 죄와 같다. 노비가 옛 가장을 때리거나 가장이 옛 노비를 때리면 일반인의 예와 같은 것이지만, 우리나라 법에서 비록 옛 노비라도 본주인을 때린 경우에 죄가 무거우므로, 노비가 옛 가장을 때리면 노비가 가장을 때려서 참형에 처하는 죄에서 1등급을 줄인다.

해설

시부모와 며느리, 주인과 노비 사이의 관계가 변화한 뒤 폭행이 일어난 경우에 대한 처벌 규정이다. 시부모와 며느리는 혼인 관계가 청산되었더라도 의리와 명분이 여전히 남아 있다고 본 반면에, 주인과 노비 관계는 이와 다르게 보았다. 직해에서 노비가 옛 주인을 때릴 경우, 우리나라의 법을 추가하여 명률과 달리 사형에 처한다고 부기한 점이 특이하다.

어도 이 율을 적용하지 않는다는 내용이 1646년(순치3)에 첨입되었다고 하였다.〔奴婢贖身不用此律 義未絶也……順治三年 添入小註〕《존의 妻妾毆故夫父母》 옛 고공인을 언급하지 않았는데, 중한 사례인 노비를 들어서 뜻을 밝힌 것이다.〔不言舊雇工人 擧其重者 見義也〕《전석 권20 33장》

346
부모나 조부모가 맞음
父祖被毆

조부모나 부모가 타인에게 맞을 때 자식이나 손자가 즉시 구호(救護)하고자 되받아 때렸을 경우 절상이 아니면 논하지 않고,[1] 절상 이상에 이르면 범투(凡鬪)[2]에서 3등급을 줄이고,[3] 죽음에 이르면 통상의 율에 따른다.[4] 조부모나 부모가 타인에게 살해되었는데 자식이나 손자가 함부로 살인자를 죽이면 장 60이다.[5] 그 자리에서 바로 죽이면 논하지 않는다.[6]

직해 조부모·부모를 다른 사람이 때렸는데 자식·손자 등이 즉시 구호하고자 되받아 때렸을 때, 절상이 아니면 논죄하지 않고, 절상 이상은 일반적인 싸움의 예에서 3등급을 줄인다. 죽음에 이르면 통상의 율을 따른다. ◯ 조부모·부모를 다른 사람이 살해하였는데 자식·손자가 그 살인자를

1 조부모나……않고 : 원문의 즉시구호(卽時救護)가 중요하다. 되받아 때린 것은 친속을 구호하기 위한 것이고 다른 사람을 구타하는 것에 뜻이 있는 것은 아니다. 타인에게 먼저 위력을 쓰는 일과는 같지 않음이 명백하다.〔此重在卽時救護四字 蓋本欲救護其親 非還毆之 則不得脫親於厄 非有意於毆人也 此明與以威力先事加人不同〕《전석 권20 33장》

2 범투(凡鬪) : ③ 325 鬪毆

3 절상……줄이고 : 독질이어도 장 100 유 3000리에서 3등급을 줄인 장 80 도 2년이다.〔雖篤疾 亦得減流三千里爲徒二年〕《집주(하) 784쪽》

4 죽음에……따른다 : 때려서 죽음에 이르면 손발이나 다른 물건, 쇠붙이 등을 따지지 않고 모두 통상의 율(③ 313 鬪毆及故殺人)에 따라 교형에 처한다.〔其毆而至於死者 不問手足他物金刃 竝依常律處絞〕《전석 권20 33장》

5 조부모나……60이다 : 부모의 원수는 같은 하늘 아래에서 살 수 없기 때문에 함부로 죽였더라도 가볍게 처벌하는 것이다.〔父母之讎 不共戴天 故輕之也〕《전석 권20 33장》

6 그 자리에서……않는다 : 그 자리에서 바로 죽이는 것은 일시의 통분하고 격절한 정(情)에서 나온 것이므로 용서하여 논죄하지 않지만 만약 조금이라도 지체되었다면 바로 장 60이다.〔若卽時殺死 出於一時痛憤激切之情 故原而勿論 然須看卽時二字 若少遲焉 卽杖六十矣〕《전석 권20 33장》

함부로 살해하면 장 60이고, 현장에서 즉시 죽인 경우는 논하지 않는다.

해설

조부모·부모가 타인에게 맞았을 때 자식이 그 원수를 갚기 위해 구타한 사람을 때리거나 죽이는 것에 대한 규정이다. 때릴 때는 되받아 때리는 것을 허용하고, 죽일 때는 그 자리에서 즉시 죽인 경우를 허용하였는데, 천리(天理)와 인정(人情)이 용납할 수 없기 때문이다. 그러나 이는 모두 아무런 까닭 없이 다른 사람에게 구타를 당하였을 경우를 말하는 것이지, 만일 조부모나 부모, 아들과 손자가 함께 모의하여 함께 다른 사람을 때리면 일반인을 때렸을 때의 수범과 종범의 예에 따른다.

•••

복수

당의 측천무후(則天武后) 때 서원경(徐元慶)이, 아버지 서상(徐爽)이 현위(縣尉) 조사온(趙師韞)에게 살해되자 아버지의 원수를 칼로 베어 죽이고 자수하였다. 당시의 간신(諫臣) 진자앙(陳子昂)이 그를 주벌(誅罰)하고 정려(旌閭)할 것을 건의하고 또 법령에 편입하여 영구히 국전(國典)으로 삼기를 요청하였다. 유종원(柳宗元)은 〈박복수의(駁復讎議)〉에서 예(禮)의 대본(大本)이나 형(刑)의 대본은 모두 난(亂)을 막는 데 목적이 있으나 그 운용은 각기 달라서 정려와 주벌은 병행할 수 없다고 보았다. 정려할 만한 것을 주벌하면 이는 형벌을 남용하는 것이고, 주벌할 만한 것을 정려하면 이는 예를 무너뜨리게 된다는 것이다. 따라서 간신 진자앙이 전법(典法)으로 삼자고 한 것에 대해 반대하였다. 그는 형벌을 결정하는 데 그 진실성 유무를 심의하고, 그 곡직을 바로잡도록 살펴서 그 시초에서 단서를 구하면 형과 예의 쓰임이 판연히 다른 것이라 하였다. 만일 서원경의 아버지에게 죄가 없는데, 사적인 원한으로 죄주고 주목(州牧)이나 형관(刑官)이 제대로 처리하지 못하여 호소도 통하지 않아서, 서원경이 불공대천의 원수로 여겨 원수를 찌르고 죽어도 유감이 없다고 여겼다면, 그것은 예를 지켜서 의를 행한 것이니 그를 벨 수 없다는 것이다. 혹 서원경의 아버지에게 죄가 있어 법에 의해 죽였다면 관리를 해쳐서는 안 되고 만일 그렇게 한다면 공권력에 도전한 것으로 보아 주벌해야 하니 정려를 할 수 없다고 보았다.

이에 대해 한유(韓愈)는 그의 〈복수장(復讎狀)〉에서, 자식이 아버지의 원수를 갚은 일은 《춘추(春秋)》, 《예기(禮記)》, 《주관(周官)》, 제자서(諸子書)와 사서(史書)에 많이 보이는데 죄가 있다고 하여 죄주지는 않았다고 하였다. 율(律)에 그 조문이 없다고 해서 궐문(闕文)은 아니고, 그 뜻이 장차 법리(法吏)로 하여금 법으로 결단하되 경술(經術)하는 선비가 경(經)을 인용하여 논의하게 한 것이라 하였고, 대개 복수를 허락하지 않으면 곧 효자의 마음을 상하게 하고 선왕의 가르침에 어긋나며, 복수를 허락하면 곧 사람들이 장차 법에 의거하여 마음대로 죽여서 그 단서를 금지할 수 없다고 보았다. 또한 《주관》에서 "살인을 하였으되 마땅히 한 자에게는 복수를 하지 못하게 하고 복수하면 죽인다."라고 한 것은 살인을 하였는데 그 마땅함을 얻지 못할 경우 백성들이 서로 보복할 수 있는 길을 터놓은 것으로 보았다. 그리고 《춘추공양전(春秋公羊傳)》을 인용하여 "아버지가 주벌을 받아서는 안 될 경우에 자식이 복수하는 것은 가하다."라고 하였고, 또 《주관》을 인용하여 장차 복수하고자 하는 자가 반드시 먼저 관에 말하면 곧 무죄라 하였다. 한유는 아버지의 원수를 갚는 사건이 발생하거든 상서성(尙書省)에 보고하여 의논하여 처리하면 경(經)과 율(律)의 취지를 잃지 않을 것이라 하였다.

이에 대해 정약용(丁若鏞)은 한유보다 유종원의 의견이 심원하다고 보았는데, 아버지가 불의(不義)한 일로 죽으면 《주례(周禮)》처럼 보복하지 말아야 한다고 생각하였고, 비록 법관이 죽였더라도 아버지의 죽음이 지극히 원통하면 곧 《춘추공양전》에서처럼 복수를 허용할 수 있다고 여겼다. 그는 복수에 관한 옥사를 논하는 자는 다만 원수를 맺게 되는 단서의 근원을 추구하여, "보복할 만하면 의로 삼고, 복수할 만하지 못하면 죄로 삼아야 한다."라고 하면서 유종원의 의론이 명확하다고 여겼다. 《欽欽新書 經史要義2 復讎殺官 柳議・韓議》

옮긴이

한상권(韓相權)

1953년 충남 홍성에서 태어났다. 서울대학교 국사학과에서 〈18세기 말~19세기 초 場市 發達에 관한 基礎 硏究 : 慶尙道 地方을 중심으로〉로 석사 학위를, 〈朝鮮 後期 社會 問題와 訴冤 制度의 發達 : 正祖代 上言·擊錚의 分析을 중심으로〉로 박사 학위를 받았다. 한국역사연구회 회장을 지냈으며, 현재 덕성여대 사학과 교수로 재직하고 있다. 《朝鮮 後期 社會와 訴冤 制度》로 제23회 월봉저작상을, 〈17세기 중엽 해남 윤씨가의 노비 소송〉으로 제5회 영산(瀛山) 법사학(法史學) 우수학술상을 수상하였다.

구덕회(具德會)

1955년 충남 태안에서 태어났다. 서울대학교 국사학과에서 학사, 석사 학위를 받고 박사 과정을 수료하였다. 주로 조선 시대 정치사를 연구하면서 서울 소재 중고등학교에서 역사 교사로 재직하다가 정년퇴직하였으며, 현재 한국역사연구회 회원으로 활동하고 있다. 저서로 《조선 중기 정치와 정책》(공저), 《신보수교집록(新補受教輯錄)》(공역), 《수교집록(受教輯錄)》(공역), 《각사수교(各司受教)》(공역)가 있고, 주요 논문으로 〈宣祖代 후반(1594~1608) 政治 體制의 재편과 政局의 動向〉, 〈성종대 동반 경관직 인사 관리의 성격〉, 〈대명률과 조선 중기 형률상의 신분 차별〉 등이 있다.

심희기(沈羲基)

1956년 서울에서 태어났다. 서울대학교 대학원에서 〈조선 후기 토지 소유에 관한 연구〉로 박사 학위를 받았다. 법과사회이론학회 회장, 한국형사소송법학회 회장, 한국법사학회 회장을 역임하였고, 2017년부터 2019년까지 '조선 시대 결송입안 탈초와 역주팀'의 연구 책임을 맡고 있으며, 현재 연세대 법학전문대학원 교수로 재직하고 있다. 저서로 《한국법사연구》, 《한국법제사강의》, 《역주 흠흠신서(欽欽新書)》(공역)가 있고, 주요 논문으로 〈조선 시대 사송에서 제기되는 문서의 진정성 문제들〉, 〈一人償命 談論에 대한 再考〉, 〈율해변의·율학해이·대명률강해의 상호 관계에 관한 실증적 연구〉, 〈조선 시대 형사·민사일체형 재판 사례의 분석〉, 〈근세 조선의 민사 재판의 실태와 성격〉 등이 있다.

박진호(朴鎭浩)

1970년 서울에서 태어났다. 서울대학교 국문과에서 학사, 석사, 박사 학위를 받고, 한양대학교 국문과 전임 강사, 조교수를 거쳐, 현재 서울대학교 국문과 교수로 재직하고 있다. 한국어 문법을 일본어, 중국어 등 세계의 여러 언어와 대조하여 연구하고 있고, 차자 표기 자료를 바탕으로 고대 한국어 문법도 연구하고 있다. 저서로 《현대 한국어 동사 구문 사전》(공저), 《각필구결의 해독과 번역 1~5》(공저), 《인문학을 위한 컴퓨터》(공저), 《각사수교》(공역) 등이 있고, 주요 논문으로 〈시제, 상, 양태〉, 〈의미지도를 이용한 한국어 어휘 요소와 문법 요소의 의미 기술〉, 〈보조사의 역사적 연구〉, 〈유형론적 관점에서 본 한국어 대명사 체계의 특징〉, 〈언어에서의 전염 현상〉, 〈'-었었-'의 단절과거 용법에 대한 재고찰〉, 〈한·중·일 세 언어의 존재구문에 대한 대조 분석 : 언어유형론의 관점에서〉 등이 있다.

장경준(張景俊)

1969년 대전에서 태어났다. 연세대학교에서 수학하여 박사 과정까지 마치고 현재 고려대학교

국어국문학과 교수로 재직하고 있다. 저서로 《유가사지론 점토석독구결의 해독 방법 연구》, 《각필구결의 해독과 번역 1~5》(공저), 《유가사지론 권20의 석독구결 역주》(공역) 등이 있고, 주요 논문으로 〈대명률직해의 계통과 서지적 특징〉, 〈조선 초기 대명률의 이두 번역에 대하여〉, 〈花村美樹의 대명률직해 교정에 대하여〉, 〈大明律直解, 大明律講解, 律解辯疑와 洪武律에 대한 試論〉 등이 있다.

김세봉(金世奉)
1958년 경기도 안성에서 태어났다. 단국대학교 사학과에서 〈17세기 호서 산림 세력 연구〉로 박사 학위를 받았다. 유도회 한문연수원 장학생반을 졸업하였고, 단국대학교 동양학연구원에서 《한한대사전》 편찬에 참여하였다. 동양고전학회 회장을 역임하였고, 현재 유도회 한문연수원의 교수로 활동하고 있다. 저서로 《조선 중기 정치와 정책》(공저), 《17세기 한국 지식인의 삶과 사상》(공저), 《신보수교집록》(공역), 《수교집록》(공역), 《각사수교》(공역)가 있다.

김백철(金伯哲)
1978년 부산에서 태어났다. 부산대학교 사학과를 졸업하고, 서울대학교 국사학과에서 석사, 박사 학위를 받았다. 조선 시대 법사학 및 정치사상을 연구하고 있다. 전북대학교 HK교수, 서울대학교 규장각한국학연구원 책임연구원 등을 거쳐, 현재 계명대학교 사학과 조교수로 재직하고 있다. 저서로 《조선 후기 영조의 탕평 정치 : 속대전의 편찬과 백성의 재인식》, 《두 얼굴의 영조 : 18세기 탕평 군주상의 재검토》, 《법치 국가 조선의 탄생 : 조선 전기 국법 체계 형성사》, 《탕평 시대 법치주의 유산 : 조선 후기 국법 체계 재구축사》 등이 있다.

조윤선(趙允旋)
1963년 서울에서 태어났다. 성균관대학교에서 학사를, 고려대학교 한국사학과에서 석사, 박사 학위를 취득하였고, 서울대학교 BK21 법학연구단 한국법연구센터에서 박사후과정연구원으로 조선 시대 법제사를 공부하였다. 청주대학교를 거쳐 현재 한국고전번역원에 재직하고 있다. 저서로 《조선 후기 소송 연구》, 《조선 시대 생활사 4》(공저), 《한국유학사상대계 법사상사편》(공저), 《조선 후기사 연구의 현황과 과제》(공저), 《推案及鞫案》(공역), 《影幀摹寫都監儀軌》(공역), 《승정원일기》(공역), 《포도청등록》(공역) 등이 있고, 주요 논문으로 〈英祖代 남형·혹형 폐지 과정의 실태와 欽恤策에 대한 평가〉, 〈조선 후기 영조 31년 乙亥獄事의 추이와 정치적 의미〉, 〈조선 시대 赦免·疏決의 운영과 法制的·政治的 의의〉, 〈영조 6년(庚戌年) 모반 사건의 내용과 그 성격〉 등이 있다.

대명률직해 3

한상권 구덕회 심희기 박진호
장경준 김세봉 김백철 조윤선 옮김

2018년 12월 20일 초판 1쇄 발행

발행인 신승운 | 발행처 한국고전번역원
등록 2008. 3. 12. 제300-2008-22호
주소 (03310) 서울시 은평구 진관1로 85
전화 02-350-4886 | 팩스 02-350-4899 | 홈페이지 www.itkc.or.kr

연구총괄 이기찬 | 연구기획 이제유

책임편집 정영미 | 편집진행 박정열
편집교정 박성희 박현진 | 조판 정효진 | 제작 김형석
디자인 은희주 | 인쇄 반디컴

값 20,000원
ISBN 978-89-284-0577-0 94910
978-89-284-0574-9 (세트)
*이 책은 2018년도 교육부 고전번역사업비로 출간한 것임.